感谢

暨南大学社会科学研究处

暨南大学中华文化港澳台及海外传承传播协同创新中心

新加坡李氏基金会

资助

暨南史學

JINAN SHIXUE

第二十六辑

主编　马建春

暨南大學出版社
JINAN UNIVERSITY PRESS

中国 · 广州

图书在版编目（CIP）数据

暨南史学. 第二十六辑/马建春主编. —广州：暨南大学出版社，2023.5
ISBN 978-7-5668-3733-2

Ⅰ. ①暨… Ⅱ. ①马… Ⅲ. ①史学—中国—文集 Ⅳ. ①K207-53

中国国家版本馆 CIP 数据核字(2023)第 098185 号

暨南史学（第二十六辑）
JINAN SHIXUE（DI-ERSHILIU JI）
主　编：马建春

出 版 人：张晋升
责任编辑：冯　琳　詹建林　林　琼
责任校对：孙劭贤　王燕丽　黄子聪
责任印制：周一丹　郑玉婷

出版发行：暨南大学出版社（511443）
电　　话：总编室（8620）37332601
营销部（8620）37332680　37332681　37332682　37332683
传　　真：（8620）37332660（办公室）　37332684（营销部）
网　　址：http://www.jnupress.com
排　　版：广州尚文数码科技有限公司
印　　刷：广州市友盛彩印有限公司
开　　本：787mm×1092mm　1/16
印　　张：17.25
字　　数：359 千
版　　次：2023 年 5 月第 1 版
印　　次：2023 年 5 月第 1 次
定　　价：58.00 元

目　录

电子稿件请寄：投稿信箱：jinanshixue@ sina. com
纸质稿件请寄：广州市天河区黄埔大道西601号暨南大学中外关系研究所《暨南史学》编辑部（第二文科楼806室），邮编：510632。
编辑部电话：020－85221991

青铜时代岭南东江流域原始瓷的生产与消费①

［比利时］米夏（Michèle H. S. Demandt）著　柏宇亮　译

［提要］ 青铜时代早中期，高温原始瓷产品和龙窑等新技术从邻近的文化区域传入岭南。广东因此得以生产本土的原始瓷产品，并在东江流域形成陶瓷作坊群。通过整合陶瓷生产和消费的实用功能和社会背景，本文将探索原始瓷的价值创造过程及其背后的技术和社会政治状况。有人认为，原始瓷是一种发挥多样化社会作用的媒介，可能被用在族群的仪式②中，也可能在精英阶层③布局政治经济战略中发挥作用。

［关键词］ 原始瓷；东江流域；横岭山墓地；银岗遗址

岭南由广西、广东和海南三省（自治区）组成④，地处中国南部，濒临南海，是中国中部沟通东南亚的战略要道。过去二十年的研究认为，公元前800—前300年，独立

---

① Michèle H. S. Demandt, "Tracking Proto-Porcelain Production and Consumption in the Dongjiang Valley of Bronze Age Lingnan", *Cambridge Archaeological Journal*, Vol. 29, Issue 4, 2019, pp. 671－689.

② 译者注：中国古代族群性仪式种类繁多，如祭祀、庆典、婚礼、丧葬、节日等，因此本文将"ritual"一词直译为仪式，并不局限于某一种仪式活动。

③ 译者注：由于不能确定岭南青铜时代社会结构是否存在"贵族阶层"，因此译者按作者原文"elite"直译为"精英阶层"。

④ 今岭南一词，多指广东、广西、海南、香港、澳门地区，亦即今华南区域范围。

的岭南青铜文明已达到较高的水平，这颠覆了早期历史资料中将岭南描述为荒蛮之地的看法。① 更重要的是，研究表明早期岭南地区已存在许多生产本土产品的工艺中心，并参与到华中、华南和东南亚的贸易网络之中。② 然而，岭南早期的社会政治和经济还不被过多了解，主要是因为考古发现多为碎片化资料，且研究方向以类型学为主，考古成果集中在建立年代序列和区分考古学文化上，并没有清晰地反映社会经济情况。

陶瓷在岭南地区分布广泛，其在日常生活和丧葬仪式中发挥着重要作用。自新石器时代早期（约公元前5000—前4000）以来，岭南地区的居民一直使用印有几何图案的陶瓷器皿（几何印纹陶），之后继续采用传统的生产技术制作更薄、更坚固的器皿。③ 在青铜时代早期（公元前12世纪—前8世纪），一种新型的原始瓷开始流行。原始瓷处于硬陶和瓷器的中间阶段，由高岭土烧至1 100℃～1 200℃制成。④ 岭南地区最早的原始瓷生产和消费似乎仅限于广东省东江流域，同时还出现了陶瓷生产专业化和社会分工的迹象。⑤ 这让我们想了解该地区复杂的社会经济本质和发展情况，以及生产工艺、组织劳工和领导力之间的关系。如何组织陶瓷生产，由谁来主导原始瓷的生产和流通呢？原始瓷和龙窑技术均不是本地的发明，而是从邻近文明引进的。⑥ 可见，制作原始瓷需要特殊的技术知识和技能，以及为窑炉和匠人投入专属的社会资源。然而，陶瓷生产并不是孤立的生产行为，而是特意学习的结果，这种学习蕴含在区域的社会文化之中。⑦ 换句话说，原始瓷不仅是生产的商品，其更大的价值还是通过后续的消费构建的社会关系。因此，了解原始瓷不同的使用情境，并详细说明与其相关的消费者行为也很重要。基于这些因素，第二组问题应运而生：是什么价值创造的过程使原始瓷具有了社会价值？拥有原始瓷有什么好处？

---

① F. Allard, "Growth and Stability among Complex Societies in Prehistoric Lingnan, Southeast China", *Papers from the Institute of Archaeology*, Vol. 8, 1997；C. Higham, *The Bronze Age of Southeast Asia*, Cambridge University Press, 1996；李龙章：《岭南地区出土青铜器研究》，文物出版社，2006年；杨杰：《岭南地区青铜时期文化研究》，社会科学文献出版社，2011年。

② C. Higham, *The Bronze Age of Southeast Asia*；邱立诚：《粤地考古求索——邱立诚论文选集》，科学出版社，2008年。

③ 彭适凡：《中国南方考古与百越民族研究》，科学出版社，2008年，第62页。

④ Y. Lu, ed., *A History of Chinese Science and Technology*, Vol. 2, Springer, 2015.

⑤ 娄欣利：《先秦东江三角洲陶器研究》，科学出版社，2010年；赵善德：《先秦秦汉时期岭南社会与文化考索——以考古学为视角》，暨南大学出版社，2014年。

⑥ 秦伟：《原始瓷器研究》，故宫出版社，2014年；郑建明：《商代原始瓷分区与分期略论》，《东南文化》2012年第2期。

⑦ O. P. Gosselain, "Social and Technical Identity in a Clay Crystal Ball", in *The Archaeology of Social Boundaries*, M. T. Stark, ed., Smithsonian Institution Press, 1998, pp. 79－106.

为了回答这些问题，本文首先将考察原始瓷的用途和外观特征；其次，描述原始瓷的发现情况；最后，讨论原始瓷的使用情境。有人认为，原始瓷的价值创造既是特定技术选择的结果，例如使用当地的原材料和精细的烧制技术，也是审美和交流融合的结果，例如使用釉和特殊的纹饰。这种建构社会的象征和技术价值使原始瓷成为一种展示不同社会功能的合适媒介，它可能是在族群仪式中的器具，也可能参与到精英群体的政治经济战略中。通过关注原始瓷的生产和分配，本研究对岭南地区及其经济产生了新的认识，同时也让我们对东江流域的特定社会经济发展有所了解。青铜时代的岭南地区被认为是等级制的酋邦社会①，可以算是中级社会。因此，岭南地区可以作为一个案例，让我们在更大层面上了解经济合作、专业化模式、社会政治复杂的发展趋势以及工艺专家和当地精英群体之间的联系程度。

一、器形的变化和生产组织

早期，考古学家可以通过观察陶瓷器形和纹饰的变化，认识其时间和空间上的变化。② 在过去的几十年中，了解陶瓷生产的组织也是考古研究的一条有效途径，它可以提供有关古代社会经济、工艺专业化和社会政治进程的重要信息。③ 如今，关注陶瓷器形变化和生产的传统考古学可以分为陶瓷生态学、类型学以及技术理论学。④ 这些方法论在构思技术知识、生产行为和社会关系等方面有所不同。例如，陶瓷生态学主要关注

---

① C. Higham, *The Bronze Age of Southeast Asia*.

② D. Clarke, *Beaker Pottery of Great Britain and Ireland*, Cambridge University Press, 1970; S. E. Van der Leeuw, *Studies in the Technology of Ancient Pottery*, University of Amsterdam, 1976.

③ A. E. Dean, *The Evolution of Ceramic Production Organization in a Maya Community*, University Press of Colorado, 2015; K. Duistermaat, The Organization of Pottery Production: Toward a Relational Approach, in *The Oxford Handbook of Archaeological Ceramic Analysis*, A. M. W. Hunt, ed. , 2016; A. Gorgues, K. Rebay-Salisbury & R. B. Salisbury, *Material Chains in Late Prehistoric Europe and the Mediterranean: Time, Space and Technologies of Production*, Ausonius, 2017; Z. X. Hruby & R. K. Flad, eds. , *Rethinking Craft Specialization in Complex Societies: Archaeological Analyses of the Social Meaning of Production* (Archaeological Papers of the American Anthropological Association 17), American Anthropological Association, 2007.

④ C. L. Costin, "The Study of Craft Production", in *Handbook of Archaeological Methods*, H. D. G. Maschner & C. Chippindale, eds. , AltaMira, 2005, pp. 1032 – 1105; K. Duistermaat, "The Organization of Pottery Production: Toward a Relational Approach", in *The Oxford Handbook of Archaeological Ceramic Analysis*, A. M. W. Hunt, ed. , pp. 114 – 147; J. Garcia Rosello, *Etnoarqueologia de la Produccion Ceramica: Identidady Territorio en los VallesCentrales de Chile*, Universitat de les Illes Balears, 2008.

制约陶瓷生产的条件或外界诱发因素，例如环境、功能、经济，甚至是发展变化。① 换言之，陶瓷生态学强调自然环境的作用，较少关注陶瓷发展过程中功能的背景。② 此外，类型学根据器物的大小、强度、产量、样式等有限的变量来区分产品特征。③ 研究技术理论的学者反对技术变革的客观性，并强调陶瓷变革并非完全是适应环境或功能的结果。相反，因为陶器是在日常生活中广泛应用的产品，所以技术的变化是建构在社会之中的。④

生产系统的组织结构，包括制陶匠人对获取资源、生产技艺、作坊使用和产品分配等，是一个复杂的充满变量的网络，我们可以借此了解本土的、区域的甚至是跨区域的陶瓷制作流程。⑤ 厄尔（Earle）基于对产品背景的解读，区分了专门为精英制造陶瓷的依附型工匠和生产普通商品的独立型工匠。⑥ 但最近的研究表明，在外观、用途和社会

---

① H. Neff, "Ceramics and Evolution", in *Archaeological Method and Theory* (Vol. 4), M. B. Schiffer, ed., Academic Press, 1992, pp. 141 – 193.

② D. E. Arnold, *Ceramic Theory and Cultural Process*, Cambridge University Press, 1985; F. Matson, *Ceramics and Man* (VikingFundPublications in Anthropology 41), Aldine, 1965; P. M. Rice, "Recent Ceramic Analysis: 1. Function, Style, and Origins", *Journal of Archaeological Research*, Vol. 4, Issue 2, 1996; D. A Santacreu, *Materiality, Techniques and Society in Pottery Production: The Technological Study of Archaeological Ceramics through Paste Analysis*, De Gruyter, 2014.

③ C. L. Costin, "Craft Specialization: Issues in Defining, Documenting, and Explaining the Organization of Production", in *Archaeological Method and Theory* (Vol. 3), M. B. Schiffer ed., University of Arizona Press, 1991, pp. 1 – 56.

④ K. Duistermaat, "The Organization of Pottery Production: Toward a Relational Approach", in *The Oxford Handbook of Archaeological Ceramic Analysis*, A. M. W. Hunt, ed., pp. 114 – 147; Gosselain, O. P., "The World is Like a Beanstalk: Historicizing Potting Practice and Social Relations in the Niger River area", in *Knowledge in Motion: Constellations of Learning across Time and Place*, A. Roddick & A. Brower Stahl eds., University of Arizona Press, 2016, pp. 36 – 66; Jervis, B., *Pottery and Social Life in Medieval England*, Oxbow, 2014; V. Roux, "A Dynamic Systems Framework for Studying Technological Change: Application to the Emergence of the Potter's Wheel in the Southern Levant", *Journal of Archaeological Method and Theory*, Vol. 10, Issue 1, 2003.

⑤ Costin 首先认定规模、强度和背景是研究生产组织中常见的参数，参见 C. L. Costin, "Craft Specialization: Issues in Defining, Documenting, and Explaining the Organization of Production", in *Archaeological Method and Theory* (Vol. 3), M. B. Schiffer, ed., pp. 1 – 56; Duistermaat, K., "The Organization of Pottery Production: Toward a Relational Approach", in *The Oxford Handbook of Archaeological Ceramic Analysis*, A. M. W. Hunt, ed., pp. 114 – 147.

⑥ T. Earle, "Comment on P. Rice, Evolution of Specialized Pottery Production: A Trial Model", *Current Anthropology*, Vol. 22, Issue 3, 1981.

价值等方面存在很大差异的商品，可能有不同的社会功能。① 手工业所涉及的权力结构比精英阶层与平民阶层之间的关系更为复杂，且多个不同功能的社会群体可以同时参与进来。因此，Earle 的二分法无法把握消费模式和生产组织的复杂性，也无法探讨工匠与控制产品流通的人之间的关系。相反，一些学者提出了既不独立也不依附的其他工匠类别，例如嵌入式工匠和精英式专家。嵌入式工匠的时间投入、社会阶层和依附程度是不固定的。② 精英式专家则是仪式和（或）政治领袖，他们掌握礼制仪式知识和生产工艺品的技能。

二、陶瓷工艺品的性质与价值建构

揭示手工艺品蕴含的社会和（或）象征意义，需要将其物理特征和考古学背景识别和分类。其中最常讨论的是名贵物品和必需品。传统意义上，名贵物品通常指由稀有或异地材料制造的昂贵物品，这是由于制造和获得这些物品所需的技能和知识是稀缺的。③ 此外，控制名贵物品的生产和交换对维持和显示等级差异和政治关系十分重要。④ 这与

---

① C. L. Costin, ed., *Making Value, Making Meaning: Techné in the Pre-Columbian World*, Dumbarton Oaks, 2016; Z. X. Hruby & R. K. Flad, eds., *Rethinking Craft Specialization in Complex Societies: Archaeological Analyses of the Social Meaning of Production* (Archaeological Papers of the American Anthropological Association 17), 2007.

② K. M. Ames, "Chiefly Power and Household Production on the Northwest Coast", in *Foundations of Social Inequality*, T. D. Price & G. M. Feinman, eds., Plenum Press, 1995, pp. 155 – 187; Janusek, J. W., "Craft and Local Power: Embedded Specialization in Tiwanaku Cities", *Latin American Antiquity*, Vol. 10, Issue 2, 1999; T. Inomata, "Knowledge and Belief in Artistic Production by Classic Maya Elites", in *Rethinking Craft Specialization in Complex Societies: Archaeological Analyses of the Social Meaning of Production*, Z. X. Hruby & R. K. Flad, eds., (Archaeological Papers of the American Anthropological Association 17), American Anthropological Association, 2007, pp. 129 – 141; K. A. Spielman, Ritual Craft Specialists in Middle Range Societies, in *Craft and Social Identity*, C. I. Costin & R. P. Wright, eds., (Archaeological Papers 8), American Anthropological Association, 1998, pp. 153 – 159; K. A. Spielman, "Crafting the Sacred: Ritual Places and Paraphernalia in Small-Scale Societies", in *Dimensions of Ritual Economy*, E. C. Wells & P. A. McAnany, eds., (Research in Economic Anthropology 27), Emerald, 2008, pp. 37 – 72.

③ K. J. Vaughn, "Craft Production, Exchange, and Political Power in the Pre-Incaic Andes", *Journal of Archaeological Research*, Issue 14, 2006.

④ P. Peregrine, "Some Political Aspects of Craft Specialization", *World Archaeology*, Vol. 23, Issue 1, 1991; M. B. T. Trubitt, Mound Building and Prestige Goods Exchange: Changing Strategies in the Cahokia chiefdom, *American Antiquity*, Vol. 65, Issue 4, 2000.

必需品相反，必需品是个人使用的实用物品，不具有特殊的象征意义或特殊技艺，且生产者和消费者参与制造的方式不被政治和经济因素影响。一些学者认为，在一般用品和贵重物品之间存在一个衔接的加工过程，使得某些手工艺品既实用又名贵。① 伯尼尔（Bernier）提出了中间产品这个概念，即尽管这些产品可以就地取材，并不是最名贵的，但它们具有建构社会的象征意义。因此，它们既可以是政治精英的意识形态工具，也可以为普通百姓所用。②

陶瓷尤其具有表达多重意义的能力，政治、经济和宗教领域均承认其作用。例如，斯皮尔曼（Spielman）认为，一般家庭里使用的陶瓷碗，也可能在公共礼制仪式中发挥作用。③ 同样，卡拉汉（Callaghan）研究了仪式中的陶瓷餐具，精英使用陶瓷器皿作为馈赠缔结政治关系或社会债务，并且在某些情况下，这些器皿成为可支配的财产，个人和团体从这些财产中获得权力。④ 此外，陶瓷器皿经常用于家庭餐桌上和聚餐中，可能作为餐具、仪式活动和宴会上的展示品。⑤ 宴会与仪式活动密切相关，可以加强社会政治的分化、合作和融合。⑥ 在某些场景下使用陶瓷器皿，可以反映不同的社会关系和身份。因此，描绘陶瓷器皿在社会关系中潜在的角色至关重要，我们首先要发现陶瓷可能出现的不同场景，其次要分析它们在这些特定场景下如何发挥作用。

---

① Z. X. Hruby & R. K. Flad, eds., *Rethinking Craft Specialization in Complex Societies: Archaeological Analyses of the Social Meaning of Production* (Archaeological Papers of the American Anthropological Association 17), 2007; K. A. Spielman, "Feasting, Craft Specialization, and the Ritual Mode of Production in Small-Scale Societies, *American Anthropologist*, Vol. 104, Issue 1, 2002, pp. 195 – 207.

② H. Bernier, "Craft Specialists at Moche: Organization, Affiliations, and Identities", *Latin American Antiquity*, Vol. 21, Issue 1, 2010, pp. 1 – 22.

③ K. A. Spielman, "Feasting, Craft Specialization, and the Ritual Mode of Production in Small-Scale Societies", *American Anthropologist*, Vol. 104, Issue 2, 2002.

④ M. G. Callaghan, "Techné and Ceramic Social Valuables of the Late Preclassic Maya lowlands", in *Making Value, Making Meaning: Techné in the Pre-Columbian World*, C. L. Costin, ed., pp. 281 – 318.

⑤ K. C. Twiss, "We Are What We Eat", in *The Archaeology of Food and Identity*, Southern Illinois University Press, 2007, pp. 1 – 15; D. Urem-Kotsou & K. Kotsakis, Pottery, Cuisine and Community in the Neolithic of North Greece, in *Cooking Up the Past: Food and Culinary Practices in the Neolithic and Bronze Aegean*, Renard, J. & Mee, C., eds., Oxbow, 2007, pp. 225 – 246.

⑥ K. C. Twiss, "The Archaeology of Food and Social Diversity", *Journal of Archaeological Research*, Vol. 20, Issue 4, 2012, pp. 357 – 395.

最近人们认识到，了解构建底层价值的过程是理解工艺品功能的重要方法。① 通常，原料是赋予物品价值和意义的关键。特别是稀缺性和获取材料所需的距离，有助于创造商品的社会价值。但另一方面，巴恩（Bhan）等人认为，如果制作技术复杂，普通原料的工艺品也可以是名贵物品。特别是经过火焰加工的精美器物就属于这一类。例如，沙玛音陶器是一种带有红色光泽的精美罗马器皿，尽管其原材料为当地普通的黏土，但其高质量和独特的烧制工艺，使其在陶瓷中脱颖而出。② 同样，哈拉帕陶手镯也是由当地的黏土制成，但这种黏土分布有限，且因其制造技术的复杂性而独一无二。③ 基于这些因素，商品在生产过程中产生的物理特性，使其获得了价值。

复杂的技术可以影响产品的最终性能，创造出既好看又好用的产品。斯其博（Skibo）和希弗（Schiffer）认为，陶器的特性或功能限制造成了生产技术的变化。④ 这些性能可以是实用性的，例如抗热震性、加热/冷却效率等，也可以是感观性的，例如质地和颜色。除了原材料和技术外，添加装饰和标志，以及将仪式或宗教知识融入生产过程中也有助于创造具有社会价值的商品。⑤ 最后，当成品在不同的使用情境中流通时，例如在信誉良好的渠道中交换时，或者当它们用于仪式或公共典礼时，可以获得额外的价值。

---

① C. L. Costin, ed., "*Making Value, Making Meaning: Techné in the Pre-Columbian World*"; Z. X. Hruby & R. K. Flad, eds., *Rethinking Craft Specialization in Complex Societies: Archaeological Analyses of the Social Meaning of Production* (Archaeological Papers of the American Anthropological Association 17), 2007; T. Marakami, "Materiality, Regimes of Value, and the Politics of Craft Production, Exchange, and Consumption: A Case of Lime Plaster at Teotihuacan, Mexico", *Journal of Anthropological Archaeology*, Vol. 42, 2016.

② K. K. Bhan, M. Vidale & J. M. Kenoyer, "Harappan Technology: Theoretica and Methodological Issues", *Man and Environment*, Vol. 19, 1994.

③ M. J. Blackman & M. Vidale, "The Production and Distribution of Stoneware Bangles at Mohenjo-Daro and Harappa as Monitored by Chemical Characterization Studies", in *South Asian Archaeology 1989*, C. Jarrige, ed., Prehistory Press, 1992, pp. 37 – 43.

④ B. Gille, *Histoire des Techniques*, Gallimard, 2008; J. M. Skibo & B. F. Schiffer, *People and Things: A Behavioral Approach to Material Culture*, Springer, 1978.

⑤ Z. X. Hruby, "Ritualized Lithic Production at Piedras Negras, Guatemala", in *Rethinking Craft Specialization in Complex Societies: Archaeological Analyses of the Social Meaning of Production*, Z. X. Hruby & R. K Flad, eds., (Archaeological Papers of the Americon Anthropologcal Assnciation 17), American Anthropological Association, 2007, pp. 68 – 87; Spielman, K. A., "*Feasting, Craft Specialization, and the Ritual Mode of Production in Small-Scale Societies*", *American Anthropologist*, 2002.

三、青铜时代的岭南地区及其陶瓷

《史记》将早期岭南人民记录为未开化的越夷，并分析了其风俗与中原黄河下游文明的异同。然而，最近考古研究表明，在青铜时代，岭南地区遍布以干栏式建筑和土坑墓为特色的小型聚落，当地人擅长水稻种植、畜牧、青铜器制作、石器加工和捕鱼。①这种青铜时代聚落的物质文化以陶器、青铜器和石器（包括有肩石锛在内）为主，有少量青铜器皿、青铜兵器、硬石、玉器等名贵物品。虽然北部被五岭隔绝，但岭南并不是孤立的，它连接了中国南方的一系列区域文化。②

岭南青铜时代有四种陶瓷产品：夹砂陶、印纹陶、釉陶和原始瓷。夹砂陶最早出现在新石器时代早期，质地比较粗糙，多为绳纹。印纹陶最早出现在新石器时代早期，主要是高温烧过的硬陶，通常拍印几何图案。③ 原始瓷出现在青铜时代早中期，源于在中国各地商代（公元前1600—前1046）遗址中发现的一种带釉面的硬陶。虽然这类硬陶烧制温度较高，吸水率低于其他陶器，但与瓷器不同，它还不具备白色的半透明胎、薄釉和吸水率在0.16%~0.5%之间这些典型特征。原始瓷这种说法最早在20世纪60年代提出，如今已在中国普遍使用。④ 中国黄河、长江中下游的广大地区，包括陕西、河南、河北、山东、山西、湖北、湖南、江西、安徽、江苏、浙江和东南沿海的广东、福建等省份均有发现。

关于岭南的青铜时代，特别是商周时期的遗址，考古学家通常用中原地区文化序列的年表作论述（表1）。⑤ 虽然岭南不在中原的直接影响范围内，但关于岭南青铜时代的

---

① C. Higham, *The Bronze Age of Southeast Asia*；杨杰：《岭南地区青铜时期文化研究》。

② G. Shelach-Lavi, *The Archaeology of Early China*: *From Prehistory to the Han Dynasty*, Cambridge University Press, 2015.

③ 申家仁：《岭南陶瓷史》，广东高等教育出版社，2003年。

④ 原始瓷的起源问题，众说纷纭，有“北方说”和“南方说”两种观点。北方起源说中，强调北方原瓷与当地陶器之间的技术关系。但北方只在少量的墓葬和聚落中发现原始瓷，且到目前为止还没有发现窑址。相比之下，在南方，已经发现大量的原始瓷和窑址。加上原始瓷和南方瓷器之间的化学成分相似，因此支持南方起源说。参见汤毓赟：《从北方原始瓷出土情况看南北方文化交流》，《中原文物》2012年第1期；朱剑：《商周原始瓷产地研究》，中国科学技术大学博士学位论文，2006年；罗宏杰、李家治、高力明：《北方出土原始瓷烧造地区研究》，《硅酸盐学报》1996年第24卷第3期。

⑤ 大约在公元前1900年，中原地区的二里头和二里岗出现最早的青铜时代国家。这些考古学遗存与夏朝有关。根据考古资料和文献的记载，其继承者，是商朝和周朝（公元前1046—前256年）。由于周王室的东迁，周被分为西周和东周。在东周时期，诸侯国战乱不断，又分为“春秋时期”（公元前772—前476年，根据官方历史文献命名）和“战国时期”（公元前476—前221年）。

年代谱系尚未完善，且使用中原地区年代谱系论述，更有利于区域的比较研究。本文虽然也使用了这个年表，但为了强调岭南地区发展的独立性，则把青铜时代划分为早期、中期和晚期三部分（表 1）。此外，需要指出的是，几何印纹陶上特定的纹饰也可被用来断代。①

今天对于岭南（不包括广西西南部）陶器纹饰时代的划分，大多数学者都认可以下分期：①公元前 8 世纪—前 3 世纪以夔纹或双 F 纹为主；②公元前 3 世纪—前 1 世纪以米字纹为主（图 1）。② 但这种分期方法仍有争议，且已经发现了许多同时存在夔纹陶和米字纹陶的遗址。

表 1　中原与岭南文化年表③

中原地区	岭南地区
东周（公元前 770—前 256） 战国（公元前 475—前 221） 春秋（公元前 770—前 475）	岭南青铜时代 青铜时代晚期（春秋末期—战国） 青铜时代中期（西周中期—春秋） 青铜时代早期（商—西周早期）
西周（公元前 1046—前 770）	
商（公元前 1600—前 1046）	
二里头和二里岗（公元前 1900—前 1600） 新石器时代（公元前 7000—前 2000）	新石器时代晚期（公元前 2800—前 1500） 新石器时代中期（公元前 4000—前 2800） 新石器时代早期（公元前 5000—前 4000）

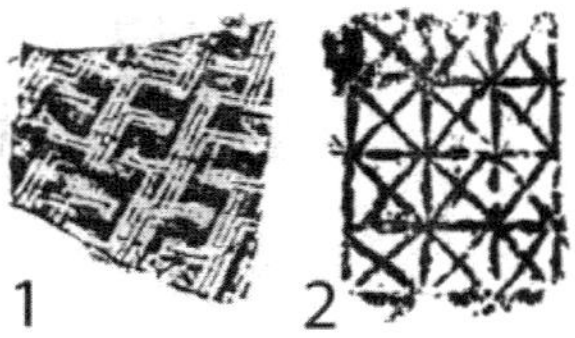

（1）夔纹；（2）米字纹

图 1　印纹陶的主要装饰类型④

① 彭适凡：《中国南方古代印纹陶》，文物出版社，1987 年。

② 李龙章：《岭南地区出土青铜器研究》；杨杰：《岭南地区青铜时期文化研究》；余静：《再论关于两广地区米字纹陶类型遗存和广州汉墓的年代》，《江汉考古》2014 年第 2 期。

③ C. Higham, *The Bronze Age of Southeast Asia*, 1996；Liu, L., & Chen, X., *The Archaeology of China*: *From the Late Paleolithic to the Early Bronze Age*, Cambridge University Press, 2012；G. Shelach-Lavi, *The Archaeology of Early China*: *From Prehistory to the Han Dynasty*；杨杰：《岭南地区青铜时期文化研究》。

④ 邱立诚：《粤地考古求索——邱立诚论文选集》。

四、东江流域的考古发现

东江流域为广东省珠江三角洲的一部分，地理位置优越，遍布低山和丘陵，包括惠州、东莞、深圳等城市，以及广州的增城区。这个区域发现的青铜时代遗址要多于岭南其他地区。① 遗址类型包括大型墓地和窑址，少数聚落和窖藏。对这些遗址的年代判断，主要是根据出土的几何印纹陶、碳14测年（横岭山遗址）以及与其他有纪年遗址出土的青铜器和陶器的类型学对比。

梅花墩、银岗和西瓜岭三个遗址出土了原始瓷。梅花墩遗址位于惠州市博罗县，年代为青铜时代中期。② 这里发现一处龙窑，虽然火膛及窑尾已坍塌，但估计有15米长。同时还出土了夔纹陶、原始瓷、动物俑，以及印模、铁器等生产工具。银岗遗址也位于博罗县，已清理4座龙窑，其中最长的有10米。③ 这个遗址从青铜时代中期一直延续到青铜时代晚期。在遗址的最后一个阶段，陶器的质量和数量急剧增加，并发现拍印米字纹的日用器皿、原始瓷、动物俑、铁器和瓦等。西瓜岭遗址位于广州市增城区，是一处青铜时代晚期的陶瓷生产基地。④ 在西瓜岭遗址发现两座不同时期的龙窑，出土了大量米字纹的硬陶、釉陶、动物俑和陶质工具、铜器和铁器。虽未发现原始瓷，但西瓜岭遗址也采用龙窑技术，生产与其他两个窑址类似的产品。

此外，还有一处聚落遗址——猪牯岭遗址，以及两处大型墓葬——浮扶岭和横岭山。位于东莞的猪牯岭遗址总面积为16 000平方米，时代为青铜时代晚期。截至目前，已发掘1 200平方米，发现了3口水井、柱洞、青铜器、石器、原始瓷和陶器。⑤ 该遗址的详细挖掘报告尚未公布。增城浮扶岭遗址占地15 000平方米，清理墓葬525座，时间跨度从新石器时代晚期到明代。⑥ 大部分墓葬属于青铜时代中期，包含青铜器、玉器、

① 杨豪：《秦置博罗县石湾镇铁场考古春秋》，岭南美术出版社，2007年；赵善德：《先秦秦汉时期岭南社会与文化考索——以考古学为视角》。

② 广东省文物考古研究所：《广东博罗银岗遗址发掘简报》，《文物》1998年第7期；杨兆禧、李双胜等：《博罗梅花墩春秋窑址的古瓷研究》，《华南理工大学学报》1997年第10期。

③ 广东省文物考古研究所、博罗县博物馆：《广东博罗县园洲梅花墩窑址的发掘》，《考古》1998年第7期；广东省文物考古研究所：《广东博罗银岗第二次发掘》，《文物》2000年第6期。

④ 莫稚、李始文：《广东增城、始兴的战国遗址》，《考古》1964年第3期。

⑤ 赵善德：《先秦秦汉时期岭南社会与文化考索——以考古学为视角》。

⑥ 张强禄：《增城浮扶岭墓地M200（西汉前期）发掘简报》，广州市文化广电新闻出版局、广州市文物博物馆学会编：《广州文博5》，文物出版社，2012年；张强禄：《广东增城浮扶岭M511发掘简报》，《文物》2015年第7期。

印纹陶和原始瓷。这个遗址的详细挖掘报告也尚未公布。位于惠州博罗县的横岭山发掘了302座墓葬，面积超过8 500平方米。该遗址有110座青铜时代早期墓葬，182座青铜时代中期墓葬，墓葬位置、大小和随葬品的差异表明存在社会分化的趋势（表2）。建在高处的墓葬通常比低处的墓葬面积更大，包含更多如原始瓷、玉器和青铜器之类的名贵物品。①

表2 横岭山遗址墓葬的年代和数量②

时代		分期	墓葬数量
Ⅰ	商晚期	Ⅰ1	10
		Ⅰ2	7
Ⅱ	西周早期	Ⅱ3	5
		Ⅱ4	10
Ⅲ	西周中晚期	Ⅲ5	40
		Ⅲ6	30
Ⅳ	春秋	Ⅳ7	43
		Ⅳ8	69

目前关于岭南的社会制度和领导制度尚不明确。由于缺乏高等级建筑遗存，岭南的考古学家只能通过有限的墓葬和文献资料来进行研究。在横岭山、浮扶岭等墓葬群中发现了多种青铜器和玉器，这说明在青铜时代中期的一个阶级社会中，高等级阶层可以在墓葬上使用更多资金来获取或生产彰显其地位的物品。③ 此外，一些中原地区的历史文献也提到了位于岭南地区的酋邦，例如缚娄国。④ 邱立诚认为，这些酋邦由地方酋长或国王统治，有其自身特有的等级制度、社会规则和礼制。⑤

① 广东省文物考古研究所：《博罗横岭山——商周时期墓地2000年发掘报告》，科学出版社，2005年；程玲：《从横岭山墓地管窥夔纹陶时代的岭南社会》，《福建文博》2016年第1期；吴隽、吴军明、李其江等：《横岭山先秦墓葬群出土陶瓷的系统研究》，秦伟：《原始瓷器研究》，故宫出版社，2014年。

② 广东省文物考古研究所：《博罗横岭山——商周时期墓地2000年发掘报告》。

③ 程玲：《从横岭山墓地管窥夔纹陶时代的岭南社会》，《福建文博》2016年第1期；郭立新：《墓葬情境分析与身份标识：以博罗横岭山墓地为例》，《中山大学学报》2006年第5期。

④ 曾昭璇：《岭南先秦诸小国考（一）》，《岭南文史》1994年第1期。

⑤ 邱立诚：《粤地考古求索——邱立诚论文选集》。

五、青铜时代东江流域原始瓷的特征与功能

（一）原始瓷的生产工艺

岭南地区的原始瓷可以呈现出中国南方原始瓷的三大特征：一是由陶土或高岭土制成；二是它表面有一层玻璃釉；三是它的烧制温度在1 100℃到1 200℃之间①。迄今为止，研究人员只对横岭山出土的原始瓷做了详细研究。此外，对梅花墩窑址和深圳屋背岭遗址的样品也进行了分析。原始瓷的生产过程可分为五个阶段：①原料的选择和提取；②准备坯料；③塑形；④装饰；⑤阴干和烧制。② 通过对横岭山、银岗和梅花墩出土的38个硬陶标本进行WDXRF（波长色散X射线荧光光谱）和INAA（仪器中子活化分析）检测，发现它们的化学成分存在显著差异，这表明标本的原材料可能来源于遗址本地。③ 横岭山（第3期和第4期）和梅花墩原始瓷样品的X射线荧光分析表明，东江流域陶瓷制作的配方在不断调整：铝的使用量逐渐减少，硅的使用量逐渐增加。④ 遗憾的是，目前没有关于银岗窑址的检测结果。在跨区域比较原始瓷的化学成分时，首先应该关注中国其他地区原始瓷的化学成分，特别是山西、河南、河北、陕西、江西和浙江等省，这些省份的原始瓷的化学成分通常是铝含量低（约15%），硅含量高（70%～80%）。⑤ 而横岭山、银岗和梅花墩的原始瓷则相反，铝含量较高（约25.6%），硅含量较低（低于70%）。⑥

横岭山、银岗和梅花墩出土的釉料成分与江西、浙江等地相似，都是中国南方青铜

① Y. Lu, ed., *A History of Chinese Science and Technology*, Vol. 2, 2015.

② 娄欣利：《先秦东江三角洲陶器研究》。

③ 王建平、陈铁梅、程玉冰：《广东博罗先秦硬陶的XRF和INAA研究》，《文物保护与考古科学》2004年第16卷第4期。

④ 吴隽、李家治、吴瑞等：《广东博罗横岭山墓葬群出土陶器及原始瓷器的科学技术研究》，广东省文物考古研究所编：《博罗横岭山——商周时期墓地2000年发掘报告》。

⑤ 吴隽、吴军明、李其江等：《横岭山先秦墓葬群出土陶瓷的系统研究》，秦伟：《原始瓷器研究》。

⑥ 王建平、陈铁梅、程玉冰：《广东博罗先秦硬陶的XRF和INAA研究》，《文物保护与考古科学》2004年第16卷第4期；吴隽、李家治、吴瑞等：《广东博罗横岭山墓葬群出土陶器及原始瓷器的科学技术研究》，广东省文物考古研究所编：《博罗横岭山——商周时期墓地2000年发掘报告》；吴隽、黄梦璇、张茂林等，《南方各窑址原始瓷产地特征的EDXRF分析》，《光谱实验室》2012年第29卷第6期。

时代流行的灰釉。① 釉料主要有两种：一种是以钙、钾和镁为主要成分，呈绿色；另一种则是以钙为主，含铁量较高（高于5%），呈黑绿色。这种黑釉最早出现在广东韩江流域青铜时代早期浮滨文化遗址出土的釉陶上。②

原始瓷的塑形方法是泥条盘筑法，然后用慢轮修整。大多数器物装饰有弦纹和（或）篦点纹（图2）。特别令人感兴趣的是，器皿的内、外均有纹饰，内饰尤为精致。这与在浙江、江西和福建等地区发现的原始瓷形成了鲜明对比，因为那些瓷器鲜有内饰。③ 此外，容器在烧制之前均刻有标记，通常在圈足或豆柄处（图2）。这在中国南方的几何印纹陶和原始瓷上很常见，大多数学者认为这是不同匠人身份的标志。④

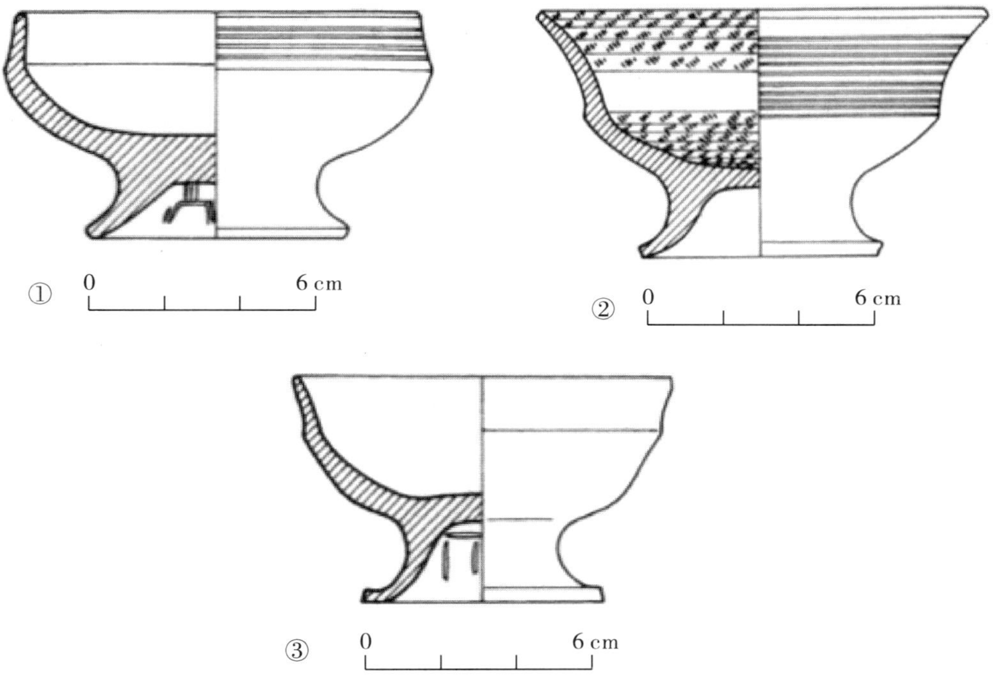

（1）弦纹（图706.2）；（2）弦纹+篦点纹（图695.1）；（3）素面（图697.1）⑤

图2　横岭山出土豆的主要纹饰

---

① 吴隽、张茂林、吴军明等：《中国陶瓷釉的多元化起源与初步发展探析》，《中国科学》2011年第2期；吴隽、吴军明、李其江等：《横岭山先秦墓葬群出土陶瓷的系统研究》；广东省文物考古研究所：《广东博罗银岗第二次发掘》。

② 郑建明：《商代原始瓷分区与分期略论》，《东南文化》2012年第2期。

③ 秦伟：《原始瓷器研究》；王屹峰：《中国南方原始瓷窑业研究》，中国书店，2010年。

④ 广东省文物考古研究所：《博罗横岭山——商周时期墓地2000年发掘报告》。

⑤ 广东省文物考古研究所：《博罗横岭山——商周时期墓地2000年发掘报告》。

原始瓷是在龙窑中烧制而成的。龙窑是长方形结构，建在斜坡或山坡上，由火膛、窑床和排烟室组成。这种窑根据交叉通风原理工作，热量通过窑室从烟囱排出。这样，温度可以迅速升高，以保持还原气氛稳定。此外，由于窑壁较薄，窑内温度可以快速升高或降低。这些优点使龙窑更适合生产釉陶和瓷器。人们认为在华南地区创造出这种窑炉，有环境因素，如湿润的气候、南方黏土的成分和丘陵地貌等；也有经济因素，例如可以提高硬陶的生产效率；还有现实因素，因为烧制陶瓷需要干燥封闭的空间。①

（二）原始瓷的出土情况

肉眼无法直接区分原始瓷和其他陶器，需要进行化学分析，因此，很多原始瓷可能尚未被识别。据我们目前所知，原始瓷的消费似乎主要集中在东江流域，在惠州、东莞、增城的梅花墩、银岗、横岭山、浮扶岭、猪牯岭等遗址均有发现。

横岭山 322 座墓葬中有 64 座②出土原始瓷，主要属于青铜时代中期。这些墓葬为长方形土坑墓，每座墓随葬品数量从 0 到 25 件不等，包括青铜器、玉器、砺石、纺轮、印纹陶和原始瓷。总共发现了 111 件原始瓷，每座墓数量从 1 到 6 件不等。根据随葬品的数量和种类的不同，程玲将这些墓葬分为五个等级，虽然在所有等级中都发现了原始瓷，但等级越高的墓葬包含更多器物、纹饰越丰富（表 3）。

表 3　横岭山墓葬等级及数量③

随葬品等级		1 级 20 ~ 26		2 级 10 ~ 19		3 级 7 ~ 9		4 级 4 ~ 6		5 级 0 ~ 3	
墓葬数量	Ⅰ期	0		1		0		5		11	
	Ⅱ期	0		0		2		4	（1）	9	
	Ⅲ期	2	（2）	5	（4）	6	（4）	20	（11）	37	（11）
	Ⅳ期	1	（1）	7	（4）	12	（6）	23	（9）	69	（12）

注：括号中是包含原始瓷的墓葬数量。

除梅花墩、银岗和横岭山外，博罗县还发现了大量青铜时代遗址，但迄今为止，仅在西埔上岭墓葬中发现了原始瓷。④ 此外，在博罗龙溪银岗和苏岗两处聚落点可能也有

① 周婧景：《“越窑”地位问题的再探讨》，《中国陶瓷》2012 年第 2 期。

② 根据表 3 数据计算，此处应为 65 座。原文如此，不作改动。

③ 程玲：《从横岭山墓地管窥夔纹陶时代的岭南社会》，《福建文博》2016 年第 1 期。

④ 崔勇：《博罗西埔上岭商时期至清代墓地》，中国考古学会编：《中国考古学年鉴 2003 年》，文物出版社，2004 年，第 266 页。

原始瓷器物，因为在这些地点发现了许多与横岭山和梅花墩非常相似的器物，但尚未进行化学分析。① 目前，东江流域只发现了两个出土原始瓷的青铜时代聚落遗址——猪牯岭遗址和浮扶岭遗址，遗憾的是，这些遗址的详细发掘报告尚未公布。然而，从公元前3 世纪墓葬 M511 的发掘简报来看，浮扶岭似乎与横岭山非常相似，均发现了原始瓷与几何印纹陶和玉器的组合。②

在东江流域之外，深圳屋背岭遗址和香港南丫岛的青铜时代中期墓葬中亦发现了原始瓷，但没有关于这些墓葬遗址的详细信息。③ 青铜时代晚期，广东揭阳、河源（和平县）、云浮（罗定市）和广西贺州的部分墓葬中也发现了原始瓷和青铜器，例如在罗定背夫山 M1 的 98 件青铜随葬品中发现了一件原始瓷杯。但由于未对这些墓葬的原始瓷器进行检测，因此也无法对其出处作任何假设。④

（三）原始瓷的功能

在中国南方各地的墓葬中发现了大量的原始瓷随葬品，这些随葬品通常是中原和楚国流行的青铜礼器或乐器的仿制品。⑤ 虽然与青铜器的结构和制作方法差别很大，但从大小、形状和装饰上来看，原始瓷往往都是青铜器的精确复制品。原始瓷成为青铜器替代品的主要原因有两个：首先，原始瓷具有铜器般的防渗性，可同青铜器皿一样盛放食物；第二，制作原始瓷的技术更容易掌握，其原材料在华南地区广泛分布，较青铜器更容易获取。⑥ 与湖南、江西、福建、浙江等地同时期墓葬中出土的原始瓷相比，岭南的原始瓷分布有限，且数量和变化都较少。

横岭山出土的原始瓷，都是盛放食物的器皿，一般与印纹陶或素面陶一起出土。这些器皿通常以 2 ~ 4 件类型一致的器物为一组，同时出土，这表明它们可能是成套的组合。在已发现的器皿中，最常见的是豆，它由碗形的豆盘和柄状圈足底构成（图 3）。据中原的史料可知，豆一来用作盛食，二来用作礼器。例如，西周到春秋时期著成的

---

① 杨豪：《秦置博罗县石湾镇铁场考古春秋》。

② 张强禄：《增城浮扶岭墓地 M200（西汉前期）发掘简报》，广州市文化广电新闻出版局、广州市文物博物馆学会编：《广州文博 5》。

③ 赵善德：《先秦秦汉时期岭南社会与文化考索——以考古学为视角》。

④ 广东省博物馆、罗定县文化局：《广东罗定背夫山战国墓》，《考古》1986 年第 3 期；广东省博物馆、汕头市文管会、揭阳县博物馆：《广东揭阳县战国墓》，《考古》1992 年第 3 期；张春云：《广西贺县龙中岩洞墓清理简报》，《考古》1993 年第 4 期。

⑤ H. Wang, "Craftsmanship of Proto-Porcelain Ritual and Music Utensils in the Yue Kingdom", *Hundred Schools of Art*, Vol. 155, Issue 2, 2017.

⑥ 赵善德、孙剑侠：《两周时期东江流域及其南部的商品交换活动》，《中国市场》2009 年第 48 期。

《诗经》中提到，楚人使用豆盛放水果以招待客人。而《论语》则记载，中原的豆会在礼制中使用，由官吏掌管。关于岭南地区使用豆的资料暂未获得，但从考古发掘得知，陶豆自新石器时代以来一直是一种随葬品，在广东南部和香港的遗址中经常出现，是一种实用性器物。横岭山出土的原始瓷豆（以及其他类型的原始瓷）在外观上与陶豆有所不同：首先原始瓷豆一般带有浅绿釉；其次原始瓷豆内外饰有同心圆、圆点或刻画纹等纹饰，而其他陶豆多为素面。而且随葬品多的墓葬相较于随葬品少的墓葬，随葬原始瓷的数量更多，内部纹饰更精致（表4）。这表明原始瓷的用处可能不仅限于容器。

（1）陶豆（T0606.58）（图710.4）；（2）直壁原始瓷豆（T0104.95）（图704.7）；
（3）弧壁原始瓷豆（T0505.103）（图706.3）；（4）原始瓷杯（T0104.107）（图710.4）①

图3　横岭山发现的陶瓷器皿

① 广东省文物考古研究所：《博罗横岭山——商周时期墓地2000年发掘报告》。

表4　横岭山出土70件豆的概况及特征①

分期	编号	墓葬	材质	尺寸（厘米）	内饰	外饰
Ⅲ期	1	M264	PP	13.8－7.4－7.5	弦纹＋篦点纹	弦纹
	2		PP	10.5－7－6.4	弦纹＋篦点纹	弦纹
	3		PP	10.5－6.2－6	弦纹＋篦点纹	弦纹
	4		PP	9.2－6－5.6	弦纹＋篦点纹	弦纹
	5		PP	10－6.4－6.5	弦纹＋篦点纹	弦纹
	6	M182	PP	13.4－7.4－7.3	—	弦纹
	7		PP	11－6.4－5.5	弦纹＋篦点纹	弦纹
	8		PP	10.7－5－5.7	弦纹＋篦点纹	弦纹
	9		PP	11.6－6－5.6	弦纹＋篦点纹	弦纹
	10	M308	PP	11.8－6.8－7	弦纹＋篦点纹	弦纹
	11		PP	10.6－6.2－6.4	弦纹＋篦点纹	弦纹
	12		CR	8.8－4.2－6	—	不规则线条
	13		CR	12.4－6－6.8	—	—
	14	M124	PP	11.3－6.1－6.2	弦纹＋篦点纹	弦纹
	15		PP	11－6.6－6.5	弦纹＋篦点纹	弦纹
	16		PP	12.6－7－6.6	弦纹＋篦点纹	弦纹
	17		CR	8.9－4.6－4.7	—	弦纹
	18		CR	8.8－5.6－5	—	弦纹
	19	M56	PP	10－6.6－6.2	弦纹＋篦点纹	弦纹
	20		CR	10.4－5.9－6.1	—	—
	21		CR	10.8－6.1－6.5	—	—
	22		CR	10.8－6－6.2	—	—
	23		CR	9.8－5.9－6	—	—
	24	M81	PP	13.3－6.8－7.7	弦纹＋篦点纹	弦纹
	25		CR	12.6－7.2－7	—	弦纹
	26		CR	11.6－7.3－6.2	—	弦纹

① 广东省文物考古研究所：《博罗横岭山——商周时期墓地2000年发掘报告》。

（续上表）

分期	编号	墓葬	材质	尺寸	内饰	外饰
Ⅲ期	27	M84	PP	12.4－6.6－6.8	弦纹＋篦点纹	弦纹
	28		PP	9.8－4.5－3.2	弦纹＋篦点纹	弦纹
	29		PP	10.6－6－5.8	弦纹＋篦点纹	弦纹
	30		PP	10.8－6－6.2	弦纹＋篦点纹	弦纹
	31		PP	10.5－6－6.4	弦纹	弦纹
	32		CR	15－7.8－8.7	—	—
	33	M83	PP	11.2－5.8－6.5	弦纹＋篦点纹	弦纹
	34		CR	11.8－6.2－6.5	—	—
	35	M96	PP	15－7.8－8.4	弦纹＋篦点纹	弦纹
	36		PP	10.6－6.8－5.8	弦纹＋篦点纹	弦纹
	37		CR	13.5－8－6.8	—	弦纹
	38	M43	PP	12－6－6	弦纹＋篦点纹	—
	39	M127	PP	11.5－7－7	弦纹＋篦点纹	弦纹
	40		CR	10.6－6.8－6.9	—	—
Ⅳ期	41	M211	PP	11.8－6.2－6.6	弦纹	弦纹
	42		PP	12.4－6.4－6.8	弦纹	弦纹
	43		PP	11.1－5.5－5.8	弦纹	弦纹
	44		CR	13－6－7	—	—
	45		CR	12－6.4－6	—	—
	46	M198	PP	5.8－4.2－?	弦纹	弦纹
	47		CR	13－7.2－6.5	—	—
	48	M93	PP	15.5－7.7－8.5	弦纹＋篦点纹	弦纹
	49		CR	10.7－6.8－5.8	—	弦纹
	50		CR	12－6.3－7.2	—	—
	51		CR	13.6－7－7.4	—	—
	52		CR	13－7.6－7.6	—	—
	53	M34	PP	12.2－6.2－6.9	弦纹	弦纹
	54		PP	12－6－6.4	弦纹	弦纹
	55		PP	10.8－5.9－5.8	弦纹	弦纹
	56		PP	12.8－6.2－6.8	弦纹	弦纹
	57		CR	14.3－7－8	—	—

（续上表）

分期	编号	墓葬	材质	尺寸	内饰	外饰
Ⅳ期	58	M145	PP	11.6－6.2－8.4	弦纹	弦纹＋圆点
	59		PP	11.8－6.4－9	弦纹＋圆点	弦纹＋圆点
	60		PP	11.8－6－8	弦纹＋圆点	弦纹＋圆点
	61		CR	11.2－5.8－7	—	—
	62	M31	PP	13.5－7.4－9.6	弦纹	弦纹
	63		PP	9.6－7.6－11	—	—
	64		CR	13.5－7.7－7	弦纹	—
	65	M35	PP	12－6－6.2	弦纹	弦纹
	66		CR	12－6.8－7	—	—
	67		CR	12.4－6－6	—	—
	68	M89	PP	12－6.2－6.4	弦纹	弦纹
	69	M115	PP	11－6.4－8	弦纹	弦纹
	70	M72	CR	10－2－6.6	—	—

注：原始瓷为 PP；陶器为 CR。

接下来分析原始瓷在居住环境中的使用情况。岭南青铜时代的聚落遗址比较罕见，东江流域内主要有博罗的龙溪银岗、苏岗，惠阳的窝尾坳和东莞的猪牯岭。① 这些遗址通常出土石器和陶器，陶器种类有豆、罐（一种高的圆腹壶）等。猪牯岭是唯一发现原始瓷的聚落遗址。可惜的是该遗址的发掘报告并未发表。其他遗址尚未发现原始瓷器，因此，目前没有办法对原始瓷的家庭用途作出任何假设。

尽管在各种等级的墓葬中都发现了原始瓷，但应注意的是，原始瓷与青铜器和玉器等名贵物品是共存的（表 5）。青铜器主要是武器，包括匕首、矛、短剑和箭头，以及像斧头、刮刀、凿子一样的工具。此外，还出土了两个铜钟（M182）和一个鼎（M201），鼎有四条腿、两个对称的把手，是一种炊煮器。虽然这些青铜器的风格和形状与中原地区青铜礼器相似，但化学分析表明其含锡量较高，说明其原产地另有渊源。因此，在横岭山遗址出现本地生产的具有北方风格的陶器和礼器，应属于名贵物品。在中原地区，这类礼器是礼制仪式的重要组成部分，在墓葬中的数量也会随着墓主的身份地位提高而增加。与中原地区不同的是，岭南地区的精英没有遵循控制器皿数量的规

① 杨豪：《秦置博罗县石湾镇铁场考古春秋》；张镇洪：《岭南考古研究 8》，中国评论学术出版社，2009 年。

则，经过声音测试，铜钟并不能作为乐器使用。① 因此，这些极为稀有的具有异域风格的青铜器，可能会作为贵重物品，被用在当地的礼制仪式中。

表 5　横岭山墓地高级墓葬器物组合②

墓葬编号/（分期）	随葬品数量						
	总计	青铜器	玉器/水晶	砺石	纺轮	原始瓷	陶器
M211（Ⅳ7）	25	12	1	3	—	3	6
M225（Ⅲ6）	24	—	18	—	1	1	4
M264（Ⅲ6）	24	3	10	—	3	5	3
M182（Ⅲ5）	19	10	—	3	—	4	2
M056（Ⅲ6）	15	3	7	—	—	1	4
M085（Ⅳ8）	14	—	—	—	—	5	9
M124（Ⅲ5）	13③	1	6	—	1	3	3
M308（Ⅲ5）	12	—	8	—	—	2	2
M198（Ⅳ7）	10	5	1	2	—	1	1
M059（Ⅳ8）	10	—	—	—	1	4	5
M093（Ⅳ8）	10		—			1	9

六、讨论

目前的考古信息显示，原始瓷主要集中在东江流域进行区域性的生产和消费，在广东其他地区比较少见。从产地来看，梅花墩、银岗和西瓜岭等遗址均分布在河岸附近，很可能是为了向类似于横岭山、浮扶岭和猪牯岭之类的周边地区供应陶瓷产品。这些遗址不仅位于三座窑址半径 35 公里范围内，而且还出土了特征类似的陶瓷器皿，尤其是与横岭山和梅花墩发现的原始瓷化学成分相同。④ 虽然没有发现任何高等级建筑或行政管理类的遗存，但东江流域的窑址大概与其他的人类活动区域在空间上是分离的，考古调查已经证实窑址周边没有农业聚落的存在。窑址上发现的与生产无关的工具和定居遗迹进一步表明，这些生产地点有制陶匠人工作和生活。龙窑的使用和生产原始瓷所需的

① 广东省文物考古研究所：《博罗横岭山——商周时期墓地 2000 年发掘报告》。

② 广东省文物考古研究所：《博罗横岭山——商周时期墓地 2000 年发掘报告》。

③ 根据计算，此处应为 14。原文如此，不作改动。

④ 吴隽、李家治、吴瑞等：《广东博罗横岭山墓葬群出土陶器及原始瓷器的科学技术研究》，广东省文物考古研究所编：《博罗横岭山——商周时期墓地 2000 年发掘报告》。

技术知识似乎已被集中管理，就我们今天所知的情况来看，这些技术知识是在梅花墩和银岗（也可能包括西瓜岭）特有的。这种空间上的隔离表明，存在专门为精英阶层生产和分销的专业附庸型人员。这种可能性应该通过价值建构的过程来检验，通过原始瓷产品及其使用情况，看其有多少程度属于贵重商品、中间商品和（或）必需品。

虽然原始瓷是就地取材，并继承了实用器皿的传统形状，但复杂的火焰工艺造就了原始瓷的实用性和美观性。原始瓷的使用场景可能影响了技术选择。渗透性和强度是实用性能，在原始瓷生产过程和最终消费中发挥作用。横岭山陶瓷的EDXRF（偏振激发X射线荧光光谱）、仪器中子活化分析（INAA）、XRD（X射线衍射）和烧成温度分析表明了陶工改善原始瓷烧制技术的意图。① 具体来说就是从第一阶段到第四阶段，胚体铝含量逐渐降低，烧制温度从低于900℃上升到超过1 200℃。表面颜色、质地和纹饰是视觉和触觉方面的性能。为了突出原始瓷的内饰，东江流域出现了一种特有的弦纹加篦点纹的组合纹饰类型，而其他类型的陶器纹饰则是弦纹、几何纹或素面。在这方面原始瓷豆和大多数素面陶豆之间的区别比较明显。此外，工匠们通过不懈的努力使得釉的透明度更高、质感更好②，最终接近瓷器的水准，也说明美观对于阐释社会地位或身份起到重要作用。原始瓷作为一种不透水的陶瓷制品，其纹饰以及半透明的釉面外观具有独特的流通价值。换句话说，它具有高识别度，可以立即被人认出。它的功用不仅限于生活用具，还可作为身份和社会地位的象征。在横岭山出土的原始瓷，特意以一定的数量和组合搭配，进一步证实了上述说法。

将原始瓷与东江流域其他类型陶器的制造过程进行比较，可以看出工匠在创造原始瓷产品时，采用了更特殊的专业技术，显示出不同的审美和社会价值。有趣的是，在东江流域，原始瓷、几何印纹陶和夹砂陶在同时生产。这里发现了生产其他陶器的装饰工具（陶拍）、生产工具和窑炉设施，表明可以进行制坯、表面处理和烧制活动，这直接证明了同时存在不同类型的制陶生产。换言之，尽管不同类型陶器的生产方法存在明显差异，但它们可能是同一产地的。这种情况不仅限于岭南，在中国南方其他青铜时代的窑址也很常见。③ 仔细观察几何印纹陶和原始瓷的生产过程会发现，它们在制坯和处理表面的工艺方式有所不同。王建平和陈铁梅利用WDXRF和INAA两种方法对这两种材

---

① 王建平、陈铁梅、程玉冰：《广东博罗先秦硬陶的XRF和INAA研究》，《文物保护与考古科学》2004年第16卷第4期；吴隽、吴军明、李其江等：《横岭山先秦墓葬群出土陶瓷的系统研究》，秦伟：《原始瓷器研究》。

② 吴隽、吴军明、李其江等：《横岭山先秦墓葬群出土陶瓷的系统研究》，秦伟：《原始瓷器研究》。

③ 秦伟：《原始瓷器研究》。

料的化学成分进行了分析和比较，发现两种器胎中的原材料不同。[①] 在处理外表方面，全身用陶拍拍印几何印纹的硬陶器皿纹饰更加丰富。[②] 而原始瓷多为刻画纹饰，需要增加额外的生产步骤和施釉。几何印纹陶和原始瓷的生产过程只有在成型和烧制这两个阶段才有重叠。大多数陶器和原始瓷的制胎工艺一样，都是先盘筑成型，然后用慢轮修整。在龙窑里，这些器物是一起烧制的，因为在梅花墩遗址窑室内同一地层中同时出土两种类型的残片，并且两种材料粘连在一起。两种陶瓷烧成的质量差异，主要与烧制批次和在窑内堆放的位置有关。因此，在确定器物最终外观，并实现器物实用性和美观性的生产步骤方面，印纹陶和原始瓷是存在差异的。使用不同材料同时烧制的原因可能是经济效益更高，龙窑可能是负责不同产品的工匠们共同使用的生产设备。

与普通陶器相比，原始瓷可能是一种贵重物品，因其分布范围有限，且在高等级墓葬中出现更多，而印纹陶和素面陶大多是实用品，广泛分布在聚落和墓葬中，任何人都可以用这两种陶器作为随葬品。例如，在横岭山墓地，随葬品中陶器占总数的57.7%，214座墓葬中只有23座没有陶器。[③] 窑址的情况也类似，窑内产品以几何印纹硬陶为主，只有一小部分是原始瓷。例如，在梅花墩，原始瓷仅占所有陶瓷制品的1.41%。[④]

在低等级的墓葬中也出土了少量质量较差的原始瓷豆。这表明不仅社会上层，其他社会阶层也可以拥有原始瓷。这与强制性权力结构或贵重物品的定义相悖，但反过来说，原始瓷也有可能促进了社会不同阶层的融合与合作。例如，是否有可能在礼制仪式和（或）节日盛宴这些特殊活动中使用原始瓷呢？最近的研究强调了促进合作机制在复杂的社会政治发展中发挥了更重要的作用，例如互惠、声誉、报酬和奖励，而不是精英强制性的权力。例如，斯坦尼什（Stanish）认为，创建和维护生产力组织的一种非常有效的方法，是将生产过程与生产计划结合，这个过程由政治仪式确定，在周期性节日中

---

① 王建平、陈铁梅：《横岭山墓地出土西周中晚期至春秋时期陶瓷的INAA和WDXRF研究》，广东省文物考古研究所编：《博罗横岭山——商周时期墓地2000年发掘报告》，第451-456页。

② 在银岗、西瓜岭和梅花墩均发现一种可能是作为陶拍使用的陶器。一些学者提出了一种可能性，即用陶拍和陶垫饼制作薄胎。此外，还发现了一些刻画或压印方格纹、夔纹和篦点纹的陶拍，证明有在现场处理陶器表面的工序。参考广东省文物考古研究所：《广东博罗银岗遗址发掘简报》，《文物》1998年第7期；《广东博罗银岗第二次发掘》，《文物》2000年第6期；莫稚、李始文：《广东增城、始兴的战国遗址》，《考古》1964年第3期。

③ 赵善德、孙剑侠：《两周时期东江流域及其南部的商品交换活动》，《中国市场》2009年第48期。

④ 广东省文物考古研究所、博罗县博物馆：《广东博罗县园洲梅花墩窑址的发掘》，《考古》1998年第7期。

完善，并为戒律或习惯法认可。① 这样，社会其他群体可以通过参与周期性的节日活动来向外彰显身份，拥有和使用原始瓷可能是一种奖励。另外一种可能是，出土原始瓷的低等级墓葬，有可能是制造原始瓷的工匠群体。例如，郭立新认为横岭山墓葬之间的差异源于性别和劳动分工。根据墓葬是否有纺轮、青铜武器或青铜农具，她提出了一种劳动分工模式，其中女性负责编织，男性负责防御，男女都从事农业活动。据此说法，可能存在第四类劳动类别，就是拥有陶器和原始瓷的人，可能是负责准备食物或生产陶瓷的人。

七、结论

先前的讨论表明，原始瓷具有社会价值和象征意义。它的特征如下：①本土制造；②因其外观有釉面和特殊的纹饰，具有“流通性”；③是拥有标准化流程的高级技术产品；④与其他陶瓷产品相比，原始瓷的流通和消费受到更多限制；⑤仅限于指定用途。此外，原始瓷并不完全属于名贵物品或必需品的范畴，它可能属于一种在不同情境为不同社会群体所使用的物品。例如，在低等级墓葬中出土的原始瓷，可能与参加地区礼制仪式时，分工和（或）合作的形式过程有关，而在高等级墓葬中出土的珍贵物品可能反映了精英群体的政治经济战略。可以观察到，原始瓷在风格和数量上是有变化的。这似乎满足 Bernier 提出的“中间商品”的定义，即通过纹饰、器形或使用情境等因素表达出强烈的象征意义。②

根据我们目前对东江地区及其制陶作坊的了解，工匠制作了不同社会阶层（包括精英阶层在内）使用的实用器和中间产品。如果没有来自精英阶层的某种投资或控制，要在某一地点集中建造大型龙窑，雇用掌握原始瓷全部生产技术和系统知识的工匠，似乎是不太可能的。因此，在生产组织方面，可能有以下两种情况。第一种情况是专业匠人依附于仪式和（或）政治领导人，他们通过公共仪式和分配有限的中间产品来奖励这些依附的匠人。第二种情况可能是劳动分工，精英工匠和附属工匠参与不同的生产阶段。这就解释了为何陶器和原始瓷同时生产，但在生产过程中存在阶段性差异的原因。拥有生产这种对仪式至关重要物品（例如原始瓷器）所必需的深奥知识，也许可以提高这些

---

① D. V. Carballo, ed., *Cooperation and Collective Action: Archaeological Perspectives*. University Press of Colorado, 2013; Stanish, C., The Ritualized Economy and Cooperative Labor in Intermediate Societies, in *Cooperation & Collective Action: Archaeological Perspectives*, D. M. Carballo ed., University Press of Colorado, 2013.

② H. Bernier, "Craft Specialists at Moche: Organization, Affiliations, and Identities", *Latin American Antiquity*, Vol. 21, Issue 1, 2010.

精英专家的声望。

在更广泛的层面上讲，这个案例研究不仅展示了重塑手工艺品价值的重要性，还强调了社会上坚持对商品的实用、美观和有象征意义等特性的考虑是如何影响生产模式和消费行为的。此外，消费者可能会根据他们对社会和文化价值的理解，以及他们的兴趣、能力和具体情况来选择特定的商品。① 某些物品的使用，特别是陶瓷，有可能涉及不同的情境。对于手工艺品生产必不可少的技术知识，只是构造物品总价值的一个方面，但当它与社会结构不一致时就毫无意义。

最后需要指出的是，由于青铜时代的聚落和仪式活动的信息有限，以及对岭南出土的大量原始瓷缺乏详细的描述和化学分析，目前很难完全重构原始瓷的使用情境，未来需要更多这方面的研究。此外，需要对青铜时代岭南地区的陶瓷工业、发展时间及其与中国南方其他地区的联系开展更全面的研究。原始瓷和其他陶器之间的区域性纹饰和器形的演变过程，可能是未来较有意义的研究方向。正如本文所述，陶瓷及其生产组织确实值得关注，因为技术和政治条件是其创造价值和消费的基础，这可以阐明中等社会存在有组织的专业化工艺模式和复杂的社会政治。

［译者后记］ 随着我国考古学科的不断发展，早期依靠类型学对古代遗物形态进行研究、建立年表谱系的科研工作已比较成熟，考古学研究的任务也从物质文化史研究逐步转向古代社会复原研究。本文从“贵重物品（prestige goods）的生产及分配”“贸易物品产地分析”和“社会结构分析”等西方考古学方法理论入手，观察青铜时期岭南地区原始瓷的生产和流通情况，揭示其社会结构形态。这为我们依托有限的考古资料，复原古代社会提供了新的视角和方法理论。

作者简介：

［比利时］米夏（Michèle H. S. Demandt），中山大学考古学博士，比利时林堡省语言中心讲师。

译者简介：

柏宇亮，广东省文物考古研究院历史时期考古研究所副研究馆员。

---

① T. Marakami, “Materiality, Regimes of Value, and the Politics of Craft Production, Exchange, and Consumption: A Case of Lime Plaster at Teotihuacan, Mexico”, *Journal of Anthropological Archaeology*, Vol. 42, 2016.

西北丝路上的珍奇动物考

周运中

[**提要**] 乌弋山离国的桃拔是羚羊，桃拔可能是波斯语羚羊（tibâ）的音译，桃拔形误为扶拔，又写成符拔。天禄源自天鹿，因为鹿对应五行体系中北方的水而成为藏书楼名。天鹿原来不是特指麒麟（驯鹿），更不是符拔、辟邪，东汉开始混淆。梵语的鹿是mṛga，辟邪是其音译兼意译。东汉佛教徒来华，出现辟邪的译名。辟邪原来是鹿，后人误指为狮。唐代印度的稍割是大尾羊，梵语的山羊是chāga，稍割是音译。唐代薛延陀的拔兰是驼鹿，哈萨克语的驼鹿是bulan，拔兰是音译。成吉思汗在南亚看到绿色的鹿而班师，应是印度蓝牛羚，又名蓝鹿，被后人附会为角端（海象）、犀牛。

[**关键词**] 辟邪；天鹿；麒麟；驼鹿；蓝牛羚

一、桃拔、辟邪、天鹿、麒麟

班固《汉书·西域传上》说乌弋山离国："东与罽宾、北与扑挑、西与犁靬、条支接……而有桃拔、师子、犀牛。"颜师古注引孟康曰："桃拔一名符拔，似鹿，长尾，一角者或为天鹿，两角者或为辟邪。"范晔《后汉书》卷三《章帝纪》章和元年（87）："月氏国遣使献扶拔、师子。"卷四《和帝纪》章和二年十月："安息国遣使献师子、扶拔。”卷四七《班超传》：“（月氏）贡奉珍宝、符拔、师子。”卷八八《西域传》：“章帝章和元年，遣使献师子、符拔。符拔，形似麟而无角。”《册府元龟》卷九七一记载唐玄宗开元七年（719）：“吐火罗国大首领献狮子二、零羊二。”吐火罗即东汉的月氏，狮子和零羊（羚羊）的同样组合，使我们有理由推测符拔也是羚羊。

朱偰认为桃拔类似鹿，应是羚羊，可能是这三种羚羊：Antilope cervicapra、Antilope Saiga、Gazella dorcas。① 我以为只能是第一种，因为第二种即赛加羚羊（Saiga tatarica），分布在我国西北到蒙古、俄罗斯，不必从乌弋山离国引进，乌弋山离国也不产。第三种是瞪羚属的鹿瞪羚，在撒哈拉沙漠，距离太远。第一种即印度羚属的印度黑羚，原来分布在巴基斯坦、印度、尼泊尔、孟加拉国，正是要经过乌弋山离国和月氏传入汉朝。朱偰说到这种羚羊在印度被看成是神兽，有很多诗歌吟诵。雄性印度黑羚羊的角长 50 厘米，而且是扭转五圈，雌性无角。全身分为显著的黑白两色，目光锐利，奔跑迅速，所以被看成神兽。另有印度瞪羚（Gazella bennetti），比印度黑羚小，雄性角长 40 厘米，不弯曲，雌性的角小，分布在印度、伊朗、巴基斯坦。雌性印度黑羚无角，《后汉书》说符拔无角，更可能指印度黑羚的雌兽。

林梅村引法国汉学家沙畹（Édouard Chavannes）的观点，认为符拔是古希腊语 boubalis 的汉译，即叉角羚，又认为辟邪是犀牛。② 我对此表示疑问，叉角羚分布在北美洲，bubalis 是非洲的狷羚。而且月氏、安息是否会使用希腊语中的非洲羚羊来称呼东方的羚羊？上古的黄河流域有犀牛，犀牛在汉代长江流域还是常见动物，所以辟邪不可能是犀牛。李零认为桃拔狮子可能是某种狮子，或者是桃拔所产的狮子，③ 此说更不能成立，因为《后汉书》的四次记载，有两次是狮子在符拔（扶拔）之前。

我以为桃拔可能源自波斯语的羚羊（tibâ），读音非常接近，扶拔可能是桃拔的形误，再转写为符拔。桃的笔画比扶多，应该是桃字草写，误为扶字，而不是相反。安息说波斯语，乌弋山离是亚历山大（Alexandria）音译，安息（阿萨西斯王朝）的苏林家族在其东部独立，国都在 Alexandria – Prophthasia，即乌弋山离国。《后汉书・西域传》说乌弋山离改名为排特，排特是 Prophthasia 的音译。乌弋山离国中心是塞斯坦（今伊朗、阿富汗、巴基斯坦交界处），极盛时包括印度河流域，被称为塞种的安息。④ 塞人、粟特人的语言接近波斯语，所以乌弋山离国的羚羊翻译为桃拔。

唐代阎立本《职贡图》画出的外域使团，我已经考证是唐高宗永徽二年（651）来

---

① 朱偰：《建康兰陵六朝陵墓图考》，中华书局，2006 年，第 6 页。

② 林梅村：《天禄、辟邪与古代中西文化交流》，《汉唐西域与中国文明》，文物出版社，1998 年，第 96 – 101 页。

③ 李零：《论中国的有翼神兽》，《入山与出塞》，文物出版社，2004 年，第 87 – 135 页。

④ 孙毓棠：《安息与乌弋山离》，《孙毓棠学术文集》，中华书局，1995 年，第 324 – 346 页。

的大食（阿拉伯）使团，图上画出黑奴牵有弯角剑羚（白长角羚）和绵羊。台北故宫博物院有唐代周昉的《蛮夷执贡图》，画的是阿拉伯人牵阿拉伯剑羚。明代跟随郑和下西洋的费信在他的《星槎胜览》说，卜剌哇国［今索马里的巴拉韦（Baraawe）］产马哈兽，即东非剑羚。①

因为羚羊在西北高山，所以羚羊的本字是陵羊，《山海经·西次四经》记载，涴水出于英鞮山，北流入陵羊泽，在今甘肃，涴水或是今榆中县宛川河。② 羚羊角是药材，九姓古思（高昌回鹘）出产羚羊角。③ 羚又作麢，《尔雅·释兽》："麢，大羊。"《神农本草经》："麢羊角，生川谷。"《名医别录》："零羊角，生石城山及华阴山。"陶弘景《本草经集注》："今出建平、宜都诸山及西域。"《雷公炮炙论》卷中羚羊角："凡所用，亦有神羊角。其神羊角长，有二十四节，内有天生木胎。此角有神力，可抵千牛之力也。"唐代李吉甫《元和郡县图志》卷三九载鄯州（在湟水流域）贡羚羊角，杜佑《通典》卷六记载龙州（治今四川平武县南坝镇）、武州（治今甘肃陇南市武都区）贡羚羊角。

西汉长安有宫廷藏书楼，名为天禄阁。班彪《西都赋》："又有天禄、石渠，典籍之府。"《后汉书·班彪传》引此句，李贤注引《三辅故事》："天禄、石渠，并阁名，在未央宫北，以阁秘书。"《三辅黄图》卷六："天禄阁，藏典籍之所。《汉宫殿疏》云：天禄麒麟阁，萧何造，以藏秘书处贤才也。"天禄源自天鹿，汉代天禄阁遗址出土有天鹿画瓦。④ 藏书之地怕火，往往用水的象征命名，宁波的天一阁就源自天一生水。《后汉书》卷七八《张让传》记载汉灵帝时："又铸天禄、虾蟆，吐水于平门外桥东，转水入宫。"蛤蟆（虾蟆）是水中之物，吐水的天禄（天鹿）显然也被看成是水神。五行体系中的水对应北方，五行的北方之兽，有时不是玄武，而是鹿。前 8 世纪虢国墓地出土的铜镜上画出四象，北方是鹿。曾侯乙墓的漆箱星图上，北方对应的图是两头鹿。⑤ 洛阳西汉卜千秋墓顶的壁画有双龙、白虎、朱雀和麒麟，新疆民丰县尼雅出土的"五星出东方利中国"锦上有麒麟、青龙、白虎、朱雀。南京将军山西晋 M12 墓有画像砖，两侧面为青龙、白虎，两端面为朱雀、麒麟。陕西定边县郝滩东汉壁画墓中的二十八宿图，北宫虚宿、危宿绘两只麒麟，室宿、壁宿绘玄武。⑥

---

① 周行道：《阎立本〈职贡图〉是大食使者初来图》，《艺术工作》2021 年第 2 期。

② 周运中：《山海经通解》，花木兰文化事业有限公司，2021 年，第 102 页。

③ 王治来译注：《世界境域志》，上海古籍出版社，2010 年，第 68 页。

④ 杨宽：《中国古代陵寝制度史研究》，上海人民出版社，2003 年，第 154 页。

⑤ 冯时：《中国天文考古学》，中国社会科学出版社，2010 年，第 427 页。

⑥ 熊铀：《麒麟与玄武：北宫象的文化史考察》，《形象史学》第 16 辑，社会科学文献出版社，2021 年。

鹿之所以作为北方的象征，是因为很多极北民族依靠鹿为生，西伯利亚有奥罗奇人，奥罗奇（Orochi）、鄂伦春（Oroqen）的本义就是鹿人，oro 是驯鹿，chi 和 qen 是人，清代称为使鹿部。《鹖冠子》卷中《度万》："骐麟者，玄枵之兽，阴之精也。"麒麟是代表北方的水兽，所以天鹿和麒麟被作为藏书楼的象征。

我已经指出，麒麟是驯鹿，驯鹿的楚科奇语是 qoraṇy，伊捷尔缅语（Itelmen）是 qora，爱沙尼亚语是 qoro，鄂温克语是 oro，qoraṇy 音译为麒麟。鹿的印地语是 hiran，波兰语是 jelen，读音也接近，印欧人的祖先居住在北亚，证明驯鹿在上古的北亚最重要。驯鹿的英语是 reindeer，德语是 ren，挪威语是 rein，音译为麟。驯鹿温顺，所以被称为仁兽。《左传》说鲁哀公十四年（前 481）西狩获麟，以为不祥之兽，《公羊传》说麟非中国之兽，孔子看见麟说："吾道穷矣！"因为驯鹿是北方民族传来，春秋时戎狄侵入中原，所以孔子认为麒麟是不祥之兽，是戎狄侵扰中原的征兆。①

春秋文献不提麒麟是独角，麒麟独角是晚出的传闻，《尔雅》在战国秦汉时代写成，其《释兽》篇称："麐，麕身，牛尾，一角。"② 吝的读音同粦，麐被认为是麒麟。许慎《说文解字》："麒，仁兽也。麇身，牛尾，一角。"③ 又说："麐，牝麒也。"麒麟本来是音译，所谓雄是麒，雌是麟，是汉代人的穿凿之论。汉代人去古已远，又流行谶纬，穿凿附会，开始将麒麟泛化为其他动物，《汉书·宣帝纪》说九真献奇兽，颜师古注引苏林之说是白象，晋灼引《汉注》说是："驹形，麟色，牛角，仁而爱人。"原本不是麒麟，班固《西都赋》竟然称为九真之麟。汉代和南朝壁画上的骐驎是通假字，不能证明麒麟是马。江苏邳县（今邳州）东汉元嘉元年（151）缪宇墓画像石上的骐驎，仍然是鹿。河南邓县（今邓州）南朝画像砖墓中的骐驎似马，这是晚出的讹误。

最早的天鹿就是神鹿，麒麟是驯鹿，天鹿不是特指麒麟，但是天鹿和麒麟逐渐混淆。萧何建造天禄麒麟阁的时代，他还没有看到西域的符拔（羚羊）或西域的鹿。东汉有了西域输入的桃拔（印度黑羚），东汉人在墓前竖立天禄、辟邪石像，宋代沈括《梦溪笔谈》卷二一记载邓州南阳县的东汉宗资墓石兽，膊上刻有天禄、辟邪。④ 此时外语音译出的桃拔、符拔、扶拔，则逐渐不用。突厥人很早就在墓前竖立鹿石，可以追溯到前 13 世纪，所以汉代开始的墓前神鹿很可能是受到草原文化的影响而产生的。

北魏杨衒之《洛阳伽蓝记》卷一记载洛阳长秋寺："四月四日，此（佛）像常出，

---

① 周运中：《汉晋道士杂记中的中外交流史料考》，《中国港口》增刊（中国港口博物馆馆刊）2020 年第 1 期。

② 周祖谟校：《尔雅校笺》，云南人民出版社，2004 年，第 156 页。

③ （东汉）许慎撰，（北宋）徐铉等校定：《说文解字》，中华书局，2013 年，第 201 页。

④ （北宋）沈括：《梦溪笔谈》，上海书店出版社，2003 年，第 183 页。

辟邪、师子导引其前。”①《水经注》卷二三《汳水》记载东汉熹平年间某君在襄乡坞设立浮屠，墓葬隧前有狮子、天鹿。② 这两则记载都表明佛教徒用狮子、辟邪，而辟邪是东汉出现的名字，东汉是佛教传入的年代，辟邪恰好是源自印度语言的鹿。印欧语系梵语的鹿是mṛga，古杰拉特语（Gujarati）是mrig，奥里萨语（Oriya）是mrga，达罗毗荼语系马拉雅兰语（Malayalam）是mrgam，接近汉语辟牙的上古音piek-ngea。因为p和m都是唇音，所以mrga译为辟邪，辟邪是音译兼意译。

东汉时有西域羚羊来华，但是普通人很难看到，肯定是以画像流传。因为佛教传来，来华的佛教徒以梵语来称画像上的鹿（包括天鹿、麒麟）为鹿（mṛga），音译为辟邪，辟邪之名因为佛教的力量开始流传，辟邪和天鹿、麒麟开始混淆。孟康是东汉到曹魏时人，孟康说独角或为天鹿，两角或为辟邪，或字表示他不太肯定。不知是他看到前人的说法，还是他自己分类。孟康的时代已经看不到桃拔，辟邪是东汉晚期或魏晋出现的名字，天鹿、辟邪显然不是根据独角、双角来分辨，孟康的观点是典型的牵强附会。

南朝帝陵前的石像用独角兽、双角兽，王侯墓用无角兽。《梁书》《南齐书》《南史》称南朝帝陵的石兽为麒麟，《隋书·五行志》同时称南朝帝陵的石兽为麒麟、辟邪。无角兽显然是狮子，从近代开始，有人误称南朝陵墓的狮子为辟邪，必须纠正，应该称为石狮。③ 东汉开始在墓前立狮子、天鹿、辟邪之类的石兽，到了南朝陵墓有了鹿、狮的等级之分。因为东汉开始已经混淆天鹿、麒麟和辟邪，所以六朝人也有混淆使用。不过古人不称南朝石兽为天鹿，而且天鹿和天禄容易混淆，所以我们今天也不应该称其为天鹿。我认为单角的应该称为麒麟，双角的可以称为辟邪，当然这是六朝的名字，不代表其本义。

六朝人所作的《十洲记》称西南的聚窟洲有狮子、辟邪、凿齿、天鹿、长牙、铜头、铁额之兽，下文提到巨象、大鹏，④ 我已经考证聚窟洲的神鸟山完全是抄录佛经中的须弥山景象，神鸟就是金翅大鹏鸟，印度正是在西南。聚窟洲有西胡月支王所献的震檀香，震檀即震旦。⑤ 可见狮子、辟邪、天鹿的神兽组合开始流行，都是源自佛教。

古代铜镜有铭文：“龙氏作镜大无伤，采取善铜出丹杨，和以银锡清且明，刻画奇

---

① （北魏）杨衒之著，杨勇校笺：《洛阳伽蓝记校笺》，中华书局，2006年，第44页。

② （北魏）郦道元注，杨守敬、熊会贞疏：《水经注疏》，江苏古籍出版社，1989年，第1968页。

③ 杨晓春：《关于南朝陵墓神道石兽的名称问题》，《东南文化》2009年第3期。

④ 王根林、黄益元、曹光甫校点：《汉魏六朝笔记小说大观》，上海古籍出版社，1999年，第67页。

⑤ 周运中：《道士开辟海上丝绸之路》，花木兰文化事业有限公司，2020年，第160－163页。

守成文章，距虚辟邪除群凶，师子天禄会是中，长宜子孙大吉羊。”绍兴发现的铜镜上有三头神兽，一有翅膀，一有独角，一有双角，铭文提到白虎、辟邪。董波认为天禄、辟邪源自狮子，① 我认为不确，古人不可能混淆狮子和鹿、羊。因为古代铜镜等器物上的图像不太清楚，所以会有讹误，但是不能认为天禄、辟邪源自狮、虎等猛兽。

南宋洪迈《隶续》卷一四有《李氏镜铭》，提到“白虎辟邪主除道”。因为辟邪来自西方，白虎是五行体系中的西方象征，所以白虎、辟邪经常在铜镜上并列，导致到了十六国时，天鹿有时又被混淆成了白虎，《太平御览》卷三四四引《石虎邺中记》：“邺中为石虎讳，呼白虎幡为天鹿幡。”② 不过这种混淆是局部晚出的偶然现象，不能证明天鹿源自狮、虎等猛兽。《礼记·礼运》：“麟、凤、龟、龙，谓之四灵。”四灵之中的麒麟似乎是替换了四象之中的虎，可见麒麟替代白虎可能有更早的源头。

二、稍割是羊

野生的绵羊尾巴很小，古人培育出大尾羊，蒙古大尾羊和哈萨克肥臀羊都很出名。《太平广记》卷四三九引《异物志》：“月氏有羊大尾，稍割以供宾，亦稍自补复。”

唐代段成式《酉阳杂俎》卷一六：“大尾羊，康居出大尾羊，尾上旁广，重十斤。又僧玄奘至西域，大雪山高岭下有一村养羊，大如驴。罽宾国出野青羊，尾如翠色，土人食之。”③

南宋周去非《岭外代答》说大食最西部的木兰皮国：“产胡羊，高数尺，尾大如扇，春剖腹，取脂数十斤，再缝而活，不取则羊以肥死。”④

元代泉州海商汪大渊《岛夷志略》说加里那国：“地产绵羊，高大者二百余斤，逢春则割其尾，用番药搽之，次年，其尾复生如故。”⑤ 根据我的考证，此国在今印度西北部，⑥ 所产应该也是一种大尾羊。

古印度有类似的稍割牛，《新唐书》卷二二一上说天竺（印度）：“其畜有稍割牛，黑色，角细，长四尺许，十日一割，不然困且死。人饮其血，或曰寿五百岁，牛寿如之。”我们很少听到牛要经常割，这种记载类似大尾羊，牛、羊的字形接近，汪大渊

---

① 董波：《犄角猛兽——辟邪、天禄形象考源的一个视角》，练春海主编：《制器尚象：中国古代器物文化研究》，广西师范大学出版社，2021 年。

② （北宋）李昉等编纂，夏剑钦等校点：《太平御览》，河北教育出版社，2000 年，第 1024 页。

③ （唐）段成式撰，曹中孚校点：《酉阳杂俎》，上海古籍出版社，2012 年，第 99 页。

④ （南宋）周去非著，杨武泉校注：《岭外代答校注》，中华书局，1999 年，第 107 页。

⑤ （元）汪大渊著，苏继庼校释：《岛夷志略校释》，中华书局，1981 年，第 282 页。

⑥ 周运中：《中国南洋古代交通史》，厦门大学出版社，2015 年，第 374 页。

《岛夷志略》记载印度有大尾羊，所以稍割牛很可能是羊的讹误，而梵语的山羊就是chāga，孟加拉语是chagôl，读音非常接近稍割的古音。山羊的希腊语是tragos，伊拉克的阿拉伯语是saxel，低地德语是Sääg，读音都很接近，都是同源词。

羊的大尾、肥臀储存很多脂肪，古书中的大尾羊最早出自月氏、康居，中亚大草原的冬季非常寒冷。唐代段成式《酉阳杂俎》续集卷八："向北有濮固羊，大而美。"濮固即仆固，在今蒙古高原东部，冬季很冷。

马欢《瀛涯胜览》说阿丹国（今也门亚丁）的大尾无角绵羊："其尾大如盘。"① 说忽鲁谟斯国（今伊朗霍尔木兹）有："大尾棉羊，每个有七八十斤，其尾阔一尺余，拖着地，重二十余斤。"费信《星槎胜览》称阿丹国的大尾羊是九尾羖羊，九尾是形容尾巴很大。②

驯养的羊从西亚传入东亚，汉字中的善、膳、義、儀、羲、祥、养、着、群、详、羡、鲜、馐等，字形都有羊。许慎《说文解字》卷四："美，甘也。从羊，从大。羊在六畜，主给膳也。美与善同意。"因为全新世中期以来，全球气温总体上降低，羊毛、羊肉、羊奶能够御寒，所以羊成为非常重要的动物。《诗经·小雅·无羊》："谁谓尔无羊？三百维群。"《豳风·七月》："九月肃霜，十月涤场。朋酒斯飨，曰杀羔羊，跻彼公堂，称彼兕觥，万寿无疆！"清代广东人屈大均的《广东新语》卷二一《乳羊》："东南少羊而多鱼，边海之民有不知羊味者。西北多羊而少鱼，其民亦然。二者少而得兼，故字以鱼、羊为鲜。"③

三、拔兰鹿是驼鹿

北宋沈括《梦溪笔谈》卷二六："戎狄中有麋、麖、麈。驼鹿极大而色苍，尻黄而无斑，亦鹿之类。角大而有文，莹莹如玉，其茸亦可用。"沈括曾出使契丹，或许见过驼鹿。驼鹿是世界上最大的鹿，因为体型高大，类似骆驼，故名驼鹿，雄驼鹿有鹿类最大的角。

唐代薛延陀有拔兰鹿，《册府元龟》卷九七〇记载唐太宗贞观二十一年（647）三月："薛延陀，献拔兰鹿，麢毛而牛角，大如麚。"④ 美国博物学家薛爱华（Edward H. Schafe）认为，拔兰鹿是突厥人所说的独角兽（bulan），角可以收集雨雪，很可能是蒙古人所说的guran，是高鼻羚羊，又名赛加羚羊，甚至可能是青藏高原的野羊（bharal），

---

①（明）马欢著，冯承钧校注：《瀛涯胜览校注》，南京出版社，2019年，第54页。

②（明）费信著，冯承钧校注：《星槎胜览校注》，南京出版社，2019年，第91页。

③（清）屈大均：《广东新语》，中华书局，1985年，第541页。

④（北宋）王钦若等编纂，周勋初等校订：《册府元龟》，凤凰出版社，2006年，第11231页。

羊角下卷。① 我认为，古人不可能分不清鹿和羊，而且拔兰的读音也不能对应 guran 和 bharal。拔兰鹿应该是驼鹿，因为现在哈萨克语的驼鹿还是 bulan，巴什基尔语（Bashkir）是 bolan，哈萨克语和巴什基尔语都属突厥语，薛延陀是铁勒，也是用突厥语的族群。

四、成吉思汗遇到蓝牛羚

成吉思汗西征，到达印度河西北，遇到角端，因而班师。《元史》卷一《太祖纪》太祖十九年（1224）："帝至东印度国，角端见，班师。"② 《元文类》卷五七的宋子贞《耶律楚材神道碑》："行次东印度国铁门关，侍卫者见一兽，鹿形马尾，绿色而独角，能为人言，曰汝君宜早回。上怪而问公，公曰：此兽名角端，日行一万八千里，解四夷语，是恶杀之象，盖上天遣之以告陛下。愿承天心，宥此数国人命，实陛下无疆之福。上即日下诏班师。"成吉思汗在南亚的行军路线是从西到东，原本应该写成"东行次印度"，传抄误为"行次东印度"，其实是在印度河的西北部，在今巴基斯坦境内。铁门关在阿姆河之北，远离印度，因为古人连书，使宋子贞误以为铁门关在印度。

成吉思汗看到角端班师，应该是他的借口。王颋引波斯人拉斯特的《史集》指出，此时西夏人反叛，所以成吉思汗撤军。王颋又说史书中的角端包括很多种动物，有高鼻羚羊、野牛，甚至可能是印度尼西亚的鹿豚、非洲热带丛林中的奥卡狓（Okapia johnstoni）。③ 但是这些动物都不是印度西北部特有，而且角端是误传，最早的文献没有称之为角端，宋子贞说是鹿形马尾，绿色而独角。历史上很多鹿和羚羊都有独角的传闻，但是这个动物的关键是绿色，世界上很少有绿色的鹿和羚羊。

我认为这是印度的蓝牛羚（Boselaphus tragocamelus），雄性体毛是蓝灰色，所以宋子贞说是绿色。雄性体长 1.7～2.1 米，高 1～1.5 米，体重约 109～288 千克。肩部高起，颈短，类似牛，故又名蓝牛。雄性有角，短而尖。蓝牛羚是牛科、牛亚科、蓝牛属，又名大蓝羚，或蓝鹿（bluebuck）。蓝牛羚生活在印度及巴基斯坦、尼泊尔，是亚洲最大的羚羊。成吉思汗所到的印度河西北部确实有蓝牛羚。印地语称蓝牛羚为 nīlgāy，源自蓝色 nīlā 加上牛 gāy。

因为蓝牛羚类似牛，印度教崇拜牛，所以也认为蓝牛羚是神兽，这可能是元代文献中认为它是神兽的由来。当然成吉思汗班师不是因为遇到神兽，而是因为出征西域已有五年，战线太长，而且南亚炎热，蒙古人不适应。

角端是海象，《史记》卷《司马相如传》引《子虚赋》："兽则麒麟、角觽。"裴骃

① ［美］薛爱华著，吴玉贵译：《撒马尔罕的金桃：唐代舶来品研究》，社会科学文献出版社，2016 年，第 243 页。

② 《元史》，中华书局，1976 年，第 23 页。

③ 王颋：《"角端"与成吉思汗西征班师》，《史林》2004 年第 6 期。

《集解》引郭璞曰："角鰖，音端，似猪，角在鼻上，堪作弓。李陵尝以此弓十张，遗苏武也。"[①]《后汉书》卷九〇《鲜卑传》记载产角端，可见角端是北亚特产。薛爱华指出，阿拉伯语的海象牙是 khutu，就是骨咄（kuət-tuat），[②] 也即角端（keok-tuan）。

元代人已经不清楚角端的原型是海象，元代陶宗仪《南村辍耕录》卷五《角端》："盖太祖皇帝驻师西印度，忽有大兽，其高数十丈，一角如犀牛。然能作人语云：此非帝世界，宜速还。左右皆震慑，独耶律文正王进曰：此名角端，乃旄星之精也。圣人在位，则斯兽奉书而至，且能日驰万八千里，灵异如鬼神，不可犯也。帝即回驭。"[③] 大概因为南亚产犀牛，所以又被附会成犀牛。犀牛原来是我国南方常见的动物，古人不太可能认为是非常神奇的动物。

明代郑和下西洋，又把蓝牛羚带到中国，宣德六年（1413）郑和在太仓刘家港所立的通番事迹碑记载："爪哇国、古里国进麋里羔兽。各进方物，皆古所未闻者。"同年在福建长乐天妃宫所立的《天妃灵应之记》碑文记载："爪哇国、古里国进麋里羔兽。"

朱元璋之子宁王朱权所编的《异域图志》，附录有《异域禽兽图》，画有郑和下西洋引进的 14 种域外奇兽，依次是：鹤顶（犀鸟）、福鹿（斑马）、麒麟（长颈鹿）、白鹿、狮子、犀牛、黄米里高、金线豹（金钱豹）、哈剌虎剌（狞猫）、玄豹（黑豹）、马哈兽（剑羚）、青米里高、米里高、阿革羊（大尾羊）。我已经指出，阿革源自梵语的绵羊（avi），革的读音 bi 非常接近 vi，古代文献经常把 vi 译为毗。[④] 图上牵米里高的人都是赤裸上身，是南亚人的形象。张箭认为米里高、麋里羔就是印度蓝牛羚，蓝牛羚在印度的叫法很多，有 neelghae、nilgau、nilgo、nylghau、nylghai 等，米里高是音译，现代英语也称蓝牛羚为 nilgai。《异域禽兽图》的 14 种海外异兽中有 3 种米里高，可见非常重要，黄米里高其实是蓝牛羚的雌兽，毛色为黄色。[⑤] 明代人认为蓝牛羚在前代没有记载，他们不知道成吉思汗看到的神兽就是蓝牛羚。

作者简介：

周运中，南京大学海洋文化研究中心特约研究员。

---

① 《史记》，中华书局，1959 年，第 3025 页。

② ［美］薛爱华著，吴玉贵译：《撒马尔罕的金桃：唐代舶来品研究》，第 592 页。

③ （元）陶宗仪撰：《南村辍耕录》，中华书局，1959 年，第 55 页。

④ 周运中：《剑桥孤本〈异域图志〉与明初中外交流》，《郑和下西洋续考》，花木兰文化事业有限公司，2019 年，第 101－115 页。

⑤ 张箭：《下西洋所见所引进之异兽考》《下西洋引进之麋里羔兽考》，《郑和下西洋研究论稿》，花木兰文化出版社，2003 年，第 163－183 页。

中国史籍中的矮人群体

——以侏儒、僬侥与短人为例①

李镕芸　韩　香

［提要］中国史籍中的侏儒、僬侥和短人都是身材矮小的人群，但指代的对象并不相同，其中侏儒是对身材矮小人群的泛称，地理位置多集中于南方，与僬侥存在一定的重叠；僬侥被包含在广义的侏儒群体之中，在汉唐之间经历了本土遗忘与再次输入，似与鸟存在关联；短人国的故事则来自外域，背后体现的是矮人与鸟这一主题在不同国家、不同文化间的传播。对于矮人群体的分析有助于展现古代中国特殊人群的存在情形、中西交流中的文化融合现象以及古人对周边世界的理解和想象。

［关键词］侏儒；僬侥；短人国

在人类文明发展史中，矮人作为一个特殊的社会群体或多或少地在古代埃及、中国、希腊、罗马、印度等文明中都留下了足迹。在埃及文明中，侏儒被称为 dng②、nmw③ 和 hwa④，社会地位相对较高；在古王国时期侏儒能够担任官职，甚至有些还地

---

① 本文系教育部人文社会科学研究一般项目“陕西汉唐中亚胡族遗迹调查、整理与研究”（项目批准号：21YJA850003）阶段性成果。本文曾在 2022 年第五届中国西部边疆青年论坛中汇报，得到南开大学马子木副教授点评指正，谨致谢忱。

② R. O. Faulkner, *A Concise Dictionary of Middle Egyptian*, Griffith Institute, 1962, p. 314.

③ R. O. Faulkner, *A Concise Dictionary of Middle Egyptian*, p. 133.

④ R. O. Faulkner, *A Concise Dictionary of Middle Egyptian*, p. 166.

位显赫，[①] 新王国后盛行侏儒神贝斯（Bes）的崇拜；[②] 在希腊罗马，侏儒被写进神话、投入角斗场；在北欧神话中，侏儒是一群生活在地下的武器铸造者；在印度教中，毗湿奴神的化身之一即为侏儒筏摩那（Vamana）。矮人作为一种世界性的存在，同样在中国史籍中留下了众多名称：侏儒、僬侥、短人、小人、菌人、木客等，其中，侏儒、僬侥与短人是中国古籍文献中出现次数较多、具代表性的三类矮人群体。然而，时代的变迁和域外文化的传入，造成了我们对这些矮人群体认知的混乱。

除去侏儒症的医学研究外，对于侏儒的讨论较多从考古和艺术角度出发，分析其在壁画、陶俑中的形象，较少将其视为中国古代社会上存在的一个特殊群体。对于僬侥的讨论多集中于证明其人种归属，大部分学者均将僬侥视为中国历史上存在过的小黑人种，如方国瑜[③]、景振国[④]、拉克伯里（Terrien de Lacouperie）[⑤] 等人，但凌纯声反对这一观点，认为僬侥仅能被称为矮人，不能确证为黑色人种。[⑥] 也有一些讨论避开了这一争论，出现了新的角度和方向。[⑦] 在对短人国或小人国的讨论中，学者更注重分析其传说背后体现的异文化间的交流，大多数学者认为这一传说来自西方，但目前学界对于短人国或小人国传说的来源和途径仍没有达成一致结论。[⑧]

总体来看，国内外对于中国矮人群体的主要关注点都集中于侏儒、僬侥和短人这三者身上，但是在以往的大部分讨论中，或将侏儒、僬侥与短人混为一谈，或单独讨论一者，避而不谈三者的区别与联系。因此本文选取矮人群体中具有代表性的也是讨论最多的侏儒、僬侥与短人，进一步理清三者间的关系，并试图从侧面展示矮人群体在古代中国扮演的角色，除了歌舞娱乐功能外，他们又承载了怎样的文化寓意。

---

① Chahira Kozma, "Dwarf in Ancient Egypt", *American Journal of Medical Genetics*, Vol. 140, 2006, pp. 303 - 311.

② Veronique Dasen, *Dwarfs in Ancient Egypt and Greece*, Oxford University Press, 1993, pp. 46 - 83.

③ 方国瑜：《中国西南历史地理考释》，中华书局，1987 年，第 216 页。

④ 景振国：《中国古籍中有关老挝资料汇编》，中州古籍出版社，1985 年，第 28 页。

⑤ Terrien de Lacouperie, *The Languages of China Before the Chinese*, David Nutt, 1887, p. 75.

⑥ 凌纯声：《中国史志上的小黑人》，《中国边疆民族与环太平洋文化：凌纯声先生论文集》上册，联经出版事业公司，1979 年，第 345 - 359 页。

⑦ 参见王青：《西域传说中的特殊国度》，《西域研究》2008 年第 3 期；［美］薛爱华著，吴玉贵译：《撒马尔罕的金桃：唐代舶来品研究》，社会科学文献出版社，2016 年，第 143 页。

⑧ 关于短人国或小人国故事来源和传播渠道的研究，参见［德］夏德著，朱杰勤译：《大秦国全录》，大象出版社，2009 年，第 48 - 50 页；［美］薛爱华著，吴玉贵译：《撒马尔罕的金桃：唐代舶来品研究》，第 145 页；余太山：《两汉魏晋南北朝正史西域传要注》，中华书局，2005 年，第 361 页；王青：《西域传说中的特殊国度》，《西域研究》2008 年第 3 期；王永杰：《利玛窦、艾儒略世界地图所记几则传说考辨》，《中国历史地理论丛》2013 年第 3 期。

一、侏儒——对身材矮小人群的泛称

“侏（朱）儒”与“僬侥”（或称焦侥、周饶）和“短人”是联系紧密的三个词语，它们经常互为解释，是因为这三者通常都用来描述身材矮小的人群，但指代的人群仍有细微的差别。在三者之中，古人最常见的、形象最真实的即是侏儒，在史籍中出现次数也最多，在广义上代指所有身材矮小的人群。

从社会地位来看，侏儒在中古及以前更多是作为宫廷中的倡优出现，是统治者精心蓄养的娱乐玩物，社会地位较为低贱。早在春秋时期，侏儒作为倡优就已经登上了历史舞台，“齐作宫中之乐，倡优侏儒为戏而前”①。即便是在国祚短暂的秦朝，宫廷中也有倡优侏儒的存在，如一个名为优旃的秦倡侏儒“善为笑言，然合于大道”②，深受统治者的喜爱。到了汉代，宫廷中的侏儒更是受到了统治者的喜爱，东方朔不得不发出感叹：“朱儒长三尺余，奉一囊粟，钱二百四十。臣朔长九尺余，亦奉一囊粟，钱二百四十。朱儒饱欲死，臣朔饥欲死。”③

至唐代，统治者对于宫廷豢养侏儒的猎奇需求与前代相比有过之而无不及，为满足统治者的喜好，不仅有国内的土贡道州侏儒，康国、室利佛逝还曾贡献海外侏儒。④ 除史籍文献记载之外，侏儒形象还被带入了唐代墓室壁画中，唐章怀太子李贤墓前室绘有两幅侏儒图，一幅为男性侏儒，一幅为女性侏儒，保存较为完好且色彩鲜明。⑤ 唐安国相王孺人唐氏墓中第一过洞东、西壁第三人均为侏儒形象，侏儒面相圆润，头裹幞头，五官清晰，身穿团领束腰长袍，下着裤裙，脚穿黑色鞋，西壁侏儒还留有胡须，蒜头鼻。⑥ 张去奢墓第一天井西壁存有一幅男性侏儒图，头戴幞头，腮有胡须。⑦ 考古出土作为陪葬品出现的唐代侏儒俑，同样也脱离不了娱乐表演的性质。唐以后文献记载中，侏儒逐渐消失于宫廷之内，但这一群体依然在社会中存在，其地位低贱，有些被贩卖为奴。

---

① 《史记》卷四七《孔子世家》，中华书局，2013 年，第 2309 页。

② 《史记》卷一二六《滑稽传》，第 3863 页。

③ 《汉书》卷五六《东方朔传》，中华书局，1962 年，第 2843 页。

④ 《新唐书》卷一九四《阳城传》，中华书局，1975 年，第 5572 页；《新唐书》卷二二一下《西域传》，第 6244 页；《新唐书》卷二二二下《南蛮传》，第 6305 页。

⑤ 徐光冀主编：《中国出土壁画全集·陕西》下册，科学出版社，2012 年，第 288 页。

⑥ 洛阳市第二文物工作队编：《唐安国相王孺人壁画墓发掘报告》，河南美术出版社，2008 年，第 56－57 页。

⑦ 陕西历史博物馆编：《中国古代壁画·唐代》第 2 册，广西美术出版社，2017 年，第 188 页。

从地理位置来看，有一部分侏儒集中出现于南方尤其是云南、缅甸一带，尽管对他们的称呼不尽相同，但中西方文献中屡有对这一地区存在身材矮小人群的记述。

《爱利脱利亚海周航记》（*The Periplus Maris Erythraei*）成书于1世纪后半期，作者不详，一般认为是生活在埃及行省的商人或者水手。这部书记述了从埃及东北部出发，途经红海、波斯湾、印度东西岸的航行，其中提到了秦尼国（Thina）边界的情形："每年都有一个部落来到秦尼的边境，他们身材矮小（short in body），面庞宽大。"① 古希腊罗马作家对于遥远的东方有着模糊的概念：在亚洲大陆东部有两个不同的国家，赛里斯在北部，秦尼在南部，并且秦尼的西部与印度相连。《爱利脱利亚海周航记》中提到的秦尼边界应该为中国的西南部即云南一带，这个身材矮小的部落每年都会在此出现。

普林尼（Gaius Plinius Secundus）的《自然史》（*Natural History*）成书于1世纪后半期，在写作过程中参考和摘录了多位古罗马时期学者所著书籍中的材料，其中也记录了一群矮人：在印度东部最边远的地区，靠近恒河的发源地居住着阿斯托米人。在阿斯托米人之后的大山深处，据说居住着特利斯皮塔米人和俾格米人。他们身高不超过3指距，即大约2.5罗马步。② 考虑到古代西方作家对于东方世界的模糊认知，这群矮人生活的地区或许也可以算入云南缅甸一带。

唐懿宗时，樊绰为安南经略使蔡袭的幕僚，奉命对南诏的情况进行调查了解，并在参考前人著作基础之上写成《蛮书》。书中记载南诏政权统治下有一部落名僧耆，该名称在唐宋时代指称一种黑人，但向达先生将其解释为怒江上游之一种侏儒族，这些人身材矮小，身上刺绣花纹，常被掠卖为奴，在1911年以前，此种人之买卖集中于一个叫作Menkong（门工，西藏自治区察隅县境内）的地方。③ 在20世纪对藏缅边境地区的探索中，多位外国探险家在文献中记述了他们在边境地区遇见的身材矮小的人群，④ 这些矮小的人群在不同的文献中被称为Dulong、Kiutzu、Nung、Taron、Daru、T'rung、Tellu等，⑤ 他们往往被当作奴隶。此后，在20世纪60年代，缅甸革命委员会执政后曾向克钦邦的最北端派出一支医疗考察组对当地的独龙族进行人口遗传学调查，这里男性的平

---

① Lionel Casson, *The Periplus Maris Erythraei: Text with Introduction, Translation, and Commentary*, Princeton University Press, 1989, p. 91.

② ［古罗马］普林尼著，李铁匠译：《自然史》，上海三联书店，2018年，第88页。

③ （唐）樊绰撰，向达校注：《蛮书校注》，中华书局，2018年，第169页。

④ ［英］F. 金敦·沃德著，李金希、尤永弘译：《神秘的滇藏河流：横断山脉江河流域的人文与植被》，四川民族出版社、中国社会科学出版社，2002年，第144－147页。

⑤ P. Christiaan Klieger, "Modern Tibet – Burma Trade Caravans—A Transnational Economic Structure of the 21st Century", *International Symposium on Mongolian and Tibetan Affairs Commission*, Vol. 22, 2003, pp. 110－135.

均身高为 1.47 米，女性平均身高为 1.399 米，多数为甲状腺病者，① 他们自述祖先原本生活在云南省独龙江一带，受另一部落侵袭后外逃至缅甸。②

对族源的追溯并不是本文的关切所在，因此不论是将生活在这片区域的侏儒称作僧耆、龙人、独龙族人还是其他名字，这些文献的记载都证实了古代云南缅甸一带的确有身材矮小人群的存在，并且在近现代社会中依旧存在。这样的地理位置不免令人联想到中国古代生活在西南方，与神话、猎奇故事联系紧密的一个身材矮小的群体——僬侥。

二、僬侥——传说故事与真实存在之间

僬侥，又被称作焦侥或周饶，是中国古代存在的一特殊矮人人种。有学者认为周饶、僬侥为侏儒之声转，三词均为同名异译，但笔者并不完全赞同将侏儒和僬侥完全等同于一类人群。首先，在一些文献记载中，僬侥与侏儒同时出现，为并列关系，如《广雅》载："䫰顡、籧篨、侏儒、僬侥、瘫瘖、僮昏、聋聩、矇瞍，八疾也。"③ 说明被称作僬侥的群体与被称作侏儒的群体从疾病表现角度来看就不能完全等同。其次，《国语》记："籧篨不可使俛，戚施不可使仰，僬侥不可使举，侏儒不可使援……官师之所材也，戚施植镈，籧篨蒙璆，侏儒扶卢，矇瞍循声，聋聩司火。僮昏、嚚瘖、僬侥，官师所不材也，以实裔土。"④ 在这段文字中，僬侥与侏儒这两个词语不仅并列出现，并且僬侥似乎还要比侏儒更低一个等级，两者之间必有相异之处，不能完全等同，这其中的差异之处可能为身体比例是否协调，皮肤颜色是否为黑色，等等。但是从广义的"侏儒"含义理解，被称作"侏儒"的群体可以包含僬侥。

（一）僬侥一词内涵的变化

僬侥与华夏民族的交往交流开始较早，据史籍文献，尧时僬侥曾来献没羽，但传说时代的故事还没有地理位置的记载。春秋时期，僬侥为"官师所不材也，以实裔土"⑤。

① 根据调查结果，缅甸医疗小组的结论是，甲状腺功能减退症和身材矮小之间没有关系，前者可能是缺碘的结果，这是世界上缺盐的山区普遍存在的现象。独龙人身材矮小可能是由家族基因导致。参见 M. Mya-Tu, et al., *The Tarons of Burma*, Burma Medical Research Society, 1966.

② 达孟著，林锡星译：《缅甸的独龙族》，《民族译丛》1981 年第 5 期。

③ （清）钱大昭撰，黄建中、李发舜点校：《广雅疏义》卷一二《释训第三》，中华书局，2016 年，第 462 页。

④ （三国吴）韦昭注，徐元诰集解，王树民、沈长云点校：《国语集解》，中华书局，2019 年，第 381－384 页。

⑤ （三国吴）韦昭注，徐元诰集解，王树民、沈长云点校：《国语集解》，第 384 页。

从《山海经》开始，僬侥有了模糊的地理位置，但它分别在两篇中出现，此时的地理位置仍不确定，《海外南经》中记载“周饶国在其东。其为人短小，冠带。一曰：焦侥国在三首东”①。又《大荒南经》中：“有小人，名曰焦侥之国，几姓，嘉谷是食。”② 两者记述大概位置都在南方。

东汉时期，僬侥的地理位置变得清晰明确且唯一，并曾先后三次慕义贡献，这是记录在正史中的官方接触：永平十七年（74）“西南夷哀牢、儋耳、僬侥、槃木、白狼、动黏诸种，前后慕义贡献”③。永平十八年“远人慕化，僬侥、儋耳，款塞自至”④。永初元年（107）“永昌徼外僬侥种夷贡献内属”⑤，永昌即今云南西南部。⑥ 总之，在东汉时期，僬侥是作为一个真实存在的蛮夷部落出现的，大致生活在云南的西南部、靠近缅甸的部分。如前所述，古代西方文献和近现代边境考察，都存在对这一地区身材矮小人群的记录，他们与僬侥之间或许存在微妙联系。

在汉唐之间的分裂时代，僬侥的活动不见于史载，到了唐代再次出现时，僬侥的地理位置在记述中与汉代相比发生了很大的变化，掺杂进了西方传说的影子。《括地志》中将僬侥归为西域，称“焦侥在大秦国南”⑦，张守节作《史记正义》引此书考证古地名：“小人国，在大秦南，人才三尺，其耕稼之时，惧鹤所食，大秦卫助之，即焦侥人，其人穴居也。”⑧ 中西方都存在关于矮人的传说，西方传说中的矮人主要指存在于非洲的俾格米人，显然此时史书中记载的僬侥一词指称的对象发生变化，其不再是汉代生活在云南西南部的矮人，而是存在于非洲的俾格米人。在汉唐之间 400 年的分裂时代，僬侥这一概念经历了被本土遗忘以及海外再次输入的过程，但这个过程不是取代，而是中西方矮人传说的融合。

在笔者目前搜集到的史料中，汉、唐两朝体现了古人对僬侥的两种不同认识，而这种时人的认知又成为一个缩影，从侧面反映出该王朝的自我定位与时代特征。汉朝尤其是汉武帝时期，征伐四夷广开疆土，一套中国中心、四周异国环绕的心理定位便投射到了政治地理框架之中，僬侥这一生活在西南方的蛮夷群体，遥闻汉德欣然慕化，恰好满足了汉朝统治者所期望的四夷来朝的政治愿景，因此将僬侥视为真实存在的群体，几番

① 袁珂校注：《山海经校注》，北京联合出版公司，2014 年，第 185 页。
② 袁珂校注：《山海经校注》，第 319 页。
③ 《后汉书》卷二《孝明帝纪》，中华书局，1965 年，第 121 页。
④ 《后汉书》卷三《孝章帝纪》，第 131 页。
⑤ 《后汉书》卷五《孝安帝纪》，第 207 页。
⑥ 谭其骧主编：《中国历史地图集》第 2 册，中国地图出版社，1987 年，第 55 – 56 页。
⑦ （唐）李泰等著，贺次君辑校：《括地志辑校》，中华书局，1980 年，第 250 页。
⑧ 《史记》卷一二三《大宛传》张守节注引《括地志》，第 3812 页。

写入正史。相反，出现在唐代史书中的僬侥则显得不那么真实，增加了一层传说或者异域的色彩，用中国古代典籍中出现的矮人名称来描述西方传说中的矮人，这种中西方传说的融合体现了唐朝社会对于各种文化的接受与包容。如果说汉代文献中的僬侥展现了汉帝国开疆拓土、四夷来朝的画面，那么唐代文献中的僬侥则展示了大唐中西交流、互动的场景以及各种文化在其中的融会贯通。

西方矮人传说传入之后，僬侥逐渐从正史转移到民间故事中。唐人小说《尚书故实》是记述"宾护尚书河东张公"所谈诸事而成的，其中"尝见人腊，长尺许，眉目、手足悉具，或以为僬侥人"①。明朝也发现过小矮人，在宁夏修城掘地时发现数千小棺，有男有女，皆穿当世服装，时人感叹"僬侥国果在中土"②。清代笔记小说中记述有红柳娃产塞外山中，乃僬侥之民，色泽肤理明秀端庄，如三四岁小儿。③ 又有澳门岛居民仇端出外洋，停一岛上遇树中小人，小人骑鸡与其作战，此小人后被大众认为是僬侥国人。④ 在这些民间猎奇故事中，僬侥往往是在非中原地区发现的，或是极其矮小的，因此也就离真实存在愈加遥远，成为在新闻和诗文中表示微小的特定意象，而这一意象与鷦鷯鸟有相似之处。

（二）僬侥与鷦鷯鸟

薛爱华在《撒马尔罕的金桃》一书中提及过一个有趣的观点：僬侥与鷦鷯有着密切关系。⑤ 笔者赞同僬侥与鸟类存在关联的看法。

1. "焦"字构形本义

从某种程度上来说，汉字即是一部浓缩的中国历史，从字形读音的角度可以反映出华夏民族从日常生活到心理活动的多种情况，提供中国历史和社会发展的细微线索。⑥ 因此，文字的书写者不会无缘无故将这群身材矮小的人用汉字命名为僬侥或焦侥，拉克伯里用"僬"字中的"焦"来解释该群体为小黑人，其实还可以有另一个角度。

《说文》称"爑，火所伤也。从火、雥声"⑦，爑为焦的异体字。乾嘉时期考据之风盛行，清代学者对"焦"字给出了两种解释："爑从火雥声，或从隹作焦。凡从焦之

---

① （唐）李绰：《尚书故实》，中华书局，2019 年，第 125 页。
② （明）沈德符：《万历野获编》，中华书局，1959 年，第 725 - 726 页。
③ （清）赵慎畛：《榆巢杂识》，中华书局，2001 年，第 173 页。
④ （清）宣鼎撰，项纯文校点：《夜雨秋灯录》，黄山书社，1999 年，第 346 - 348 页。
⑤ ［美］薛爱华著，吴玉贵译：《撒马尔罕的金桃：唐代舶来品研究》，第 143 页。
⑥ 在较早的文献中对这一群体的称呼更常使用"焦侥"二字。
⑦ （汉）许慎撰，（宋）徐铉校定：《说文解字》，中华书局，1963 年，第 209 页。

字，多有小义”①。近年来根据出土甲骨文、金文材料比对分析，国内学者对“焦”字的认识已有了新的进展：认为焦应为从小隹声，且焦与雀构形类似，参与焦字构形的小可能与雀字中的小一样兼具表意功能，也就是说小的词义更能表现焦的本义。在后来的书写中可能将从小误写作从火，从而衍生出《说文》中的这组词义。② 与此相关的另一个词汇鷦鷯，词义为小鸟，“小面谓之醮、又谓之醶，犹小雀谓之鷦鷯、又谓之㦗截也”③，在《说文》中又被写作鷦鷚，段玉裁注“鷦鷚，谓其小也，取义于焦眇”④，焦、眇都有小之义。国内学者认为鷦可能为焦的后起本字，由于焦在字形发展过程中出现异体字进而衍生出“火所伤也”的含义，古人便创造出鷦一词来表现焦的原本含义。⑤ 综上所述，僬侥这更为古老的名字本身即有小的含义，并与鷦存在密切关联。

2. 僬侥的居住地

除字形之外，僬侥所献贡物也与鸟类有着密切关联，在多篇文献中都提到了僬侥在尧时曾献没羽，东汉马融故引此典故作《广成颂》“纳僬侥之珍羽，受王母之白环”⑥。今本《竹书纪年》记：“（帝尧）二十九年春，僬侥氏来朝，贡没羽。”⑦ 西晋皇甫谧创作的《帝王世纪》记述内容略有不同：“尧时憔憢民（僬侥氏）贡没羽鸟。”⑧ 结合文意来看，“没羽”应为一种鸟类的羽毛，传说故事并非没有现实的依据，《禹贡》中言天下九州资源形势、贡赋内容等，就有荆州扬州贡羽毛的记载。以鸟羽为饰是古人的喜好，四方之民常以统治者的喜好为标准进献当地的土特产。秦统一后将楚地贡赋“羽毛”纳入了国家经济体系，里耶秦简关于“捕鸟”“捕羽”“捕鸟及羽”的内容即展现了秦洞庭郡地方的生态条件以及以猎禽鸟贡献为特殊表现的经济生活方式。⑨ 僬侥能够将羽毛作为贡品呈送给尧，一是侧面印证所处时代有喜好鸟羽的社会风气，二是说明其居住地的周围是有大量鸟类存在的。

总体来看，侏儒与僬侥的主要区别在于两点：第一，在中古以后，僬侥更多作为猎奇故事和诗文中的意象出现，与侏儒相比，其存在的真实性降低；第二，僬侥和鸟类有

---

① （清）钱绎撰集，李发舜、黄建中点校：《方言笺疏》，中华书局，2013 年，第 399 页。

② 周忠兵：《釋甲骨文中的“焦”》，《文史》2014 年第 3 期。

③ （清）钱绎撰集，李发舜、黄建中点校：《方言笺疏》，第 284 页。

④ （汉）许慎撰，（清）段玉裁注：《说文解字注》，浙江古籍出版社，1998 年，第 151 页。

⑤ 周忠兵：《釋甲骨文中的“焦”》，《文史》2014 年第 3 期。

⑥ 《后汉书》卷六〇上《马融传》，第 1970 页。

⑦ （清）郝懿行著，李念孔点校：《竹书纪年校证》，齐鲁书社，2010 年，第 3823 页。

⑧ （晋）皇甫谧撰，徐宗元辑：《帝王世纪辑存》，中华书局，1964 年，第 37 页。

⑨ 王子今：《里耶秦简“捕鸟及羽”文书的生活史料与生态史料意义》，《西部考古》2017 年第 1 期。

着某种联系，侏儒却无此关联。但其实僬侥并不是矮人故事与鸟结合的特例，在中国南方还有另一种被称为木客的矮人群体，在不同版本的故事中，他们或“形似小儿，歌哭衣裳，不异于人，而伏状隐现不测”①，或拥有鸟的部分外形特征，“手脚爪如钩利，高岩绝顶，然后居之”②，在有些传说中木客鸟即为木客所化③。这或许与地理位置相关，中国南方属于热带或者亚热带气候，热带雨林、树林密布，鸟类种类数量丰富是这一地区的特色，且南方民族多以鸟为图腾，矮人与鸟的结合表明了故事源自何处。除此之外，西方广为流传的矮人传说中常能更清晰地看到鸟的身影。

三、短人等其他矮人故事的流传

矮人故事广见于各民族的传说中，前两节中出现的侏儒、僬侥是中国古人一直以来或曾经接触的矮人群体，随着中西交往的日盛，来自域外的矮人传说也通过不同路径辗转来到中原地区，成为古人对域外之地的想象。与中国古籍中矮人多出自南方不同，《三国志》第一次记载了一群生活在远离中国的西北方的矮人群体，并将其称为短人国：

> 短人国在康居西北，男女皆长三尺，人众甚多，去奄蔡诸国甚远。康居长老传闻常有商度此国，去康居可万余里。④

到了唐代，关于短人国的传说就增添了与鸟搏斗的部分，《通典》注引《突厥本末记》云：

> 突厥窟北马行一月，有短人国，长者不踰三尺，亦有二尺者。头少毛发，若羊胞之状，突厥呼为羊胞头国。其傍无他种类相侵，俗无寇盗。但有大鸟，高七八尺，常伺短人啄而食之。短人皆持弓矢，以为之备。⑤

对比来看，《突厥本末记》中的故事情节更加丰富，特别是其中与鸟搏斗的情节与

① 《太平广记》卷四八二《木客》，中华书局，1961年，第3974页。
② 《太平广记》卷三二四《山都》，第2570页。
③ 《太平寰宇记》卷一九〇《太和县》，中华书局，2007年，第2210页。
④ 《三国志》卷三〇《乌丸鲜卑东夷传》，中华书局，1982年，第863页。
⑤ 《通典》卷一九三《边防九》，中华书局，1988年，第5269页。

西方矮人传说非常相似：常被巨鹤所食，用箭与鹤战斗，并在春天破坏鸟蛋和幼鸟。①

矮人与鹤搏斗这一传说最早的源头可能出自荷马笔下，史诗《伊利亚特》（*The Iliad*）的故事发生在公元前 12 世纪，记述了一群生活在埃及与鹤战斗的矮人，他们被称为 Pugmaioi。② 国外学者认为故事中的情节可能是一些真实事实的扭曲表达，即鹤与俾格米人之间的战争传说是将历史事实转变成了一种神话语言：俾格米人与他们的高大的黑人邻居如努尔人（Nuer）、丁卡人（Dinkas）有着敌对的关系，这些邻居习惯于像鸟一样用一条腿站立。③ 而鹤是一种季节性迁徙的动物，它们常常偷吃庄稼作物，可能与俾格米人也存在矛盾，故事将俾格米人与鹤的矛盾、与高大邻居的矛盾杂糅在了一起。

荷马之后，亚里士多德在《动物志》（*Historia Animalium*）中肯定了这群矮人的存在：

> 传说，玄鹤与侏儒人打仗的地方，正就在这里④；这故事不是神话，确有这样的一个矮小种族——在侏儒国里，马也是相应地矮小——这种群居住于地洞之中。⑤

公元前 4 世纪末至前 3 世纪初，亚历山大东征后，带有与鹤搏斗特征的矮人故事又在流传过程中出现在对于印度的记载中。麦加斯梯尼曾作为塞琉古一世的使者前往孔雀王朝，在印度居住期间写成《印度记》（*Indika*）一书，但该书大部分遗失，仅有片段散见于其他作家的著作中，古罗马地理学家斯特拉波在著作中引用过麦加斯梯尼关于印度的记载，虽然他认为这是纯粹的神话：

> 3 指距高的人曾经与鹤作战（荷马提到过这场战争），也曾与山鹑作战，这里的山鹑像鹅一样大小；这些人收集和打烂鹤藏在那里的鹤蛋。⑥

又成书于约 1 世纪后半期的《自然史》记载：

---

① 王永杰：《利玛窦、艾儒略世界地图所记几则传说考辨》，《中国历史地理论丛》2013 年第 3 期。

② ［古希腊］荷马著，陈中梅译注：《伊利亚特》，译林出版社，2017 年，第 67 页。

③ Veronique Dasen，*Dwarfs in Ancient Egypt and Greece*，p. 177.

④ 指尼罗河源所在的南埃及之沼泽。

⑤ ［古希腊］亚里士多德著，吴寿彭译：《动物志》，商务印书馆，2017 年，第 364 页。

⑥ ［古希腊］斯特拉波著，李铁匠译：《地理学》，上海三联书店，2014 年，第 1040 页。

在印度东部最边远的地区，靠近恒河的发源地居住着阿斯托米人。在阿斯托米人之后的大山深处，据说居住着特利斯皮塔米人和俾格米人。他们身高不超过3指距，即大约2.5罗马步。这里有北方的山脉保护着，气候正常，四季如春。荷马说俾格米人曾经受到仙鹤的攻击，传说俾格米人在春天以弓箭为武装，骑在公羊和母羊背上，全体一起走向大海，吃掉了仙鹤的蛋和幼鸟，这次袭击持续了3个月之久。①

类似的故事也进入了中国史籍记载中，情节演变成为矮人被鹤吞食，最早见于汉末成书的《神异经》："西海外有鹤国，人长七寸，行如飞，日千里，百物不敢犯，唯畏海鹄，海鹄过辄吞之。"② 唐代焦璐（？—868）创作的志怪小说集《穷神秘苑》③ 中也有一个鹤民国，与《神异经》相比内容更丰富、细节更多：

在西北海戌亥之地，人长三寸，日行千里，而疾步如飞，每为海鹤所吞。其人亦有君子小人，如君子，性能机巧，每为鹤患，常刻木为己状，或数百，聚于荒野水际，以为小人，吞之而有患，凡百千度，后见真者过去，亦不能食。人多在山涧溪岸之旁，穿穴为国，或三十步五十步为一国，如此不啻千万。春夏则食路草实，秋冬食草根，值暑则裸形，遇寒则编细草为衣，亦解服气。④

另有与鹤相关的小人国出现在唐代前期成书的《括地志》中："在大秦南，人才三尺，其耕稼之时，惧鹤所食，大秦卫助之。"⑤ 笔者认为在中国史籍中出现的这群被鹤所食的矮人应该都出自同一个故事源头，之所以在《穷神秘苑》和《括地志》中呈现出不同的名称、地理位置和生产生活方式，可能是由故事的传播路线相异造成的，传播中的途经地区为故事添加了带有不同区域特征的附加文本，如《括地志》中的矮人会种植庄稼，但《穷神秘苑》中的矮人只会捡拾草根。除此之外，玄奘在西行求法的过程中也听说过矮人的故事："僧伽罗国南浮海数千里，至那罗稽罗洲，洲人卑小，长余三尺，人身鸟喙，既无谷稼，唯食椰子。"⑥ 在这则传闻中，矮人身处热带，食物是椰子，虽然玄奘所听得的传闻与上述故事情节并不相同，但可以从侧面印证故事中的细节，体现出故事流传地的区域特征。

---

① ［古罗马］普林尼著，李铁匠译：《自然史》，第88页。

② （唐）徐坚：《初学记》卷一九《短人》注引《神异经》，中华书局，2004年，第462页。

③ 现已佚，《太平广记》辑佚文12条，参见李剑国：《唐五代志怪传奇叙录》，中华书局，2017年，第767－770页。

④ 《太平广记》卷四八〇《鹤民》，第3958页。

⑤ （唐）李泰等著，贺次君辑校：《括地志辑校》，第250页。

⑥ （唐）玄奘著，季羡林校注：《大唐西域记校注》卷一一《僧伽罗国》，中华书局，2000年，第884页。

由于僬侥也曾被用来指称不同矮人群体，因此《突厥本末记》中的短人国故事是否与《魏略》短人国故事指的是同一神奇国度仍需考虑，若《突厥本末记》中记载的短人国位置无误，更可能为西方矮人故事经北方传入中国的支流。其他古籍中矮人与鸟的故事如鹄国、小人国可能与《突厥本末记》中的短人国故事并非为同一途径传入，但源头都应来自西方。总而言之，当相似的传说故事在几个遥远的地区、没有血缘关系的人群中被发现的时候，它更可能是人群的移动、交流带来的结果。

四、小结

在前文中已经出现了多个矮人故事，其中侏儒是对身材矮小人群的泛称，包含范围最广；僬侥是中国古代对某种矮人的专称，似与鸟存在关联，唐代中西交往日盛，与西方矮人故事产生融合，后指代群体泛化；短人等含有与鸟搏斗情节的矮人故事则来自域外。为什么全世界不同地域的人群都在想象矮人？为何在矮人故事中又频频出现鸟的身影？人类心理一致说认为：既然人类的心理是一致的，那么这种心理的一致性也将规定一切心理的派生物，使之也具有一致性。

不仅是矮人，中西方还会想象他们周边其他的邻居，他们在文献中都被描述为有着奇怪的特征：有的是巨人，有的是独腿的，有的是独眼的，或者长着狗的头，或者有着长脖子……虽然中西方所处的地理位置不同，面临的环境不同，但每一个群体都有想要生存下去的欲望，这种生存欲望需要他们适应和改造自己生活的区域，也需要了解周边的、生活区域之外的情形。在古代我们想象的是国家周边的怪异民族，在近代我们了解整个地球后，开始想象地球之外的外星生物，他们是有着大眼睛、大脑袋的银白色或者绿色生物。对外星生物和矮人的想象其实是类似的，这种想象划分了人所居住的世界和未知世界的边界，矮人故事中鸟的加入一定程度上暗含了人类与其他生物世界的冲突。

古人对周边世界的好奇心与探索欲不亚于，甚至胜于今人，侏儒、僬侥与短人这些矮人群体见于各类文献，展现的是古人对周边的认知，对异域的想象，真实与想象之间的矮人赋予了人类历史鲜活的气息和蓬勃的脉动，对于这一群体的分析同时也有助于我们了解古人的精神世界以及继续探索我们的未知世界。

作者简介：

李镕芸，陕西师范大学中国西部边疆研究院硕士研究生；韩香，陕西师范大学中国西部边疆研究院教授。

被接续的杜撰：马援“立铜柱”“誓云”二说在越南史籍中的移植

李俊生

［提要］ 东汉史家记马援平二徵之乱时，尚未有“立铜柱”“誓云”之说。昔日地处日南郡的林邑国于东汉末脱离中原王朝统治后，马援“立铜柱”说随之涌现。两宋时，对越未能恢复旧疆，转而承认其独立，使得“誓云”说在北宋以后因时而生。二说代代相传、添加附会，以致被录入正史之中。此后，越南史家对二说亦有沿袭，但所载不尽一致。至越南官方撰修《大越史记全书》《钦定越史通鉴纲目》之际，塑造马援敌对形象，与之相关的“立铜柱”“誓云”二说因而被辑录、笔削于史书中，以符合国家、族群意识建构需要，其间详略之不同、记载之差异则是出于不同时期对疆界及建国历程叙述的现实考量。

［关键词］ 越南史籍；移植；马援；立铜柱；誓云

马援平二徵之乱为建武年间一大戎事，其深远影响自不待言。东汉以后，关于马援曾在越地“立铜柱”之说开始出现；北宋以后，与“立铜柱”相关联的“誓云”说也开始出现。约自元代起，越南史书对“立铜柱”“誓云”二说始有部分辑录，相对完整、丰富的记载当以《大越史记全书》《钦定越史通鉴纲目》这两部官修通史为代表。二说本系附会、虚妄之言，竟为越南官方收录于官修史书中，是为研究其国家、族群意识与史书笔法的一大典型案例。但因铜柱真伪问题的争辩尚未有公论，① 学界近些年着重探讨其象征意义、马援形象、铜柱想象等。② 对二说尤其是“誓云”说的产生背景，以及越史裒辑、笔削的方式不曾有细致分析。鉴于此，笔者针对二说产生的背景、时间节点予以梳理，由此分析二说如何被录入越南史书之中，以及两部官修史书对二说叙事差异背后的缘由。不当之处，祈请方家指正。

一、二说在中国史籍中的杜撰与沿袭

东汉时，刘珍等于《东观汉记》中记有马援“铸铜马”而无“立铜柱”“誓云”之事。③ 魏晋南北朝时人著述中的“立铜柱”之说为《广州记》《水经注》《通典》等所引，今尚可得见片语。④ 唐人注《后汉书》时援引晋人《广州记》中“援到交阯，立铜柱，为汉之极界也”一句，使得“立铜柱”之说得以录入正史之中。⑤ 唐人如李白、杜甫，乃至于曾经贬寓越地的沈佺期著述中多有提及马援铜柱，甚至《通典》言铜柱立后不久即消失，却还有铜柱亲历者此类互相矛盾的记载。⑥ 可见时人多认可此说，立铜柱一事似乎确凿无疑。但《东观汉记》不载已令人存疑，《后汉书》亦不录时人之说，着

---

① 代表性成果有［越］陶维英著，刘统文、子钺译：《越南古代史》，商务印书馆，1976 年；黄铮：《论马援征交趾》，《印度支那研究》1980 年增刊；方国瑜：《中国西南历史地理考释》，中华书局，1987 年；李埏：《马援安宁立铜柱辩》，《思想战线》1990 年第 3 期；张秀民：《中越关系史论文集》，文史哲出版社，1992 年。

② 代表性成果有王元林、吴力勇：《马援铜柱与国家象征意义探索》，《中南民族大学学报（人文社会科学版）》2011 年第 2 期；王子今：《伏波将军马援的南国民间形象》，《形象史学研究》，人民出版社，2014 年；滕兰花：《清代越南使臣眼中的伏波将军马援形象分析——以〈越南汉文燕行文献集成〉为视角》，《广西民族大学学报（哲学社会科学版）》2013 年第 3 期；陈柏言：《知识、疆界与想象：中晚唐“南方”地记研究》，台湾大学硕士学位论文，2017 年。

③ （东汉）刘珍等撰，吴树平校注：《东观汉记校注》，中华书局，2008 年，第 430 – 431 页。

④ （唐）徐坚等：《初学记》，中华书局，1962 年，第 117 页；王国维校，袁英光、刘寅生整理：《水经注校》，上海人民出版社，1984 年，第 1146 – 1147 页；（唐）杜佑撰，王文锦等点校：《通典》，中华书局，1988 年，第 5089 – 5090 页。

⑤ 《后汉书》卷二四《马援列传》，中华书局，1965 年，第 838 – 840 页。

⑥ （唐）李白撰，王琦注：《李太白全集》第 5 册，中华书局，2015 年，第 1528 – 1540 页；（唐）杜甫撰，钱谦益笺注：《钱注杜诗》下册，上海古籍出版社，2009 年，第 620 页；（唐）沈佺期、宋之问撰，陶敏、易淑琼校注：《沈佺期宋之问集校注》上册，中华书局，2001 年，第 95 – 96 页；（唐）杜佑撰，王文锦等点校：《通典》，第 5089 页；（唐）义净撰，王邦维校注：《大唐西域求法高僧传校注》，中华书局，1988 年，第 143 页；（唐）义净撰，王邦维校注：《南海寄归内法传校注》，中华书局，1995 年，第 17 页。

实难以理解。且自魏晋始出现的“立铜柱”一说几无例外地将铜柱定位于林邑一带①（且称“林邑铜柱说”），皆言铜柱是汉的南界，或是与（西屠）夷的分界。而处越地三郡最南的日南郡部分地区在东汉初平年间（190—193）逐渐脱离汉的统治，建国林邑，此后未能持续纳入中原版图。② 在这一特殊时间节点出现“立铜柱”之说，恐不能概以为事实。加之马援立铜柱以定疆界，政治意义非铸铜马可比，《后汉书》载窦宪勒石燕然、载马援铸铜马而不载立铜柱，这岂是范晔的史识有失，铜柱显系后人杜撰。③ 东汉以后虚构出的“立铜柱”之说，不过是想证明此地曾是中国旧疆而已，后人出于故地情节等缘由而沿袭、附会。宋人乐史甚至将马援平交趾记作“讨林邑蛮”④，不失为“林邑铜柱说”几百年来浸润的一个结果。

南宋始，新的附会之说——“誓云”说开始出现。此时的私人著述中多见“铜柱折，交趾灭”一类记载，如周去非《岭外代答》“铜柱”条载：

> 汉马伏波平交趾，立铜柱为汉极南界，唐马总为安南都护，夷僚为建二铜柱于伏波之处，以明总为伏波之嗣，是铜柱在安南矣。又唐何履光定南诏，复立马援铜柱。按南诏今大理国，则是铜柱复当在大理。又占不劳之地，南有大浦，有五铜柱，山形若倚盖，西重岩，东崖海。按占不劳今占城也，然则铜柱又当在占城。闻钦州古森峒与安南抵界，有马援铜柱，安南人每过其下，人以一石培之，遂成丘陵。其说曰，伏波有誓云：“铜柱出，交趾灭。”培之惧其出也。又云交阯境内有数铜柱，未知孰是。⑤

此处首次出现了马援“誓云”一说，并将“林邑铜柱说”扩展为“安南铜柱说”“大理铜柱说”“钦州铜柱说”等。所谓“闻钦州古森峒与安南抵界，有马援铜柱”错漏百出，若南宋时钦州古森峒（洞）为宋越边界尚可说通，然马援铜柱为汉之南极疆界，何以在钦州境内。但应注意该书中马援“立铜柱”、留下“誓云”的地方——钦州是“与安南抵界”的，亦即铜柱在中越交界处。《舆地纪胜》《方舆胜览》二书对铜柱

---

① “马援铜柱最初记载在林邑从西晋到隋唐没有改变”这一观点已有论者提及，参见黄文娟：《疆界变迁下的历史记述：马援铜柱“北移”问题研究》，广西民族大学硕士学位论文，2012年。转引自廖美妮：《越南阮朝〈大南国疆界汇编〉考析》，广西民族大学硕士学位论文，2014年，第158页。

② 陈国保：《两汉交州刺史部研究——以交趾三郡为中心》，云南大学出版社，2010年，第155页。

③ 李埏：《马援安宁立铜柱辩》，第85页。

④ （宋）乐史：《太平寰宇记》卷一七一《岭南道十五》，中华书局，2007年，第3274页。

⑤ （宋）周去非撰，杨武泉校注：《岭外代答》，中华书局，1999年，第404页。

的位置记载虽非只有钦州一说，但唯有“钦州铜柱说”与“誓云”相互关联。① 其叙述逻辑当是这般：马援立铜柱于“与安南抵界”的钦州，又留下六字“誓云”，使得安南人培石不绝，其原因在于“惧其出”。显然，安南人的反应——垒碎石、培石同“立铜柱”“誓云”有着直接的因果关系。

有论者言铜柱位置到了宋代有“北移”的过程，然自魏晋至两宋，中国史籍并未将“林邑铜柱说”等略去不载。南宋始出现的“誓云”说有其特定的时代背景，对于未能混一中原的两宋而言，越南是“汉唐旧疆”，北宋时两次恢复均告失败，加之苦于应对辽、西夏的军事行动，对越只能采取“和平、忍让的羁縻政策”②。南宋于边疆之事难以比肩前代，孝宗时期（1164）正式承认越南的独立，即改交阯为安南国、交阯郡王为安南国王，不啻无奈之举。③ 过往的武功虽无力再现，但仍需以著述方式将前人功业化作共同的社会记忆，以在心中维持中原王朝的强盛形象。每逢中原王朝式微之际，彼时私人著述中于以往边疆之事多有移植、附会、想象等，以所谓的“考证”方式“召唤着历史的帝国荣光”。④ 这一现象在五代时已有，北宋年间的使臣文献中亦有类似记载，⑤ 并不限于南宋。且宋代地理总志相比唐代更注重社会文化地理的内容，“趋时应景，投合世人好尚”是私人编修地理志的重要动机。⑥ 南宋时人悉心杜撰的“誓云”说，更多是对边疆形势的体察与无奈，所谓“国朝西北有二敌，南有交趾”⑦，亦可看出“汉唐旧疆”话语体系下的越南与宋朝的安全直接相关⑧，不仅关乎着王朝未来的命运，还关乎着时人心中逝去的汉唐荣光，亦可见故地情节依旧萦绕在国人心中。上述原因使得“立铜柱”与“誓云”牢牢地捆绑在一起，它的震慑效果是使越人累代畏惧，这迎合了宋人的心理与时代需要，出现于南宋亦不足为奇。

---

① （宋）王象之撰，赵一生点校：《舆地纪胜》第7册，浙江古籍出版社，2012年，第2531页；（宋）祝穆撰，祝洙增订，施和金点校：《方舆胜览》，中华书局，2003年，第758－759页。

② 戴可来：《宋代早期的中越关系》，中外关系史学会编：《中外关系史论丛》第2辑，世界知识出版社，1987年，第68页。

③ 《宋史》卷四八八《交阯传》，中华书局，1977年，第14071页；［越］吴士连等撰，陈荆和编校：《大越史记全书》，东京大学东洋文化研究所，1984－1986年，第297页。

④ 陈柏言：《知识、疆界与想象：中晚唐“南方”地记研究》，第81－82页。

⑤ 贾敬颜：《五代宋金元人边疆行记十三种疏证稿》，中华书局，2004年，第134－135页。

⑥ 郭声波：《唐宋地理总志从地记到胜览的演变》，《四川大学学报（社会科学版）》2000年第6期。

⑦ （宋）蔡絛撰，冯惠民、沈锡麟点校：《铁围山丛谈》，中华书局，1983年，第96页。

⑧ 黄纯艳：《“汉唐旧疆”话语下的宋神宗开边》，《历史研究》2016年第1期。

宋以后，围绕二说的附会不曾断绝，① 官方曾寻访铜柱，② 或例行祭祀马援，③ 使行文献多有关于二说的记载，④ 甚至在《御批资治通鉴纲目》中马援曾两次立铜柱⑤，不失为千年来二说层层累积的结果。对大一统王朝而言，可借马援铜柱宣传国家一统观念、强化边疆管治，而建功边疆的官员、士人则欲仿效马援故事以彰显功绩、垂范后世等。⑥ 可见，对二说的沿袭与附会有其新的时代缘由。

二、越南史籍对二说的裒辑与笔削

中国史籍中的马援“立铜柱”“誓云”二说因时而生，代代沿袭，本为国人旧地情结、宣扬一统等目的而附会、流传，虚妄之说后来竟被越南史家所辑录。约自元代起，越人将二说录入著述中，但其中详略各有不同、笔法亦有差异。越南官修通史之际，广采汉地诸说，加以笔削，故而现存两部官修通史——《大越史记全书》（下称《全书》）、《钦定越史通鉴纲目》（下称《纲目》）的记载相对完整、丰富。在此之前，越南史家对二说的载录情况当以陈朝时成书的《安南志略》《大越史略》为代表。

至元二十二年（1285），越南陈朝陈键率僚属黎崱等人降元，后被送往燕京。⑦ 黎崱约1335年前后在汉地撰成《安南志略》一书，⑧ 其关于马援铜柱有载：

> 汉马伏波平交趾，立铜柱，为汉界。唐马总为安南都护，又建二铜柱，以总为伏波之裔。昔传钦州古森洞，有马援铜柱，誓云：“铜柱折，交趾灭。”交人每过其下，以瓦石掷之，遂成丘。杜诗云：“雨来铜柱北，应洗伏波军。”占城界亦有铜柱。⑨

---

① （元）马端临：《文献通考》，中华书局，1986年，第2600页；（元）陈孚：《陈刚中诗集》，《四库全书》集部第1202册，上海古籍出版社，1987年，第643页。

② ［越］吴士连等撰，陈荆和编校：《大越史记全书》，第348、422页；中国第一历史档案馆编：《乾隆朝上谕档》第14册，广西师范大学出版社，2008年，第927页。

③ 《明史》卷三二一《安南》，中华书局，1974年，第8310页。

④ （清）周灿：《使交纪事》，《四库全书存目丛书》集部第219册，齐鲁书社，1997年，第265页。

⑤ （清）宋荦等编：《御批资治通鉴纲目》卷三十六，康熙四十七年（1708）武英殿刊本。

⑥ 王元林、吴力勇：《马援铜柱与国家象征意义探索》，第90页。

⑦ ［越］吴士连等撰，陈荆和编校：《大越史记全书》，第358页。

⑧ ［越］黎崱撰，武尚清点校：《安南志略·自序》，中华书局，1995年，第11页。

⑨ ［越］黎崱撰，武尚清点校：《安南志略》，第29－30页。

黎崱在此简略叙述了马援“立铜柱”“誓云”二说，关于铜柱位置的描述只有与越南相关的“钦州铜柱说”与“占城铜柱说”。上述所引内容当是参诸汉地史籍记载而来，尤其是“占城铜柱说”前的文字或摘录自前文所举《方舆胜览》，是书载：

> 汉马伏波平交趾，立铜柱为极西界。唐马总为安南都护，夷獠为建二铜柱于伏波之处，以明总为伏波之裔，是铜柱在安南矣。按钦境有古森洞，与安南抵界，有马援铜柱，有誓云：“铜柱折，交人灭。”安南人每过其下，人以一石培之，遂成丘陵。

从叙述顺序与内容上看，它与黎崱之说别无二致。但是，黎崱削去了钦州古森洞“与安南抵界”的内容，对于铜柱的位置并未给出明确判断。应注意的是，该书同样将“钦州铜柱说”与“誓云”相联系，着墨多处亦在此，隐隐有倾向“钦州铜柱说”之意。同时，关于交人对马援“立铜柱”“誓云”的反应，黎崱记为“以瓦石掷之”，“掷”与国人所用“培”“累”相比，所带有的情感态度已然不同。“占城界亦有铜柱”一句似指越南陈朝与占城以铜柱为界。

1277—1388 年①在越南境内成书的《大越史略》对马援平定二徵过程记述颇多，但关于“立铜柱”一事，仅有“追击其余党，至居风降之，乃立铜柱为极界”②一句，且未说明铜柱的具体位置，也不见“誓云”一说。《大越史略》不载“誓云”一说，或因该书作者未得观览宋（或元）人著述所致。其一，北宋政府曾对交阯贡使购买书籍的种类作出规定：“可除禁书、卜筮、阴阳、历算、术数、兵书、敕令、时务、边机、地里外，许买”③，可见地理类书籍是明令禁售与交阯的。加之元越之间多次战争，兵燹之余，典籍一空，存者甚少，遑论从中国境内购买（转买）书籍，而身在汉地五十余年的黎崱参读的机会想来颇多。其二，从该书后载“过马援铜柱南八日，至其国都”④一句来看，与《隋书》所记“径马援铜柱，南行八日，至其国都”及《北史》所载“经马援铜柱，南行八日，至其国都”基本一致，⑤且南宋时方出现的“誓云”等内容不在其中，或与北宋的书籍禁令、元陈战争导致的书籍散佚有关。上述原因使得二书在“誓

---

① 成思佳：《现存最早的越南古代史籍——〈大越史略〉若干问题的再探讨》，《中国典籍与文化》2017 年第 3 期。

② 陈荆和编校：《大越史略》，創価大学アジア研究所，1987 年，第 29 页。

③ （清）徐松辑：《宋会要辑稿》，中华书局，1957 年，第 7734 页。

④ 陈荆和编校：《大越史略》，第 35 页。

⑤ 《隋书》卷五十三《刘方列传》，中华书局，1973 年，第 1358 页；《北史》卷七十三《刘方列传》，中华书局，1974 年，第 2527 页。

云”之说上表述不一。

越南官修通史集诸史料之大成，其内容较私人著述更为丰富，尤以《全书》和《纲目》为代表，后者内容虽多循前者，但在马援“立铜柱”的位置考证上详略不同，在“誓云”的内容上也有差异。《全书》载马援追击二徵余党“至居封县降之，乃立铜柱为汉极界”，其对“铜柱”释为：

> 铜柱，相传在钦州古楼洞上，援有誓云“铜柱折，交州灭”。我越人过其下，每以石培之，遂成丘陵，恐其折也。唐马总又建二铜柱于汉故处，记著马德，以明其为汉伏波之裔。今未详所在，左右二江合有其一。①

该段内容与《安南志略》相比有四处不同：一是“誓云”内容中的“交趾灭”被替换成“交州灭”；二是“交人”被改写成“我越人”；三是点明越人“以石培之”的原因——“恐其折”；四是关于铜柱的位置，削“占城铜柱说”，存“钦州铜柱说”，增“左右二江铜柱说”。所谓“左右二江”，不知来源，按宋人《方舆胜览》所载“左右二江各有其一”且“又见邕州”，邕州即今广西南宁一带，左右二江汇合于此，是书之意铜柱疑或在此。不论钦州还是左右二江，均在彼时中越交界处或广西境内（且称为“广西铜柱说”）。可见，《全书》当是参考了诸多汉地著述，在录入“誓云”说的同时，有选择性地将马援铜柱限定在广西境内，并且继承了周去非、黎崱等人所界定的“立铜柱”“誓云”二说与越人反应之间的因果关系。

《纲目》亦载马援追击二徵余党“至居封县降之，乃立铜柱为汉极界”，该书对“铜柱”的解释更富深意，其先广引《水经注》《隋史》《通典》《新唐书》《太平寰宇记》《大清一统志》中关于铜柱的记述，随后言道：

> 今按野史载：“富安有沱演江，其南大浦，浦之西南石碑山，周可十里，西接大岭，重峦叠嶂，东临海，山岭上一石孤高如削。”据《通典》《唐志》等书所载，铜柱疑当在此。惟此山岭上一石孤高约十丈，广六七丈。近山居民言岭上石乃天生一石峰，非人所立，恐不可指为铜柱。《水经注》：“山川移易，铜柱没入海中。”理或然也。②

---

① ［越］吴士连等撰，陈荆和编校：《大越史记全书》，第 127 页。

② ［越］潘清简等编：《钦定越史通鉴纲目》前编卷二，越南汉喃研究院藏本，编号 R. 592，第 12 – 14 页。

此处所引野史内容，或为编修《纲目》时所用《安南志（原）》一书，① 或是摘录自《文献通考》②，因《安南志（原）》源流不明，援引该书可能性较大，按该书所载：“《林邑志》云援铜柱在象州南界，与西屠国分汉之境。又云铜柱山周围十余里，形如倚盖，西跨重岩，东临大海。又云林邑大浦口有五铜柱。”③ 近乎原文抄录，所谓野史不过是间接性地摘录汉地著述而已。该段释义与《全书》相比，一是摘录更多中国典籍、野史的记载以解释铜柱的由来及位置；一是通过摘录《大清一统志》存“誓云”一说，但“誓云”中的“交州灭”变成“交阯灭”。按书中所言“铜柱疑当在此”，“此”即为富安省大岭的石碑山一带。但因时间太久，铜柱难寻踪迹，最后以《水经注》中“山川移易，铜柱没入海中”作结，证明铜柱确实存在过。《纲目》对于铜柱位置在此似已不作定论，但隐隐有将铜柱限定于大岭之意。且《纲目》凡例有言：“典故及人名、地名稽考确凿者，一一注释，各加方圈以别之。”④ 其释义铜柱之时正加方圈以示区别。加之《纲目》后文涉及铜柱之语多削去不载，如《全书》载：“是岁（1012），蛮人过铜柱，至金华步，及渭龙州贸易，帝使人擒获蛮人及马万余匹。”⑤《纲目》记此事时将“过铜柱”删去；再如，黎圣宗1470年《讨交州诏》全文亦被删去。⑥ 虽然此间笔削之缘由不单单是内容涉及铜柱，亦可证明《纲目》撰修者对铜柱位置当有定论，便是大岭石碑山一带。阮朝时人亦有此类认识，指出官方修史有将大岭的石碑山视为马援铜柱的倾向或意图。⑦

综上所述，不难见关于马援的附会二说虽在汉地流传许久，但早期的越南史书对此记载不一，直至两部官修通史的完成，方才使得二说趋于定型。其间叙述各有侧重，均出于彼时的时代需要，亦有各自的现实考量，可谓时势使然。

---

① ［越］阮朝国史馆编：《大南实录》，庆应义塾大学言语文化研究所，1961—1981年，第6050、6169－6170页。

② （元）马端临：《文献通考》，第2600页。

③ ［法］嘉斯巴东标点：《安南志原》，法国远东学院订刊，1931年，第138页。

④ ［越］潘清简等编：《钦定越史通鉴纲目》卷首《凡例》，越南汉喃研究院藏本，编号R.591，第13页。

⑤ ［越］吴士连等撰，陈荆和编校：《大越史记全书》，第210页。

⑥ ［越］潘清简等编：《钦定越史通鉴纲目》正编卷二，越南汉喃研究院藏本，编号R.593，第16－18、39－40页。

⑦ ［越］黄有秤：《大南国疆界汇编》，法国Socits Asiatique图书馆藏，编号H.M.2133手抄本，第250页。

三、越南官修通史中二说叙事的笔法解析

越南官修通史的编写在对过去重新组织、建构之际，充斥着国家、族群意识，也有现实的考量，抑或说“关系到当时知识阶层对于传统经验与教训的梳理和对现实政治合法性的确认”①，是为彼时的时代产物。自主时期的越南，其国家意识主要表现为自帝其国，族群意识则主要由共同的族称——越（人）、族群的范围——交州（交阯）两方面所构成，臻于成熟时主要表现为各华其华、族群优越感。具体来说，越南独立后才有真正的国家意识，李朝通过国家制度建设等方式使得士民阶层都建立起国家意识；而族群意识的勃兴当是在国家各项制度趋于完备、政权的稳固成为常态，即使存在王朝更替、中越战争，也不能阻挡自帝其国的步伐，使得国统不绝之际，国家、族群意识得以迅速发展。② 如李、陈时出现了以“‘南国’与‘北国’对等”为显著特征的国家意识，黎朝时以“各华其华”为表征的越南国家意识。③ 这种官、民层面所表露出的国家意识的强化趋势，不失为族群优越感的一种萌发。在此背景下，越南官修通史不遗余力地通过历史书写的方式构建共同的社会记忆，尤其是战争记忆，以推动国家、族群在内部凝聚，进而强化国家、族群意识，提醒着一代代“越人”牢记他们的族群属性和赖以维持的国家历史。④ 具体来说：

第一，《全书》《纲目》对二说的摘录别有深意，先将二徵之乱爆发的原因改写，又削去马援的在越惠政，以二说与越人反应之间的因果关系突出中越之间强烈的国家、族群对抗性。

二徵之乱的本质是中央集权与地方分权之间的矛盾，太守苏定将所为不法的徵侧绳

---

① 葛兆光：《宋代“中国”意识的凸显——关于近世民族主义思想的一个远源》，《文史哲》2004 年第 1 期。

② 此部分内容结合相关研究成果而来，参见耿慧玲：《越南史论——金石资料之历史文化比较》，新文丰出版公司，2004 年；王继东：《越南李、陈朝时期的民族文化和民族意识》，《东南亚》2006 年第 4 期；韦凡州：《从〈越甸幽灵集录〉和〈岭南摭怪列传〉中的高骈形象看越南民族意识的觉醒》，《世界民族》2008 年第 1 期；陈文源：《13—15 世纪安南的国家意识与文化取向》，《世界历史》2014 年第 6 期。

③ 甘沁鑫：《越南李陈朝禅籍所见“中华意识”》，《国学学刊》2019 年第 2 期；于向东：《越南思想史的发展阶段和若干特征》，《郑州大学学报（哲学社会科学版）》2001 年第 3 期；张崑将：《越南“史臣”与“使臣”对“中国”意识的分歧比较》，《台湾东亚文明研究学刊》2015 年第 1 期。

④ 王明珂提及“华夏的形成”时认为存在两个过程，笔者认为“越”的形成与强化亦是如此。参见王明珂：《华夏边缘：历史记忆与族群认同》，上海人民出版社，2020 年，第 248 页。

之以法是直接原因。而在10世纪以后越南国家意识形成、发展的大环境下，二书为标榜动乱的“正义性”并借以宣传民族精神，刻意添加“为政贪暴”“杀徵侧夫”等内容。① 二书突出汉朝对越苛政的一个明例——汉守之虐，意在否定汉朝统治越地的合法性，突出越南析地中国的正当性。东汉政府对二徵之乱的处理是——令马援“来侵”，马援在越的惠政内容进而被削去。按《后汉书》载：马援“条奏越律与汉律驳者十余事，与越人申明旧制以约束之”。可见马援在越的善后措施中十分注重“上层治理之章（汉律）与下层行事之俗（越律）之间矛盾冲突的调和”，从而“申明旧制以约束之”，使得此后越地“奉行马将军故事”，表明马援在越的善后措施曾惠及越人。②《全书》编写原则之一为：“北人守任有政迹者必书，好善恶恶，人心所同，天下之公也。”③《纲目》亦言：“凡当北属诸刺史、太守、都护、经略，间有治绩可称及劣迹可指皆随事直书，以明贤否而示鉴戒。”④ 二书记东汉任守日南的李善时，称其“以惠爱为政，怀来异俗”⑤，又说“历世能吏仅止此，盖记载之阙也”⑥，阙也？不书也！二书载东汉李善而不载马援，正是对马援的全面否定，录入“立铜柱”“誓云”二说实为刻意表现对抗性。“立铜柱”是将越人的族群聚居地、国家疆土强横地划入汉朝版图，“誓云”六字使得越人惊悚，累代所培之土、石竟成丘陵，不啻对汉怨愤的积聚，此丘陵就是象征。可见中原王朝统治时期对越人的压迫、震慑，越人的族群意识、族群凝聚力因之不断加强，再次独立建国成为必然的选择，这是国家、族群意识的潜在表述，正如黎文休所言：“愿天为我越早生圣人，自帝其国，以免北人之侵渔者也。”⑦

第二，“誓云”中的“交州”“交阯”用语看似不同，实则殊途同归，均要表明历史上越人有固定的族群居所、国家疆域，以及共同的社会记忆——战争，亦是国家、族群意识在时空范围上的追溯与延展。

在《全书》中，“交趾”一指百越之外的西南地，后称越裳氏，是族群称号及国名——越的来源；一指交趾郡或文郎国十五部之一，所辖地域范围、行政级别均不及交州。⑧“交州”一指赵佗所建南越国（含九真、日南），在以南越国为正统的《全书》编修者看来某种程度上就是指“大越”；⑨ 一指交广分治后的交州，即丁、黎、李、陈

---

① 陈国保：《两汉交州刺史部研究——以交趾三郡为中心》，第135页。
② 陈国保：《两汉交州刺史部研究——以交趾三郡为中心》，第138－145页。
③ ［越］吴士连等撰，陈荆和编校：《大越史记全书》，第68页。
④ ［越］潘清简等编：《钦定越史通鉴纲目》卷首《凡例》，第4页。
⑤ ［越］吴士连等撰，陈荆和编校：《大越史记全书》，第127页。
⑥ ［越］潘清简等编：《钦定越史通鉴纲目》前编卷二，第14－15页。
⑦ ［越］吴士连等撰，陈荆和编校：《大越史记全书》，第130页。
⑧ ［越］吴士连等撰，陈荆和编校：《大越史记全书》，第97、98、120页。
⑨ ［越］吴士连等撰，陈荆和编校：《大越史记全书》，第55、120－121页。

诸朝所据有之地；[①] 一指代交州治所——交趾郡。[②] 在《纲目》中，“交阯”一指交阯郡，即阮朝时的北圻一带；一指交阯部或交州刺史部（九郡或七郡，含交阯郡）；一指南越国故地，总称交阯。[③]“交州”则指交广分治后的交阯、九真、日南三郡地，但在《纲目》中交阯即交州，未正式设立交州前，对“督监郡县”的越地最高行政官员多称为“交阯刺史”，汉末正式设立交州后才称为“交州刺史”。[④] 在叙述马援“南侵”的前期准备时，《全书》将《后汉书》[⑤] 中的“交阯”改为“我交州”，《纲目》从《后汉书》。显然，《全书》中的“我交州”指的是三郡地，否则无论九郡还是七郡均含合浦郡，语义冲突；《纲目》用“交阯”实则亦指三郡地，且不论《纲目》常将交阯指代三郡地的用语习惯，以常理度之，二徵叛乱时九真、日南等蛮俚皆响应，汉廷岂有只让三郡之一的交阯郡独自“具车船、修桥道、通障溪、储粮谷”之理。不论是“交州”，还是“交阯”，它表明越南史家笔下的越人有着共同的族群居所、国家疆域，也有着抵抗外部敌对力量的共同记忆。同时，二书对鸿庞、雄王时代的建国表述，与10世纪再次自主建国已相距甚远，但其间不断有敌对力量跨过边缘、进入越人范围，虽然国统接续难以维持，但加速了越人的内部凝聚，自主建国是必然的结果，官修通史在“二徵起义”的叙述中选择性录入二说，不过是国家、族群意识在时空范围上的追溯与延展而已。

第三，《全书》《纲目》对铜柱位置说法不一，但均是出于现实的考量，“广西铜柱说”强调中越现实的边界，而“大岭铜柱说”强调建国历程。

《全书》虽将铜柱的位置定为在广西境内，然后文载603年刘方伐林邑时“过马援铜柱南八日，至其国都”，此与《隋书》记载多同，或相因循，显然从广西以南行军八日难抵林邑国都，亦足以证其前后矛盾，刻意留“广西铜柱说”。[⑥] 1470年，后黎朝黎圣宗《伐占城诏》中曾斥责占城“作狐媚于燕京，笙簧行谮人之计，萌蚕食于象郡，腹背陷受敌之危，求铜柱立于横山……”俨然是指占城求明朝将铜柱北移，以为后黎、占城之界限。但黎圣宗年间攻伐占城，将国界南推至大岭的石碑山，占人居住地被大大压缩。《伐占城诏》其后有“更诬我以籍万兵，将并北朝之境宇”一句，则《全书》将铜

① ［越］吴士连等撰，陈荆和编校：《大越史记全书》，第127、137页。

② 《全书》认为：西汉时交州治所在龙渊（龙编），东汉时治所在麊泠（安朗），皆在交趾郡内。如《全书》载：“（399年）林邑王范胡达陷日南、九真，遂寇交州。”显然指交州治所。参见［越］吴士连等撰，陈荆和编校：《大越史记全书》，第125、142页。

③ ［越］潘清简等编：《钦定越史通鉴纲目》前编卷二，第3－5页。

④ ［越］潘清简等编：《钦定越史通鉴纲目》前编卷二，第16－18、29页。

⑤ 《后汉书》卷八十六《南蛮西南夷列传》，中华书局，1965年，第2836页。

⑥ 参见［越］吴士连等撰，陈荆和编校：《大越史记全书》，第157页；《隋书》卷五十三《刘方列传》，第1358页。

柱定位于广西钦州、左右二江之地其缘由或在此，即铜柱为彼时中越的界线。不论汉地著述中“立铜柱”的初衷为何，越南史家承认铜柱的历史存在，将“立铜柱”的含义限定在“表疆界”之中，并将其定位于广西，以汉将所立铜柱表明中越事实上的疆界，与越人自立界碑、篡改史事相比，其效用不言而喻。《全书》中的“铜柱”或已成为边界之象征，无论是北方的中国还是南方的占城，铜柱的位置皆可因事而定，不过是借用历史事件对领土扩张予以具有合法性的借口而已。

《纲目》将铜柱定位于大岭石碑山一带是对建国历程的强调，并非参稽中越史籍、口述史（近山居民言）而得出的结论。虽然《纲目》言二徵余党在居封县被降后马援“乃立铜柱为汉极界”，居封属九真郡（阮朝清化省内），① 铜柱应离居封不远，为何会在富安以南的大岭立铜柱？若因九真、日南二郡随二徵反叛，立铜柱于日南郡南部亦可说通，毕竟马援留越地三年才还，安抚三郡是戡乱之后的重要工作。但《纲目》对日南郡的范围亦无法确定，先言九真是阮朝时的清化、乂安、广平、广治、承天一带②，又言日南郡是阮朝时的广平、广治地，③ 显然与富安无关。实则《纲目》的编修者认为富安南部的大岭是越裳故地，是后黎朝与占城的分界，是阮潢所镇顺广④之地的最南端。《纲目》言1471年黎圣宗征占城时“拓地至石碑山”，后以占城地置为广南道，《纲目》释义“广南”为“古越裳地，秦属象郡，汉属日南，唐为林邑……黎初为羁縻之地，名曰南界，版籍徒载空名，而其地则为占人所据。迨洪德三年，圣宗亲征占城，取其地置为广南承宣……”广南所辖之地大致为阮朝时的广南、广义、平定、富安四省，大岭在富安南部。⑤ 可见，《纲目》认为四省原属越裳地，后为占人所据，黎圣宗时拓地至大岭的石碑山，是恢复旧疆之举。无怪乎《纲目》存《全书》中黎圣尊所言“大占、古垒旧为我境，近代沦于占国，今尽复之”⑥ 一句。《纲目》将铜柱定位于大岭的石碑山一带，当是强调黎圣宗拓地（或恢复旧疆）至大岭的功绩，⑦ 阮潢经营顺广则不失事黎

---

① ［越］潘清简等编：《钦定越史通鉴纲目》前编卷二，第12页。

② ［越］潘清简等编：《钦定越史通鉴纲目》前编卷一，越南汉喃研究院藏本，编号R. 591，第20页。

③ ［越］潘清简等编：《钦定越史通鉴纲目》前编卷二，第5–6页。

④ ［越］潘清简等编：《钦定越史通鉴纲目》正编卷二十八，越南汉喃研究院藏本，编号R. 1178，第22页；［越］阮朝国史馆编：《大南实录》，第29页。

⑤ ［越］潘清简等编：《钦定越史通鉴纲目》正编卷二十二，越南汉喃研究院藏本，编号R. 515，第5、7–9页。

⑥ ［越］吴士连等撰，陈荆和编校：《大越史记全书》，第685页；［越］潘清简等编：《钦定越史通鉴纲目》正编卷二十二，第4页。

⑦ 阮圣祖曾言：“我国自黎以前，乌里以南犹为占城地也。黎圣尊平占城，斥地至富安，徙民居之。开拓之功，实自此始。”［越］阮朝国史馆编：《大南实录》，第782页。

之礼①，这是阮主别成一国的合法性来源之一。此后，历代阮主开拓大岭以南的占城、真腊地，则是“文明日盛，武功日□”的结果②，并有后黎北河之地则是“开创”③ 之功。铜柱不失为建国历程叙述的一条关键纽带，《纲目》极欲证明马援铜柱在大岭，故而广引两国史籍记载，并结合土人之说予以证明，但对铜柱位置的释义过程显得扭捏。其扭捏之态或因为阮朝时官方、士人多认为作为中越分界标志的马援铜柱应在广西，黎光定、潘辉注等人所持马援铜柱在钦州分茅岭一说最具代表性。④《皇越一统舆地志》《大南一统志》都承认黎圣宗南拓所抵的大岭是后黎朝与占城的分界线。⑤ 且《大南一统志》否定了“大岭铜柱说”⑥，亦认为在钦州分茅岭的马援铜柱是中越分界之处⑦。广西的马援铜柱是自古以来中越的边疆界限这一认识贯穿整个阮朝时期，正说明《纲目》对铜柱在大岭的释义不过是符合建国历程叙事的需要。而援引《大清一统志》论证铜柱在钦州，其实质不过是接续《全书》的叙述内容，是修史时灌输国家、族群意识的必然要求。阮翼宗在下令编修《纲目》时已明确强调要使士人明晰本朝之史，改变只知本朝之史的同病，编修《纲目》之际贯彻此类圣意的可能性显然不可排除。⑧

---

① 阮朝皇帝并不掩饰自己曾为后黎臣子的身份，且阮圣祖曾言若后黎朝未亡，则其祖将以臣节事黎。［越］阮朝国史馆编：《大南实录》，第4386页。

② ［越］黎光定纂修：《皇越一统舆地志·阮嘉吉序》上册，西南师范大学出版社、人民出版社，2015年，第18－19页。

③ 关于阮朝建国历程中的“开拓”叙述，阮世祖、阮圣祖、阮宪祖诸帝多有论述。参见［越］阮朝国史馆编：《大南实录》，第950、2694、5234页。

④ ［越］黎光定：《华原诗草》，复旦大学文史研究院、越南汉喃研究院合编：《越南汉文燕行文献集成》第9册，复旦大学出版社，2010年，第113页；［越］潘辉注：《历朝宪章类志》卷三《地舆志》，越南汉喃研究院藏本，编号A. 2061—1，第22页。

⑤ ［越］黎光定纂修：《皇越一统舆地志·阮嘉吉序》上册，第17－18页；［越］阮朝国史馆编：《大南一统志（嗣德版）》第3册，西南师范大学出版社、人民出版社，2015年，第537页；［越］阮朝国史馆编：《大南一统志·高春育进书表》第1辑，印度支那研究会，1941年，第4页。

⑥ ［越］阮朝国史馆编：《大南一统志（嗣德版）》第3册，第537页；［越］阮朝国史馆编：《大南一统志》第2辑，第1187页。

⑦ ［越］阮朝国史馆编：《大南一统志（嗣德版）》第2册，第499页。

⑧ ［越］潘清简等编：《钦定越史通鉴纲目》卷首《谕旨》，越南汉喃研究院藏本，编号R. 591，第1页。

四、结语

一些研究承认马援铜柱的真实性，往往就史料而考证其位置，恐困于窠臼之中。若分析相关史料对马援铜柱的具体定位、诸附会之说出现的关键时间节点，不难见马援铜柱之事为虚。这些虚假之说之所以能在中国因缘附会、代代流传，进而被越南史家引入本国史书中，既有时代缘由，也有各自目的。越南官修通史对汉地著述中关于马援“立铜柱”“誓云”二说的选择性利用，并结合国内所谓野史、口述史的再诠释方式，其共同目的都是契合国家、族群意识建构的需要和现实政治的考量。同时，在二说的移植叙述中，“越人”一词显示出陈黎以来的越南已具有跨朝代、异于其他族群的对“越”的认同，这一称谓具有族群、历史与文化的接续性，并不因朝代的更迭而有所转换。而越南官方欲通过撰修国史来达到上述目的，亦可见彰显“文献之邦”与国家、族群意识诉求互为表里，并行不悖。

作者简介：
李俊生，暨南大学中外关系研究所博士研究生。

汪达尔人立国初期内政措施探微[①]

亓天浩　李云飞

［提要］公元439年，汪达尔人的首领盖赛里克率众占据迦太基城，建立政权，史称汪达尔王国。由于古典史家有选择的记录，汪达尔人被冠以“文明破坏者”的头衔，自文艺复兴以来，鲜有人关注这个以行为“野蛮”著称的族群及其政权。而事实上，汪达尔族群在进驻北非后，逐步实现了从迁徙“蛮族”向定居政权的转化。首任国王盖赛里克联合摩尔人，奴役和流放当地罗马地主，攫取土地和劳动力，分给王族和自己的追随者；他留下遗嘱，巧妙地规定继承秩序；他还清理教界，迫害尼西亚派基督徒，夺取宗教权力。其子霍诺里克虽被史家视为暴君，却在其父的基础上，试图以宗教会议这一相对合法的程序统一教派。两位国王的内政措施在很大程度上反映了汪达尔人在立国初期，面对来自北非地区和族群内部的挑战时，适应当地环境、保障自身利益、攫取统治权力的应战过程。

［关键词］汪达尔王国；盖赛里克；霍诺里克；维克托尔；古代晚期

---

① 本文系国家社会科学基金重点项目“加洛林王朝王位继承研究”（项目批准号：22ASS008）阶段性成果。本文在撰写过程中，得到天津师范大学历史文化学院刘雪飞副教授的指导，特此致谢。

公元5世纪初，一支被称作“汪达尔人”（Vandals）的农耕族群从亚速海附近出发，和他们的盟友阿兰人（Alans）一起向西迁徙，初抵高卢，又转战西班牙。其间，汪达尔人同西罗马帝国见仗数次，双方互有胜负，皆损失惨重。① 公元429年，面对帝国的威胁，“八万”汪达尔人在首领盖赛里克（Gaiseric/Gaisericus/Gizeric）的带领下离开伊比利亚半岛，渡过直布罗陀海峡，进入富饶的北非地区。② 在这里，汪达尔人烧杀抢掠，所到之处一片狼藉。439年，盖赛里克占据迦太基城，汪达尔王国延续近百年的历史从此拉开序幕。③

然而，古典史家有选择的叙事、文艺复兴时期以来的漠视和偏见，让大多数人对汪达尔人及其政权的认识止步于盖赛里克建国。在罗马帝国晚期的史料中，汪达尔人是野蛮的破坏者，这些记录的内容大多集中在汪达尔人进入北非之初。在5世纪拜占庭外交官普利斯库斯（Priscus）的残篇中，汪达尔人掳走帝国公主，骚扰边疆，干预帝位继承。④ 和普利斯库斯同时代的圣徒传作者——波西迪乌（Possidius）在谈到阿非利加行省横遭汪达尔人掳掠时痛心疾首。⑤ 在6世纪拜占庭神职人员约达尼斯（Jordanes）的笔下，汪达尔人野蛮好战，奴役他族。⑥ 5世纪末，北非宗教迫害的亲历者——维塔的维克托尔（Victor）在其著作《汪达尔人迫害史》⑦（*Historia Persecutionis Africanae Provinciae*）（以下简称《迫害史》）中，记录了汪达尔王国早期的迫害政策，旨在揭露汪达尔人同

---

① ［英］彼得·希瑟著，向俊译：《罗马帝国的陨落：一部新的历史》，中信出版集团，2016年，第311页。

② John Moorhead tr., Victor, *History of the Vandal Persecution*, Liverpool University Press, 1992，注释1，p.3. 目前学界公认汪达尔人进入北非的时间是429年。

③ ［英］彼得·希瑟著，向俊译：《罗马帝国的陨落：一部新的历史》，第343－344页。汪达尔政权的建立时间并没有明确记载，但从维克托尔的叙述来看，在占据迦太基之前，汪达尔人的行为主要以迁徙和掠夺为主，进驻迦太基后，盖赛里克才开始画土分疆，并颁布相对稳定的政策。故笔者将439年，也就是汪达尔人进驻迦太基的那年，作为其政权建立的时间。至于盖赛里克所建立的政权是否已经是“王国”，亦无史料记载，但方便起见，此处仍称其建立的政权为“王国”。参见John Moorhead，tr.，Victor，*History of Vandal Persecution*，p.7.

④ R. C. Blockley, *The Fragmentary Classicising Historians of the Later Roman Empire*: *Eunapius*, *Olympiodorus*, *Priscus and Malchus*, Francis Cairns Press, 1983, pp.340－343.

⑤ 本文参照英译本John E. Rotelle, ed., Possidius, *The Life of Saint Augustine*, Augustinian Press, 1988.

⑥ 参见［拜占庭］约达尼斯著，罗三洋译：《哥特史》，商务印书馆，2012年，第103、105页。

⑦ 关于汪达尔人迫害史，英译本参考John Moorhead, tr., Victor, *History of the Vandal Persecution*；拉丁译本参考Carolus Halm, ed., *Historia Persecutionis Africanae Provinciae*: *Temporibus Geiserici et Hunirici Regum Wandalorum*, MGH., AA. Ⅲ, Apud Weidmannos, 1879. 遵循古典文献引用标准，后文中引用此文献时仅写出名称和卷、章、节。

罗马人永不相容的“事实”。① 著名拜占庭史家普罗科比（Procopius）在《战史》（*History of the Wars*）中记叙了盖赛里克在北非的部分政策，还集中描述了其子霍诺里克（Huniric/Hunirícus/Honoric）暴虐的性格。② 文艺复兴以来，学界并未对汪达尔人展开全面细致的研究，即便在15世纪后，古典史家作品重见天日，汪达尔人也依旧是“破坏者”的代名词。③ 法国大革命后，主教格雷戈里（Grégoire）以上述记载为依据，发明了“Vandalisme”（汪达尔主义）一词，以谴责破坏艺术品的行径。该词嗣后被载入《法兰西词典》，汪达尔人俨然成为人们眼中的蛮族代表。④ 德意志民族史家力图证实近代德意志民族由日耳曼人发展而来。因此，那些同近代民族有着相似名号的蛮族王国在学界炙手可热，但汪达尔政权并非任何近代民族国家的前身，自然少有人问津。⑤

但是，汪达尔王国延续近百年，不可能仅仅依靠烧杀抢掠来维系。当迁徙的族群在北非定居下来，称王的首领必须合理分配利益，采取措施，创立法制，以延续政权统治。“二战”后，阿尔及尔大学教授库尔图瓦（Courtois）尝试研究汪达尔人进驻北非后的情形。在他之后，学界出现了对汪达尔王国的专门研究。莱斯特大学教授安迪·梅里尔斯（Andy Merrills）撰写专著和文章，探讨汪达尔人从迁徙、立国到灭国过程中的诸多问题；⑥ 布朗大学助理教授乔纳森·科南特（Jonathan Conant）着重分析了盖赛里克在东哥特王国与东罗马帝国之间斡旋、建构汪达尔政权合法性的过程。⑦ 近年来，中国学界也开始关注古代晚期⑧的罗马帝国和日耳曼族群，但少有以汪达尔政权为对象的研究。有鉴于此，本文拟从汪达尔人自身的角度出发，以维克托尔、普罗科比等古典史家的著作为基础，还原汪达尔王国前两位国王的立国措施，旨在展现这一迁徙族群的统治

---

① *Historia Persecutionis Africanae Provinciae*, 3.3.62.

② 普罗科比在《战史》中对这两方面进行了具体描述，参照 H. B. Dewing, tr., Procopius, *History of the Wars*, Book Ⅲ and Ⅳ, University of Toronto Press, 1914, pp. 49－55. 由于笔者语言能力有限，无法直接阅读希腊语原文，故本书虽为洛布古典丛书的译本，但在本文中，笔者不按照古典文献专有的方法引用，以避免谬误。

③ Andy Merrills, Richard Miles, *The Vandals*, Wiley-Blackwell Press, 2010, p. 9.

④ Andy Merrills, Richard Miles, *The Vandals*, p. 9.

⑤ Andy Merrills, Richard Miles, *The Vandals*, p. 13.

⑥ Andy Merrills, Richard Miles, *The Vandals*; Andy Merrills, “The Secret of My Succession: Dynasty and Crisis in Vandal North Africa”, *Early Medieval Europe*, Vol. 18, No. 2, 2010.

⑦ 乔纳森·科南特对北非地区进行了全方位的研究，其时间跨度从汪达尔人征服直至穆斯林入侵后，详见 Jonathan Conant, *Staying Roman: Conquest and Identity in Africa and Mediterranean, 439－700*, Cambridge University Press, 2012。

⑧ 这一概念在20世纪70年代由美国历史学家彼得·布朗提出，关于“古代晚期”研究的产生与发展，参见［英］伊恩·伍德著，刘寅译：《西部罗马的转型》，商务印书馆，2022年，第11－12页。

阶级在重重挑战下对定居和立国的尝试，为国内古代晚期史和北非地区史的研究作一定的史实补充。

一、攫取土地与劳动力：联合摩尔人，压迫罗马人

5世纪史家维克托尔曾记录道，抵达北非后，汪达尔人便肆无忌惮地掠夺财物、毁坏建筑、屠杀人口。① 不过，对迁徙族群来说，这些行为并不是单纯的破坏与宣泄，而是一种分赃的方式，甚至是迁徙和作战的直接目的。② 但占领迦太基城后，盖赛里克准备在北非长期停留，建立政权，汪达尔人也将回归日常生活状态。跟从首领作战的人再也不能靠攫取战利品度日，他们的利益诉求日益转向国内。面对出生入死的追随者，如果盖赛里克不能满足他们的需求，其人头便可能“被挂在迦太基城郊的柱子上烂掉”③。而在古代世界，肥沃的土地自然是利益分配的核心。汪达尔族群规模不小，古典史家虽未给出确切的人口数量，但目前可参考的最小估测值是五万，这在当时的蛮族群体中颇为可观。④ 这意味着盖赛里克必须合理处置当地人口，为属民腾出足额的土地，并为他们提供劳动力。

对北非的两大主要族群——罗马人和摩尔人，盖赛里克采取了不同的政策。在维克托尔笔下，占据大部分土地的罗马人受到了残酷的族群压迫。盖赛里克的压迫方式主要分为两种，一是流放，二是奴役。王国建立之前和建立初期，盖赛里克对罗马居民的政策显得有些混乱，但并非毫无章法。一开始，他把迦太基本土的自由人和贵族降为奴隶，⑤ 还命令汪达尔人“将主教和贵族赤身裸体地赶出其教堂和住所。如果他们在可选择时迟迟不肯离开，就会被留下来，成为永久的奴隶”⑥。但是，带有些许“选择余地”的命令很快变成了强制性的流放，汪达尔人在洗劫迦太基主教和许多神职人员后，将这

---

① 关于这类描述，参见 *Historia Persecutionis Africanae Provinciae*，1.1.2－1.3.9。

② 参照［美］帕特里克·格里著，罗新主编：《历史、记忆与书写》，北京大学出版社，2018年，第51页。

③ ［英］彼得·希瑟著，向俊译：《罗马帝国的陨落：一部新的历史》，第349页。

④ 关于汪达尔人的数目，维克托尔和普罗科比都有所记载。参见 *Historia Persecutionis Africanae Provinciae*，1.2；H. B. Dewing，tr.，Procopius，*History of the Wars*，Book Ⅲ and Ⅳ，pp. 51－53. 两人都给出了“八万”的数据，普罗科比又加上“五万”一数。值得注意的是，在奥罗修笔下，勃艮第人的数量是“八万”；7世纪，诗人皮西底亚的乔治笔下围攻君士坦丁堡的阿瓦尔人和斯拉夫人也有“八万”之众。这让我们不得不怀疑，这一数字如同中国古代的“三、六、九”一样，是“较大数量”的代名词，参见［英］伊恩·伍德著，刘寅译：《西部罗马的转型》，第22页。

⑤ *Historia Persecutionis Africanae Provinciae*，1.4.12.

⑥ *Historia Persecutionis Africanae Provinciae*，1.4.14.

些人放在船上，任其自生自灭。① 这种朝令夕改的政策可能表明，盖赛里克急于为汪达尔人腾出土地，并意图消除教俗贵族的影响。

但是，盖赛里克并没有将罗马人全部贬为奴隶或予以流放，现实条件也不允许他这样做。普罗科比提到，盖赛里克虽将利比亚的显贵贬为奴隶，却并未在那些分给非王族汪达尔人的土地上推行奴役政策。因此，这些土地的原主们虽然失去了土地产权，却拥有人身自由。② 相对合理的推测是，盖赛里克实行的压迫政策是有选择性的。贵族真正掌握土地所有权，因而需要予以流放或奴役；而小土地所有者和佃农作为必要的劳动力与税收来源，需要被留在土地上继续耕种。

一些具备特殊才能、掌握技术的罗马人更容易被贬为奴。维克托尔在文中提到一批已从属于汪达尔人的罗马裔奴隶：奴隶马提尼亚努斯（Martinianus）专职铸造武器，受到主人的赏识；奴隶马克西玛（Maxima）则是全家的女主管。他们的汪达尔主人让他们结婚，以使家奴更忠诚。但马克西玛在卧房里拒绝了马提尼亚努斯，并劝告他也献身上帝。马提尼亚努斯又说服了自己的兄弟，三人密谋逃亡，投奔塔布拉卡修道院。事情败露后，盖赛里克命令他们的主人将这些逃跑的奴隶交给摩尔人处以极刑，但摩尔人的王为马克西玛的精神所折服，最终将其放走。③ 这两名罗马裔奴隶究竟是在北非被贬为奴，还是在其他地方被他们的汪达尔主人俘获，已无从知晓。但无论他们是在何处开始被奴役，确定无疑的是，这两名奴隶职责不小，在家里地位不低，被贬为奴的时间应当很早。这一点足以反映出汪达尔人选择奴役对象的标准之一——掌握重要技能，譬如制造武器者或有管理能力者，更值得被奴役。这类奴隶虽然地位不低，甚至享有一定的私人空间，但其人身往往为主人所把控，更无法自主婚配。主人有权在其逃亡未遂后处以刑罚，这种处罚权甚至受到汪达尔统治者的保护与支持，足见统治者和汪达尔奴隶主对此类奴隶的重视程度。

压迫政策的推行范围也值得讨论。维克托尔或许认为，族群压迫政策是盖赛里克在全北非推行的方针，但他作为迦太基神职人员，很可能只见到了该政策在迦太基当地的推行过程，并想当然地在写作中拓展了政策的推行范围。但是，伦敦国王学院教授彼得·希瑟指出，阿非利加同执政官行省之外的北非并未发生土地没收事件，因为在“比查切纳和努米底亚”，原先的罗马土地所有者大多留在当地，肆意没收容易造成他们的激烈反抗。④ 由此可见，如果盖赛里克的初衷是迁移人口、攫取土地和劳动力，那么，

---

① *Historia Persecutionis Africanae Provinciae*, 1.5.15.

② 参照 H. B. Dewing, tr., Procopius, *History of the Wars*, Book Ⅲ and Ⅳ, p. 51。

③ 这对奴隶的故事参照 *Historia Persecutionis Africanae Provinciae*, 1.10.31 –1.11.35。

④ ［英］彼得·希瑟著，向俊译：《罗马帝国的陨落：一部新的历史》，第 349 页。关于阿非利加和同执政官行省的关系，笔者将在后文的注释中予以说明。

流放或奴役罗马贵族的政策便不太可能超过土地没收的范围。因此，盖赛里克很可能仅在阿非利加行政区的同执政官行省推行其压迫政策。对此，笔者将在关于土地分配政策的论述中进一步说明。

古典史料对摩尔人的处境很少直接提及，笔者只能从字里行间推断他们受到的对待。从普罗科比对汪达尔战争的记录来看，汪达尔人似乎给不少摩尔人授予了官职。贝利撒留大军压境时，摩尔人当场拒绝加入汪达尔末代国王盖里莫尔（Gelimer）的联盟，并派使节去见贝利撒留，希望同罗马军队并肩作战，还有人送子为质，求取军阶。摩尔人声称，“只有罗马皇帝授予他官职的象征，他才可以作为统治者”①。但实际上，摩尔人早已接受了汪达尔人授予的官职。维克托尔的记述表明，汪达尔人同摩尔人的合作十分密切。上文中，马克西玛感化的马提尼亚努斯被送往一位名叫卡珀速尔（Capsur）的摩尔人国王那里流放；② 而霍诺里克则命令摩尔人监管被流放的尼西亚派基督徒，其中包括被祝福的菲利克斯（the blessed Felix）和罹患中风的阿比尔（Abbir）主教，共计4 966 人。③ 当罗马帝国教会派遣牧师来到北非为汪达尔人传播尼西亚信经并初具成效时，卡珀速尔还特地将此事告知盖赛里克，以便汪达尔统治者及时制止。④ 霍诺里克在阐述宗教命令时，也以“送到摩尔人中间”威胁违令者。⑤

值得注意的是，盖赛里克对摩尔人的政策很可能反映了汪达尔统治者“另立中心”的心态。根据克里弗的研究，汪达尔人从一开始便在迦太基的总督宫殿中站稳了脚跟。⑥ 在普罗科比的叙述中，盖赛里克洗劫罗马时夺得的战利品都没有在汪达尔王国被闲置，在贝利撒留的战俘中，汪达尔末代王盖里莫尔已然披上了紫色的斗篷。⑦ 这表明至少在6 世纪，汪达尔的国王似乎已经将自己看作同罗马皇帝平等的统治者，尽管盖里莫尔如此行事很可能带有某种同查士丁尼针锋相对的意味。盖赛里克还仿效罗马帝国的方法，形成了汪达尔人自己的纪年方式，即以“某国王统治的第几年”作为年份的标识。⑧ 由

① H. B. Dewing, tr. , Procopius, *History of the Wars*, Book Ⅲ and Ⅳ, p. 201.

② John Moorhead, tr. , Victor, *History of the Vandal Persecution*, 1. 35, p. 16.

③ John Moorhead, tr. , Victor, *History of the Vandal Persecution*, 2. 28, p. 33.

④ John Moorhead, tr. , Victor, *History of the Vandal Persecution*, 1. 36 – 1. 37, p. 17.

⑤ John Moorhead, tr. , Victor, *History of the Vandal Persecution*, 2. 4, p. 25.

⑥ Clover, "Carthage and the Vandals", in Jonathan Conant, *Staying Roman*: *Conquest and Identity in Africa and Mediterranean*, *439 – 700*, p. 44.

⑦ H. B. Dewing, tr. , Procopius, *History of the Wars*, Book Ⅲ and Ⅳ, p. 281.

⑧ 参见 Frank M. Clover, Timekeeping and Dyarchy in Vandal Africa, *An Tard*, Vol. 11, 2003, pp. 46 – 47。

此可见，在盖赛里克的长子霍诺里克同帝国公主——尤多西亚（*Eudoxia*）结婚后，① 汪达尔统治者似乎总是以罗马帝国的皇亲国戚自居，对摩尔人的政策恰恰暗示了他们在罗马之外另立中心、复制罗马帝国对蛮族政策的做法。

综上所述，盖赛里克在能够控制的地区有选择地奴役或流放部分罗马教俗贵族和自由人，攫取了他们的土地；他留下了部分罗马小土地占有者，剥夺其产权，为汪达尔军事人员提供劳动力；掌握重要技能的人则更容易被贬为奴，首当其冲地受到汪达尔奴隶主和统治者的控制。摩尔人则在此过程中充当了汪达尔人的代理人，汪达尔统治者们授予部分摩尔人官职，并同摩尔人的首领合作，压迫北非的罗马居民。

二、分配土地：确保王族的绝对优势

如前文所述，盖赛里克通过流放贵族，剥夺小土地占有者的产权，攫取了足额的土地和劳动力，以此奠定了分配土地、安置人口的物质基础。但是，北非地域广大，不同地区的土地占有情况也不尽相同。在阿非利加同执政官行省，真正拥有土地的罗马贵族大多不在此生活，因此，汪达尔统治者在没收土地、流放人口时受到的阻力相对较小；而在其他地方，罗马地主大多留在当地，在这里没收土地很可能遭到激烈抵抗。因此，如何在不激起民愤的情况下，尽可能地为汪达尔追随者们分配土地，以及如何在此过程中保障王族占有土地的绝对优势，成为盖赛里克必须解决的问题。

在土地分配方面，维克托尔和普罗科比的说法不尽相同。据维克托尔记载，盖赛里

---

① 简言之，442 年，在西罗马帝国皇帝瓦伦提尼安三世向盖赛里克割地讲和时，霍诺里克与帝国公主尤多西亚缔结了婚约，但此时公主年幼，该婚约并未实行。在 445 年马克西姆叛乱后，盖赛里克借由替瓦伦提尼安三世复仇，洗劫罗马城，并掳走帝国公主尤多西亚，强迫其与霍诺里克结婚，并以公主和皇后为人质，要挟帝国承认该婚约的有效性，以证明自身在西地中海的合法地位，攫取公主尤多西亚名下狄奥多西家族的遗产和埃提乌斯的遗产。参见 H. B. Dewing tr.，Procopius，*History of the Wars*，Book Ⅲ and Ⅳ，p. 45 – 47；Frank M. Clover，*Flavius Merobaudes：A Translation and Historical Commentary*，University of Wisconsin Press，1971，p. 11；R. C. Blockley，*The Fragmentary Classicising Historians of the Later Roman Empire：Eunapius，Olympiodorus，Priscus and Malchus*，pp. 341 – 343。

克将“择乌吉他那（Zeugitana），甚至是阿非利加同执政官行省（proconsular province）”① 作为其扈从② 的土地，而将比查切纳（Byzacena）、阿巴里塔纳（Abaritana）、盖图里亚（Gaetulia）和努米底亚（Numidia）的一部分留给了自己。③ 普罗科比则记录了盖赛里克给王子们分配土地的过程。④ 据他记载，盖赛里克没收了利比亚⑤显贵的土地和财产，分给他的三个儿子——霍诺里克、根宗（Genzon）和塞奥佐罗斯（Theodorus）。⑥ 但小儿子塞奥佐罗斯英年早逝，没有子嗣，其所分得的土地便在汪

① 根据提摩西·大卫·巴尔内斯的论述（Timothy D. Barnes, *The New Empire of Diocletian and Constantine*, Harvard Unibersity Press, 1982, p. 212），维克托尔所说的这些省大多属于阿非利加行政区。戴克里先改革之后，罗马行省的划分发生了变化，简言之，之前的广阔行省被划分为小块，阿非利加行省甚至被分成了三个省，该变化可参照《维罗纳清单》（*Verona List*）。该清单显示，阿非利加行省的“同执政官行省”这一级别的说法依然存在，但地位和范围已远小于曾经的阿非利加行省，笔者在这里将其直接译为“阿非利加同执政官行省”。提摩西认为择乌吉他那省要么是同执政官行省的替代名称，要么是其附加名称。梅里尔斯在校注《迫害史》时也对此提出了疑问，原文将择乌吉他那和“同执政官行省”用“vel”（或者，甚至）连接，令人费解。为尊重维克托尔的原文，笔者此处保留“择乌吉他那”的说法。比查切纳和努米底亚从阿非利加行省中分出。根据梅里尔斯的注释，阿巴里塔纳在盖图里亚的南侧，盖图里亚在努米底亚南侧。参见 John Moorhead, tr., Victor, *History of the Vandal Persecution*, 1. 13, p. 7，注释 14。对以上地名的翻译，参照徐国栋：《罗马公法导论》，北京大学出版社，2014 年，第 163 页。

② 笔者以“扈从”表述追随盖赛里克进入北非的全部人员。

③ *Historia Persecutionis Africanae Provinciae*, 1. 4. 13.

④ 本段引用参照 H. B. Dewing, tr., Procopius, *History of the Wars*, Book Ⅲ and Ⅳ, p. 51。

⑤ 在 H. B. Dewing, tr., Procopius, *History of the Wars*, Book Ⅲ and Ⅳ, 1914, p. 33 中，普罗科比提到，博尼法斯跟冈萨雷斯和盖赛里克签订合约，分割利比亚；而当瓦伦提尼安的皇后普拉西狄亚（Placidia）派人去找博尼法斯时，他正驻扎在迦太基，这说明，迦太基作为阿非利加行省的首府，应该属于普罗科比所谓的“利比亚”。汪达尔人后来进攻博尼法斯在努米底亚的最后据点，成功后，普罗科比说他们从罗马人手中夺取了利比亚。由此可见，努米底亚应该也属于其所谓的“利比亚”。因而可以推测，在普罗科比笔下，利比亚很可能是原阿非利加行省的代称，而非东方行政区的上利比亚省和下利比亚省。参见 John Moorhead, tr., Victor, *History of the Vandal Persecution*, p. 7。这一表达相较于维克托尔的说法可能更晚，因为努米底亚设省最早可溯至 295 年，比查切纳和择乌吉他那可溯至 305 年。但位于埃及的利比亚省则可以溯至 309 年。Timothy D. Barnes, *The New Empire of Diocletian and Constantine*, pp. 207 – 212.

⑥ 普罗科比所记的汪达尔王子有三：霍诺里克、根宗、塞奥佐罗斯；而维克托尔所记者为霍诺里克、根宗和狄奥德里克（Theoderic）。参见 H. B. Dewing, tr., Procopius, *History of the Wars*, Book Ⅲ and Ⅳ, p. 51。

达尔人中重新分配，这些土地被称为“汪达尔人的土地”[1]。普罗科比在后文中进一步说到，后来，盖赛里克赐予其子和其他汪达尔人的土地以赋税豁免权。

从普罗科比的逻辑来看，盖赛里克一开始只给王子们分配了土地，并没有给其他汪达尔人分地的机会。塞奥佐罗斯去世后，其土地无人继承，王国才有多余的土地分给其他汪达尔人。而维克托尔则表明，盖赛里克一开始就给其属民分配了土地。不过两位史家都指出了一点——盖赛里克的分配政策可谓极不均衡。汪达尔人只分得了很有限的一部分土地，而其他大片地区的土地则被国王本人掌握。但是，结合上述土地没收的可推行范围来看，盖赛里克或许只能在阿非利加一处没收土地，分配给其“扈从”[2]。至于在比查切纳等地，盖赛里克很可能尝试与当地罗马贵族合作，不没收土地，仅保留某些税收权，避免与他们发生直接冲突。这种做法既保障了王族的土地优势，又避开了当地贵族的抵抗。但盖赛里克分给王子们的土地是否是上述仅保有税收权的土地，目前史料还无法证明。

如前所述，扈从分得的土地应在阿非利加行省。据5世纪史家普洛斯珀记载，在土地政策实施的同年，汪达尔统治阶级内部发生叛乱。[3] 这似乎暗示，所谓的“扈从”分得的土地面积相较于王族要小，或者较为贫瘠。至于“扈从”是否有贵族和普通战士这样的上下级之分，以及与之相匹配的封土关系，尚无从推断。但普罗科比提到，盖赛里克在进驻北非后，进行了一次军事改革，设置了80个“千夫长”（captain），[4] 但在没有战争的时期，这一职位很可能逐渐失去军事职能，成为地方上的土地管理者。而千夫长是否代表了土地贵族中的一个等级，目前也无从知晓。

---

① 关于“汪达尔人的土地”一词，普罗科比和维克托尔都当作专有名词使用，因为笔者语言能力有限，本文仅引用拉丁文本的说法。原词为夺格形式“sortibus Wandalorum”，笔者已经将其变回主格形式。参见 *Historia Persecutionis Africanae Provinciae*，2. 13. 39。值得注意的是，从最终归属上看，普罗科比所谓的“汪达尔人的土地”应是指除王族以外其他汪达尔人占有的土地。但据维克托尔交代，霍诺里克曾颁布政令，禁止迦太基的尼西亚派神职人员在“汪达尔人的土地”上举行礼拜仪式。自称笃信阿里乌派基督教的霍诺里克自然不会将改宗政策局限在“除王族以外其他汪达尔人占有的土地”上，他所使用的应是该词的字面意思，也就是王国全境。因而，“汪达尔人的土地”一词的含义很可能在霍诺里克继位前后的几十年里有所扩张。参见 *Historia Persecutionis Africanae Provinciae*，3. 1. 4。

② 在维克托尔的原文中，该处用词为“exercitui”，即“exercitus”，有“扈从”之意。这些人很可能是可以参与战斗的军事人员。参见 *Historia Persecutionis Africanae Provinciae*，1. 4. 13；Du Cange，et al.，*Glossarium Mediæ et Infimæ Latinitatis*，*Niort*：*L. Favre*，*tomus Ⅲ*，1884，p. 360.

③ Theododus Mommsen，ed.，*Prosperi Tironis Epitoma Chronicon*（*V*），MGH.，AA. Ⅸ，1339 a. 442，Apud Weidmannos，1892，pp. 478 – 479.

④ H. B. Dewing，tr.，Procopius，*History of the Wars*，Book Ⅲ and Ⅳ，p. 53.

关于土地上的生产者，前文已有所提及。普罗科比谈到，盖赛里克并没有没收那些贫瘠的土地，这些土地依然由原主人持有，但他们要向政府缴纳重税。① 这类人很可能是北非当地的罗马裔普通人，他们财力不足，无法像元老贵族那样逃亡；他们的身份也不显赫，统治者们也无意以宗教或政治理由流放他们，或强行将他们贬为奴隶。然而，他们依然是重要的统治基础和劳动力，需要在汪达尔人治下的北非继续劳作。

由此可见，盖赛里克在土地分配过程中，适应当地罗马地主的势力分布情况，保证其追随者分得土地的同时，也实现了王族在土地占有上的绝对优势。另外，盖赛里克留下了部分罗马小生产者，为王族和属民的土地提供劳动力。通过该措施，盖赛里克安置了汪达尔人口，保障了王族和属民的经济利益，奠定了王国农业生产的基础。

三、保障王权：从恩威并施到“长男继承制”

正如前文所述，在北非定居之后，盖赛里克的追随者们再也不能靠攫取战利品度日，他们的利益诉求日益转向国内。为此，在分配土地的同时，盖赛里克也必须调整自己同这些人的关系，重新分配政治权力，保障政权稳固。很显然，要解决这些问题并不容易。汪达尔国王并非只手遮天的专制统治者，他们不时受到手下一些“军事人员”、贵族（the noblest）和谏言者的掣肘与挑战。这些人权势不小，常怀反叛之心。

在此过程中，盖赛里克主要采用两种手段：一是恩威并施，二是长期的制度性措施。从普洛斯珀的记载来看，暴力镇压是盖赛里克重塑权威、平衡势力的方式之一。442 年，盖赛里克曾镇压过一次叛乱，并在此后谨小慎微，常疑心他人背叛。② 据维克托尔记载，盖赛里克还寻找理由，将自己的西班牙顾问塞巴斯蒂安伯爵处死。跟这位伯爵命运相同的，还有国王的其他三位罗马裔顾问。③ 但臣属④势力似乎依然不可小觑，盖赛里克也可能有意对某些臣属许以要职，并要求儿子霍诺里克发誓，保障他们的终身利益。但据维克托尔记载，盖赛里克一死，狄奥德里克的儿子和妻子便密谋反对霍诺里克，王族姻亲、主教尤昆杜斯（Jucundus）和盖赛里克留下的这些“老臣”都可能参与了谋划。⑤

---

① H. B. Dewing, tr., Procopius, *History of the Wars*, Book Ⅲ and Ⅳ, p. 51.

② Theododus Mommsen, ed., *Prosperi Tironis Epitoma Chronicon* (*V*), MGH., AA. IX, 1339 a. 442, pp. 478 – 479.

③ *Historia Persecutionis Africanae Provinciae*, 1. 6. 19 – 1. 6. 21. John Moorhead, tr., Victor, *History of the Vandal Persecution*, p. 11, 注释 22。

④ 汪达尔王国并未留下宫廷或军队的职官表，故贵族与普通军事人员的区别、贵族内部的等级划定等都无从知晓。有鉴于此，笔者将汪达尔首领麾下的人群泛称为“臣属”，如果史料明确提及某人或某些人为“贵族”，笔者也将直接指出。

⑤ 参见 John Moorhead, tr., Victor, *History of the Vandal Persecution*, 2. 12 – 2. 15, pp. 28 – 29。

由此可见，恩与威都是对紧张关系的暂时缓解，并非长久之计，制度性的举措亟待颁布。在过去的迁徙族群传统中，首领的地位需要臣属认可方才稳固。这并非没有先例，实际上，盖赛里克本人上位的过程就印证了这一传统。有传言说，作为私生子的盖赛里克将嫡出的冈萨雷斯（Gontharis）杀死，才成为唯一的统治者。事件真伪已无从探究，但此后汪达尔人并未内乱，反而口风统一，认为冈萨雷斯是战败而死。这种状况暗示，更具才干和经验的盖赛里克很可能获得了臣属们的支持。① 但此时，汪达尔族群早已告别了大规模战争与长时间的迁徙，国王和臣属的关系也势必发生根本变化。国王的战争才能已经不再重要，② 臣属们支持某位王族男嗣的原因在于他能否为自己带来更多的利益。根宗虽已去世，但霍诺里克、狄奥德里克和塞奥佐罗斯各有土地，③ 亦各有支持自己的势力，这些无疑是威胁王国的不稳定因素。盖赛里克很可能基于这些情况，选择了一种独特的继承方案。他在遗嘱中如此安排：

> （你们要）按照年龄划分等级，每个人按照去世先后的顺序进行统治；换言之，年龄最大的弟弟应该继承其兄长，并依此类推。④

笔者将盖赛里克的继承方案概括为“长男继承制”。从普罗科比、约达尼斯和维克托尔的定性上看，这一遗嘱不仅仅是盖赛里克简单的愿望，还可能是一种被制度化的“法令”（constitutio）。⑤ 从这个意义上讲，盖赛里克借助遗嘱，实际上奠定了王位继承的秩序。

---

① 参见 H. B. Dewing, tr., Procopius, *History of the Wars*, Book Ⅲ and Ⅳ, p. 33。据传他还杀死了冈萨雷斯全家，参见 John Moorhead tr., Victor, *History of the Vandal Persecution*, 2. 14, p. 29。

② 参见［英］彼得·希瑟著，马百亮译：《罗马的复辟：帝国陨落之后的欧洲》，中信出版集团，2020年，第18页。

③ H. B. Dewing, tr., Procopius, *History of the Wars*, Book Ⅲ and Ⅳ, p. 51.

④ 477年盖赛里克去世，普罗科比暗示盖赛里克有一个书面遗嘱：“王权应该永远落在盖赛里克自己所有男性后代中年龄最大者身上。”参见 H. B. Dewing, tr., Procopius, *History of the Wars*, Book Ⅲ and Ⅳ, p. 73。本文采用约达尼斯的记录，参见 T. Mommsen, ed., Jordanes, *Getica 169*, MGH, AA 5. 1, 1882, p. 102，转引自 Andy Merrills, *The Secret of My Succession: Dynasty and Crisis in Vandal North Africa*, p. 137。

⑤ 对于盖赛里克的遗嘱，史家们的定性各不相同。在维克托尔的叙述中，盖赛里克的遗嘱被称为 constitutio。根据 *Thesaurus Linguae Latinae* 载入的语料，西塞罗曾将该词用作“制度”（institutio）、“命令”（ordinatio）之意。而在普罗科比的著作中，查士丁尼皇帝曾将其称作“法律”（law），而普罗科比本人则称之为“diathekai”或“单纯的‘遗嘱’”。约达尼斯则将其称为“命令”（praecepta），该词与“constitutio”在某些情况下可以互相解释。参见 *Thesaurus Linguae Latinae*（ThLL），constitutio, No. 4, p. 526。

普罗科比的记录证明“长男继承制”效果极佳。① 首先，该方案将汪达尔王国的王位继承人限定在盖赛里克家族之内，篡权夺位的臣属不再具有先王赋予的合法性。盖赛里克死后，从第二任国王霍诺里克到第四任国王希尔德里克都按照该遗嘱依次继位，整个过程相当顺利，其间也没有臣属篡位的情况。

其次，该遗嘱具有敲定王位继承人的效果。先代国王死后，王位确定无疑地传袭到盖赛里克家族年龄最大的男嗣手中，很大程度上杜绝了家族内部纷争，也大大减小了臣属支持某位男嗣、干预王位继承的可能。维克托尔对狄奥德里克篡位一案的误解或许可以说明这一效果。维克托尔的叙述将前文所述的篡位案建构为霍诺里克对兄弟和老臣进行无情的杀戮。但事实上，霍诺里克先杀死的是狄奥德里克那位谋划夺权的长子。此外，他也没有除掉根宗的两个儿子，这两位王子反而在他去世后依次继位。② 这足以说明，霍诺里克并非主动杀戮，而是对叛乱作出反应。不过，值得注意的是，虽然维克托尔想要刻意展现霍诺里克的残暴，但他对这件事误解到如此程度，可见这起阴谋被狄奥德里克的党羽控制得极为严密。这在某种程度上说明，就算臣属有意支持某位男嗣上位，也必须按照盖赛里克的遗嘱，秘密地将前一顺位继承人杀死，而不敢公然发动政变。此外，从汪达尔末代国王盖里莫尔的篡位案来看，这一继承秩序在那时很可能成了根深蒂固的共识。盖里莫尔想要监禁希尔德里克国王，自己上位。为了师出有名，他不得不找出或编造出希尔德里克向拜占庭出卖王国利益的罪行，从而避开继承秩序，以博取贵族的支持。③

最后，该方案要求父死子继、兄终弟及，不仅减小了前后两代国王的年龄差距，还很大程度上扩展了王位继承的候选人范围，调和了王族内部的矛盾。这意味着，即便先王去世较早，或生子较晚，也无需担忧没有执政能力的幼主上位。因为，只要先王还有弟弟在世，继承其王位的便是年龄略小于他的弟弟。这就避免了幼主临朝，叔伯或贵族不服的可能。

由此可见，在汪达尔国内分配政治权力并非易事。部分臣属位高权重，更有甚者意图干预王位继承，攫取利益。前文所述的贵族叛乱和两起篡位案已经表明，臣属乱政在汪达尔王国屡见不鲜，恩与威均非长久之计。盖赛里克颇具远见，他从家族整体利益出发，以“长男继承制”选择继承人，虽未解决所有问题，却巧妙地缓解了王族内部矛盾，减小了臣属干预的可能，限制了汪达尔贵族的行为，可谓创举。

---

① 关于汪达尔王国王位继承过程，参见 H. B. Dewing，tr.，Procopius，*History of the Wars*，Book Ⅲ and Ⅳ，pp. 73 – 77，83。

② 参见 John Moorhead，tr.，Victor，*History of the Vandal Persecution*，2. 12 – 2. 15，pp. 28 – 29。

③ H. B. Dewing，tr.，Procopius，*History of the Wars*，Book Ⅲ and Ⅳ，pp. 85 – 87.

四、促进教派统一：清理教界，召集宗教会议

不过，在汪达尔人的立国措施之中，最为古典史家关注、为后世留下最深印象的，当属两位国王的宗教政策。前文所述的诸多史家，譬如维克托尔、波西迪乌、普洛斯珀等人，都在著作中明确提及汪达尔人信仰阿里乌派基督教，并残酷地迫害北非的尼西亚派基督徒。其中，维克托尔的记录最细致、最丰富，但也融入了最多的主观情绪。同时，为宣扬尼西亚信经上教义解读的正确性，古典史家的记载往往包含诸多宗教见证，汪达尔统治者的宗教政策淹没其中，令人难窥其真实意图。有鉴于此，在这一部分，笔者将以维克托尔的记录为主，辅以波西迪乌和普洛斯珀等人的说法，分别说明盖赛里克和霍诺里克治下王国的宗教措施，并分析其可能的意图。

上述史家对汪达尔族群初入北非时的行径均有所描述：他们掠夺教堂，驱散教堂里的神职人员和基督徒，抢夺教产，戕害教士。① 但波西迪乌提到，迦太基、希波（Hippo）和希尔塔（Cirta）的教堂幸免于难。② 此后，盖赛里克流放了迦太基城的主教——夸德乌特迪乌斯（Quodvultdeus）和一大批神职人员，并命令自己的主教接管迦太基城的教堂，包括城内的列斯提图塔（Restituta）大教堂和城外的两所纪念圣徒的教堂。③ 可见，此前盖赛里克有选择地劫掠、破坏教堂，很可能是在为后来接管教堂做准备。在维克托尔的记录中，留在迦太基城的主教们只能“以对他们开放的方式和在可能的地方赞美神圣的奥秘”④。一些尼西亚派基督徒在雷吉亚（Regia）的小教堂里偷偷庆贺复活节，但事情败露，阿里乌派的牧师带着武装人员直接进入教堂捣毁了他们的“地下据点”。⑤ 而夸德乌特迪乌斯主教对尼西亚派基督徒的呼吁表明，北非当地的基督徒

---

① 波西迪乌在其著作的第 28 章着重描述了汪达尔人的入侵，参见 John E. Rotelle, ed., Possidius, *The Life of Saint Augustine*, pp. 111 – 113；维克托尔在著作开篇描述了汪达尔人初入北非时的行径，参见 John Moorhead, tr., Victor, *History of the Vandal Persecution*, 1. 1 – 1. 12, pp. 3 – 7；Theododus Mommsen, ed., *Prosperi Tironis Epitoma Chronicon* （V）, MGH., AA. IX, 1339 a. 439, p. 476。

② John E. Rotelle, ed., Possidius, *The Life of Saint Augustine*, pp. 112 – 113.

③ John Moorhead, tr., Victor, *History of the Vandal Persecution*, 1. 15 – 1. 16, p. 8. 普洛斯珀也提到，盖赛里克夺取了三位最顽固的主教的教堂，并将他们赶出他们的城市，参见 Theododus Mommsen, ed., *Prosperi Tironis Epitoma Chronicon* （V）, MGH., AA. IX, 1339 a. 437, p. 475。

④ John Moorhead, tr., Victor, *History of the Vandal Persecution*, 1. 16, pp. 8 – 9.

⑤ John Moorhead, tr., Victor, *History of the Vandal Persecution*, 1. 41, pp. 18 – 19.

很可能接受了汪达尔神职人员的重新洗礼。① 罗马帝国的牧师和神职人员曾尝试向汪达尔人传播尼西亚派的信仰，初具成效。但盖赛里克钦差其大臣普罗库鲁斯（Proculus）没收了他们的仪式道具和传教书籍。② 由此可见，盖赛里克已经禁止尼西亚派教徒的某些宗教活动，并认定该教派非法，也不允许外来的尼西亚派基督徒在北非传教。

汪达尔教俗统治者们似乎更愿意迫害那些身份高贵、声名在外的人，在维克托尔的记录中，他们还有一套特殊的表演形式，以防止这些被迫害者得到“殉道者”之名。尼西亚派官员阿尔莫加斯（Armogas）因其信仰被处以极刑，但盖赛里克的儿子狄奥德里克认为惩罚还不够严苛，下令将其斩首，却被自己的牧师尤昆杜斯（Jucundus）阻止。后者认为，如果用剑杀掉阿尔莫加斯，罗马人就会开始宣扬他是一个殉道者。狄奥德里克闻言便将他流放到比查切纳省种植葡萄树。后来，为了让更多人看到他，这位王子又命阿尔莫加斯在迦太基城不远处放牛。③ 杂技演员马斯库拉（Mascula）也有类似的经历。④ 这两人，加之维克托尔后来提及的萨鲁图斯（Saturus）⑤，都是尼西亚派有名的贵族或教士，至少在《迫害史》成书之前便为人所称道。这些统治者们是否采用了维克托尔所谓的“政治表演”已无从证实，但他们很可能希望通过迫使名人改宗，形成羊群效应，或用杀鸡儆猴的方式，诱导其他尼西亚派教徒皈依阿里乌派。

在教俗授任方面，盖赛里克也以教派为基准安排人事。维克托尔提到，盖赛里克曾明确下令，非阿里乌派教徒禁止在他和他儿子们的宫廷中供职。⑥ 上文提及的阿尔莫加斯和萨鲁图斯就是因此而被罢免并遭到迫害的。在主教授任方面，罗马帝国瓦伦提尼安皇帝提名的主教迟迟得不到任用，但最终，盖赛里克似乎选择了让步，任命狄奥格拉提亚斯（Deogratias）为迦太基主教。⑦ 但他死后，汪达尔统治者禁止为择乌吉他那和阿非利加同执政官行省任命主教，据维克托尔统计，北非地区的主教人数从 164 人直降到 3 人。⑧ 这种情况一直持续了 24 年，直到霍诺里克执政早期。⑨

如此说来，盖赛里克似乎是阿里乌基督教虔诚的卫道士，但事实并不一定如此。首先，比起高涨的宗教情绪，盖赛里克及其手下的汪达尔人似乎更具实用主义的思想。在

---

① R. Braun, ed. and tr., Quodvultdeus, *Liber promissionum et praedictorum dei*, Paris, 1964, 转引自 Andy Merrills, Richard Miles, *The Vandals*, p. 180。

② John Moorhead, tr., Victor, *History of the Vandal Persecution*, 1.36 – 1.39, pp. 17 – 18.

③ John Moorhead, tr., Victor, *History of the Vandal Persecution*, 1.43 – 1.44, pp. 19 – 20.

④ John Moorhead, tr., Victor, *History of the Vandal Persecution*, 1.47, pp. 20 – 21.

⑤ John Moorhead, tr., Victor, *History of the Vandal Persecution*, 1.48, p. 21.

⑥ John Moorhead, tr., Victor, *History of the Vandal Persecution*, 1.43, p. 19.

⑦ John Moorhead, tr., Victor, *History of the Vandal Persecution*, 1.24, p. 12.

⑧ John Moorhead, tr., Victor, *History of the Vandal Persecution*, 1.29, p. 14.

⑨ John Moorhead, tr., Victor, *History of the Vandal Persecution*, 2.2, pp. 24 – 25.

汪达尔人初入北非时，盖赛里克放任手下的追随者肆意掠夺教堂和神职人员们的财产，甚至捣毁教会建筑，但并未立刻让汪达尔人的神职人员接管全部的教堂。[①] 这一点在普洛斯珀和波西迪乌的记录中也有体现，普氏曾猜测，盖赛里克“似乎并不是在攻击人，而是在攻击上帝”[②]。可见，盖赛里克及其手下人对尼西亚派教产和神职人员财产的侵夺，不一定出于宗教信仰，而更可能是出于对财物本身的觊觎。此外，盖赛里克的确任命罗马帝国瓦伦提尼安皇帝提名的狄奥格拉提亚斯为迦太基主教，但这很可能是由于他希望帝国承认霍诺里克同尤多西亚的婚姻。[③] 不过，当他发现霍诺里克的婚姻无法为他干预帝国、骚扰边境提供便利时，[④] 他便改换了宗教政策，在狄奥格拉提亚斯死后不再任命重要省份的主教。这一举动说明，盖赛里克宗教政策的制定与改换很可能出于外交上的考量。

其次，汪达尔国王从未完全享有北非地区的宗教权力。在维克托尔笔下，狄奥格拉提亚斯是尼西亚派信徒们的榜样和救星：他救治被迫害的伤员，四处奔走，为神职人员争取减刑。对于这位处处同自己对着干的主教，盖赛里克及其手下人“常常想要杀死他”[⑤]，却不能随意处置他，而只能“用诸多诡计”[⑥]，直到他死后才不任命主教[⑦]。由此可见，汪达尔统治者们在主教授任和改换上有些许被动。从这个意义上讲，“不任命主教”虽是对罗马任命权的抗争，却也是相对消极的抗争。即便到了宗教迫害愈演愈烈的霍诺里克时代，囿于同罗马帝国的关系，霍诺里克也不得不向罗马帝国芝诺皇帝让

---

① 参见 John Moorhead, tr., Victor, *History of the Vandal Persecution*, 1.4, p.4。

② Theododus Mommsen, ed., *Prosperi Tironis Epitoma Chronicon* (*V*), MGH., AA. IX, 1339 a.439, p.476.

③ 狄奥格拉提亚斯在公元454年12月24日成为迦太基主教，而此时，盖赛里克已经将帝国公主和皇后劫到迦太基，很可能已经让霍诺里克和尤多西亚强行完婚，因为从455年开始，帝国就不间断地派遣外交使节到北非，请求释放公主和皇后。参见 R. C. Blockley, *The Fragmentary Classicising Historians of the Later Roman Empire*: *Eunaplus*, *Olympiodorus*, *Priscus and Malchus*, pp.333, 335; John Moorhead, tr., Victor, *History of the Vandal Persecution*, p.12, 注释27。

④ 瓦伦提尼安三世死后，狄奥多西家族绝嗣，霍诺里克与尤多西亚的婚姻也没有得到帝国承认。盖赛里克又试图支持尤多西亚的姐妹——普拉西狄亚的丈夫奥利布里乌斯元老成为皇帝。但是，奥利布里乌斯上任不到一年便去世，而后，盖赛里克同芝诺皇帝讲和，他再也没有合法的理由骚扰意大利南岸和西西里等地，这位汪达尔国王以婚姻干预帝国的企图最终破产。参见 R. C. Blockley, *The Fragmentary Classicising Historians of the Later Roman Empire*: *Eunaplus*, *Olympiodorus*, *Priscus and Malchus*, p.341，普利斯库斯暗示盖赛里克支持奥利布里乌斯。

⑤ John Moorhead, tr., Victor, *History of the Vandal Persecution*, 1.27, pp.13.

⑥ John Moorhead, tr., Victor, *History of the Vandal Persecution*, 1.27, pp.13.

⑦ 关于主教狄奥格拉提亚斯的全部情况，参见 John Moorhead, tr., Victor, *History of the Vandal Persecution*, 1.24 - 1.29, pp.12 - 14。

步，应允迦太基城的教会可选举自己的主教。① 虽然霍诺里克对授任权加以限制，但被选举上来的主教却依然是尼西亚派信徒②，这在很大程度上反映出尼西亚派神职人员在如此残酷的迫害之后依然在迦太基占据优势。在霍诺里克试图让自己的儿子违背先王遗嘱成为国王时，他也有意逼迫尼西亚派的神职人员承认其子继位的合法性，而且不允许他们向罗马帝国报告此事。③ 这一点说明，汪达尔国王并没有在根本上杜绝尼西亚派在北非的影响，后者在王国内部仍有相当的话语权，甚至同罗马帝国有联系。至于盖赛里克和霍诺里克是否有意统一教派，以便在北非制造新的宗教认同，目前的史料还无法给出答案。但上述诸多境况无疑让教界的清理显得必要。

霍诺里克执政初期的政策与其父不尽相同。这位国王在罗马帝国芝诺皇帝的要求下让步，下令允许迦太基教会按照自己的想法选举主教。但同时，霍诺里克似乎想要促成某种程度上的“宗教宽容”，他要求阿里乌派的主教“有权以他们希望的任何语言向人民布道”，④ 也允许尼西亚派信徒以自己的方式进行宗教活动。不过，霍诺里克的实际行动并非如此。据维克托尔称，他依然下达了跟盖赛里克相似的命令：“任何人如果不皈依阿里乌派基督教，就不能在他的宫殿里担任职务或执行公务。”⑤

但是，相比于盖赛里克，霍诺里克的宗教政策更具系统性，这一点主要体现在其召集的一次宗教会议上。关于此次宗教会议的具体情况，记录者仅维克托尔一人，但笔者和大多数学者一样，倾向于将此次会议视为真实事件：⑥ 一则因为维克托尔的记录十分细致，这表明他很可能是此次会议的参与者；二则在4—6 世纪初，罗马帝国和法兰克王国先后召开了不下五次宗教会议，⑦ 尤其是 314 年针对多纳图派（Donatism）异端召集的会议，其目的和过程同此次北非的会议相似，⑧ 因此，霍诺里克在此期间以罗马皇室继承者的身份召开讨论教义的会议也并不奇怪。据维克托尔推测，霍诺里克召开宗教

---

① John Moorhead, tr., Victor, *History of the Vandal Persecution*, 2.2, pp. 24 – 25.

② John Moorhead, tr., Victor, *History of the Vandal Persecution*, 2.6, p. 26.

③ John Moorhead, tr., Victor, *History of the Vandal Persecution*, 3.19, p. 71.

④ John Moorhead, tr., Victor, *History of the Vandal Persecution*, 2.4, p. 25.

⑤ John Moorhead, tr., Victor, *History of the Vandal Persecution*, 2.23, p. 32.

⑥ 维克托尔对该会议的记录实为孤证，但安迪·梅里尔斯、克里斯·威克姆（Chris Wickham）、德国学者狄思奈（Diesner）等均采信这段记述。参见 Andy Merrills, Richard Miles, *The Vandals*, pp. 185 – 186；克里斯·威克姆著，余乐译：《罗马帝国的遗产：400—1000》，中信出版社，2019 年，第 98 – 100 页；Diesner, *Das Vandalenreich*, Stuttgart, 1966, 79f, 转引自 John Moorhead tr., Victor, *History of the Vandal Persecution*, p. 39, 注释 25。

⑦ David Rollason, *Early Medieval Europe 300 – 1050*, Routledge Press, 2014, pp. 302 – 303.

⑧ 该问题将在后文中论述。

会议是为了进行更加猛烈的迫害。① 他首先发出通牒，宣告在483年，即霍诺里克统治的第七年，召集全北非的尼西亚派主教们同阿里乌派汪达尔主教们进行公平辩论。如果前者在辩论中失败，尼西亚派的神职人员将被禁止在北非本土讲道和行圣礼。② 维克托尔在第二章第56节开始，将尼西亚派在会议上的陈述全文摘录下来，③ 并在第三章开头宣告，尼西亚派赢得了这次辩论的胜利。④ 但是，霍诺里克手下的主教们恼羞成怒，到国王那里诬告这些尼西亚派教士，说他们在会上肆意吵闹，打断阿里乌派的发言。⑤ 霍诺里克听信了这些人的状告，加剧了对尼西亚派基督徒的迫害，将这些神职人员赶出教堂，加以流放，并以此为由禁止了尼西亚派的一切宗教活动。⑥

尼西亚派基督徒是否赢得了辩论的胜利，阿里乌派是否向霍诺里克进不实之言，我们已经无从知晓。但很显然，这次由汪达尔人主持的会议在国王的干预下偏向了阿里乌派。尽管如此，有史料记载的宗教会议在汪达尔王国仅有这一次。同盖赛里克相比，霍诺里克此番试图以会议辩论程序否定尼西亚派的行为，实为创举。至少在维克托尔的记载中，盖赛里克时代的迫害并不涉及教义上的辩论与争端，国王和其汪达尔主教们只是凭借权力和威势，或是折磨尼西亚派基督徒的身体，或是强制流放。实际上，三位一体的正确性自公元381年的君士坦丁堡会议以来已被牢固地确立为正统观念，⑦ 诸多教会史家和神学家都在文本中有意作宗教见证，试图巩固和宣扬这一正确性。相比于罗马人，汪达尔人在教义论证方面至少不占优势。因此，霍诺里克将迫害引向教义论证，对阿里乌派合法化并不有利。他或许已经打定主意，无论这场辩论是输是赢，都要宣布尼西亚派舞弊。不过，在这样的推测之前，更值得注意的一点是，他为什么要选择宗教会议这种费力不讨好的形式。

霍诺里克在强行宣判尼西亚派舞弊后颁布的一项“法律”（lex）⑧ 或许可以给出答案，在这项法律中，他明确展现了自己的意图：

① John Moorhead, tr., Victor, *History of the Vandal Persecution*, 2.38, p.37.

② 霍诺里克通告的全文，参见 John Moorhead, tr., Victor, *History of the Vandal Persecution*, 2.39, pp.37-38。

③ John Moorhead, tr., Victor, *History of the Vandal Persecution*, 2.56-2.101, pp.44-63.

④ John Moorhead, tr., Victor, *History of the Vandal Persecution*, 3.1, p.64.

⑤ John Moorhead, tr., Victor, *History of the Vandal Persecution*, 3.1, p.64.

⑥ 关于此后霍诺里克发布的宗教法令，参见 John Moorhead, tr., Victor, *History of the Vandal Persecution*, 3.3-3.14, pp.64-69。

⑦ Andy Merrills, Richard Miles, *The Vandals*, p.178.

⑧ 法律全文参见 John Moorhead, tr., Victor, *History of the Vandal Persecution*, 3.3-3.14, pp.64-69。

因此，有必要也非常公正地将那些法律中所包含的内容转而用在他们（尼西亚派基督教徒）身上，这些法律恰好是由各个时代的皇帝颁布的，而这些皇帝与他们一起被引入了错误的境地。①

霍诺里克在编排法律时的确贯彻了自己的意图。他在提及自己对尼西亚派的政策之前，首先说明罗马皇帝在过去如何颁布法律，禁绝异端教派。他提到：罗马帝国的法律要求关闭异端教派的教堂、不允许他们举行会议和集会、没收其财产、剥夺他们选举主教的权利、不允许他们继承遗产和遗赠品、焚烧异端教派的书籍、对包庇者和拒不改宗者按照等级处以罚款等。之后，霍诺里克明确提出了自己对尼西亚派信徒的方针，即他的牧师将接管王国境内的所有教堂；在他统治的第八年六月一日之前，所有的佃户和土地所有者必须改宗；超过期限未改宗者将被处以 20 磅黄金的罚款；宫廷官员和行政人员也将会按其等级被处以罚款，而没有严格执行这项法律的法官和官员将受到更加严重的惩罚，甚至是死刑。他还特地说明自己十分仁慈，给这些“迷信的人”以改正的机会和时限。

很显然，无论是召开宗教会议，还是颁布法律，霍诺里克都在有意效仿罗马帝国应对教派纷争的做法。② 他先将自己建构成一个中立者，让两派辩论，之后以辩论的结果为准颁布法律、统一信仰，在此过程中还可以展现出自己相比于罗马皇帝的仁慈与宽大。尽管在这个过程前后，霍诺里克都明显倾向于阿里乌派，但此番“程序”为这个倾向性提供了合法的外衣。此外，作为帝国驸马，霍诺里克也很可能在彰显自己作为皇亲国戚的权力，即同帝国皇帝一样能够敲定教义、解决争端。相比于其父盖赛里克，霍诺里克已经开始尝试以相对合理的方式解决外来族群同当地人之间的宗教矛盾，尽管在此之后，他依然用残酷的刑罚，譬如割舌、火刑等，惩戒拒不皈依的尼西亚派教徒。③

由此可见，在当时的北非，尼西亚派基督教占据信仰的主流，尼西亚派神职人员把控教界，罗马皇帝依然掌握部分主教授任权。这些无一不是汪达尔统治者必须面对的挑战。从盖赛里克充满血与暴力的宗教迫害，到霍诺里克以宗教会议的程序统一教派，汪

---

① John Moorhead, tr., Victor, *History of the Vandal Persecution*, 3.7, p.66. “法律”（lex）一词参照 *Historia Persecutionis Africanae Provinciae*, 3.2.14, *Temporibus Geiserici et Hunirici Regum Wandalorum*, “legibus”。

② 梅里尔斯和克里斯·威克姆都认为，霍诺里克是在模仿霍诺留对多纳图派的做法。参见 Andy Merrills, Richard Miles, *The Vandals*, p.191；克里斯·威克姆著，余乐译：《罗马帝国的遗产：400—1000》，第 99 页。

③ 参见 John Moorhead, tr., Victor, *History of the Vandal Persecution*, 3.30, p.76；H. B. Dewing, tr., Procopius, *History of the Wars*, Book Ⅲ and Ⅳ, pp.73 – 75。

达尔人逐渐尝试用当地人相对认同的方式解决宗教问题，而非一味地杀戮。

古典史家极力描述汪达尔人的破坏行为，同时也有选择地对其他行为保持缄默。于是，对汪达尔人及其政权的偏见便延续下来，人们对这一日耳曼族群的认识也大多停留在野蛮的入侵和破坏上。有鉴于此，本文从文本出发，着重分析了盖赛里克和霍诺里克统治时期的各方面政策，评估了某些措施的效果，试图还原真实的汪达尔人立国措施。尽管史料提供的信息有限，但我们仍可以从中看到不同于传统简单化叙述的汪达尔人。在盖赛里克时代，这位蛮族首领率领族群联盟进入北非，建立国家，重新开始定居生活。迫于追随者分取利益的压力，他被迫在满足家族分配后，在统治中心地带另划“汪达尔人的土地”，并适时地给予税收豁免权。为了维系本就不稳固的王位，他竭力铲除有威胁的臣属，排除帝国的教俗影响。最后，他订立遗嘱，提出“长男继承制”，从家族总体利益出发，试图将自己建构起来的内外权力关系平稳地传袭下去。这封粗糙的遗嘱虽免不了局限，却也基本被后世继承人遵循。到了霍诺里克时代，这位狄奥多西皇室的驸马尝试用罗马人公认的方法，即召集宗教会议来稳固统治的根基，尽管结果并未如其所愿，但这一措施也在一定程度上适应了北非当地的宗教环境。在此过程中，汪达尔统治者们往往以罗马皇室的继承人自居，试图在帝国之外另立中心，模仿罗马皇帝的做法，将汪达尔王国建构为帝国在北非的合法继承者。

我们在研究古代晚期的历史时不能忘记，汪达尔人也同法兰克人、勃艮第人一样，是西罗马帝国灭亡后兴起的地方政权创立者。我们有必要将汪达尔王国视为一个持续百年的稳定政权，而非侵略者临时拼凑的组织机构，如此，我们才不至于忽视蛮族王国从迁徙到定居的转型过程，才能重构更为完整的古代晚期世界。

作者简介：

亓天浩，暨南大学文学院历史学系硕士研究生；李云飞，暨南大学文学院历史学系教授。

论唐西州初期的人口流动及阶层分化①

张重洲

［提要］高昌国灭亡后，唐王朝在高昌故地设立西州并开展了一系列人口迁徙活动。唐廷在迁徙人口之前进行了充分的检户工作，大力推行各项国家制度来强化高昌遗民的家国认同。唐廷除了将固有的罪人、流人、百姓迁入西州外，军事人口的大量迁入决定性地改变了社会中的人口结构和权力分布，并由此加速了社会中的阶层分化。留居高昌本地的贵族成员大多只能担任西州官府内的中下层职位，同时西州社会中有大量旧贵族投身于宗教领域，从而构成了唐初西州社会中的特殊现象。

［关键词］西州；人口；阶层；宗教

贞观十四年（640）唐太宗借口高昌与西突厥联合阻塞了丝路贸易，派侯君集出兵平定高昌。麴氏高昌国传十代一百三十八年（502—640）而亡，"捷书闻，天子大悦，宴群臣，班赐策功，赦高昌所部，披其地皆州县之，号西昌州。……改西昌州曰西州，更置安西都护府"②。朝廷内部经过争论后决定推行州县制，西州下辖高昌、交河、柳

① 本文系国家社会科学基金项目"唐蕃关系视野下的唐朝经营西域研究"（项目批准号：20CZS022）、中国博士后基金第72批面上项目"4—8世纪西域佛教与民族社会关系研究"（项目批准号：2022M721899）阶段性成果。

② 《新唐书》卷二二一《高昌》，中华书局，1975年，第6222页。

中、蒲昌、天山五县。唐王朝在继续进军西域的同时，在西州社会中开展了推行国家制度、整顿宗教等各项活动。① 刘安志先生最早考察了西州初期的人口迁徙情况，他提出了唐王朝既向内地迁徙高昌贵族，又从河陇中原地区向高昌迁入百姓的观点。② 本文拟在前辈学者的基础上，继续考察高昌人口问题背后所涉及的家国观念、唐廷在施行人口迁徙前开展的检户工作，同时将关注的对象转向此前研究较少的两个群体，即留居高昌本地的旧贵族成员和新迁入西州的军事人口，进而围绕白须净真先生提出西州中存在“新兴庶民阶层”的论断，对这一群体的崛起与分化问题加以探讨，以期对唐初西州人口问题的研究有所推进。

一、唐制初建与西州人口问题的产生

随着唐初对西域地区的开拓与经营，太宗以天可汗自居，他提出“高昌之地，虽居塞裴，编户之氓，咸出中国”③，认为高昌自古是汉人聚居之地，本就应当隶属中原。唐代在西州的汉人也主要由官员、军人及随军家属、农民、手工业者、商人组成。然而在西州建立之前，唐廷内部以褚遂良为代表，曾明确提出了“高昌”与“中国”之间的区别：

> 臣闻古者哲后，必先事华夏而后夷狄，务广德化，不事遐荒。是以周宣薄伐，至境而止；始皇远塞，中国分离。……陛下诛灭高昌，威加西域，收其鲸鲵，以为州县。……高昌途路，沙碛千里，冬风冰冽，夏风如焚，行人去来，遇之多死。易云：“安不忘危，理不忘乱。”设令张掖尘飞，酒泉烽举，陛下岂能得高昌一人菽粟而及事乎？……由斯而言，此河西者方以心腹，彼高昌者他人手足，岂得糜费中华，以事无用？……复立高昌，非无前例，此所谓有罪而诛之，既服而立之。……宜择高昌可立者，征给首领，遣还本国，负戴洪恩，长为藩翰。中国不扰，既富且宁，传之子孙，以贻永世。④

---

① 相关研究参见刘安志：《唐初对西州的管理——以安西都护府与西州州府之关系为中心》，武汉大学中国三至九世纪研究所编：《魏晋南北朝隋唐史资料》第二十四辑，武汉大学出版社，2008 年；张重洲：《论唐西州初期的社会改革与佛教整顿》，《宏德学刊》第十五辑，商务印书馆，2022 年。

② 刘安志：《唐初西州的人口迁移》，《中华文史论丛》2007 年第 3 期。

③ 《旧唐书》卷八九《狄仁杰传》，中华书局，1975 年，第 2889 页。

④ 《旧唐书》卷八〇《褚遂良传》，第 2737－2738 页。

这种“内诸夏而外夷狄”① 的天下观自汉代开始形成，华夷之辨无疑成了区分汉文明与其他文明之间的重要标准，所以褚遂良才会认为高昌是“他人之手足”，于唐廷无益。直至中唐时期，狄仁杰、白居易等人仍旧秉持这一观点，狄仁杰云：“臣闻天生四夷，皆在先王封疆之外，故东拒沧海，西隔流沙，北横大漠，南阻五岭，此天所以限夷狄而隔中外也。”② 虽然庙堂内关于华夷之辨的争论持续进行，但是随着高昌国被平定，贞观十四年（640）九月太宗接连颁布《贞观年中慰抚高昌文武诏》《贞观年中平高昌曲赦高昌部内诏》以抚慰高昌臣民，又在两年之后，即贞观十六年的《贞观年中巡抚高昌诏》中正式设立了西州，诏令“高昌之地……朕往岁出师，应时剋定，所以置立州县，同之诸夏”③，使得高昌故地成为唐王朝管辖的正式州县。侯君集平定高昌后，唐廷积极在高昌推行与中原一体的法令制度，结果是“而彼士黎庶，具识朕心，并变夷俗，服习王化，家慕礼让之风，人事农桑之业。朕爰养苍生，无隔新旧。引领西顾，嘉叹良深”④，取得了良好的成效。因此，高昌人的“华夷”身份之争随着国家各项制度的推行而逐步弱化。

唐王朝设立西州后开始着手一系列改革活动，改革的依据则是依靠王朝的成文法典。唐代成文法典有律、令、格、式，“凡律以正刑定罪，令以设范立制，格以禁违正邪，式以轨物程事”⑤。根据考古发掘，唐律曾在西州大幅度推行展开，仅统计目前大谷文书中所保存的唐律，如大谷4452+4491“诈伪律”、大谷5098+8099“贼盗律”、大谷8098“擅兴律”等残片的出土，均说明了唐律在西州的普及。高昌作为唐王朝的新辟之地，统计户口、制定户籍、丈量户等具体工作都需要一定的准备时间，因此，社会改革与制度推行并非同步开展，而是经过两年的准备后才于贞观十六年全面推行，在此期间仍然部分执行了高昌国时期的旧制度。

唐初西域地区战事频繁，国家对劳动力和兵员的需求非常迫切，重新检户并登记造册成了西州政府的首要事项。户籍资料包括户口和土地两部分，唐前期“每一岁一造计帐，三年一造户籍。县以籍成于州，州成于省，户部总而领焉。凡天下之户，量其资定为九等，每定户以仲年，造籍以季年。州县之籍，恒留五比，省籍留九比”⑥。平定高

---

① （汉）董仲舒撰，朱方舟整理：《春秋繁露》卷四《王道第六》，上海书店出版社，2012年，第133页。

② 《旧唐书》卷八九《狄仁杰传》，第2889页。

③ 陈尚君辑校：《全唐文补编》卷二《贞观年中平高昌曲赦高昌部内诏》，中华书局，2005年，第20页。

④ 陈尚君辑校：《全唐文补编》卷二《贞观年中平高昌曲赦高昌部内诏》，第20页。

⑤ 《唐六典》卷六，中华书局，1992年，第185页。

⑥ 《旧唐书》卷四三《尚书都省》，第1825页。

昌的次月就开始重新清查户口，首当其冲的是占有大量劳动力的佛教寺院，清查户口的目的之一是统计僧尼和寺户的实际人数，统计的依据同样源于法典诏令，唐王朝立国之初就对佛教度僧的数量有明文法律限制，《度僧于天下诏》中规定，“其天下诸州有寺之处，宜令度人为僧尼，总数以三千为限”①，西州官府的放良运动迫使寺院将大批僧尼寺户转为国家编制下的百姓。

唐代户籍管理分为手实、户籍、户口账，西州的户口同中原地区一样每年记账一次，三年集中“貌阅”。民户主动申报户口和田地后记入“手实”，“手实”的内容包括百姓的户口、姓名、年龄、丁中、男女，再根据此列出所占土地合应受、已受、未受的数量，最后是呈报人的保证词。而上述信息的来源正如《唐贞观十四年西州高昌县李石住等户手实（一）》尾题所记载，“牒被责当户手实，具注如前，更无加减。若后虚妄，求受重罪，谨牒”②，说明造籍所需要的信息是由里正在基层社会中统计而来。官府将编制好的户籍资料分别存于县、州和户部，以便能够随时掌握百姓的数量、职业、赋役情况等。由于租调的征收，力役、兵役、各项差役的摊派征发均以“丁中”为基础，故而西州官府格外重视此项工作，现存《唐贞观十七年西州奴俊延妻孙氏辩辞》就记载了西州官府进行清理、调查、重新登记户口的过程。唐政府在清查户口后随即开展了丈量划分土地的工作，将原高昌国境内的土地进行重新核算，并在此之后多次清查土地，如圣历二年（699）的勘检田籍工作，目的是“使土不旷功，民罔游力。雄擅之家，不独膏腴之美；单陋之夫，亦有顷亩之分”③。

此外，唐王朝的数次检户数据显示西州地区的人口总量并未出现大幅度减少。贞观十四年统计的高昌平定初期的户口数为“户八千，口三万七千七百”④，《唐会要》也记载：“十四年八月十日……户八千四十六，口三万七千七百三十八，马四千三百匹”⑤，直至开元年间“西州……开元户一万一千六百四十七”⑥，西州本地的人口数量还有所增长。然而，唐初西域地区政局不稳且战事频繁，常住人口理应出现持平或减少的趋势。因此，我们需要进一步考察唐廷在迁徙高昌旧贵族的同时还施行了哪些政策，如何确保西州社会中人口总数的稳定增长，又促使社会中的人口结构发生了何种改变。

---

① 吴云、冀宇校注：《唐太宗全集校注》，天津古籍出版社，2004 年，第 267 页。

② 唐长孺：《吐鲁番出土文书》第四册，文物出版社，1983 年，第 72 页。

③ 《魏书》卷五三《李安世传》，中华书局，1974 年，第 1176 页。

④ 《旧唐书》卷一九八《高昌》，第 5295 页。

⑤ 《唐会要》卷九五《高昌》，中华书局，1955 年，第 1701－1702 页。

⑥ 《元和郡县图志》卷四〇《西州》，中华书局，1983 年，第 1030 页。

二、西州社会人口结构的变化

唐军平定高昌以前，高昌国是典型的门阀士族型社会，豪门世家掌控了国家的政治经济命脉。这一群体源于汉晋时期由河陇和关中诸州徙边的汉人，他们经过数代定居后成了高昌国的土著。针对家族社会的问题，白须净真先生提出太宗对高昌旧贵族采取了内徙中原和原地安抚两种措施。①《贞观年中慰抚高昌文武诏》记载，“其伪王以下及官人头首等，朕并欲亲与相见。已命行军发遣入京。宜相示语，皆令知委。勤事生业，勿怀忧惧也”②，《旧唐书》中“其智盛君臣及其豪右，皆徙中国”③ 的记载也证明了内徙之事，所谓“官人头首”“豪右”专指这些家族成员，即麴氏、张氏、索氏、氾氏、宋氏、令狐氏等世代传承的豪门望族，唐王朝将其家族内徙到两京地区，目的是要削弱他们对高昌故地的影响，以便加强对整个社会的控制。随着麴氏、张氏等家族的东迁，唐王朝还对遗留的部分旧贵族成员采取了原地安抚的措施。《贞观年中巡抚高昌诏》记载：

> 门下：高昌之地，虽居塞表，编户之蚝，咸出中国……高昌旧官人并首望等，有景行淳直，及为乡闾所服者，使人宜共守。安西都护乔师望景（量）拟骑都尉以下官奏闻，庶其安堵本乡，咸知为善。彼州所有官田，并分给旧官人、首望及百姓等。④

尽管唐初李唐王室极力打压以山东旧贵族为首的家族势力，但攀附高门显贵的社会风气仍然持续流行，特别是旧贵族向新贵家族索要高额礼金，究其根本原因是“新贵族希望凭借旧贵族持久的社会声望，来结成同盟，获取新的政治、经济权力”⑤。而地处边疆地区的西州，这种异地迁徙的方式却极大地弱化了高昌故地门阀大族的势力，使得本地新兴贵族阶层崛起的阻力较小，并未出现与中原地区一致的现象，由此突出了迁徙政策的成功。

长期以来，学术界对于留居高昌本地的旧贵族成员一直较少予以关注。随着西域社

---

① ［日］白须净真：《唐代吐鲁番の豪族——墓碑よりみた初期西州占领策と殘留豪族の考察を中心として》，《東洋史苑》1975 年第 9 号，第 19－60 页。

② 陈尚君辑校：《全唐文补编》卷二《贞观年中慰抚高昌文武诏》，第 20 页。

③ 《旧唐书》卷一九八《高昌》，第 5296 页。

④ 陈尚君辑校：《全唐文补编》卷二《贞观年中巡抚高昌诏》，第 20－21 页。

⑤ Patricia Buckley Ebrey, *Shifts in Marriage Finance from the Sixth to the Thirteenth Century*, University of California Press, 1991, pp. 98－102.

会史和宗教史研究的深入，我们发现在唐西州建立后，高昌国时期的旧贵族成员迅速丧失了原有的政治特权和经济利益，唐王朝的政策是“曲赦其部内大辟罪已下，其佞邪之徒劝文泰为恶并凶逆不变、抗拒官军者，不在赦例”①，太宗虽然要曲赦罪徒，却又强调“曾未奏请，辄配没无罪人”，这些“无罪人”或“抗拒官军者”并非奴隶，只能是高昌国的旧贵族成员。同时，唐太宗的迁徙政策对于安土重迁的旧贵族来说短时间内难以接受，但留居本地又面临无法进入新政权中的困境，加之唐西州初期忙于推行国家制度和社会改革，对宗教改革的力度相对有限，因此寺观虽然放良了大批劳动人口，却大多保留了原有的运行体制，使得寺观也成为可供旧贵族避世隐居的场所。于是短时间内大批旧贵族成员选择投身于宗教领域，构成了这一时期的独特社会现象。

高昌旧贵族在选择投身于何种宗教之时，也有着自身的考量。李唐立国之初尊崇道教，贞观十一年（637）太宗强力干预佛道之争，《道士女冠在僧尼之上诏》中明确规定：“道士女冠，可在僧尼之前”②，将道教的地位置于佛教之上，道观也自然成为旧贵族群体热衷进入的场所。吐鲁番出土文书中保存有一件成书于宝应至大历年间的《唐西州道俗合作梯蹬及钟记》③，此件文书中记载出席活动的天山县官员有本县县令、丞、主簿、尉、幕僚、衙官将军等人，经过数代人口的更替后，官员中鲜见原高昌国的传统大姓，而是代之以新兴家族势力。紧随官员之后的是道门领袖十人，仅张、麴两姓就有六人，曹氏、杨氏、马氏也是从高昌国时期延续而来的中小家族，说明道观作为宗教场所和社会组织仍然受到家族势力的青睐。阿斯塔纳第509号墓地是典型的张氏家族墓地，其中张游鹤和张驾鹤两人的姓名仅一字之差，身份也值得探究，通过文书可知张游鹤为道门领袖、张驾鹤为道观观主，两人应当都是张雄家族的后裔。文书中另有一位张氏家族成员值得注意，即历任“游击将军守左武卫同谷郡夏集府折冲都尉员外置同正员”职位的张无价，他在退职后进入道观担任了钟楼的管理者和召集人。同时，张无价的女儿法慈出家为尼并担任马寺的上座，最终张无价按照中原传统的葬俗为自己死后购置了阴宅，并用道教方式书写了地契，逝世后安葬在张氏家族的墓地中。张无价的案例看似矛盾，实际上是唐西州初期家族成员具有多重信仰的普遍表现，进一步证明高昌国旧家族自唐初以来势力持续衰落，他们出身汉族世家并自小接受儒家教育，基于西州初期的社会实际和自身考量，在不威胁唐政府的情况下主动投身宗教领域之中。

唐初，为与西突厥争夺对西域地区的控制权，出于军事的需要，唐廷派遣大量军队开疆及戍边。作为西域的门户之地，西州自然成了进军西域的跳板，因此短时间内西州社会涌入了大量军事人口。贞观十四年唐军号称十五万出兵高昌，所属左领军大将军契

---

① 《册府元龟》卷八四《帝王部》，凤凰出版社，2006年，第924页。

② 《唐大诏令集》卷一一三《政事》，中华书局，2008年，第587页。

③ 唐长孺：《吐鲁番出土文书》第九册，文物出版社，1990年，第137－138页。

苾何力就率铁勒及突厥兵数万随军。面对西突厥、吐蕃势力的不断袭扰及继续开拓的需要，唐王朝设立了大量折冲军府，并“改西昌州曰西州，更置安西都护府，岁调千兵谪罪人以戍”①，以保持一定规模的驻军。贞观二十年（646）太宗命阿史那社尔等率五将军，又发铁勒十三部兵共十余万骑进攻龟兹。高宗时期西域地区几易其手，西州始终是经营西域腹地的最前线，长寿元年（692）王孝杰等重新收复龟兹、于阗等四镇后复置安西都护府，“用汉兵三万人以镇之。既征发内地精兵，远逾沙碛，并资遣衣粮等”②，这批汉兵正是由西州出发。而这些发自西州的汉兵原籍是何处，他们是否为河西或西域本地人，也成了西州人口流入的关键。根据《唐诸府卫士配官马、驮残文书（一）》的记载，共出现了“大池府”“秦城府”“三畤府”“育善府”“大候府”“正平府”“□政府”“□□府”“□城府”③ 共九个军府，其中“秦城府”位于同州，“大候府”位于陇州，“三畤府”位于武功县，“正平府”位于绛州，上述州县均地处中原和河西地区。官府强制从这些地区征发士兵远赴西域，“于是岁调山东丁男为戍卒，缯帛为军资，有屯田以资糗粮，牧使以娩羊马。大军万人，小军千人，烽戍逻卒，万里相继，以却于强敌”④，唐初军事人口的快速流动成为西州社会的常态。同一时期，正是频繁的战事和繁重的兵役，才使得西州社会中男性非正常死亡率和女子丧偶率都居高不下，由此在西州初期社会中形成了男少女多的局面。⑤

武周以降，唐廷对西域地区的统治逐渐趋于稳定，唐军在安西、北庭两大都护府内共驻扎了四万四千人，其中北庭都护府统瀚海、天山、伊吾三军，屯伊、西二州之境，兵二万人。西州在军事上隶属于北庭节度，“天山军，在西州城内，管兵五千人，马五百匹”⑥。唐初历代君主均着眼于西北边疆的布局和扩张，必然以西州作为进军西域、中亚的后勤基地。但西州地处边疆，如果从河陇或中原转运粮食则路途遥远，长距离的运输无疑要耗费巨大的人力物力，由此《唐六典》中规定：“凡军、州边防镇守转运不给，则设屯田以益军储”⑦，故而唐初在西域实行就地屯田的模式以供应长期的战争需要和边防补给。屯田可分为军屯和民屯，军屯指将部分军事人口直接转化为屯田民，军人有事从军无事务农，在西域的戍卒自然构成了军屯的主要力量。唐代还在内地实行了“移狭就宽”和“奖励实边”的政策，将原本地狭人稠地区的百姓有计划地迁往地广人

① 《新唐书》卷二二一《高昌传》，第6222页。
② 《旧唐书》卷一九八《龟兹》，第5304页。
③ 唐长孺：《吐鲁番出土文书》第四册，第42页。
④ 《旧唐书》卷一九六《吐蕃上》，第5236页。
⑤ 冻国栋：《中国人口史·隋唐五代时期》，复旦大学出版社，2002年，第416页。
⑥ 《旧唐书》卷三八《地理志》，第1385－1386页。
⑦ 《唐六典》卷七《屯田郎中》，第222页。

稀的地区，以缓和地少人稠、受田严重不足州郡的压力，也多从内地招募一些无地少地的百姓前往西州充为屯田戍卒。但唐初西域战事不断和安西四镇的反复易手，使得西北边防的劳动力缺口十分巨大，唐廷在贞观十四年“诏流罪无远近皆徙边要州。后犯者浸少”①，又“十六年正月乙丑，遣使安抚西州。戊辰，募戍西州者，前犯流死亡匿，听自首以应募。辛未，徙天下死罪囚实西州”②。褚遂良上疏肯定了以罪人、流人徙防西州的效果：

> 陛下岁遣千余人远事屯戍，终年离别，万里思归。去者资装，自须营办，既卖菽粟，倾其机杼。经途死亡，复在其外，兼遣罪人，增其防遏，彼罪人者，生于贩肆，终朝惰业，犯禁违公，止能扰于边城，实无益于行阵。所遣之内，复有逃亡，官司捕捉，为国生事。③

可见官府实行了自愿招募和强制迁徙两种移民方式，除了征募无地少地的百姓作为屯田人口之外，令其“既卖菽粟，倾其机杼”，加上流民、流边的囚犯等群体开荒屯田，共同构成了民屯的主体。唐王朝还进一步规定“犯流断定，不得弃放妻妾”及“曾、高以下，及玄孙以上，欲随流人去者，听之”④，积极鼓励中原人口移民边疆地区。由此可见，唐王朝对于西域的移民政策更多地是从政治和军事的角度出发，针对不同阶层的百姓采取了不同的迁徙和移民政策，大量军人、百姓、流亡人口、囚犯等各类人群迁徙进入基层社会，他们与本地人口共同充实了边防。随着家族势力的迁出、战时人口的死亡与流动，特别是河陇关中地区新军事人口的进入，促使整个高昌社会的阶层结构和行政机构发生了重新更替。此处尚不计算按年轮番屯戍者，加之已经被发配西州的犯人囚徒长年滞留于此，共同形成“士流与流配及镇兵杂处”⑤ 的人口结构，最终极大地改变了高昌故地的人口结构和权力分布。

三、新兴平民阶层的崛起与分化

高昌国时期的城市中聚集着大量世家大族，他们在政治上占有绝对优势，同时在经济方面又拥有大量田产。随着旧家族势力被迁徙至中原地区，西州社会中便迅速呈现出

---

① 《新唐书》卷五六《刑法志》，第 1412 页。

② 《新唐书》卷二《太宗本纪》，第 41 页。

③ 《旧唐书》卷八〇《褚遂良传》，第 2736 页。

④ 刘俊文撰：《唐律疏议笺解》卷三《犯流应配》，中华书局，1996 年，第 257 页。

⑤ 《旧唐书》卷八三《郭孝恪传》，第 2773 页。

新兴家族逐步替代旧家族的趋势，即从中原和河陇地区迁徙而来的新兴平民阶层取代了高昌国内原有的家族势力，这种变迁与北凉西迁高昌初期发生的阶层变动如出一辙。白须净真最早通过对阿斯塔那墓地北部、东南部、中部三个墓区的对比，认为墓葬规模在进入唐西州后急速扩大，出土墓志中所载志主的身份也不断上升，这些人多在唐西州官府中担任一定的官职，但其所属的姓氏在高昌国时期只能够担任低等级的文官或武官，由此判定新兴平民阶层的崛起。①

在西州的新兴平民阶层中，首推依靠军功崛起的军人群体。李唐王室以军功立国并开疆拓土，唐初自然形成了崇尚军功的社会风气，故而军人群体在西州社会中拥有较高的地位，其后代之中也经常存在平民勋官。对于文官而言，唐廷在西州建立之初严格地控制了官僚行政机构。平定高昌国一年之后，由来自中原地区的乔师望出任首位安西都护兼西州刺史。唐永徽五年（654）《董□隆母令狐氏墓志》记载：

> 大唐永徽五年十月廿九日，董□隆母令狐，年八十有余。安西都护府天山县南平乡，右授魏州顿丘县达安乡君。牒奉诏版授官如右。右牒，贞观廿三年九月七日，典王仵牒。朝散郎、行户曹参军、判使事姬奉敏，敕使使持节、西伊庭三州诸军事、兼安西都护、西州刺史、上柱国谯国公柴哲威。②

安西都护府驻镇西州时的四任都护分别为乔师望、郭孝恪、柴哲威、麴智湛。初唐时期由都督兼西州刺史，本身是承袭都护兼刺史的传统，四人中却只有麴智湛一人未能兼任。但安西都护府与西州州府并立，在“二元分治”的管理体制下，都护府行使州官的职权，实际上是掌握了更大的权力。③ 西州官府的核心职位大都由来自内地的官员充任，鲜有高昌国时期的豪门望族。这也反映出高宗时期虽然将西域王公贵族遣返故里，目的是帮助稳定西域局势，却并未给予完全程度的信任。以入唐后西州张氏家族成员墓志中所载的官职为例（表1）：

---

① ［日］白須净真：《吐鲁番社会——新兴庶民層の成長と名族の没落》，谷川道雄：《魏晋南北朝隋唐時代史の基本問題》，（东京）汲古书院，1997年，第143－171页。

② 侯灿、吴美琳：《吐鲁番出土砖志集注》下册，巴蜀书社，2004年，第477－478页。

③ 刘安志：《唐初对西州的管理——以安西都护府与西州州府之关系为中心》，武汉大学中国三至九世纪研究所编：《魏晋南北朝隋唐史资料》第二十四辑，第206－218页。

表 1　入唐后西州部分张氏家族成员墓志及所任官职

部分张氏家族成员墓志	入唐后所任官职
唐贞观十六年（642）张善哲妻麴法台墓表	侍郎
唐贞观廿年张延衡妻麴氏墓表	骑都尉
唐贞观廿年张延衡墓表	骑都尉
唐永徽四年（653）张团儿墓志	交河县尉
唐永徽四年张元峻墓志	白石府校尉
唐显庆三年（658）张善和墓志	安西都护府参军事、士曹参军
唐麟德二年（665）张君妻麴胜墓志	西州岸头府果毅
唐咸亨五年（674）张君行母墓志	当涂校尉
唐咸亨五年张欢□妻唐氏墓表	录事
唐永隆二年（681）张相欢墓志	怀音队正
武周长寿二年（693）张富琳墓志	上柱国
武周长寿三年张怀寂墓志铭	中散大夫，行茂州都督府司马，上柱国
武周圣历三年（700）张智积妻麴慈音墓志	大周西州高昌县上柱国
武周长安三年（703）张礼臣墓志铭	游击将军上柱国
武周长安三年张诠墓志	天山府校尉上柱国

根据上表可知，除了张怀寂等少部分前朝遗民曾担任较高官职外，绝大多数留居高昌的张氏家族成员都只在西州官府的中下层任职，这类人群逐渐成为社会中的“小族”。内地官员、军人及家属的迁入，使西州社会从整体上形成了士族、小族和寒素的社会结构。① 虽然“士”阶层快速成长为西州社会的主体，但西州社会中的“士”大多是由河陇中原迁徙而来，他们受其原生属地和家族出身的影响较强，各自的社会地位和经济实力并不相同，故而个人诉求和社会行为也有所差异。再结合出土文书资料，目前至乡官一级中也只有折冲将军张无价、中郎麴淑两人出身于高昌国时期的大家族。可见自高昌国的家族势力被整体迁徙后，已然被彻底排挤出西州的政治权力核心之外，即使返回西州后经过数代的发展，最多也只能出任基层乡官一级的职务。

① 毛汉光：《唐代统治阶层社会变动——从官吏家庭背景看社会流动》，台湾政治大学博士学位论文，1969 年。按照其分类方法将传统的“四民”进行细化分类，唐代社会阶层应该分为士族、小族和寒素。士族是指南北朝旧族、唐宗室、在唐三代为官或者居官五品以上之人。小族是指没落的士族、低品豪酋、父祖有一代五品以上者。寒素则是素士、农、工、商、兵、其他半自由民，以及非自由民如奴婢、门客等。

与此同时，社会阶层的更替不仅是体制内部自上而下的变动，还表现在社会各个领域之中。以佛教寺院经济的变迁为例，随着旧贵族政治地位的丧失，部分依靠家族供养的佛教寺院也失去了经济来源。与其有附庸关系的奴隶人口也获得了解放，在身份上重新成为自由民。当唐王朝在西域地区的各项制度建立后，多种类型的国家赏赐使寺院得以继续维持和运营，僧尼群体也通过正规途径的受田保证了个人基本生活。高宗时代以降，西州社会中新兴贵族阶层逐渐成为佛教寺院布施的主体，如咸亨三年（672）西州的一位新妇为刚去世的阿公所列的《功德疏》中记载："请廿僧乞诵，并施马一匹与佛……昨正月十三日，复请屈尼僧廿人乞诵□出罪忏悔……请佛生禅师读一千遍金刚般若经起……百师一□施弥勒佛玄觉寺常住。乞百僧乞诵并诵二妻僧日行道，并造卌九尺五色幡一□。"① 寥寥数行的记载足见其对佛教信仰的虔诚，也证明其家族出资邀请禅师来替亡者诵读佛经、出罪忏悔、积累功德的行为，与高昌国时期的豪门望族无二。同时，功德疏中还列出了阿公生前所捐施的生产生活资料：

45 马一匹布施佛　鞍辔一具施法
46 黄绸绵袍一领　丝巾子一枚
47 黄布衫一领　罗幞头一枚
48 帛布衫一领　帛绸绫半臂一腰
49 生绝长袖一腰　熟铜校腰带一
50 沉香祀刀子金口一　鞊韄靴一量并毡
51 两色绫接鞘一　帛练夹袴一腰
52 帛练单袴一腰　帛练汗衫一领
53 帛练裈一腰　细丝袜一量
54 墨绿绸绫裙一腰　紫黄罗间陌复一腰
55 绯罗帔子一领　紫绸绫袜子一锦褾
56 五色绣鞋一量　墨绿绸绫袜一量锦鞘
57 右前件物布施见前大众
58 紫绫夹裙一腰　绿绫夹帔子二领
59 肉色绫夹衫子一领
60 右件上物新妇为　阿公布施②

① 唐长孺：《吐鲁番出土文书》第七册，文物出版社，1986 年，第 66 - 74 页。
② 唐长孺：《吐鲁番出土文书》第七册，第 69 - 71 页。

上述数量众多的捐施品多为阿公向寺院和僧人布施的日常所需之物，附有马匹、沉香等高价值的物品。其中，马匹在西州市场中的价格较为昂贵，马价通常依据马匹的种类和质量进行划分，以高昌国时期的马匹价格作为参考，阿斯塔那第48号墓曾出土了八件有关兵部买马所用银钱数的奏行文书，《高昌延昌二十七年（587）四月兵部条列买马用钱头数奏行文书》中买三匹马共花费了银钱118文，单匹马价近39文。阿公能够单次向寺院布施一匹马，无疑是当地的富裕家族，足以证明其财力之雄厚。文书中也指出新妇所嫁的丈夫在安西为官，“阿公”正是此官员的父亲，唐初西域的绝大多数官员均来自河陇及中原地区，也充分反映出新兴家族雄厚的经济实力及其在宗教领域中的投入。

但是，并非所有迁入西州的新兴阶层都具有良好的财务状况。西州作为丝路贸易的中转站，自高昌国时期起“富民”阶层就大量存在于社会之中，根据不同职业划分为地主、经营高利贷的钱主、各行手工业者及行商坐贾等群体，他们的族属多为粟特人或其他民族成员，经营范围也相对固定。新兴贵族阶层虽然在政治上取得了统治优势，但在经济方面仍然只有少部分成员较为富有，《唐永徽元年（650）严慈仁牒为转租田亩请给公文事》记载：

1 常田四亩　东渠
2 牒　慈仁家贫，先来乏短，一身独立，
3 更无弟兄，唯租上件田，得子已供喉命。
4 今春三月，粮食交无，遂将此田租与安横
5 英延。立券六年，作练八匹。田既出赁，前人从
6 索公文，既无力自耕，不可停田受饿，谨以
7 牒陈，请裁，谨牒。
8 　　　　永徽元年九月廿□日云骑尉严慈仁①

“云骑尉”最早是隋文帝于开皇六年（586）设置的散官，至唐代武德七年（624）改正七品帅都督，为二转勋官，却并没有实职。严慈仁作为西州官府中的职员，日常生活理应有所保障。但文书中反映其经济状况已经属于贫困标准，“粮食交无，遂将此田租”的表述说明他连基本的口粮都难以为继，只能将自己的口分田出租谋生。严慈仁的情况虽然属于个案，却反映出部分西州中下层官员窘困的经济状况。据此可以认为，唐西州建立后上层新兴社会阶层迅速崛起，传统家族的政治地位丧失或持续下降，他们的经济地位和活动空间被新兴势力不断挤压，而新兴势力内部的中下层同样生存艰难。

① 唐长孺：《吐鲁番出土文书》第六册，文物出版社，1981年，第223页。

四、结语

唐西州初期人口问题的产生，是伴随着高昌国灭亡与唐廷的移民政策而同步出现的。唐军占领西州后迅速建立了官僚行政体系，稳步推行国家各项制度，并重新开展核检田地与统计户口等工作，不断强化高昌遗民的家国观念与政治认同。为了保持西州社会的稳定，唐政府将原有的官僚阶层与世家大族进行东迁，又将河陇、中原地区的军人、屯田民、囚犯等大批人口迁入西州社会，确保了西州社会中人口数量的持续增长。城市人口结构的变化和国家制度的推行，无疑加速了社会中旧贵族的衰落和新兴阶层的崛起，但是在新兴阶层内部也存在着经济分化等诸多问题。尤其是旧贵族势力逐步转向宗教领域，构成了唐初西州社会中的特殊现象。

作者简介：
张重洲，清华大学人文学院助理研究员。

王安石对《周礼》的诠释及其与理学之分歧[①]

范立舟

［**提要**］《周官新义》是王安石新学的文献依托，是其新法的理论依据，对于变法事业有着理论上的指导意义。“先王之政”“先王之法”成为王安石政治思想资源的出发点和最终归宿。王安石在变法制度的设计与实施上有着明晰的理论自觉，他将理论依据附着于《周礼》，借《周礼》而建章立制，认为《周礼》中的思想资源能为当时的变法实践提供启示，能够发挥指导实践的作用。他意识到学术与政治、理想与现实之间存在着巨大的天堑鸿沟，但也主张通过解释经典以立言施政，能够在当时的政治文化氛围里更具正当性。在解释经典的过程中，王安石并不过多地强调“理”的伦理内涵，为适应“所遭之变，所遇之势”，更多地表现出其政治首创精神和锐意变法的坚强决心。

［**关键词**］王安石；《周礼》；理学；经典阐释；思想史

北宋时，蔡絛揭明王安石《三经新义》的撰写，“《诗》《书》盖多出元泽（王雱）暨诸门弟子手，至若《周礼新义》，实丞相亲为之笔削者”[②]。他肯定“《周礼新义》笔

---

① 本文系2020年国家社会科学基金后期资助重点项目“北宋五子政治思想研究”（项目批准号：20FZSA001）阶段性成果。

② （宋）蔡絛撰，冯惠民、沈锡麟点校：《铁围山丛谈》卷三，中华书局，1983年，第58页。

迹，犹斜风细雨，诚介甫亲书”①。本着“道德一于上，而习俗成于下”的设想，熙宁八年（1075）刊行《三经新义》为科举考试的官方教材。王安石说：“所以理财，理财乃所谓义也。一部《周礼》，理财居其半，周公岂为利哉?”②《三经新义》之《周官新义》是荆公新学的文献依托，是荆公新法的理论依据，对于变法事业有着理论上的指导意义。而在当时或后世只要否定新学、新法，就必然否定和排拒此书，指责王安石经术不明，谬托古代圣贤经典之名，行敛民之实。王启发指出，王安石在仁宗嘉祐三年（1058）时撰写的《上皇帝万言书》中，多处提到“先王之政”“先王之道”“先王之意”“先王之法”，“先王”成为王安石政治思想资源的出发点和最终归宿,③ 充分地展现出王安石的“先王”意识及其古典理想主义。

一、王安石视《周礼》为新法的经典依据

王安石重视《周礼》一书，正是因为此书中具有先王政治经典意义的制度资源和思想资源。例如他取《周礼·泉府》为自己的变法措施张目：

> 泉府，掌以市之征布。敛市之不售，货之滞于民用者，以其贾买之；物楬而书之，以待不时而买者。买者各从其抵，都鄙，从其主；国人郊人，从其有司；然后予之。凡赊者，祭祀，无过旬日；丧纪，无过三月。凡民之贷者，与其有司辨而授之，以国服为之息。凡国事之财用，取具焉。岁终，则会其出入，而纳其余。④

---

① （宋）蔡絛撰，冯惠民、沈锡麟点校：《铁围山丛谈》卷三，第58页。《周官新义》曾佚。清修《四库全书》，馆臣从缺本《永乐大典》中录出其残文，即今之文渊阁《四库全书》本《周官新义》十六卷附《考工记解》二卷。今人程元敏在前人的基础上，检阅故书五百余种，自其中九十五家八十五书中辑获佚文七百三十八条、诸书所引凡二千三百七十八条、评论二百一十九条，成《三经新义辑考汇评（三）——〈周礼〉》，连同《诗经新义》《尚书新义》之辑本，统一由华东师范大学出版社于2011年出版。

② （宋）王安石著，秦克、巩军标点：《王安石全集》卷八《答曾公立书》，上海古籍出版社，1999年，第73页。

③ 参见王启发：《在经典与政治之间：王安石变法对〈周礼〉的具体实践》，《湖南大学学报》2007年第2期。

④ （汉）郑玄注，（唐）贾公彦疏：《周礼注疏》卷一五《泉府》，（清）阮元校订：《十三经注疏》，中华书局影印本，1980年，第738页下。

对此，王安石的解读是："周人国事之财用，取具于息钱。"① "泉府所言国之财用，凡以赊贷之息供之。"② 而反对意见最尖锐、态度最坚定者韩琦则认为这种解读毫无道理，是对《周礼》的曲解：

臣谓周制：民有货在市而无人买，或有积滞而妨民用者，则官以时价买之；书其物价以示民。若有急求者，则以官元买价与之。此所谓王道也。……今放青苗钱，凡春贷十千，半年之内使令纳利二千；秋再放十千，至年终又令纳利二千。则是贷万钱者，不问远近之地，岁令出息四千也。《周礼》至远之地，止出息二千，今青苗取利，尚过《周礼》一倍。则制置司所言："比《周礼》贷民取息，立定分数，已不为多。"亦是欺罔圣听，自谓天下之人皆不能辨也。……今制置司遇尧、舜之主，不以二帝三王之道上裨圣政，而贷钱取利，更过王莽之时，此天下不得不指以为非，而老臣不可以不辨也。况今天下田税已重，固非《周礼》十一之法，则又随亩更有农具、牛皮、盐钱、曲钱、鞋钱之类，凡十余名件，谓之杂钱。每遇夏秋起纳，官中更将绸绢斛斗低估价例，令民将此杂钱折纳。又每岁将官盐散与人户，谓之蚕盐，令民折纳绢帛。更有预买转运司，和买两色绸绢。如此之类，不可悉举。皆周礼田税十一之外加敛之物，取利已厚，伤农已深，奈何更引《周礼》"国服为息"之说，谓："放青苗钱取利，乃周公太平已试之法。"此则诬污圣典，蔽惑睿明。③

古今悬隔，时移势异，周公之制已经不可以行于宋世，元朝初年马端临指出：

盖周礼者，三代之法也。三代之时，则非直周公之圣可行，虽一凡夫亦能行之；三代而后，则非直王莽之矫诈、介甫之执愎不可行，而虽贤哲亦不能行。其故何也？盖三代之时，寰宇悉以封建，天子所治不过千里，公侯则自百里以至五十里，而卿大夫又各有世食禄邑，分土而治，家传世守。……生乎千载之后，先王之制久废，而其遗书仅存，乃不察时宜，不恤人言，而必欲行之乎，王介甫是也。介甫所行，变常平而为青苗，诿曰："此周官泉府之法也"，当时诸贤极力争之。……然熙宁诸贤所言，非病其取息之多也，盖以为贫者愿贷，贷无之而不能偿，则亏官；富者不愿贷，抑配予之，而并令保任贫者，代偿所逋，则损民，两无所益，固

① 程元敏撰：《三经新义辑考汇评（三）——〈周礼〉》，华东师范大学出版社，2011 年，第 212 页。

② 程元敏撰：《三经新义辑考汇评（三）——〈周礼〉》，第 212 页。

③ （宋）王岩叟：《忠献韩魏王家传》卷九，明正德九年（1514）张士隆刻本。

不若常平之交手相付，听从民便之为简易两得也。……以青苗赊贷一事观之，则知周礼所载，凡法制之琐碎烦密者，可行之于封建之时，而不可行之于郡县之后。必知时适变者，而后可以语通经学古之说也。①

而王安石则根本未从时代差异性的角度考虑《周礼》的适用性，熙宁五年（1072）十二月，他在《上五事书》中，就把《周礼》的“先王”法度理念与变法的具体制度设计联系在一起，变法所实施的免役法、保甲法、市易法都与夏商周三代的治国理政思想有着内在的关联，其思想理路都以《周礼》为依归。即便是新法中争议最大的青苗法也是如此。如前所述，青苗法中最具争议的就是强制抑配问题。在实施的过程中，各地都出现了强行摊派的现象。王安石在《周官新义》里，硬是找到了青苗法的经典依据。《周礼·旅师》说“以质剂致民，平颁其兴积”，这句话的语意比较含糊，大概是说政府向人民放贷，需要有担保人（“质”）和书面契约（“剂”），公平（“平”）原则则是前提条件。王安石在为《周官新义》的这句话加注时说：“无问其欲否，概与之也，故谓之平。”这样一来，政府方面青苗钱的放贷就背离了农户自愿的原则，不愿得者而强制抑配，至期无力还本付息，身陷困境，获无妄之灾。所以，许多旧党人士对王安石的这种解释不以为然，程颐的弟子杨时就认为：

今兼并之家能以其资困细民者，初非能抑勒使之称贷也，皆其自愿耳。然而其求之艰，其出息重，非迫于其急不得已，则人孰肯贷也？今比户之民概与之，岂尽迫于其急不得已哉？细民无远虑，率多愿贷者，以其易得而息轻故也。以易贷之金资不急之用，至期而无以偿，则荷校束手为囚虏矣。乃复举贷于兼并之家，出倍称之息以偿官逋，明年复贷于官以还私偿，岁岁转易无穷已也。欲摧兼并，其实助之兴利之源，盖自兹始。……余以为青苗利害不在愿与不愿，正在官司以轻息诱致之也。孟子曰：“徒善不足以为政，徒法不能以自行。”青苗其意乃在取息而已。行周公之法而无仁心仁闻，是谓“徒法”。②

以吾国之广土众民，而强行推广古代的成功经验或先贤的理想设计，鲜有不圆凿方枘者。更何况强为之言，巧为之说，以古人就我，则其实践效果可想而知。杨时又说：

---

① （元）马端临：《文献通考》卷一八〇《经籍考七·周礼》，中华书局影印本，1986 年，第 1554 页上－1555 页上。

② （宋）杨时撰，林海权点校：《杨时集》卷六《神宗日录辨（十一）》，福建人民出版社，1993 年，第 106－107 页。

《周官》："平颁其兴积。"说者曰："无问其欲否，概与之也。"故假此为青苗之法，当春则平颁，秋成则入之，又加息焉。以为不取息则舟车之费、鼠雀之耗、官吏之俸给，无所从出，故不得不然。此为之辞耳。先王省耕敛而为之补助，以救民急而已。方其出也，未尝望入，岂复求息？取其息而曰非渔利也，其可乎？……今也无问其欲否而颁之，亦无问年之丰凶而必取其息，不然则以刑法加焉。《周官》之意，果如是乎？①

王安石在变法制度的设计与实施上有着明晰的理论自觉，他将理论依据附着于《周礼》，借《周礼》而建章立制，认为《周礼》里的思想资源能为当时的变法实践提供启示，能够发挥指导实践的作用。他未必没有意识到学术与政治、理想与现实之间存在着巨大的天堑鸿沟，但是他更加清晰地意识到借经典立言施政，能够在当时的政治文化氛围里更具正当性。至于清人反过来指责王安石根本不懂《周礼》的实质内涵，不过借其名称而行刻薄之术，则又是站在全盘否定王安石人格及其事业的诬枉之词，不足为据。如钱大昕所称："所以尊《周礼》者，将以便其新法也。六官之中，大纲细目，无所不备，独取'泉府'一官以证其青苗、市易之法，安石曷尝用《周礼》哉！"② "安石平生好为大言欺当世，一旦得君，欲去旧臣及异己者，而惟其所欲为，于是乎亟变法令而以富强之说进。又以为不托于圣人之法，则无以坚人主之信而钳异己者之口，此即商鞅之挟三术以钻孝公者也。其托于用《周礼》者，安石之伪也予。"③ 钱大昕以王安石人格缺陷为理由，否定了王安石有正确理解并运用《周礼》落实于政事的可能性。四库馆臣则认为，由于推行《周礼》的政治理想需要满足很多前提条件而北宋当时并不具备，王安石在并非不知情的情况下硬要推进新法的展开与深化，是别有用心的行径，就是解圣人（周公）之语行自家之政。"安石以《周礼》乱宋，学者类能言之。然《周礼》之不可行于后世，微特人人知之，安石亦未尝不知也。安石之意，本以宋当积弱之后，而欲济之以富强，又惧富强之说必为儒者所排击，于是附会经义以钳儒者之口，实非真信《周礼》为可行，迨其后用之不得其人，行之不得其道，百弊丛生，而宋以大坏，其弊亦非真缘《周礼》以致误。罗大经《鹤林玉露》咏安石放鱼诗曰：'错认苍姬六典书，中原从此变箫疏。'是犹为安石所绐，未究其假借六艺之本怀也。因是而攻《周礼》，因是而攻安石所注之《周礼》，是宽其影附之巧谋，而科以迂腐之薄谴矣。"④ 一般而言，

① （宋）杨时撰，林海权点校：《杨时集》卷一〇《语录一（六十二）》，第240页。

② （清）钱大昕：《潜研堂集》文集卷二《王安石论》，清嘉庆十一年（1806）刻本。

③ （清）钱大昕：《潜研堂集》文集卷二《王安石论》，清嘉庆十一年刻本。

④ （清）永瑢等：《四库全书总目》卷一九，经部礼类一《周官新义》，中华书局排印本，1965年，第150页上。

后世对王安石及其事业的否定，并不涉及《周礼》的真伪及其相关价值，而是通过指出王安石假借《周礼》立法行政的不妥与荒诞，还有就是只要指出王安石人格与道德存在缺陷，就等于将其借《周礼》立法行政的正当性作了全盘颠覆，“金陵王氏以儒学相熙宁，而尝一用《周礼》，奈何新经行而僻学兴，新法立而私意胜，末流之弊，罪有浮于汉儒者。故程明道曰：‘有《关雎》《麟趾》之意而后可行《周官》之法度。’正为斯人发也”。①

“托古改制”，乃古代中国改革事业的主导者和执行者习以为常的故技，马克思说：“人们自己创造自己的历史，但是他们并不是随心所欲地创造，并不是在他们自己选定的条件下创造，而是在直接碰到的，既定的，从过去承继下来的条件下创造。一切已死的先辈们的传统，象梦魔一样纠缠着活人的头脑。”“他们战战兢兢地请出亡灵来给他们以帮助，借用他们的名字、战斗口号和衣服，以便穿上这种久受崇敬的服装，用这种借用的语言，演出世界历史的新场面。”② 荆公新学是为新法服务的，王安石用灌注着新学色彩的经典解释学文本取士，“亦不足深为荆公罪矣。盖使荆公而禁异说，则为戕贼思想之自由，然公固未尝禁之，不过提倡己之所主张而已。夫学者有其所主张之说，则必欲发挥光大之以易天下，非徒于理不悖，抑责任亦应尔也，于公乎何尤？若夫学者不求自立，而惟揣摩执政之所好尚，欲以干禄，此则学者之罪，而非倡新说者之罪也”③。“荆公未尝禁人习王氏以外之学说，而反对荆公者，则禁人习王氏学说。然则束缚思想自由、言论自由者，为荆公耶？为反对荆公者耶？”④ 王安石公开表明，呆滞的经典教育根本无助于官僚队伍实际政务处置能力的提升；这样的学习目的，是迎合主考官的品味以博取功名。而改革的措施是对儒家经典作出新的官方解释，让学子们依据这种解释更新政治与经济方面的知识与观念，在此基础上，王安石从内容与程序各个方面改革了科举考试。“如果宋神宗活得更长一些，这些教育改革措施可能会培养出一代思想开放的新官僚。”⑤ 汤因比知道，王安石事业失败的原因就在于他“不得不与思想十分保守的官僚共事。在不受传统精神的束缚这一点上他是孤独的，他的自由思想触怒了精神上墨守成规的同僚们，并使他们深感不安。无疑，他的激进措施无论怎样都会使保守主义者与之疏远，但王安石固有的挑战性格却加剧了保守者们的反对。他所树立的敌人中包

---

① （宋）叶时：《礼经会元》卷一《礼经》，清《通志堂经解》本。

② ［德］马克思著，中共中央马克思恩格斯列宁斯大林著作编译局译：《路易·波拿巴的雾月十八日》，《马克思恩格斯选集》第1卷，人民出版社，1972年，第603页。

③ 梁启超：《王安石传》，海南出版社，1993年，第124页。

④ 梁启超：《王安石传》，第124页。

⑤ ［英］阿诺德·汤因比著，徐波等译，马小军校：《人类与大地母亲：一部叙事体世界历史》，上海人民出版社，2012年，第450页。

括一些真正而杰出的人，他应该求得他们的支持”①。荆公的这种求理精神与一往无前的进取意识全然是庸儒所难以理解的，受到激烈的抵抗也在情理之中。

二、荆公新学与理学的张力关系

荆公新学主导北宋中后期思想界的几十年里，正是理学形成与成熟时期。尽管周敦颐与王安石建立新学的同时构建了濂学思想体系，张载也在此之际构建了关学思想体系，但作为宋明理学真正奠基人的程颢和程颐的学术活动则主要是在荆公新学已经成为官方统治思想与政治意识形态时期展开并迅速传播的。荆公新学这一强大的、天下“靡然而同，无有异者”的统治思想，不可能不对形成与传播中的理学产生影响。侯外庐认为，王安石创制《三经新义》并教育学子“专意经义”，就是让学子们领悟新法的精神，今后学子“务通义理，不须尽用注疏”。② 侯外庐说：“这样，义理之学兴，传注之学废，宋学就代替了汉学。宋明理学应该于此（笔者按：指新学）寻源。”③ 因为正是荆公新学所关注的道德性命问题，逐渐变成了士人普遍感兴趣的问题，变成了学者们讨论的核心问题，才在某种程度上刺激与影响了理学主流的洛学的形成。事实上，王安石变法的政治实践改变了理学发展方向，理学不得不因应时代的大课题，对新学的理论和实践提出责疑与非难。王安石变法之前，形成中的理学和荆公新学一样，同是庆历（1041—1048）至嘉祐（1056—1063）时期士大夫阶层普遍要求进行改革的思潮的反映。因此，这时的理学尚不能视之为新学之对立面，更不能简单地认为这时的理学是一股政治上保守、思想上内倾的思潮。相反，此时的理学也主张改革，程颢、程颐兄弟也是提倡政治革新士大夫群体中的一员。但是，王安石变法实施之后，普遍要求改革的士大夫阶层却发生了分化，一部分人产生了动摇，进而坚定地站在了反对的一面。程氏兄弟，尤其程颢即是如此。程颢是较早意识到自己的学术见解及思想主张、价值观念与王安石存在较大差异的学者，“荆公尝与明道论事不合，因谓明道曰：‘公之学如上壁。’言难行也。明道曰：‘参政之学如捉风。’”④ 程颐到后来更是视荆公新学为洪水猛兽：“今异教之害，道家之说则更没可辟，唯释氏之说衍蔓迷溺至深。今日是释氏盛而道家萧索。

---

① ［英］阿诺德·汤因比著，徐波等译，马小军校：《人类与大地母亲：一部叙事体世界历史》，第450页。

② （宋）李焘：《续资治通鉴长编》卷二二〇，熙宁四年（1071）二月丁巳朔条，中华书局，2004年，第5334页。

③ 侯外庐主编：《中国思想通史》（第4卷上册），人民出版社，1962年，第436页。

④ （宋）程颢、程颐著，王孝鱼点校：《河南程氏遗书》卷一九，《二程集》，中华书局，1981年，第255页。

方其盛时，天下之士往往自从其学，自难与之力争。惟当自明吾理，吾理自立，则彼不必与争。然在今日，释氏却未消理会，大患者却是介甫之学。”① 二程觉得新法容易对付，“只消一日除了便没事”，但是新学却使他们感到棘手，“如介甫之学，他便只是去人主心术处加功，故今日靡然而同，无有异者，所谓一正君而国定也。此学极有害。以介甫才辨，遽施之学者，谁能出其右？始则且以利而从其说，久而遂安其学”。② 二程忧虑的是随着时间延拓，“其学化革了人心，为害最甚，其如之何？”③ 佛教、道教的挑战均不在话下，“如今日，却要先整顿介甫之学，坏了后生学者”④。二程的洛学，就是为“整顿介甫之学”而建立的。应该指出，不仅二程指斥新学，有相同思想倾向的学者亦然。陈次升入太学，习王安石《字说》，评曰：“丞相岂秦学邪？美商鞅之能行仁政，而为李斯解事，非秦学而何？”⑤ 德高望重的富弼言辞更为激烈：

臣窃观安石平居之间，则口笔丘、旦；有为之际，则身心管、商。至乃忽故事于祖宗，肆巧讥于中外。喜怒惟我，进退其人。待圣主为可欺，视同僚为不物。台谏官以兹切齿，谓社稷付在何人？士大夫罔不动心，以朝廷安用彼相。⑥

对于王安石推行的教育与科举变革，富弼一概否定，认为这是自觉高明的浮诞虚乖之举措，“如安石者，学强辩胜，年壮气豪。论议方鄙于古人，措置肯谐于僚党？至使山林末学，草泽后生，放自得之良心，乐人传之异说。蘋蘋者子，哓哓其书，足以干名，足以取贵。拖绅朝序者非安石之党，则指为俗吏；圜冠校学者异安石之学，则笑为迂儒”⑦。富弼对荆公的抨击，既没有理性地剖析新法之弊害，也没有冷静地分析新学之缺失，而是相当情绪化地指斥王安石的政风与学风，这种做法甚为不妥。在此之后，更有直接对荆公实行人身攻击者，程颢曾说：“介甫性狠愎，众人以为不可，则执之愈坚。君子既去，所用皆小人，争为刻薄，故害天下益深。”⑧ 但如果说洛学及其同路人仅会作如此低水平的抨击与谩骂，则是完全看低了洛学的水平。事实上，既然新学与洛学是两种对立的思想体系，则后者必然构成对前者有系统的非难。综而言之，新学与洛学之

① （宋）程颢、程颐著，王孝鱼点校：《河南程氏遗书》卷二上，《二程集》，第38页。
② （宋）程颢、程颐著，王孝鱼点校：《河南程氏遗书》卷二下，《二程集》，第50页。
③ （宋）程颢、程颐著，王孝鱼点校：《河南程氏遗书》卷二下，《二程集》，第50页。
④ （宋）程颢、程颐著，王孝鱼点校：《河南程氏遗书》卷二上，《二程集》，第38页。
⑤ （元）脱脱等：《宋史》卷三四六《陈次升传》，第10969页。
⑥ （宋）王明清：《挥麈录》后录余话卷一，上海书店出版社，2001年，第225页。
⑦ （宋）王明清：《挥麈录》后录余话卷一，第225页。
⑧ （宋）邵伯温著，李剑雄、刘德权点校：《邵氏闻见录》卷一五，中华书局，1983年，第164页。

歧义，即在于本体与工夫之上。首先，洛学与新学的本质差异正落在本体论之上，换言之，洛学之论“道”与新学之论“道”存在着深刻的差异。二程认“道”为“理”，“天理”与“道”是同一的。道作为观念性的无形、无声、无嗅的宇宙本体，其内涵便是儒家宣扬之伦理规范。程颐曾言：“道之大本如何求？某告之以君臣、父子、夫妇、兄弟、朋友，于此五者上行乐处便是。”① 显然，道就是一种纲常彝伦性的精神本体。而新学之“道”则吸取了老子、王弼及元气论的思想，以本末论道，认为道是无与有、元气与冲气、自然与形器的统一。前者是道之本质，后者是道之作用。明显带有道家与玄学的痕迹，而没有以儒家之纲常伦理为道的主要内涵。正由于此，新学之道论就遭到二程的严厉批判：“介甫只是说道，云我知有个道，如此如此。只他说道时，已与道离。他不知道，只说道时，便不道也。”② 双方论“道”的不同就在于二程以儒家伦理作为道的内涵，道是天理的代名词；而王安石的“道”在本体上吸纳了道家、玄学的思想因子，道是元气，是无，是自然。双方思想的基本分歧都是从本体论上的歧异而发散开去的。有意思的是，在当时与后来，认为荆公不识“道”与“理”，几乎成为保守阵营的学者与官僚的共识。朱弁曾述熙丰变法时的一则小事：

> 介甫对裕陵（神宗）论欧公文章，晚年殊不如少壮时。且曰：“惟识道理乃能老而不衰。”人多骇此语，予与韩秉则正言论此，秉则曰：“道理之妙，当求于圣人之言。圣人之言具在《六经》，不可掩也。欧公识与不识，姑置之勿问，不知介甫所谓道理果安在？抑《六经》之外，别有道理乎？东坡祭原父文云：‘大言滔天，诡论灭世。’盖指介甫也。介甫当时在流辈中，以经术自尊大，唯原父兄弟敢抑其锋。故东坡特于祭文表之，以示后人。然亦未知其于君臣间如此无顾忌也。”时坐客颇众，莫不以秉则之言为然。③

正因为二程及其同路人认为荆公不识“道”“理”，所以，二程虽然从注重阐发经典之义理的角度肯定过王安石治《易》的方法，认为王安石同王弼、胡瑗一样，其《易》论有可取之处，但一旦涉及纲常彝伦之理，则严厉批评，毫不宽贷：

> 王荆公云：“九三知九五之位可至而至之。”大煞害事。使人臣常怀此心，大乱之道，亦自不识汤、武。“知至至之”，只是至其道也。④

---

① （宋）程颢、程颐著，王孝鱼点校：《河南程氏遗书》卷一八，《二程集》，第 187 页。

② （宋）程颢、程颐著，王孝鱼点校：《河南程氏遗书》卷一，《二程集》，第 6 页。

③ （宋）朱弁著，孔凡礼点校：《曲洧旧闻》卷四《韩秉则以介甫之论欧公文为非》，中华书局，2002 年，第 144 页。

④ （宋）程颢、程颐著，王孝鱼点校：《河南程氏遗书》卷一九，《二程集》，第 248 页。

> 或问："王介甫有言，《乾》之九三，知九五之位可至而至之，如何？"子曰："使人臣每怀此心，大乱之道也。且不识汤、武之事矣。""然则谓何？"子曰："知大人之道为可至，则学则至之。所谓'始条理者智之事'也。"①

所谓"知至"就是体认"道"，"大人之道"，可"可学而至之"，这不过是"学以至圣人之道"诉求的翻版。两者的思路甚为不同，荆公"《乾》之九三，知九五之位可至而至之"，强调的是《易》之变革精神，而程颐则株守彝伦之道，圣人之道可学而至，圣人之位则不可觊觎。在他看来，王安石之论道，"大煞害事"。对于终极性本体"道"与"理"的理解既有不同，对于如何认识此一终极性的宇宙本体之方法亦归于歧异。在工夫论上，程颢、程颐与王安石也是对立的。程颐与门人一段对话可充分说明这一点：

> 问："格物是外物，是性分中物？"曰："不拘。凡眼前无非是物，物物皆有理。如火之所以热，水之所以寒，至于君臣父子间，皆是理。"又问："只穷一物，见此一物，还便见得诸理否？"曰："须是遍求。虽颜子亦只能闻一知十，若到后来达理了，是亿万亦可通。"又问："如荆公穷物，一部《字解》，多是推五行生成。如今穷理，亦只如此著工夫，如何？"曰："荆公旧年说话煞得，后来却自以为不是，晚年尽支离了。"②

这段对话，有三点值得研究。其一，就"格物"的内涵来说，程颐认为既有"外物"，又有"性分"中物。前者指主观之于客观自身固有之理的认识，后者则直指主体之所蕴藉而未被自身意识到的东西，问题是程颐实际上认为"格物""穷理"之对象应以后者为主。其二，程颐认为"见得诸理"，"须是遍求"，这个方法是可以肯定的。问题是：一旦"达理"，是否就不需再"遍求"了？若作肯定的回答，则程颐对此问题的理解亦未出先验主义之局囿。其三，程颐对王安石"穷物""穷理"的批判是着重指出其说到晚年归于支离。程颐称："介甫之学，大抵支离。伯淳（程颢）尝与杨时读了数篇，其后尽能推类以通之。"③ 意思是说荆公之学"支离"而不"达理"，不能臻于"亿万亦可通"之境界，这实际从反面证明了荆公之学，理通义明，很少形而上学之意味。二程之所谓"格物""穷理"，是要通过对眼前事物的了解，以达到把握客体精神"理"的目的；他们的"理"，则是由法则而伦常而本体，是派生世界的根源。王安石则不然，其之"格物""穷理"乃是通过对眼前事物的了解，以达到把握事物之发展法

---

① （宋）程颢、程颐著，王孝鱼点校：《河南程氏粹言》卷一，《二程集》，第1203－1204页。
② （宋）程颢、程颐著，王孝鱼点校：《河南程氏遗书》卷一九，《二程集》，第247页。
③ （宋）程颢、程颐著，王孝鱼点校：《河南程氏遗书》卷二上，《二程集》，第28页。

则的目的，以用于变法的实践。因此，他不能过多地强调“理”之纲常伦理内涵，不能像二程那样，把现实的一切看成合理的存在。二程重义轻利的理学价值观与王安石重视事功的新学思想形成对照，而这种价值取向上的不同，是其深刻的认识论上的歧异决定了的。思想史的事实表明，思想是在相互对立中形成的。一种思想的形成，不但受思想倾向相同的前人思想的影响，而且还要受到思想倾向不同的对立面思想的影响与制约，使其采取与论敌相反的理论路径。后一种情形实际上也是思想的影响与渗透，而且是比前一种更深刻的思想影响，证之于北宋中后期新学与理学之相互关系，可谓如影之随形。

三、荆公新学经典阐释的时代意义与学术史地位

从思想史的角度审视，荆公新学是第一个成功地全面取代汉唐注经之学的义理之学，是真正居于思想界统治地位的新儒家学说。荆公新学在学术思想史上占有的地位与对中国文化留下的深刻烙印，是难以磨灭的。元祐更化发生后，荆公新法遭到废除，但新学仍有影响，清代的全祖望说：

> 荆公《三经新义》至南渡而废弃。元祐时，不过曰经义兼用注疏及诸家，不得专主王氏之解，所禁者《字说》耳。独莆田黄隐作司业，竟焚其书，当时在廷诸公，不以为然，弹章屡上。按《山堂考索》所载，元祐元年十月癸丑，刘挚言：“国子司业黄隐学不足以教人，行不足以服众，故相王安石经训，视诸儒义说得圣贤之意为多，故先帝立之于学，程序多士。而安石晚年《字说》，溺于释典，是以近制禁学者无习而已。至其经义盖与先儒之说并存，未尝禁也。隐猥见安石政事多已更改，妄意迎合，欲废其学，每见生员试卷引用，辄加排斥，何以劝率学校。”同时吕陶亦言：“经义之说，盖无古今、新旧，惟贵其当。先儒之传注未必尽是，王氏之解未必尽非。隐之诵记王氏《新义》，推尊久矣，一旦闻朝廷议科举，则语大学诸生不可复从王氏，或引用者类多黜降，诸生有闻安石之死而欲设斋致奠，以伸师资之报者，隐辄忿怒，欲绳以法，尤可鄙也。”于是上官均等皆乞罢隐，慰公论。由此观之，元祐诸贤，平心亦已至矣。嗟乎！蔡京之欲毁《通鉴》，盖隐有以启之。韩忠献所云鬼怪辈坏事也。①

刘挚在学术、政治上属朔学、朔党，吕陶则归属于蜀学、蜀党，皆非王安石政治派

① （清）全祖望著，朱铸禹汇校集注：《鲒埼亭集外编》卷四九《记王安石三经新义事附宋史经籍志》，《全祖望集汇校集注》，上海古籍出版社，2000 年，第 1812 页。

别，其论《三经新义》如此，还是比较公平的。黄庭坚的诗："荆公六艺学，妙处端不朽。诸生用其短，颇复凿户牖。譬如学捧心，初不悟己丑。玉石恐俱焚，公为区别否？"① 把荆公新学与末流之弊区别开来，对荆公新学的评价甚高。南宋黄震尝言："汉唐老师宿儒，泥于训诂，多不精义理。"② 以《三经新义》为主要文献的荆公新学不仅"脱去训诂"，而且即便在理学标榜的"道德性命之学"方面，也是独树一帜的先驱。北宋晁说之云："南方之学，异乎北方之学，古人辨之屡矣。大抵出于晋魏分据之后，其在隋唐间犹云尔者，不惟其地而惟其人也。盖南方北方之强，与夫商人齐人之音，其来远矣。今亦不可诬也。师先儒者，北方之学也，主新说者，南方之学也。"③ 荆公新学毋庸置疑地成为南方之学中坚而成为11世纪出现的具有划时代意义的一种新型的文化模式——"宋学"的主要组成部分。首先，王安石的思想与学术得到了最高统治者的承认。这一点，在中央集权的专制主义时代显得尤其重要，荆公要使自己的经术服务于世务，必须先得到皇帝的认可。"上曰：'人皆不知卿，以为卿但知经术，不晓世务。'安石曰：'经术正所以经世务。但后世所谓儒者大抵皆庸人，故世俗皆以经术不可施于政务尔。'"④ 为适应"所遭之变，所遇之势"，王安石措置天下之政务，提出了富国强兵的变法主张，这就深深地打动了年轻的急欲奋发有为的宋神宗的心灵，使君臣二人在政治见解上达到了惊人的一致，表现出一种牢不可破的团结，为王安石践履自己的政治主张和张扬自己的学术思想奠定了坚实的基础。程颢、程颐就看清了这一点，曾经说："浮屠之术，最善化诱，故人多向之。然其术所以化众人也，故人亦有向有不向者。如介甫之学，他便只是去人主心术处加功，故今日靡然而同，无有异者，所谓一正君而国定也。"⑤ 专制时代，一种学说如要取得思想界的统治地位，非要得到最高统治者的肯定和信奉不可。新学如此，南宋理宗时期的理学也是如此。正是因为荆公新学专"去人主心术处加功"，并得到宋神宗的认同，它才取得了思想界的绝对主导地位。其次，很重要的一点，就是如前所述，王安石把《三经新义》和《字说》颁行于学校。以新经义作为取士之衡准，使新学成为每个学子必须掌握和信奉的思想，同时也就排挤了其他学说。事实很清楚，当学校中学子诵习的是王安石的《三经新义》和《字说》时，当学者们著书立说根据也是《三经新义》和《字说》时，天下"靡然而同，无有异者"就是一种顺理成章的结果了。

---

① （宋）黄庭坚：《豫章黄先生文集》卷二《奉和文潜赠无咎篇末多见及以既见君子云胡不喜为韵》，《四部丛刊》景宋乾道刊本。

② （宋）黄震：《黄氏日抄》卷八二《抚州辛未冬至讲义》，清乾隆三十二年（1767）重刻本。

③ （宋）晁说之：《嵩山文集》卷一三《南北之学》，《四部丛刊》续编景旧钞本。

④ （元）脱脱等：《宋史》卷三二七《王安石传》，第10544页。

⑤ （宋）程颢、程颐著，王孝鱼点校：《河南程氏遗书》卷二下，《二程集》，第50页。

熊公哲指出王安石变革科举，固然有充足之理由，“介甫之法，又自有与诸贤不同者，要在追复古制，使夫天下之士皆出于学校，盖犹庆历范希文之用心，特患更张无渐，故先事厘革贡举，罢明经科，废诗赋，去其对偶声病之文，以期学者得转意经义，以俟兴建学校，讲求三代所以教育选举之法，施之天下”①。王安石最为时贤与后人诟病者，莫过于思想钳制，作《三经新义》为权威教科书，不许学者置喙。梁启超高度认同王安石的政治首创精神和锐意变法的坚强决心，但对所谓“一道德”这种思想文化的钳制行为不以为然，“考荆公平日言论，多以一学术为正人心之本，则史所云云，谅非诬辞，此实荆公政术之最陋者也。盖欲社会之进化，在先保其思想之自由，故今世言政治者，无一不以整齐画一为贵，而独于学术则反是，任其并起齐茁，而信仰各从人之所好，则以辨而愈明，人心之灵，浚之而不竭矣。强束而归于一，则是敝之也。自汉武帝罢黜百家，而中国学术史上光耀顿减。以荆公之贤，而犹蹈斯故智，悲夫！”② 是知人之言乎？是知事之言乎？是知世之言乎？

作者简介：
范立舟，杭州师范大学人文学院历史学系教授。

① 熊公哲：《王安石政略》，商务印书馆，1937 年，第 136 页。
② 梁启超：《王安石传》，第 123－124 页。

外交与政治：论宋辽间的圣节交聘

宁欧阳

［提要］圣节交聘作为一种外交方式，本质上是政治的延伸与国际关系的体现。宋初两朝，宋辽圣节交聘尚具临时性和不稳定性的特点。正式、稳定、制度化的宋辽圣节交聘，应从澶渊之盟后算起。仁宗以来，随着辽人"正统"意识觉醒，交聘时多次出现辽国生辰使故意为难宋朝的情况，具体表现为要求获得更高级别礼遇。在这一过程中，双方围绕礼仪细节展开激烈争夺，皆试图维护本国地位和尊严。此外，圣节交聘具有多重功用，一定程度上，其成为宋辽双方加强沟通联系、维护既定秩序、塑造王朝形象以及展示国威的一个良好平台。

［关键词］圣节；交聘；政治；宋辽关系

有宋一代，圣节是对皇帝或垂帘太后（太皇太后）生日的通称。通称之外，每个圣节亦有专门称号。① 圣节具有双重面向，不仅表现为国内事务，同时更是国际事务。和平状态下，宋辽双方通常会于彼此圣节时，派生辰使祝寿对方，此方式可称为"圣节交聘"。管见所及，首次圣节交聘可追溯到后晋时期，天福二年（937）石敬瑭生日天和节

① 如宋太祖圣节名曰长春节，宋神宗圣节名曰同天节，宋徽宗圣节名曰天宁节。

当天，吴越国王钱元瓘“进天和节大排方龙座、金腰带一，御衣十二事”。① 入宋后，统治者继承前代圣节交聘之制，并使之成为政权间一种稳定且重要的交流方式。圣节交聘意义重大，关系着当时国际秩序。如韦兵先生所言，宋、辽、夏、金间的圣节朝贺，成为东亚多元中心体制维系的重要交聘活动之一，各国通过这种年复一年仪式化的圣节朝贺，强化相互间既定的等级秩序。② 由于事关国体，圣节交聘中一些琐碎细节，皆被双方视为国家民族荣誉之所系。双方围绕着一些礼仪与细节，展开激烈争夺，皆试图维护本国地位和尊严。因此，对圣节交聘细节进行深挖，可再现当时国际关系实态。有关宋辽关系，学界已有较多研究成果，③ 但尚未见学者以圣节交聘为视角对之进行探讨。因此，笔者拟以圣节交聘为研究对象，进而管窥宋辽两国间关系概况。④ 不当之处，望方家指正。

一、从临时到成熟：北宋前期的宋辽圣节交聘

目见所及，辽国（契丹）于宋帝生日遣使贺寿之举，最早可追溯到太祖开宝九年（976），该年二月，“契丹遣太仆卿耶律延宁等来贺长春节”⑤，首开宋辽圣节交聘先河。值得注意的是，对契丹而言，开宝九年这一时间点的选择蕴含深意，应与当时国际形势有关。开宝年间，宋初统一战争持续推进，南唐于开宝七年灭亡，吴越更如囊中取物，此时十国中对赵宋有威胁者仅剩依附于契丹的北汉。北汉乃赵宋下一进攻目标，成为“路人皆知”之事。而契丹选择在开宝九年入贺长春节，一方面是对新建赵宋政权的承认与示好，另一方面或也有借此加强了解潜在对手的深意。

太宗即位初，继续与契丹保持着圣节交聘关系。太平兴国二年（977），契丹遣使耶律阿摩里来贺乾明节，“献御衣二袭、金玉带各一、马百匹”。太平兴国三年，契丹又“遣使太仆卿耶律谐里、副使茶床副使王琛等，献御衣二袭、金带、弓箭、金鞍辔、铁

---

① （宋）王钦若等编纂，周勋初等校订：《册府元龟》卷二《帝王部·圣诞》，凤凰出版社，2006 年，第 24 页。

② 韦兵：《从圣节看 12 世纪东亚的民族竞争与多元体系：以天申节等为中心》，《完整的天下经验：宋辽夏金元之间的互动》，北京师范大学出版社，2019 年，第 67 页。

③ 聂崇岐：《宋辽交聘考》，《宋史丛考》，中华书局，1980 年；陶晋生：《宋辽关系史研究》，中华书局，2008 年。

④ 需说明的是，圣节交聘是双向的，但由于辽朝圣节存世史料数量较少且记载简单，难以再现其中细节。因此，本文主要以史料丰富的宋朝圣节为例，来探讨双方的交聘与互动。

⑤ （宋）李焘：《续资治通鉴长编》卷一七，开宝九年二月庚戌，中华书局，2004 年，第 365 页。

鞍辔各一、御马四匹、散马百匹，来贺乾明节”①。需指出的是，此时宋与契丹的圣节交聘，还具有临时性和不稳定性的特点，宋廷也并未制定圣节交聘礼仪。随后，为完成统一大业、建不世之功，也为消弭即位合法性危机，太平兴国四年（979），太宗发兵灭亡北汉并进攻契丹，宋与契丹间圣节交聘也因战争而中断。

真宗景德元年（1004），随着澶渊之盟签订，辽宋双方和解，自太平兴国年间中断的圣节交聘得以恢复。景德二年二月，宋廷即“命开封府推官、直集贤院孙仅为契丹国母生辰使，右侍禁、閤门祗候康宗元副之”②，入辽祝寿萧太后，率先向辽朝展示诚意。同年十二月真宗承天节，乃战后辽朝首次遣使祝寿，故引起赵宋君臣极度重视。早在五月，雄州知州何承矩便着手为契丹使者入境做准备。有关接待之礼，何承矩认为“使命始通，待遇之礼，宜得折中，庶可久行”，并将接待细则逐条上呈，真宗“手诏嘉纳，仍听事有未尽者，便宜裁处”③。十月丙子，屯田员外郎权判三司勾院杜梦证、侍禁閤门祗候康宗元赴边境“接伴契丹贺承天节使，仍回日充送伴”④。此举开宋辽圣节交聘互设接伴、送伴使之先河。⑤ 十一月，命翰林学士李宗谔，东上閤门使、忠州刺史曹利用“在京接伴契丹贺承天节使”⑥。需指出的是，此处虽言“在京接伴”，但实际上所行乃馆伴使之职事，⑦ 因此圣节交聘中馆伴使之设也始于此。同时，辽国生辰使入宫朝见活动，也于此时设立，“自景德澶渊会盟之后，始有契丹国信使副元正、圣节朝见”⑧。可见，相比于太祖、太宗时期圣节交聘临时性的特点，澶渊结盟后圣节交聘更加成熟、规范与制度化。

圣节交聘成熟的标志，还体现在其他诸方面。有关使者佩刀问题，曾引起赵宋君臣讨论。景德二年十一月，契丹遣使耶律留宁等人前来贺承天节，召见于崇正殿，“留宁

---

① （清）徐松辑，刘琳等校点：《宋会要辑稿·番夷一》，上海古籍出版社，2014 年，第 9713 页。

② （宋）李焘：《续资治通鉴长编》卷五九，景德二年二月癸卯，第 1319 页。

③ （宋）李焘：《续资治通鉴长编》卷六〇，景德二年五月乙亥，第 1342 页。

④ （宋）李焘：《续资治通鉴长编》卷六一，景德二年十月丙子，第 1369 页。

⑤ 曹显征也指出，杜梦证、康宗元是接待辽朝生辰使的第一位接伴使，二人还是宋朝第一位名副其实的送伴使。参见曹显征：《辽宋交聘制度研究》，中央民族大学博士学位论文，2006 年，第 28 页。

⑥ （宋）李焘：《续资治通鉴长编》卷六一，景德二年十一月戊申，第 1373 页。

⑦ 在不久后承天节上寿时，《续资治通鉴长编》也记载，契丹使者耶律留宁等“来贺承天节，对于崇德殿，留宁等将见，馆伴使李宗谔引令式不许佩刀，至上閤门，留宁等欣然解之”。（《续资治通鉴长编》卷 61，景德二年十一月癸酉，第 1374 页）可见此处已将李宗谔称为“馆伴使”，另外，《宋史》也有“契丹遣使来贺承天节，诏宗谔为馆伴使”的记载。（《宋史》卷二六五《李宗谔传》，中华书局，1977 年，第 9142 页）

⑧ 《宋史》卷一一九《礼二十二》，第 2804 页。

等将见，馆伴使李宗谔引令式不许佩刀，至上阁门，留宁等欣然解之。上闻之曰：‘戎人佩刀，是其常礼，不须禁以令式’，即传诏听自便。留宁等感悦，谓宗谔曰：‘圣人推心置人腹中，是以示信遐迩也。’”① 一般情况下，为保障皇帝安全，除侍卫人员，臣僚皆被禁止佩刀入殿。因此，馆伴使引条令阻止使者佩刀入殿，面对阻止，使者欣然同意解刀。但真宗听闻此事后，考虑到辽人习俗，允许其佩刀进殿。使者欣然感悦，将真宗称为“圣人”。可见，在有关佩刀问题协商过程中，不管是使者还是真宗，都表现出足够的诚意，未故意刁难对方，双方关系较为和谐。

另外，上寿时入殿人数、班位安排、物品赏赐等方面，都体现了圣节交聘之制的成熟以及宋廷对生辰使的尊重。和平状态下，每遇宋朝圣节，辽国通常会派遣生辰使副以及上、中、下三节人从入宋贺寿。对于辽使随从者，旧制只允许上等人入殿相见，“自余拜于殿门之外”，而此次“悉许令入见”②。就班位而言，此次圣节，契丹使者处在诸上将军之下，大将军之上。③ 此处上将军和大将军应是六军或环卫官系统中的官名，其品位大致为四品到二品，④ 因此契丹使者班位对应的品级应为三品左右。班位作为朝会仪制的一部分，是一种重要的等级安排手段，⑤ 将契丹使副安排在三品官对应的班位上，体现出宋廷对辽国的尊重与重视。赏赐物品的选择亦体现宋廷对辽使的态度，“初，命内侍右班副都知阎承翰排办礼信，议者欲以汉衣冠赐契丹使者，承翰曰：‘南北异宜，各从其土俗可也。’上从承翰所议”⑥。承认两国风俗差异的背后，是宋廷对辽使的尊重和优待。与此同时，契丹君臣也表现出足够诚意，“时契丹初来贺承天节，择膳夫五人赍本国异味，就尚食局造食。诏赐膳夫衣服、银带、器帛”⑦。辽国使者甚至专门携带厨师到汴京，与宋朝君臣分享契丹美食异味。⑧ 总而言之，澶渊之盟后首次宋辽圣节交聘，宋辽双方都竭力促成和谐局面的形成。表面上看，这体现了双方对两国和平关系的珍惜，而其本质则是两国实力达到某种均衡的结果。

---

① （宋）李焘：《续资治通鉴长编》卷六一，景德二年（1005）十一月癸酉，第 1374 页。

② （宋）李焘：《续资治通鉴长编》卷六一，景德二年十一月癸酉，第 1374 页。

③ （宋）李焘：《续资治通鉴长编》卷六一，景德二年十一月癸酉，第 1374 页。

④ 龚延明编著：《宋代官制辞典》，中华书局，1997 年，第 429 – 431 页。

⑤ 任石：《分层安排：北宋元丰改制前文官班位初探》，《中国史研究》2018 年第 2 期。

⑥ （宋）李焘：《续资治通鉴长编》卷六〇，景德二年五月乙亥，第 1343 页。

⑦ （清）徐松辑，刘琳等校点：《宋会要辑稿·礼四五》，第 1716 页。

⑧ 此后，契丹又曾在圣节时献食物，景德四年十一月辛卯，“契丹遣使左领军卫上将军耶律元、昭德节度使耶律谐里，副使左威卫大将军李琮、殿中少监李璪来贺承天节。蕃俗最重食提狸邦，发土得之，唯以供母主。至是，使者挈数头至，饮以羊乳，遂令庖人造蕃食以献。上许进入，择其味佳者再索之，使感悦”。参见（宋）李焘：《续资治通鉴长编》卷六七，景德四年十一月辛卯，第 1509 页。

上寿后，宋廷还会专门组织官员观赏契丹所献物品，并且将其中一部分物品赏赐给高级官员。景德二年（1005）十二月，“召辅臣于龙图阁观契丹礼物及祖宗朝所献者，自后使至，必以绮帛分赐中书、枢密院，果实、脯腊赐近臣、三馆”①。通过向臣僚展示契丹所献之物，有塑造“万方来朝”帝国形象之意味；而分赐契丹贡物予近臣，则是加强君臣交流、笼络臣心的一种表达。有意思的是，观览契丹礼物的地点选在龙图阁，众所周知，龙图阁是真宗专门建来用于存放太宗御书、典籍、图画、宝瑞的地方。一定程度上，龙图阁即象征着太宗赵光义本人。我们知道，太宗两次北伐，终其一生都想解决契丹问题，但结果未能遂人愿。真宗作为太宗之子，虽未收复燕云十六州，但确立了辽宋间和平的相处模式，而选择在承天节将契丹礼物在龙图阁展示，应有借此以表孝心、告慰太宗之意。

二、正统意识与礼仪之争：北宋中后期的宋辽圣节交聘

仁宗时期，宋辽圣节交聘出现新特点。与真宗承天节时双方间和谐、互谅局面不同，仁宗乾元节时，多次出现契丹使者故意刁难宋朝的情况，具体表现为要求在礼制上获得更高级别待遇。这种变化与辽人“正统”意识增强，辽人意欲凌驾于北宋之上的欲望大增有关。② 天圣五年（1027）四月，契丹遣昭德节度使萧蕴、政事舍人杜防来贺乾元节。萧蕴要求升高上寿班位，对馆伴使程琳讲：“中国使者至契丹，坐殿上，位高；今契丹使至中国，位下，请升之。”程琳回复道：“此真宗皇帝所定，不可易。”契丹使杜防又曰：“大国之卿，当小国之卿，可乎?”程琳反驳道：“南北朝安有大小之异?”杜防被驳得无言以对。最后，仁宗与宰相讨论此事，有人说“此细事，不足争”，程琳说道：“许其小，必启其大。”最后，辽使在明白无法改变现状的情况下，才放弃了升班位的要求。③ 可以看到，辽使不仅要求升高上寿班位，而且在潜意识中已经开始以“大国”使者自居，正是因为后者意识的出现，才孕育了一系列类似于前者的要求。面对契丹使者的发难，馆伴使程琳据理力争，步步推进。首先，指出上寿班位乃真宗所定规矩，拒绝辽使升班位请求；其次，极力强调南北朝无大小之分，维护了宋廷地位与尊严；最后，以“防微杜渐”为由，说服皇帝和宰臣接受自己的意见。

---

① （宋）李焘：《续资治通鉴长编》卷六一，景德二年十二月乙卯，第1375页。

② 赵永春研究指出，辽人自五代后晋时期开始，就习惯自称“北朝”，宋建立后，辽人积极注重与宋互称“南北朝”，具有取得和北宋对等往来的意图。到辽圣宗后期，辽人正统意识增强，凌驾于北宋之上的欲望大增。而正是在这一时期，辽使在圣节交聘时，屡屡表现出桀骜的姿态，试图以大国使者自居。参见赵永春：《辽人自称“北朝”考论》，《史学集刊》2008年第5期。

③ （宋）李焘：《续资治通鉴长编》卷一〇五，天圣五年四月辛巳，第2439页。

但宋朝这一坚持，并未维系多久，庆历二年（1042），契丹使者萧偕来朝时，“言北朝坐南使班高，而南朝坐北使位绝下”。于是，宋廷“诏閤门自今契丹使，不以官高下，并移坐近前”，将契丹使者班位移到了离皇帝更近的地方。然而，辽使仍未罢休，继续要求提高座位规格，“旧例，垂拱殿燕，契丹使坐在西皇亲、节度使位少后，集英殿大燕，在学士少后，并近南别行……既许升坐，偕又言与北朝仪制未同。故又遇大燕，移参知政事皆在东。升契丹使坐自此始”①。面对辽使的要求，宋廷最终提升了使者座位等级。

据赵永春先生研究，辽兴宗时期（1031—1055），辽人正统意识进一步增强，公开向国人及宋、高丽等国宣称辽朝是中国正统，② 这一变化也映射到宋辽圣节交聘中。皇祐四年（1052）四月，契丹遣使者萧昌、萧昱等人来贺乾元节，“其国书始去国号，而称南、北朝；且言书称大宋、大契丹非兄弟之义”。由于事关重大，仁宗召集二府前来商议，参知政事梁适有言：“宋之为宋，受之于天，不可改。契丹亦其国名。自古岂有无名之国。”接着，又下两制、台谏官商讨，“皆以讲和以来，国书有定式，不可辄许”。最后，“乃诏学士院答契丹书，仍旧称大宋、大契丹。其后契丹复有书，亦称契丹如故”。③ 在这次有关国号的交锋中，馆伴使韩综也积极阻止辽使称“南北朝”的行为，“初，契丹使来，知制诰韩综为馆伴，契丹使欲复书如其国，但称南、北朝。综谓曰：‘自古未有建国而无号者。’契丹使惭，遂不复言”④。可见，契丹使者试图在国书上以南、北朝称呼宋辽，但被韩综阻止。面对辽国的“逾越”行为，宋廷先后召集两府、两制、台谏等官员前来商议，足见宋朝君臣对此事的重视程度。其实，不管是契丹使者所说的“称大宋、大契丹非兄弟之义”，还是宋朝君臣反驳时所讲的“宋之为宋，受之于天，不可改”，两者都只是外交场合的一种说辞而已，其背后隐藏的是双方对于中国“正统”地位的争夺。随着辽国正统意识的逐渐觉醒，辽人开始渴望把自己的形象从“蛮夷”塑造成“中国人”。在当时，“南朝”和“中国”二词是相通的，南朝北朝是一家，“南朝”是中国，“北朝”也应该是“中国”，恐怕这就是辽使坚持自称“北朝”的主要原因⑤；而对于宋朝而言，军事上孱弱，促使赵宋君臣始终渴望保持自身在外交和文化上的优势地位，试图以此找回“大国”自信，因此才极力否定辽人改称“南、北朝”的请求。

---

① （宋）李焘：《续资治通鉴长编》卷一三八，庆历二年十一月壬申，第3321页。

② 赵永春、李玉君：《辽人自称“中国”考论》，《社会科学辑刊》2010年第5期。

③ （宋）李焘：《续资治通鉴长编》卷一七二，皇祐四年四月丙戌，第4141页。

④ （宋）李焘：《续资治通鉴长编》卷一七二，皇祐四年四月丙戌，第4141－4142页。

⑤ 赵永春、李玉君：《辽人自称“中国”考论》，《社会科学辑刊》2010年第5期。

圣节交聘中礼仪之争无处不在，也体现在因皇帝驾崩而引起的礼仪接待问题之上。嘉祐八年（1063）四月，仁宗驾崩于福宁殿。此时契丹贺乾元节使已经行至德清军①，有关使者去留问题，引起朝臣间争议，“廷臣有欲却之者，有欲候其至国门谕令出者”，最终，宋廷采纳了太常丞、集贤校理邵亢的建议，“许其使者奉国书置柩前，俾得见上，以安远人”。然而，在最终决议前，宋廷并未允许契丹使者面见新皇帝，只许取契丹国书置于仁宗灵柩前。因为对于刚即位的英宗来讲，此时正处于服丧期间，面见前来贺寿的使者，于礼不合。但契丹使者执意要求面见新皇上，且有言：“取书，非故典也。”英宗以方衰绖为由，拒绝了契丹使者的请求。于是，契丹使者“执书不肯授閤门”。双方僵持间，馆伴使周沆对契丹使讲：“昔北朝有丧，南使至柳河而还。今朝廷重邻好，听北使至京师，达命于几筵，恩礼厚矣，奈何更以取书为嫌乎！”之后，宋辽双方各让一步，辽使选择授国书于閤门，英宗皇帝也答应面见契丹使者。

在这次圣节交聘中，还发生了一个插曲，当时，宋廷并不知道契丹国主的实际年龄，馆伴使周沆通过“不经意”间谈话，“套”出了契丹国主年龄较小的事实，契丹使者“既而悔之，相顾愕然曰：‘今复兄事南朝矣’”。② 众所周知，澶渊之盟后，宋辽双方皇帝结“金兰之好”，并一直延续下来，但因“辈分”差异，或为“兄弟”，或为“叔侄”，或为“翁孙”③。仁宗在世时，契丹皇帝称大宋皇帝为伯，大宋皇帝称契丹皇帝为侄。④ 英宗即位后，双方皇帝辈分相同，年长为兄，年幼为弟，契丹皇帝不欲称英宗为兄，故有意隐瞒国主年龄较小的事实。因为年龄辈分问题，关系到交聘时的称呼与地位，所以契丹使者在被“套”出真话后，才会流露出“悔之”“相顾愕然”的情感。

太后圣节时，辽国也会派遣生辰使来祝寿。天圣元年（1023），首次长宁节，契丹遣镇安节度使萧师古、咸州观察使韩玉“来贺皇太后长宁节”⑤，和乾元节一样，长宁节时辽使也要求在礼制上获得更高待遇。天圣三年正月，契丹遣使者萧从顺、韩绍芳来贺长宁节。圣节当天，“近臣及契丹使初上皇太后寿于崇政殿”⑥，“皇太后垂帘，置酒崇政殿，遂燕崇政殿”⑦。由于这是辽使首次于太后圣节时入殿上寿，有关礼制问题，双方引起争议。因上寿时，太后并未直接面见辽使，而是“垂帘”相见，故辽使萧从顺

---

① 今河南省濮阳市清丰县西北。

② （宋）李焘：《续资治通鉴长编》卷一九八，嘉祐八年四月辛巳，第4797页。

③ 张国庆：《辽代契丹皇帝与五代、北宋诸帝王的“结义”》，《史学月刊》1992年第6期。

④ 司义祖整理：《宋大诏令集》卷二二九《回契丹贺乾元节书》，中华书局，1962年，第888页。

⑤ （宋）李焘：《续资治通鉴长编》卷一〇〇，天圣元年正月庚午，第2310页。

⑥ （宋）李焘：《续资治通鉴长编》卷一〇三，天圣三年正月辛卯，第2375页。

⑦ （宋）李焘：《续资治通鉴长编》卷一〇三，天圣三年正月戊子，第2374页。

“欲请见，且言南使至契丹者皆见太后，而契丹使来独不得见”，馆伴使薛奎拒绝了他的请求，有言道：“皇太后垂帘听政，虽本朝群臣亦未尝得见也。”辽使才不再坚持面见太后。萧从顺虽不再坚持面见，但在内心或仍感未受到尊重与平等对待，上寿后，“（萧）从顺桀骜，称疾留馆下，不以时发，上遣使问劳，挟太医诊视，相属于道。枢密使曹利用请一切罢之，从顺知无能为，徐引去”①。圣节交聘中，双方围绕礼仪的较量看似是无足轻重的斤斤计较，实际上，在两国交聘时，任何细节都并非使者个人之事，而是关系着国体，因此双方才会据理力争。萧从顺甚至故作桀骜之姿，称疾不发以为难宋廷，面对此况，仁宗遣使劳问，派太医诊视，展现出足够的诚意。最后辽使在明白“无能为”的情况下，才离京归辽。

神宗时期，宋辽间继续保持着圣节交聘关系。仁宗以来辽使渴望获得更高级别待遇的诉求，也延续到了神宗时期。熙宁二年（1069）同天节，辽使要求在上寿班位上得到提升，有言道：“南使到北朝，缀翰林学士班，今来却在节度使之下。”馆伴使告知辽使，宋朝“翰林学士班自在节度使之下；如遇合班，即节度使在翰林学士之西差前别为一班；其大辽国人使又在节度使之西别为一班立，俱不相压”。辽使在明白宋朝节度使班位在翰林学士之上，且节度使和辽使班位平等不相压后，“始就班”。② 班位作为朝会仪制的一部分，是一种重要的等级安排手段。辽使要求提升班位的诉求，尽管是在不了解宋朝班位制度的情况下提出的，但也侧面反映辽人越来越重视圣节交聘中的礼仪细节，而这种改变正是辽人“正统意识”及“中国意识”增强的结果。

无独有偶，熙宁六年，辽使耶律宁等又请求同天节上寿时“合使、副班为一，如南使在北朝例”。我们知道，班位是等级秩序的外在表现，官员等级不同，班序也应有别。契丹使者合使、副为一班的要求，明显违背了等级尊卑原则。因此，宋朝多数官员“佥谓不可许”，但在王安石的劝说下，神宗同意了使、副合班请求。辽使耶律宁等人大喜，紧接着又进一步提出要求：“南朝近所遣使官多卑，乞如先朝例，差高官。”文彦博等人从“防微杜渐”角度认为辽使贪得无厌，如若许之，“辽使归，必更增饰干赏，自今人人争来生事矣”，王安石则认为“许之无伤”，最终神宗还是听取了王安石的意见，同意“自今与差学士以上官也”③。可以看到，在以往的圣节交聘中，宋廷有意压低待辽礼仪规格，借此彰显赵宋在礼仪文化上的自信。然而，王安石和神宗作为变法主导者与支持者，更注重“实力”层面上的比拼，而对文化礼仪层面上的暗地较量则报以轻视态度，因此，才会同意辽使关于使、副合班及差高官的请求。在这个过程中，辽使其实一直在试探宋廷的“底线”，文彦博等人则在试图维护底线，因为文氏担心底线一旦被突破，

---

① （宋）李焘：《续资治通鉴长编》卷一〇三，天圣三年（1025）正月戊子，第2374－2375页。

② （清）徐松辑，刘琳等校点：《宋会要辑稿·仪制三》，第2348页。

③ （宋）李焘：《续资治通鉴长编》卷二四四，熙宁六年四月己卯，第5934－5935页。

接下来“逾矩”的要求会接踵而至。

果不其然，文彦博的担心最终成为事实，元丰六年（1083）四月，韩驹上言：“北使旧乘船渡黄河，元丰间，稍桀骜，欲就桥，诏许之，每岁十二月即系浮桥。六年二月，梁坏，而北使将及境，贺同天节也，令范子奇自工部郎中督役，二十八日，桥成，成三日而使至，上甚喜。及坤成节在七月，水怒涨不可桥，诏复乘船，使不得已听命，乞与接伴同舟而济。”① 可见，在以前，辽使过黄河时，采用乘船方式渡河。元丰年间，辽使态度变得傲慢，要求宋廷在黄河架桥供其通行，神宗也同意了该请求。同天节在四月十日，而宋方人员需要在前一年十二月就开工建造浮桥，可想应给地方和百姓造成了较大负担。另外，在元丰六年桥梁被冲坏的情况下，皇帝令人维修，并令工部郎中督役，可见对此事十分重视。

哲宗及徽宗时期，宋辽交聘继续照例进行，没有太大改变。徽宗后期，随着东亚各国间实力的变化，以往圣节交聘的秩序被打破。特别是随着辽国衰落和金国崛起，宋人为收回幽云十六州，开始谋划“联金抗辽”。宋辽交恶，宋金交善。宣和六年（1124），天宁节贺寿使团中已经不见辽人影子了。②

三、强化联系与展示国威：宋辽圣节交聘之功用

圣节交聘具有多重功用，一定程度上，其成为交聘双方加强联系、塑造王朝形象以及展示国威的一个平台。

为加强双方联系、维护关系，宋廷给予辽国生辰使优厚待遇与保障。入境前后，分别派遣接伴使、馆伴使、送伴使陪同辽使。路途上，宋廷会于使团所经之重要据点设宴招待使团，并赏赐物品及口宣慰问，返程时亦然。③ 此外，由于生辰使团百余人长途跋涉而来，其间难免遇到疾病。针对此问题，宋廷为其提供了医疗服务。景德三年

---

① （宋）李焘：《续资治通鉴长编》卷三四四，元丰六年四月辛亥，第8046－8047页。

② （清）徐松辑，刘琳等校点：《宋会要辑稿·礼五七》，第1992页。

③ 从现存资料来看，辽生辰使入宋路途接待之细节，少见记载。但幸运的是，赵彦卫在《云麓漫钞》中保存了一份详细的宋廷接待金使的公务清单，为我们了解圣节交聘历史细节提供了可能。从清单中可知，金使入宋后，所过州县每日皆有顿食供应，在盱眙军、镇江府、平江府和赤岸四地还赏赐御宴。从人员上看，负责接待的供应服务人员多达五千三百多人，其中涉及名目繁多，既有防卫禁军、牵船人、当直，又有枪旗、椽手、火台、火把、岸椽等，规模可谓相当庞大。从物品上看，火台有一千八百余座，灯笼四百七十一碗，火把船九十一只，递马船十只，每次食羊肉达两千斤。另外，顿食和御筵菜品也十分丰富，有羊、猪、面、粳米、鸡、鸭、鲤、酒、果、蜜饯、酱菜，以及各类点心。接待花费甚巨，仅平江府每次接待就要花费两万贯之多。参见赵彦卫撰，傅根清点校：《云麓漫钞》卷六，中华书局，1996年，第96－99页。

（1006）十一月，契丹遣使左监门卫将军耶律阿古、启圣军节度使耶律尧宁、副使太常少卿石用中、秘书少监马保佐来贺承天节。耶律阿古因病不能入见，上遣医官诊视之。并谓辅臣曰："所遣医官，但令诊视。合和药饵，当使自为之。彼虽得药即饵，以示相信，然他时或有不可疗者，则于事非便。自今朝廷遣使宜以医官随行，彼亦必与医同至也。"① 可见，宋廷虽派医官对耶律阿古进行诊视，但药物却令使者自己购买，这样既可对辽使"以示相信"，又可避免不必要的麻烦，可谓一举两得。此后，为降低伤病对交聘的影响，宋廷每遣使者前往他国，皆派遣医官伴随而行。②

除疾病外，交聘途中有时还会遇到使者死亡的问题。熙宁三年（1070），辽国贺同天节使者行至临清驿，"有契丹迪列子夷离根夜刺同宿契丹"，造成四人死亡、十二人受伤。面对此突发事件，负责接待的国信所仅按照制度规定赐予死者部分钱绢以示哀思安抚，对于伤者则未有赐予。对此，皇帝专门下诏："伤死者更给封见生饩节衣、朝辞例物等，如病死者例。其迪列子夷离根亦准此给，如死，亦以孝赠赐之。"③ 可见，面对使者伤亡的突发事件，不管原因如何，宋廷皆给予了伤亡辽使丰厚赏赐，表达出对辽国的尊重。对于身亡使者的身后事处理及具体孝赠数额，宋廷亦有详细规定。元祐三年（1088）七月，往来国信所"据随从接伴大辽国贺坤成节人使指使楚珣等申，六月二十三日尧山县驿人使传语，有下节契丹一名身死。准条北使三节人沿路身死，便仰焚烧，造木匣绢袋盛贮骨殖，候回日分付。仍作朝廷意度，随处州军取系省绢三十匹、钱三十贯，接送伴使、副分付人使，充赐与身亡人从孝赠。又条，三节人沿路及到阙身亡，应合给例物并赐与"④。可见，一名贺坤成节下节使人在尧山身亡，按照规定需要火化并造木盒装其骨灰，等到使者返回时将其带回。另外，还要从系省钱中拨绢三十匹、钱三十贯作为孝赠之物，以示安抚。需指出的是，这一标准仅适用于下节人从，从理论上讲，中节人从、上节人从，以及生辰使副身亡的孝赠标准应该会更高，可惜的是，目前未见相关史料。

圣节交聘除加强两国联系、强化既有等级关系的作用外，还具有信息沟通的作用。众所周知，宋辽边境漫长，双方在边境都派重兵防范，有时双方难免发生一些摩擦和军事冲突，而圣节交聘的存在为宋辽两国实现信息沟通、解决外交争端提供了有效窗口。庆历四年（1044）四月，监察御史里行李京言：

"近闻契丹筑二城于西北，南接代郡，西交元昊，广袤数百里，尽徙缘边生户

① （宋）李焘：《续资治通鉴长编》卷六四，景德三年十一月丁卯，第1435页。
② （宋）李焘：《续资治通鉴长编》卷六四，景德三年十一月丁卯，第1435页。
③ （宋）李焘：《续资治通鉴长编》卷二一〇，熙宁三年四月丁卯，第5095页。
④ （清）徐松辑，刘琳等校点：《宋会要辑稿·职官三六》，第3914页。

及丰州、麟州被虏人口居之，使绝归汉之路，违先朝誓书，为贼声援，其畜计不浅。况国家前年方修河北缘边故满城、阴城，再盟之后，寻即罢役。请下河东安抚司诘其因依，或因贺乾元节使人还，责以信誓，使罢二城，以破未然之患。”从之。①

宋辽结盟后，曾规定不得在边境新修城堡，但契丹却违反规定，于西北新筑二城，且迁生户及被虏人口进驻其中，威胁到宋朝边境安全。因此，李京建议令河东路诘问其因由，或让贺乾元节使返回时，传话给契丹国主要信守誓言、废罢两城，以避免可能引起的麻烦，建议得到皇帝的认可。又如熙宁五年（1072），河北缘边安抚司言：“北人渔于界河及夺界河西船，并射伤兵级，虽已指挥都同巡检以便婉顺止约，虑彼国不知边臣不顾欢好，信纵小民，渐开边隙。”面对侵犯行为，宋廷派遣都同巡检，以武力保护兵民、震慑辽人，但又害怕辽朝边臣“不顾欢好”，进而引起战争。因此，宋廷又诏同天节送伴使晁端彦等“谕北使以朝廷务敦信誓，未尝先起事端，请闻之本朝，严加约束”②。宋廷试图通过贺同天节生辰使之口，将自己信守誓约、维护和平的态度传递给辽朝皇帝，并且敦请辽帝对本国兵民严加约束，共同保障边界和平。

王朝国家形象塑造也是圣节交聘的功能之一。景德二年（1005），契丹生辰使者首次入贺，有关礼乐细节，宋朝君臣颇费心思。通常情况下，使臣入贺圣节，应奏乐赐宴以礼遇之。但明德太后于景德元年三月驾崩，按惯例宋廷应在一周年内罢乐免宴，以表对太后的追思。以时间算之，至景德二年三月，罢乐即应到期，但真宗为表达自己孝思之诚，坚持延长罢乐期限。直至景德二年七月，仍下诏：“俟严禋之告毕，守旧制以如初。复执心丧，用申永感。凡诸音乐，依前寝停。”而此时距十二月承天节仅剩五个月，于是宰臣毕士安面奏道：“将来诞节，万方入贡，北戎始通和好，遣使祝圣，苟不举乐，恐礼荣不备。况典据尽在，望许依故事施行。”面对宰臣建议，真宗依然坚持罢乐，有言：“北使到日，当令在外作乐可也，朕将固守心丧，以申感慕。”③ 真宗最终选择折中办法，允许辽国生辰使者宫外作乐，至宫内则罢乐。这样既表达出宋廷对使者的尊重与礼遇，也成全了真宗追思明德太后的坚持。此外，真宗此举无疑也以自身为例，向契丹使者强调大宋乃礼乐之邦的事实。

熙宁九年同天节，辽国派耶律测等人前来贺寿，四月六日，辽使见神宗于紫宸殿。入对后，朝廷得知大辽国母正病重服药，特罢免垂拱殿宴。耶律测等人返回使馆后，宋廷据雄州报来公牒得知辽国母已经于三月六日病逝。为表达哀思之情，神宗“乃宣谕辍

① （宋）李焘：《续资治通鉴长编》卷一四八，庆历四年四月乙未，第3574页。
② （宋）李焘：《续资治通鉴长编》卷二三二，熙宁五年四月庚申，第5631页。
③ （清）徐松辑，刘琳等校点：《宋会要辑稿·礼三五》，第1528页。

同天节上寿，罢大燕”，并且允许耶律测等“成服于开宝寺福圣院”。此外，宋廷还“诏宰相以下及从官往慰，仍学士院撰大辽主书，谢国母遣使，及致感恻之意”。① 面对辽国母因病而逝的突发事件，宋廷选择与辽国“悲乐与共”，先后罢免垂拱殿宴、圣节上寿，接着特许辽使穿丧服于开宝寺为国母祈冥福，还派遣宰执等人前去抚慰辽使，并致书辽主以表感伤悲痛之情。一般情况下，辽国主、国母丧亡，告哀使汇报消息后，宋廷要辍朝以示哀思，但据笔者所见，因外国帝后崩卒而罢圣节上寿的情况，此乃首见，足见神宗对辽国的尊重。很明显，宋廷已然把罢免圣节上寿当成一种调节两国关系的手段，这一套“情感组合拳”打下来，辽国君臣定对宋朝感恩戴德，这种关系的营建，对加强两国交往、稳定边境安全具有重要积极意义。同时，赵宋“知礼尊辽”的王朝形象也得以塑造和加强。

元祐二年（1087）七月，辽国遣崇仪军节度使萧德崇等人来贺坤成节，“见于紫宸殿，宴垂拱殿”，太师文彦博提及宴见北使期间殿内陈设用具时有言：“左右内侍执用白纸及柿油蕉叶扇，率不直十余钱。此止士庶便于日用，今万乘临轩操用，有以见尧、舜俭德之美。三省宰执及北使侍宴席，皆得瞻仰，以为汉文帝之服弋绨，前史书为盛美，方之于今，固有惭德。乞付史册。”② 在文彦博看来，于宴饮辽使的盛大宴会中使用价值仅十余钱的柿油蕉叶扇，充分体现了宋廷节约俭用之美好品德，因此，文氏将哲宗及太后比为尧、舜及汉文帝，并建议将此事书于史册、流传后世，该建议最终得到许可。从事实层面来讲，该事确实体现朝廷节俭之美德；从另一层面讲，宋廷选择在宴见辽使时使用柿油蕉叶扇，并将此事写入史册，体现的则是赵宋君臣在“形象塑造”方面的努力。

圣节交聘也有助于展示国威于辽使。为达到这一目的，圣节入贺期间，宋廷会择日在玉津园举行宴射活动。景德二年（1005）十一月二十九日，“契丹国母遣使来贺承天节，入见，宴于长春殿，酒五行而罢”。十二月四日，“命镇安军节度使石保吉赐契丹使宴射于玉津园”。③ 由于玉津园宴射是和平时期向外国生辰使展示帝国武力的一个窗口，因此，统治者对伴射人员的选择十分慎重。“凡契丹使至，皆赐宴射，命节度使或枢密使，天圣后率用管军者主之。”④ 此处“管军者”未知所指，但《朝野类要》载：“殿前、马、步三司轮差，借观察、承宣之官，环卫、四厢之职，以伴蕃使，射于玉津园。

---

① （清）徐松辑，刘琳等校点：《宋会要辑稿·番夷二》，第 9753 页。

② （宋）李焘：《续资治通鉴长编》卷四〇三，元祐二年七月戊午，第 9805 页。

③ （清）徐松辑，刘琳等校点：《宋会要辑稿·礼四五》，第 1716 页。

④ （清）徐松辑，刘琳等校点：《宋会要辑稿·礼四五》，第 1716 页。

胜则有金带升转官资之赏。"① 可知，"管军者"应指殿前、马、步三司。可见，负责伴射者皆拥有高级武官身份。据笔者观察，除高级武官身份外，被选为伴射者，精湛射术和雄伟身貌同样不可缺少。《宋史》载："赴玉津园燕射，命诸校善射者假管军观察使伴之，上赐弓矢。酒行乐作，伴射官与大使并射弓，馆伴使副并射弩。酒九行，退。"②接下来，我们再以一实例对伴射选用标准加以说明。首位被任命为伴射的石保吉乃宋初名将石守信之子，太祖第二女延庆公主之驸马，其"姿貌瑰硕，颇有武干""善弋猎"③，完全符合上述条件。总之，圣节时玉津园宴射活动既有助于调节气氛、联络感情，又成为宋辽双方展示武力、宣示国威的一个平台，受到宋廷的高度重视。

四、结语

宋代统治者继承并发扬了源于后晋的圣节交聘之制，与辽建立了圣节交聘关系，并使之成为两国间一种稳定且重要的交流方式。圣节交聘作为一种外交方式，本质上是政治的延伸与国际关系的体现。整体而言，北宋前两朝宋辽圣节交聘还具有临时性和不稳定性的特点，宋廷并未制定圣节交聘礼仪。正式的、稳定的宋辽圣节交聘，应从澶渊之盟后算起，此后，双方每年都会在对方君主生日时遣使入贺。仁宗时，随着辽人"正统"意识的觉醒，交聘时多次出现契丹使者故意刁难宋朝的情况，具体表现为要求在礼制上获得更高级别待遇。同时，由于圣节交聘事关国体，交聘中一些琐碎细节皆被两国视为国家民族荣誉之所系，关系着国家民族利益的得失。交聘双方围绕着一些礼仪细节展开激烈争夺，皆试图借此维护本国的地位和尊严。

圣节交聘是和平环境下的产物，其顺利进行标志着国家间保持着和谐稳定的关系，一旦圣节交聘停止，则意味着关系破裂和战争的发生。同时，圣节交聘更是一种国际权力关系的再确认，通过这种年复一年仪式化的圣节交聘，交聘双方试图强化相互间既定的等级秩序。此外，圣节交聘具有多重功用，一定程度上，其成为交聘双方加强联系、塑造王朝形象以及展示国威的一个良好平台。

作者简介：
宁欧阳，河南师范大学政治与公共管理学院讲师。

① （宋）赵升编，王瑞来点校：《朝野类要》卷一《伴射》，中华书局，2007年，第35－36页。

② 《宋史》卷一一九《礼二十二》，第2812页。

③ 《宋史》卷二五〇《石保吉传》，第8813－8814页。

元大都“结羊肠”风俗证补

于　洁

［提要］元人所记元大都内“结羊肠”风俗就是载于《南村辍耕录》、流行于吴楚之地的“九姑课”。“结羊肠”形成于元代大都地区，从原理看，它来源于古代卜筮仪式中“筮”“篿”一类占验之术，流传过程中与九天玄女信仰和“正月十六”等节气岁时相结合，并受到道教仪式的影响，集民间祭祀、卜筮仪式、岁时风俗为一体。此风俗延续到了明代，明人诗文、戏曲中时有其身影，至清代时已不见于北京城内，但从地方志及各种民间资料来看，其身影仍广见于京津地区至河北、山东北部一带，亦见于长江以南地区。

［关键词］元大都；结羊肠；九姑课；九天玄女信仰；筮卜

一、引言：元人所述大都“结羊肠”风俗

（一）问题的提出

从清代起，元人诗文中所述大都“结羊肠”风俗即引起清人的兴趣，俞樾《茶香室丛钞》卷一〇有“结羊肠”一条，论揭傒斯《结羊肠辞》称：“按此俗未知今时尚行

否，读此诗犹可见其大略，俟遇久居京师者问之。"① 至于其"问"到与否——众所周知，"生活在一定区域内的人群乃是这一区域风俗变化的主要载体"②，明清易代之际北京内城人口结构已彻底改变，元明时期北京存续之民风、民俗随之大变，想来在清末京城内此俗已不可觅。

20世纪90年代以后，有民俗、文献学者开始注意到此问题，主要是通过整理、介绍元末明初笔记《霏雪录》而旁及，如赵杏根引揭氏诗称"正月十六结羊肠，是元明间北京地区流行的一种占卜之俗""惜未详此占卜之法"，又认为此俗"见明人刘绩《霏雪录》"并"多女子儿童为之"③；姚继荣在介绍镏绩（刘绩）与《霏雪录》时，提及"刘氏由元入明，与一些遗老四出交游，所记旧闻多有渊源，有关古人行迹和当朝人事，也有一定的参考价值"④，并以"卷上记'结羊肠'之俗"为例；例后列举揭傒斯与另一元人诗旁证，惜未做更多考证。两书虽然未充分挖掘元代除揭傒斯诗之外的更多相关诗文、笔记，但都通过《霏雪录》将元明之际的记载相联系，意识到"结羊肠"是一种占卜。

2007年陈高华先生在《元代女性的文化生活》中也提到：通过元人揭傒斯和张昱两首诗来看，结羊肠是一种"剪纸游戏，用来祈祷自己的幸福"，它同乞巧一样是"专属于女孩儿的游戏"，区别在于乞巧流传后世而结羊肠"后来似乎没有了"；⑤ 陈文未对这种"游戏"作进一步的探讨。2011年尚衍斌教授撰写《揭傒斯事迹考述》⑥ 一文，文中专列"《结羊肠辞》所见大都民俗"一小节，探讨此元代独特的岁时民俗：尚文将揭傒斯《结羊肠辞》与张昱《宫中词·其十五》相对照，发现两诗"皆提及大都盛行'结羊肠'的习俗""均有'为轮为镫'之语词"，文中提到从生卒年来看揭氏与张氏属于两代人，同时《宫中词》为张昱旅居大都时作品，甚为可信——以此推断两诗之描绘"必有所据，想此俗在当时颇为流行"。⑦ 与前述两书不同，尚文认为结羊肠"即农历正月十六女孩子头上结扎羊肠送神祇的活动，以此祈盼来年神灵护佑，风调雨顺"，但同

① （清）俞樾撰，卓凡、顾馨、徐敏霞点校：《茶香室丛钞》卷一〇，中华书局，1995年，第233页。

② 王岗：《元明时期北京风俗变迁考》，袁懋栓主编：《北京风俗史研究》，北京燕山出版社，2007年，第32页。

③ 赵杏根：《中华节日风俗全书》，黄山书社，1996年，第80－81页。

④ 姚继荣：《元明历史笔记论丛》，民族出版社，2015年，第161页。

⑤ 陈高华：《元代女性的文化生活》，《暨南史学》第五辑，暨南大学出版社，2007年，第85页。

⑥ 原文发表于《中国边疆民族研究》第四辑，中央民族大学出版社，2011年，第57－80页，后收入氏著《元史及西域史丛考》，中央民族大学出版社，2013年，第311－313页。

⑦ 尚衍斌：《揭傒斯事迹考述》，《中国边疆民族研究》第四辑，第57－80页。

时对自己推论较审慎，认为“这一问题有待深入细致的研究”。尚文于元代结羊肠风俗论述较前人较多，并指出了关键细节——“为轮为镫”之语，为继续探讨提供了重要思路。

但“结羊肠”到底是何种民俗，关于它的性质、具体内容、来源、形成，学者们一直未有更多论证，这是本文试图弄清的主要问题。或称“惜未详此占卜之法”，颇添神秘色彩，但稍作留意即可发现：它并非失传之术，这种有着古老渊源的卜俗不但在明清之际多有记载，元明时期文献中亦多可考之处。

（二）关于元代结羊肠风俗的诗文文本对比

目前所见，元代有三首诗是直接描述元大都内“结羊肠”风俗的，它们虽然长度和描述侧重不一，但其共同点难以忽视：皆由旅居元大都的南方士大夫（张昱、赵雍、揭傒斯）① 写成并收入其文集中以示后人。换言之，他们都是用一双“南人”的眼睛来观察当时大都内的一切令其新奇的事物，这种大都风俗的描述与记录既是他们平生宦业之见证，也带有南北风俗文化差异下的“他者视角”。

除了前述研究者所引用之揭傒斯《结羊肠辞》、张昱《宫中词·其十五》，赵雍也传有一首《结羊肠》，收录于《元诗选》《全元诗》等：

> 孟春之月春始和，陌头柳色黄如鹅。落梅纷纷稍觉多，白日炯炯曜绮罗。曜绮罗，日渐长，春风庭院花草香。十六初过上元节，家家女儿结羊肠。含情暗卜心自语，何时得似双鸳鸯。结成羊肠肠反断，惆怅春闺坐长叹。强持薄怒娇且羞，折花倒插金钗头。②

赵雍是赵孟頫的公子，其本人也是元后期著名书画家。赵氏《结羊肠》诗下原有题记一行：“都下风俗，至正月十六日，家家儿女，以纸九条，或用皮者，结以为卜，谓之结羊肠。其名甚古，因以咏之。”③ 题记称“结羊肠”为“都下风俗”，简述其法，并称“其名甚古”——意指此俗有更古老的渊源，并非元代才出现。此诗是否真为赵雍所

---

① 揭傒斯、张昱皆为江西人，赵雍生于浙江湖州。

② （元）赵雍：《结羊肠》，杨镰主编：《全元诗》第36册，中华书局，2013年，第149页；又收录于《赵孟頫集·附录二·赵雍集》，浙江古籍出版社，2016年，第498－499页。

③ （元）赵雍：《结羊肠》，杨镰主编：《全元诗》第36册，第149页。

作目前无法确定①，但有揭、张两诗做参照，至少可以判断这是元人或由元入明的人所咏——因为本文之后征引史料能显示此俗在明代中、前期依然流行。我们可以再度审视揭、张两人原诗：

正月十六好风光，京城女儿结羊肠。焚香再拜礼神毕，剪纸九道尺许长。撚成对绾双双结，心有所期口难说。为轮为镫恒苦多，忽作羊肠心自别。邻家女儿闻总至，未辨吉凶忧且畏。须臾结罢起送神，满座欢欣杂憔悴。但愿年年逢此日，儿结羊肠神降吉。②

纸绳未把视炉香，自觉红生两脸傍。为蹬为轮俱有喜，莫教緪结作羊肠。③

依此三首元诗：元代“结羊肠”一定伴随着“礼神”“送神”“焚香”，时间在正月十六日，仪式工具：“纸绳”（“以纸九条，或用皮者”“剪纸九道尺许长”），工具的使用方式是打结；如果这确是一种占卜，那么占卜结果视情况有吉凶之分（进而造成文学情境中主人公的喜与忧）。仪式中工具呈现“轮”“镫（蹬）”等相属于“吉”，而“緪结”④“断”则是“凶”。

这就带来了更多疑问：这个仪式里请、送的“神”是哪位？揭傒斯诗中所称“撚成对绾双双结”是怎样“结”法，“镫”“轮”是什么样子？所谓吉、凶又依靠什么原理或者人来判定？若如赵雍所称“其名甚古”，起源于何时？我们继续翻检元明之际至明中期史料，就会找到线索。

二、元明之际“结羊肠”的演变

元末人陶宗仪《南村辍耕录》（以下简称《辍耕录》），其史料价值历来为元史学者所重视，卷二〇“九姑玄女课”条曰：

---

① 赵雍本人政治生涯不得意，所传生平事迹较少，生卒年有争论，传世《赵待制遗稿》中只录其词作，仅凭这几十首词“对了解他的历史和思想，没有多大用处”［陈高华：《元代画家史料（增补本）》，中国书店，2015年，第224页］。此诗另收录于《松雪斋集》之附录，因此常被误为赵孟頫所作。

② （元）揭傒斯：《结羊肠辞》，李梦生点校《揭傒斯全集》，上海古籍出版社，1985年，第113页。

③ （元）张昱：《张光弼诗集》卷三《宫中词》（其十五），《四部丛刊续编》七二，上海书店，1984年，第470页。

④ 揭诗中称“为轮为镫恒苦多”，对照张昱“莫教緪结作羊肠”之语，前者“恒”字似系“緪”之讹写。

吴楚之地，村巫野叟及妇人女子辈，多能卜九姑课。其法，折草九茎，屈之为十八，握作一束，祝而呵之，两两相结，止留两端，已而抖开，以占休咎。若续成一条者，名曰黄龙傥仙。又穿一圈者，名曰仙人上马圈。不穿者，名曰蟢窠落地。皆吉兆也。或纷错无绪，不可分理，则凶矣。又一法，曰九天玄女课。其法，折草一把，不计茎数多寡，苟用算筹亦可，两手随意分之，左手在上，竖放，右手在下，横放，以三除之，不及者为卦。一竖一横曰太阳，二竖一横曰灵通，二竖二横曰老君，二竖三横曰太吴，三竖一横曰洪石，三竖三横曰祥云，皆吉兆也。一竖二横曰太阴，一竖三横曰悬崖，三竖二横曰阴中，皆凶兆也。愚意俗谓九姑，岂即九天玄女欤？《离骚经》云："索藑茅以筳篿兮，命灵氛为余卜。"注曰："藑茅，灵草也。筳，小破竹也。楚人名结草折竹以卜曰篿等。"据此，则亦有所本矣。①

尽管有学者认为"九天玄女课"和"九姑课"是一回事，"实同一类型的两种占法，稍异其名以示区别而已"②，但文中所描述"九天玄女课"的内容与宋元时期流行的"揲蓍之法"③原理、蓍数都更相近——"揲蓍"所用蓍数（算筹数量）较多（五十中取一至四十九枚），任意分成两堆象征阴、阳或天、地，再根据更为复杂的原理进行归类、揲算、推演④；而"九姑课"和"结羊肠"一样，它的蓍数较少（九枚），且须对折、打结呈相，因此依赖更为柔软材质的工具——纸绳、草茎、皮条等。

另外，前述学者都已注意到：《霏雪录》著者镏绩（刘绩）是一位"由元入明者"，"其父刘涣，元时曾为三茅书院山长"，镏绩本人"尚及与元末诸遗老游"；该书二卷七十则"有'洪武乙亥冬'（1395）语，可知成书当在此后。其刊行则在成化（1465—1487）间。该书内容为'杂述旧闻'，又'每记梦幻诙谐之事，颇杂小说家言'"。⑤因此可以确定书中关于"结羊肠"的记载应为明代成化年之前的情形：

---

① （元）陶宗仪撰，李梦生校点：《南村辍耕录》，上海古籍出版社，2012年，第227页。

② 古健青等编：《中国方术辞典》，中山大学出版社，1991年，第136页。

③ 宋代易学的兴盛，关于揲蓍之论著颇多，此处不再罗列。关于金元之际北方地区揲蓍法流行之情况，从耶律履的生平即可窥见一斑，元好问《尚书右丞耶律公神道碑》："及长，通六经百家之书，尤邃于《易》《太玄》，至于阴阳方技之说、历象推步之术，无不洞究……有文数百篇，论者独推其《揲蓍说》，盖不阶师授而独得之者。"［元好问：《元好问全集（增订本）》，山西古籍出版社，2004年，第584、588页］这篇《揲蓍说》今已不传，但元代名儒许衡对其内容有过长篇评述，见许衡：《读文献公揲蓍说》，李修生主编：《全元文》第2册，江苏古籍出版社，1997年，第488页。

④ 关于"揲蓍法"的原理及其方法，参见朱清国：《筮占"揲蓍法"及其存在的问题》，《周易本义》，湖南大学出版社，2015年，第362－365页。

⑤ 傅璇琮等主编：《中国诗学大辞典》，浙江教育出版社，1999年，第201页。

> 北方风俗，士女以正月十六日，用旧历日纸九道为绳乱结，以首尾联属如一者为兆，谓之结羊肠，诗人有结羊肠词，南中亦然。①

镏绩生长于浙江山阴，他至少读过揭傒斯、张昱、赵雍其中某一首诗，也认为这是一个北方风俗，并传到了南方。上引文特意提到仪式所结纸绳为“旧历日纸”，这是前引元人诗三首中所未提及的细节，“以首尾联属如一者为兆”这句指的是结成打开后所有纸绳能首尾相连成一（或进一步指历纸上的日期也能够连起来）为（吉）兆。

这两条史料将“结羊肠”最主要的疑惑解开了：其所记录的两种占卜方法之“九姑课”应即“结羊肠”的主要内容。首先，赵雍所谓“其名甚古”可能指的就是陶氏追溯至战国时期楚地之“篿”，“折草九茎”与前述元人三首诗中所称纸绳、纸条数量相符，其具体操作步骤是：“屈之为十八，握作一束，祝而呵之，两两相结，止留两端，已而抖开，以占休咎。”② 其次，《辍耕录》描述的三种吉兆中，“黄龙傥仙”是“续成一条者”，这与《霏雪录》中“以首尾联属如一者为兆”可对应。如按照陶氏所论“九姑”乃九天玄女之俗称，元人诗中称仪式前后“请神”“送神”大概率指这位“九姑”，即九天玄女。

陶宗仪生前没有在元大都生活过，大概也没有留意过揭傒斯等三人的诗，所以他并不知晓元大都内流行的“结羊肠”与元代吴楚地区的“九姑课”原理相同，并倾向于这是一个吴楚旧俗。明初至中期对“结羊肠”记录中，一概称其为“岁事”。比如明代宁王朱权所编《臞仙神隐》（又名《新刻臞仙神隐》，以下简称《神隐》）载：

> 岁事：先于除夜可将旧门神取下裁作条槎，成九条，于夜饭甑中蒸过，取出，至五更，蟠于盘中供养天地前，谓之结羊肠，以匕一年之事。几卜，乃持羊肠望空而祝，曰今臣某为某事云云，未知吉凶，愿祈昭报。乃以羊肠两头褶回共一十八头，用手搓乱，两两相接，止留两头，仍后放开解之如顺。吉者一条如线，无有绾结，或有一条作一圈者，两三条作一圈者，抖之乃落其地，无挂碍则吉，缠结解不开，凶。……③

---

① （明）镏绩：《霏雪录》，《原国立北平图书馆甲库善本丛书》第532册，国家图书馆出版社，2013年，第581页；明代万历年间许应秋所撰《玉芝堂谈荟》卷二一“岁华节次”条称：“（正月）十六日，北方士女用旧历日纸九道为绳，乱结首尾联属，谓之结羊肠。”（上海古籍出版社，1993年，第498页）清人陆以湉称徐此书有“援引昔人文辞，每不标明某书”（《冷庐杂识》，上海古籍出版社，2012年，第18页）之失，从此条来看，系抄自《霏雪录》。

② （元）陶宗仪撰，李梦生校点：《南村辍耕录》，第227页。

③ （明）朱权：《臞仙神隐》卷下之四，胡道静等主编：《藏外道书》第18册，巴蜀书社，1992年，第314页。

朱权，朱元璋第十七子，出生于金陵（今江苏南京），洪武时封于大宁卫（今内蒙古宁城），后驻兵于北京、保定并参与“靖难之役”，永乐年间改封庐陵（今江西南昌），在南、北方都有较长期的生活经历。① 此条在“正月”一节，“十五日”“验岁”“验草”条之后。前“十五日”条目中有“北方妇女”“南方妇人”两段来区分南北方上元习俗之不同；但此“岁事”条中并未区分“结羊肠”属于南方还是北方风俗。

明中期苏州地区的文人、书画家沈周写有一首《结羊肠词》，生动描述了明代闺门少女们如何“结羊肠”：

> 扯门神，结羊肠，分捻九缕五寸强。手中搓挲乱攘攘，揽缕对结头相当。或连或断猜不定，为圈为索亦难量。一圈贯一索，上马为仙郎。大吉一索子，通天彻地长。次吉一圈子，蛛窠不寻尝。纠错驴马灯，占者愁不祥。正月十六日惟良，九姑九姑我烧香。西家小女心最忙，喜闻开门占凤凰。不似老夫无所问，惟知喫饭着衣裳。②

《神隐》“岁事”条与沈周诗反映出明代“结羊肠”的演进：首先，明代“结羊肠”仪式中所请之神依旧为“九姑”；其次，作为工具的纸绳，由元人所述“尺许长”变为“五寸强”，且必须取材于历书或门神，要经过蒸制、供养；最后，仪式要先于“除夜”就开始进行准备工作，步骤、时辰等多有讲究，须配有祷祝词，在细节上更多受到道教仪式的影响。

显然，沈周诗中讲到纸绳打结后所呈“为圈为索”之相与元人诗中所称“为轮为镫”是可以对应的：“索”指呈一条直线形状，“圈”指首尾相连呈圆环形，元人所称“镫（蹬）”“轮”之含义则应分别与两者相通。现将所有材料中涉及“吉凶”的判断简单列表对看：

表 1　史料中关于“结羊肠”的吉凶之相判断

吉凶之相	《辍耕录》	《霏雪录》	《神隐》	沈周诗
吉兆 1	若绫成一条者，名曰黄龙傥仙	以首尾联属如一者为兆	吉者一条如线，无有绾结	大吉一索子，通天彻地长

① 朱权生平及其影响力，参见姚品文：《朱权研究》，江西高校出版社，1993 年；王岗著，秦国帅译：《明代藩王与道教：王朝精英的制度化护教》，上海古籍出版社，2019 年，第 1 – 8 页。

② （明）沈周：《沈周集》，上海古籍出版社，2013 年，第 59 页。

（续上表）

<table>
<tr><th>吉凶之相</th><th>《辍耕录》</th><th>《霏雪录》</th><th>《神隐》</th><th>沈周诗</th></tr>
<tr><td>吉兆 2</td><td>又穿一圈者，名曰仙人上马圈</td><td rowspan="3"></td><td rowspan="2">或有一条作一圈者，两三条作一圈者，抖之乃落其地，无挂碍则吉</td><td>一圈贯一索，上马为仙郎</td></tr>
<tr><td>吉兆 3</td><td>不穿者，名曰蠨窠落地</td><td>次吉一圈子，蛛窠不寻尝</td></tr>
<tr><td>凶兆</td><td>或纷错无绪，不可分理，则凶矣</td><td>缠结解不开，凶</td><td>纠错驴马灯，占者愁不祥</td></tr>
</table>

明代范文若所撰戏曲《鸳鸯棒》第十二出“诀别”：

（黄钟过曲）……【出队子】琅玕风撷，错认萧郎花外蹀，揲数回蓍草咒郎牒，结几遍羊肠嗟未绝，（见生、介）猛望见狂乖把粉颈低垂不瞥。①

唱词表现女主角通过卜筮、祝祷以排遣思念之痛苦，可知“结羊肠”与“揲蓍草”“爇盟香（咒郎）”② 一样，都是元末明初“民间俗曲中常见的意趣”③，皆为表达儿女之情中的那些离恨愁思。清人刘嗣绾《春词》有“闲情挑风胫，小语结羊肠”④ 之句，即此类之情境。

不惟戏曲、诗文，明以降京津地区之地方志中，仍可见“结羊肠”于岁时风俗中延续：

（风土第三·时序）孟春之月……十六日病妇群聚窑下曰陶炙，家人蒸纸及剪裁为九条，信手结之曰结羊肠卜休咎，女子邀厕姑卜流花、问吉凶；又剪彩簪之以相夸尚。至莫过瓦桥度厄或投瓦桥下。⑤

（时序）春正月……十六日病妇人陶炙过桥，家人结羊肠卜休咎。⑥

（风俗·时俗）春正月……十六日病妇陶炙过桥，家人结羊肠卜休咎，请紫姑

① （明）范文若：《鸳鸯棒》卷上，国家图书馆藏清初芥子园范氏博山堂三种曲本刻本。

② 无名氏：《南正宫·玉芙蓉》：“今日分离心性别，风流业，空遣这些，恨不得爇盟香发个咒郎牒。”（谢伯阳编：《全明散曲》第 4 卷，齐鲁书社，1994 年，第 4568 页）

③ 王星琦：《元明散曲史论》，南京师范大学出版社，1999 年，第 287 页。

④ （清）刘嗣绾：《春词》，《尚絅堂诗集》卷七《茳花阁集》，《清代诗文集汇编》第 469 册，上海古籍出版社，2010 年，第 151 页。

⑤ 《嘉靖雄乘》卷上，《天一阁藏明代方志选刊》七，上海古籍出版社，1981 年，第 615 页。

⑥ 《嘉靖河间府志》卷七，《天一阁藏明代方志选刊》一，第 359 页。

问吉凶。①

（四时俗尚）上元，人家并街巷张灯放花爆，男妇游观曰走百病，或置纸釜中，燃香缕结之，名结羊肠，占吉凶。②

其他如静海、青县、交河、无棣等县志中也有此类记载，“结羊肠”常与“问紫姑”“厕姑卜”③ 等比肩出现在京津与华北地区之岁俗中。随着人口的迁徙与流动，明清时期此俗也见于长江以南地区，如前述明代沈周，他终身未仕，居家奉养，以他对“结羊肠”的细节描述来看，非仅为转述耳闻，而是目睹了传播至苏州地区的元代旧俗。迨至民国年间，生长于四川合江的刘夐④在一篇追忆母亲的诗文中，提到了幼年所目睹母亲“结羊肠”之事，其诗前序称：

癸未甲申之交，家贫岁荒，先君子游泸叙间岁暮不归，每夜先母坐床前，余与两姊围坐膝下，母命取床头草九茎并做一束，颠倒结之，以卜归人。今读揭文安公结羊肠曲，始知古有此法。追维往事，悲不自胜，因拟作之以抒隐痛。⑤

刘夐母亲所习究竟是南方本来之“九姑课”还是北来之“结羊肠”，抑或是此俗传至四川本地后与当地风土融合所形成之新俗，已不得详知，视其原理应与“结羊肠”同出一源。此卜俗从元代延续至20世纪初，影响力从京津远及四川合江，使刘夐感慨不已。

三、结语：南北岁事——从吴楚巫卜到日下旧俗

清人胡熙在《周易函书》中总结民间各种占卜之术，称：“《易》之理无所不包，故凡物苟具阴阳之义，则皆可以起卦。……苟存其义，则镜卜、骨卜、紫姑卜、结羊

---

① 《雍正阜城县志》卷一二，《中国地方志集成·河北府县志辑》46，上海书店出版社，2006年，第441页。

② 《清河县志》卷二，国家图书馆藏清同治十一年（1872）刻本。

③ 关于紫姑崇拜，参见娄子匡：《紫姑的姓名》，中国民俗学会编：《民俗学集镌》，上海文艺出版社，1989年，第276－278页；黄石：《迎紫姑之史的考察》，中国民俗学会编：《民俗学集镌》，第155－167页；陶子珍：《紫姑神故事源流及其迎请方法探析》，《联大学报》2016年第1期。

④ 关于刘夐（刘季刚）生平事迹，见廖士元：《刘季刚先生传略》，《合江县文史资料选辑》第9辑，1990年，第6－12页。

⑤ 刘夐：《结羊肠曲》，《大成会丛录》1931年第33期，第43－44页。

肠，莫不克与前知之妙，总不离阴阳四象而已。”①

尽管因名字和流行地区，元代旅居大都城内的南方士大夫将“结羊肠”视为“北俗”，但经过本文的梳理与考证发现，它在原理上来源于古代卜筮仪式中“筵”“篿”一类占验之术，内容上与宋元时期流行于吴楚之地的“九姑课”相同，其仪式中请奉的“九姑”应与宋元之际民间九天玄女信仰有关。

关于九天玄女的起源及其在道教神仙体系中的职能，已有不少学者撰专文论述②：邢东田指出玄女的地位在魏晋时期日益显赫，从传世道教典籍来看，“最迟在东晋时，玄女就已具备了术数神的职能”，“宋代以后特别是明清时期，玄女与黄帝的关系渐次疏远直至分离”，同时“玄女的影响和职能逐步民间化”③。经本文考察，这也正是“结羊肠”“九姑课”等产生的大致时期。邢文还列举了冠有“玄女”之名的各种占卜之术，如：“《黄帝授三子玄女经》言视日辰吉凶之术，凡十四条（似有缺佚）。第一条述与人期会吉日良辰；第二条言占求物法；第三条以下皆述娶妇嫁女之日辰。”④ 这也就无怪乎“结羊肠”经常出现在女性为主角或凝视女性的文学情境中了：虽然理论上“结羊肠”可卜问万事之“休咎”，但当它与九天玄女信仰相结合之际，其卜筮内容就渐与古代女性的生活相关。

此俗具体如何传播尚不可知，可以明确的是：它在元代大都地区与“正月十六”岁俗相结合，形成了元人所称的“结羊肠”，集民间祭祀、卜筮仪式、岁时风俗为一体，对明清时期华北地区的民俗产生了较大影响。关于此俗缘何得名“结羊肠”，笔者推测与当时元大都乃至腹里地区居民在生产生活中对羊肠的处理、食用方法有关。“结羊肠”在当下中国乡村可能仍有遗存，其详细情形更待社会调查，此处仅备一说，以期方家指正。

作者简介：
于洁，中国国家博物馆、北京大学历史学系联合培养博士后。

① （清）胡煦著，程林点校：《周易函书·别集》卷一四，中华书局，2008年，第1096页。

② 关于九天玄女的研究，参见邢东田：《玄女的起源、职能及演变》，《世界宗教研究》1997年第3期；何怡儒：《“九天玄女”研究初探》，《问学集》2002年第11期，第1－11页。

③ 邢东田：《玄女的起源、职能及演变》，《世界宗教研究》1997年第3期。

④ 邢东田：《玄女的起源、职能及演变》，《世界宗教研究》1997年第3期。

元代葛根外传及罗卫、龙牙菩提葛根酒的酿制

王　霞　张晶雯

[**提要**] 元人汪大渊《岛夷志略》中“罗卫”和“龙牙菩提”两地均有葛根酿酒的记载。葛根原产于中国，含有大量葛根素，不仅可消渴解暑，亦对心脑血管疾病、心悸耳鸣等有很好的疗效。古代医学典籍中，葛根使用多表现为碾粉、蒸煮、熬粥等，未见有用之酿酒的记录。随着元代海外贸易的繁荣以及华人的外徙，使得葛根及其用途向外传播成为可能。基于以上因素，位于东南亚的罗卫和龙牙菩提其时创造性地以葛根酿酒，乃使这一产于中国的物种在东南亚获得进一步开发利用，有了新的食法。

[**关键词**] 元代；《岛夷志略》；葛根酒；罗卫；龙牙菩提

《岛夷志略》是元人汪大渊有关中外交通的著述，该书不仅描述了元代海外220多个国家（地区）的基本状况，也记录了这些地方的物产和风俗。如书内涉及海外各地酿酒风俗的记载就颇为有趣，其中罗卫、龙牙菩提两地用葛根酿酒的记述更是珍贵。本文拟从中外关系史视角，通过对罗卫、龙牙菩提两地相关问题的系统考察，探析元代当地出现葛根酿酒的成因。

一、罗卫、龙牙菩提的地理位置及葛根的传入

有关罗卫、龙牙菩提，《岛夷志略》均有较为详细的记载。其中就“罗卫”，汪大渊记道：

> 南真骆之南，实加罗山即故名也。山瘠田美，等为中上。春末则禾登，民有余蓄，以移他国。气候不时。风俗勤俭。男女文身为礼，以紫缦缠头，系溜布。以竹筒实生蜡为烛，织木棉为业。煮海为盐，以葛根浸水酿酒，味甘软，竟日饮之不醉。有酋长。地产粗降真、玳瑁、黄蜡、棉花。虽有珍树，无能割。贸易之货，用棋子手巾、狗迹绢、五色烧珠、花银、青白碗、铁条之属。①

罗卫位于何处？学界多有争论。沈曾植、藤田氏和柔克义均以为是唐宋史籍中的罗越，因为“卫”和“越”的古音相同。② 日本学者杉本直治郎在其《新出資料と羅越國問題》一文中，综合各家言论，对罗越位置的四种说法做了探讨，其中尤以对“罗越＝Wurawari”说③着墨颇多，以为若将 Wurawari 的首尾音节省去，即是［Wu］rawar［i］，或便是罗越（罗卫）的对音，并进一步认为 Laut（Lawat）作为对音更为妥当，因为古代马来海边的居民被称为 Orang Laut。④ 一般以为，“Orang Laut”，即“奥朗－劳特人”，被称为“河岸与海洋民族”，⑤ 熟悉马来半岛西海岸水道和物产。陈佳荣、谢方等撰《古代南海地名汇释》亦云：“罗越之源所出，诸说不一，尚未能定，有人考订马来半岛南部柔佛、彭亨等地有一种族名为雅贡人（Orang Jukun），土人称为海人（Orang Laut），罗越与 Laut 音近，其名或由 Laut 而得。”⑥ 遂以为其与罗越是同名异译，地处当今马来半岛的柔佛一带；亦或曰其位于今泰国西部的叻丕（Ratburi）及其附近。⑦ 周运中博士认为罗越即罗卫无疑，但其地当在今泰国南部的沙敦府。⑧ 因汪大渊所记罗卫方位在

---

① （元）汪大渊著，苏继庼校释：《岛夷志略校释》，中华书局，1981 年，第 109 页。

② （元）汪大渊著，苏继庼校释：《岛夷志略校释》，第 110 页。

③ ［日］杉本直治郎：《新出資料と羅越國問題》，《東洋史研究》，1938 年，第 49 页。

④ （元）汪大渊著，苏继庼校释：《岛夷志略校释》，第 50 页。

⑤ 芭芭拉·沃森·安达娅、伦纳德·安达娅著，黄秋迪译：《马来西亚史》，中国大百科全书出版社，2010 年，第 10 页。

⑥ 陈佳荣、谢方、陆峻岭：《古代南海地名汇释》之“Laut”条，中华书局，1966 年，第 981 页。

⑦ 陈佳荣、谢方、陆峻岭：《古代南海地名汇释》之“Laut”条，第 510 页。

⑧ 周运中：《中国南洋古代交通史》，厦门大学出版社，2015 年，第 358 页。

“南真骆之南，实加罗山即故名也”。而南真骆位于泰国南部董里府（Trang），故地处南真骆之南的罗卫即是董里府之南的沙敦府（Satun）。[①] 综上所述，罗卫即罗越，地处当今泰国南部沙敦府附近。

《岛夷志略》记“龙牙菩提”：

> 环宇皆山，石排类门。无田耕种，但栽薯芋，蒸以代粮。当收之时，番家必堆贮数屋，如中原人积粮，以供岁用。食余，则存防下年之不熟也。园种菜，采蛤蚌、鱼虾而食，倍于薯芋。气候倍热，俗朴。男女椎髻，披丝木棉花单被。煮海为盐。浸葛根汁以酿酒。地产速香、槟榔、椰子。贸易之货，用红绿烧珠、牙箱锭、铁鼎、青白土印布之属。[②]

龙牙菩提，《郑和航海图》云为龙牙交椅，今华侨称为呼罗交怡[③]，藤田氏和柔克义都认为其处于马来半岛西岸吉打附近的凌加卫岛（Langkawi），苏继庼、陈佳荣、谢方均认同此说。[④] Langkawi，一说源于马来语，helang 为马来语的鹰，lang 或是 helang 的省略语，kawi 是石头，据称因一位大臣看见巨鹰停在巨石上而得名。一说是梵文的音译，梵语 langka 是美丽之意，wi 则没有实意。周运中博士则认为龙牙菩提应为新加坡东南的林加（Lingga）群岛。[⑤] 但《岛夷志略》所载“龙牙门”之地，多位方家认为是新加坡海峡或海峡其北的林加岛。“舶往西洋、本番置之不问。回船之际，至吉利门，舶人须架箭棚。”[⑥] 可见，其时船舶往返西洋均需经过“龙牙门”，相对偏南的林加岛符合其地理特征。故“龙牙菩提”实际应为马来半岛西岸的凌家卫岛。

按《岛夷志略》云，元代罗卫、龙牙菩提两地已用葛根酿酒。如罗卫“以葛根浸水酿酒，味甘软，竟日饮不醉”[⑦]；而龙牙菩提也“浸葛根汁以酿酒”[⑧]。葛根原产于中国，何时传入南海诸地，尚不清楚。中国很早就掌握了酿酒工艺，其原料除粮食外，还有各种植物，但元时中国尚未有以葛根酿酒的记载。故罗卫、龙牙菩提两地以葛根酿酒的史实，颇值得我们深入探究。

---

① 周运中：《中国南洋古代交通史》，第 194－195 页。
② （元）汪大渊著，苏继庼校释：《岛夷志略校释》，第 190－191 页。
③ （元）汪大渊著，苏继庼校释：《岛夷志略校释》，第 192 页。
④ 陈佳荣、谢方、陆峻岭：《古代南海地名汇释》，第 258 页。
⑤ 周运中：《中国南洋古代交通史》，第 367 页。
⑥ （元）汪大渊著，苏继庼校释：《岛夷志略校释》，第 214 页。
⑦ （元）汪大渊著，苏继庼校释：《岛夷志略校释》，第 109 页。
⑧ （元）汪大渊著，苏继庼校释：《岛夷志略校释》，第 190 页。

酿制葛根酒的罗卫、龙牙菩提两地，地处南海南端。罗卫所在的泰国沙敦府，与地处今马来西亚凌家卫岛的龙牙菩提相距不远。沙敦府的塔如涛群岛（Koh Tarutao）之主岛离凌家卫岛仅五公里，今两岛每日有渡船对开。① 葛根初传两地或以药物形式引进，因龙牙菩提主要以渔业为生，“采蛤蚌、鱼虾而食”，“无田耕种，但栽薯芋，蒸以代粮。当收之时，番家必堆贮数屋，如中原人积粮，以供岁用”。② 说明该地除海产品外，也种植薯芋。“薯芋”是我国古代对薯、芋两类作物的总称。“在我国上古时期，可能由于它们的地下茎都能吃的缘故，故以薯芋并称之。”③ 薯芋早期种植多见于南方热带和亚热带地方，薯和芋均属于淀粉含量高的作物，也是这一地区的人们用以果腹充饥的食物，民谚中有“薯芋半年粮”的说法。葛根亦属淀粉含量高的作物，灾年荒岁可作米谷的替代物食用。但龙牙菩提当地有与葛根同类植物薯芋的栽种、食用，故其引入与其药用价值有关。而罗卫“山瘠田美，等为中上。春末则禾登，民有余蓄，以移他国”。④ 加之又“织木棉为业”，“煮海为盐”，物质相对丰富。故罗卫葛根的引入，早期或来自与龙牙菩提的交换，抑或被作为药材引进栽种。

唐宋以来，中国与南海诸国贸易、人员往来日益密切。蒙古建元，依然高度重视与南海地区的贸易往来。诏发玺书，令蕃舶回航宣示东南诸蕃来朝，“其往来互市，各从所欲”⑤。从而致使“海外岛夷无虑数千国，莫不执玉贡琛，以修民职；梯山航海，以通互市”⑥。据《大德南海志》载，元代贩卖到广州的舶来品大约分为宝物、香货、药物、皮货等几大类。据汪大渊对“罗卫”和“龙牙菩提”的记载，前者地产多为粗降真、玳瑁和黄蜡，后者土产多为速香、椰子和槟榔。两地的物产多为香料、药材，其中粗降真、玳瑁、黄蜡和速香都是元廷大量购进的舶来品。汪大渊海上航行亦是按元代商旅往来所行贸易航线，他对罗卫、龙牙菩提的记载，来自他亲历两地的所见所闻，多应不谬。说明这时罗卫、龙牙菩提与元朝存在着良好的贸易关系，原产于中国、不见前代史载的葛根其时流入两地应在情理之中。

其时中国与南海诸国医药交流频繁，在双方的贸易互动中药材占有一定的比重。早在中统三年（1262），忽必烈就曾向安南下诏“卿既委质为臣，其自中统四年为始，每三年一贡，可选儒士、医人及通阴阳卜筮、诸色人匠各三人，及苏合油、光香、金、

---

① 凌家卫岛每天有5艘渡轮开往泰国内陆的沙敦。见澳大利亚 Lonely Planet 公司编，陈薇薇、李静韬等译：《东南亚》，生活·读书·新知三联书店，2011年，第709页。

② （元）汪大渊著，苏继庼校释：《岛夷志略校释》，第190页。

③ 罗桂环：《我国薯芋作物的栽培起源和发展》，《古今农业》2000年第2期。

④ 罗桂环：《我国薯芋作物的栽培起源和发展》，《古今农业》2000年第2期。

⑤ （明）宋濂等撰：《元史》卷一〇《世祖七》，中华书局，1976年，第204页。

⑥ （元）汪大渊《岛夷志后序》，《岛夷志略校释》，第385页。

银、朱砂、沉香、檀香、犀角、玳瑁、珍珠、象牙、棉、白磁盏等物同至"①。《通制条格》市舶法中即有："下番使臣，在前托以采取药材，根买希罕宝货。"② 至元十年（1273），元廷派"扎术呵押失寒、崔杓持金十万两，命诸王阿不合市药狮子国"。③ 至元十六年，"安南国贡药材"④，至元二十二年九月，"丙子，真腊、占城贡乐工十人及药材、鳄鱼皮诸物"⑤。至元二十四年，亦黑迷失泛海西行，"使马八儿国，取佛钵舍利，浮海阻风，行一年乃至。得其良医善药，遂与其国人来贡方物，又以私钱购紫檀木殿材并献之"⑥。显然，元廷对南海诸国的医药需求较大。

物质文化交流往往具有双向性，元朝也向南海地区不断输出医药产品。至元六年，元廷回赐安南的物品有西锦、药物和币帛等。⑦《真腊风土记》亦载该国"欲得唐货"有草芎、白芷、麝香等。⑧ 可见，中药材确属元代输出贸易中重要的物品，葛根或有可能因此传入罗卫、龙牙菩提。

此外，元代常有迁居南海诸国谋生的华人。汪大渊记"乌爹"时曰："故贩其地者，十去九不还也。"⑨ 周达观亦载真腊："唐人之为水手者，利其国中不着衣裳，且米粮易求，妇女易得，屋室易办，器用易足，买卖易为，往往皆逃于彼。"⑩《岛夷志略》载地处南海的龙牙门⑪"男女兼中国人居之……以通泉州之货易"⑫。显然，其时处于南海海域的乌爹、真腊、龙牙门等地皆有不少华人移居，且与泉州等中国港口多有贸易往来。这些移居南海诸国谋生的华人，或可能将葛根携入移居地，从而成为葛根这一国内植物于南海诸国的传入者。文献反映随着许多华人移民南海诸国，一些药用植物亦随之传入其移居地。姚文栋《安南小史》即曰："（安南）国多产药草，但国人不知制之，皆一致于中国，中国制而复送于安南，土人谓之北药。"⑬ 由此可知，其时南海诸国虽为诸

---

① 《元史》卷二九〇《外夷二·安南传》，第 4634 页。

② 方龄贵校注：《通制条格校注》卷一八《关市·市舶》，中华书局，2001 年，第 534 页。

③ 《元史》卷八《世祖本纪五》，第 148 页。

④ 《元史》卷一〇《世祖本纪七》，第 217 页。

⑤ 《元史》卷一三《世祖本纪十》，第 279 页。

⑥ 《元史》卷一三一《亦黑迷失传》，第 3199 页。

⑦ 《元史》卷二〇九《外夷二·安南传》，第 4635－4636 页。

⑧ （元）周达观著，夏鼐校注：《真腊风土记校注》"欲得唐货"条，中华书局，2000 年，第 148 页。

⑨ （元）汪大渊著，苏继庼校释：《岛夷志略校释》"乌爹"条，第 376 页。

⑩ （元）周达观著，夏鼐校注：《真腊风土记校注》"流寓"条，第 180 页。

⑪ 龙牙门，苏继庼以为指今新加坡，见《岛夷志略校释》第 215 页。

⑫ （元）汪大渊著，苏继庼校释：《岛夷志略校释》"龙牙门"条，第 213 页。

⑬ 姚文栋：《安南小史》，转引自李经纬、郑怀林：《中国与东南亚医药交流史略》，《中医杂志》1991 年第 4 期。

多药材产地，但缺乏成品药制造。而其时迁居当地的华人中，不乏一些熟悉医药之人。史载中医药大约于13世纪中叶就由华人中的通晓医药者传入泰国素可泰王朝。① 虽不知其时罗卫、龙牙菩提是否有华人迁入，但在14世纪，马来半岛、新加坡等地与素可泰王朝互动频繁。葛根或由泰国华人中的识药辨症之人辗转传入两地。

二、葛根医方与罗卫、龙牙菩提葛根酒之关系

元朝与南海诸国频繁的贸易，以及华人移居当地，使葛根传入罗卫、龙牙菩提成为可能。但两地缘何以葛根酿酒，其酿造法又源于何处，尚需进一步探明。葛根为豆科植物野葛的干燥根，俗称野葛，是起源于中国且在国内广泛生长的植物②，亦有着悠久的入药历史。在东汉结集成书的《神农本草经》中就有记载："葛根，一名鸡齐根。味甘，平，无毒。治消渴，身大热，呕吐，诸痹。起阴气，解诸毒。"③ 同时，将之归为中品。④《本经》所谓的中品，即有毒或无毒的药材，此类药材有补虚壮强的，也有祛疾抗病的，并非像上品那样多是滋补无毒之药，也非下品那般多为有毒祛邪破积之药。葛根又被称为鹿藿，李时珍解释说，因其为鹿所食九种草中的一种，所以得名鹿藿。

> 葛有野生。有家种。其蔓延长，取治可作絺绤。其根外紫内白，长者七八尺。其叶有三尖，如枫叶而长，面青背淡。其花成穗，累累相缀，红紫色。其荚如小黄豆荚，亦有毛。其子绿色，扁扁如盐梅子核，生嚼腥气，八九月采之，本经所谓葛谷是也。唐苏恭言葛谷是实，而宋苏颂谓葛花不结实，误矣。其花晒干亦可炸食。⑤

李时珍在《本草纲目》里对葛及其花、叶、果实和根做出了详细的描述，葛藤呈紫色，花朵多为粉紫色或红紫色，叶子如枫叶大小有三尖。关键的是葛要结果，其果实称作葛谷。葛根状如手臂，呈紫黑色，而且以"五月采根"⑥ 最适合。葛从花、蔓、叶、谷到根都能入药，葛根只是其中一部分，当然也是最重要的一部分。

---

① 李经纬、林昭庚主编：《中国医学通史　古代卷》，人民卫生出版社，2000年，第667页。

② 葛是豆科葛属多年生落叶藤本植物，全世界约20种，中国约占其中11种，其中粉葛和野葛作为我国药食两用的主要两类。详见朱校奇、周佳民等撰：《中国葛资源及其利用》，《亚热带农业研究》2011年第7卷第4期。

③ 马继兴主编：《神农本草经辑注》，人民卫生出版社，1995年，第194－195页。

④ 可参看马继兴的《神农本草经辑注》之"目录"，"葛根"位于"中品"部分第三条，第4页。

⑤ （明）李时珍：《本草纲目》，人民卫生出版社，1982年，第1276－1277页。

⑥ 马继兴主编：《神农本草经辑注》，第195页。

元人李杲（李东垣）在其所著医书《兰室秘藏》里也有大量使用葛根的记录，如“广茂溃坚汤”所用药材有：广茂、红花、升麻、吴茱萸、生甘草、柴胡、泽泻、神曲、青皮、陈皮、厚朴、黄芩、黄连、益智仁、草豆蔻仁、当归梢、半夏、如渴加、葛根。①“神功明目汤”之药材则有：细辛、蔓荆子、防风、葛根、甘草。②

李时珍《本草纲目》称：

葛根［气味］甘、辛，平，无毒。［主治］消渴，身大热，呕吐，诸痹，起阴气，解诸毒。疗伤寒中风头痛，解肌发表出汗，开腠理，疗金疮，止胁风痛。治天行上气呕逆，开胃下食，解酒毒。治胸膈烦热发狂，止血痢，通小肠，排脓破血。傅蛇虫啮，罯毒箭伤。杀野葛、巴豆、百药毒。生者：堕胎。蒸食：消酒毒，可断谷不饥。作粉尤妙。作粉：止渴，利大小便，解酒，去烦热，压丹石，傅小儿热疮。捣汁饮，治小儿热痞。猘狗伤，捣汁饮，并末傅之。散郁火。③

按李时珍所云，葛根具有消渴、解热、解毒等功效，对于创伤、痛风、解酒、利尿通便等也有一定的治疗作用。将葛根蒸食可以解酒、抵抗饥饿，碾作粉食尤佳。

早在宋代寇宗奭即曰：

澧、鼎之间，冬月取生葛，捣烂入水中，揉出粉，澄成垛，入沸汤中良久，色如胶，其体甚韧，以蜜拌食，擦入生姜少许尤妙。又切入茶中待宾，虽甘而无益。又将生葛根煮熟，作果实卖，虔、吉州、南安军亦然。④

葛根捣烂入水中揉粉，并澄出粉块煮沸，煮出来的应该是类似胶状透明物质的粥，如同我们今日所食藕粉一类的冲调食物。元人忽思慧《饮膳正要》也载录了由葛根制成的“葛粉羹”：

治中风，心脾风热，言语蹇涩，精神昏瞶，手足不遂。葛粉、荆芥穗、豉。右三味，先以水煮荆芥、豉，六七沸，去滓，取汁，次将葛粉作索面，于汁中煮熟，空腹食之。⑤

---

① （元）李东垣：《兰室秘藏》，上海人民出版社，2005年扫描版，第25页。

② （元）李东垣：《兰室秘藏》，第52页。

③ （明）李时珍：《本草纲目》，第1277页。

④ （明）李时珍：《本草纲目》，第1277页。

⑤ （元）忽思慧著，张秉伦、方晓阳译注：《饮膳正要译注》，上海古籍出版社，2014年，第212－213页。

这是用葛根熬粥食补的医方。可见，葛根除蒸食、捣汁、煎服以及煮粥外，还可以入茶或制成果团贩卖。显然，葛根在中国主要是作为药材使用于药方、食补医方中。尽管《本草纲目》葛根用法中有“作散服”一语，即所谓“葛根散”是将葛根碾细，以黄酒送服，用于消肿解毒，① 但在上述所有葛根用法中，甚少有葛根与酒合用的载录，更未见有葛根酒的配制。

中国饮用药酒的历史由来已久。许慎《说文解字》云“醫”字：“治病工也。殹，恶姿也，医之性；然得酒而使从酉。王育说：一曰殹，病声。酒，所以治病也，《周礼》有醫酒。”② 宋人朱肱所著《酒经》开篇即曰：“后世以酒为浆，不醉反耻，岂知白药之长，黄帝所以治疾耶！”③ 可见酒一开始就和医、药紧密联系在一起，历代医学典籍都认为酒是治病不可缺少的物品。古代中国有用不同物品为原料制酒的记载，也有使用各种方法炮制药酒的记载。④ 一般中国酿酒多选用稻米、高粱，并加入酒曲进行酿造。北魏时期，贾思勰《齐民要术》就记载了40多种酿酒方法。

中医的“升降浮沉学说”在元代逐步形成，升降浮沉是对于药物作用的趋向而言，也是药性理论的重要组成部分。张元素根据《内经》理论，以药物的气味阴阳薄厚来进行阐述。李杲进一步认为药物的升降浮沉与四时节气的更迭是相对的，并且提出了用炮制方法改变药物的升降趋势。例如用寒药治疗头、面和手梢皮肤疾病时，须用酒炒以借酒力上腾。⑤《兰室秘藏》有大量使用酒制药物的方剂，如“治偏正头痛”方：细辛、瓦粉、生黄芩、芍药、酒黄连、川芎、炒黄芩、酒黄芩、炙甘草、柴胡。⑥ 在这一方剂中出现有酒制的黄连、黄芩不说，还有炒制的黄芩以及炙过的甘草。不难看出，元代医学理论的发展，使得对药性的理解更加深刻，用酒进行药物炮制的方法也获得了发展。尽管如此，以葛根酿酒之法，却不见于其时中国的医典与文献，元代之后的明清史籍亦未有以此药材酿酒的记载，故罗卫、龙牙菩提的葛根酒恐为其传入两地后医药交融的新产物。

地处南海的东南亚国家亦有很久的酿酒历史。三国时康泰曾记载顿逊国的酒树，“有酒树，似安石榴，取花与汁，停瓮中，数日乃成酒，美而醉人”⑦。元人周达观则详细记述了在真腊流行的四等酒：

---

① 胡献国、胡爱萍主编：《〈本草纲目〉药酒方》，人民军医出版社，2011年，第245页。
② （东汉）许慎：《说文解字》，天津古籍出版社，1991年，第313页。
③ （宋）朱肱著，宋一明、李艳译注：《酒经译注》，上海古籍出版社，2010年，第1页。
④ 薛愚主编：《中国药学史料》，人民卫生出版社，1984年，第20页。
⑤ 李经纬、林昭庚主编：《中国医学通史　古代卷》，第439页。
⑥ （元）李杲：《兰室秘藏》，《文渊阁四库全书》电子版，第78页。
⑦ 许云樵：《康泰吴时外国传辑注》，（新加坡）东南亚研究所，1971年，第61页。

> 第一等唐人呼为蜜糖酒，用药曲，以蜜及水中半为之；其次者，土人呼为朋牙四，以树叶为之。朋牙四者，乃一等树叶之名也。又其次，以米或剩饭为之，名曰包稜角。盖包稜角者米也。其下有糖金监酒，以糖为之。又入港滨水，又有茭桨酒；盖有一等茭叶生于水滨，其桨可以酿酒。①

从真腊酿酒的种类、等级来看，其酿制时会使用“药曲”这一发酵媒介。且在该国米酒并非上等好酒，反倒视以药曲、蜜，抑或是树叶酿造的酒为贵重，并为人们所喜饮。而元代来华的意大利人马可波罗也有地处南海的须文答剌之植物酿酒记录：

> （须文答剌）应知此地有一种树，土人欲取酒时，断一树枝，置一大钵于断枝下，一日一夜，枝浆流出，钵为之满。此酒味佳，有白色者，有朱色者。此树颇类小海枣树。土人断枝，仅限四枝，迨至诸枝不复出酒时，然后以水浇树根，及甫出嫩枝之处。土产椰子甚多，大如人首，鲜食甚佳，盖其味甜而肉白如乳也。肉内空处有浆，如同清鲜之水，然其味较美于其他一切饮料。②

看来须文答剌是取用植物树枝的花瓣和果实进行自然发酵酿酒。苏继庼先生以为，“热带棕榈科树之肉穗花火花片苞所分泌之汁，皆可用与酿酒制糖。以物敲花，使其受伤，则汁集于伤处，然后切割之，并以竹筒悬于其之下，则汁注入其中，旋发酵而酒成矣”③。《岛夷志略》言地处今马来西亚的无枝拔（即明以来之满剌加）则“酿椰浆蕨粉为酒”④。可以说，汪大渊所至南海之国，几乎均有以作物酿酒的传统，所取食材品种繁多，有高粱、小米、黄米、蕨粉、甘蔗、椰子、葛根、木樨花、安石榴、树叶、桂屑等。

表 1 《岛夷志略》所载南海诸国酿酒表

地名	内容
澎湖	酿秫为酒
琉球	酿蔗浆为酒
三岛	酿蔗浆为酒

① （元）周达观著，夏鼐校注：《真腊风土记校注》，第 158 页。
② 沙海昂注，冯承钧译：《马可波罗行纪》，上海古籍出版社，2014 年，第 350 页。
③ （元）汪大渊著，苏继庼校注：《岛夷志略校释》，第 42 页。
④ （元）汪大渊著，苏继庼校注：《岛夷志略校释》，第 38 页。

（续上表）

地名	内容
麻逸	酿糖水为酒
无枝拔	酿椰浆蕨粉为酒
交趾	酿秫为酒
占城	酿小米为酒
民多朗	酿小米为酒
真腊	酿小米为酒
单马令	酿小米为酒
日丽	酿浆为酒
麻里鲁	酿蔗浆为酒
遐来勿	酿椰浆为酒
彭坑	酿椰浆为酒
戎	以椰米浸秫米，半月方成酒，味极苦辣而味长。二月海榴结实，复酿浏实酒，味甘酸，宜解渴
罗卫	以葛根浸水酿酒
罗斛	酿秫米为酒
东冲古剌	酿蔗浆为酒
尖山	酿蔗浆水米为酒
三佛齐	酿秫为酒
浡泥	酿秫为酒
都督岸	酿蜜水为酒
文诞	酿椰浆为酒
苏禄	酿蔗浆为酒
龙牙犀角	酿秫为酒
旧港	酿椰浆为酒
龙牙菩提	浸葛根汁以酿酒
班卒	酿米为酒
东西竺	酿椰浆为酒
特番里	酿老叶为酒
曼陀郎	以木樨花酿酒
高郎步	酿蔗浆为酒
东淡邈	酿椰浆为酒

（续上表）

地名	内容
加里那	酿椰浆为酒
加将门里	酿蔗浆为酒
挞吉那	酿安石榴为酒
千里马	酿桂屑为酒
马八儿屿	酿椰浆为酒
哩伽塔	酿黍为酒
层摇罗	酿蔗浆为酒

南海诸国不仅有着以花、叶、果实、根茎等酿酒的传统，而且也已具有“药曲”酿制的方法。周达观云真腊“糖酒，用药曲，以蜜及水中半为之”①。《本草纲目》则称“暹罗烧酒复烧二次，入珍宝异香，其坛每个以檀香十数斤烧烟熏，令如漆，然后入酒，蜡封，埋土中二三年，绝去烧气，取出用之。有积病，饮一二杯即愈且杀蛊”②。李时珍虽未说明暹罗烧酒酿造起于何时，但从其繁复的酿制程序看，暹罗酿酒习俗久矣。如此看来，与上述国家同处东南亚，且相互联系紧密的龙牙菩提和罗卫，因其时新输入药材葛根具有消渴、解热、解毒等功效，故以其酿酒是非常适宜处于热带的两地预防治疗疾病之需的。酒能够引药上行，强化药效，罗卫、龙牙菩提之葛根酒作为酒与葛根的结合，是两地人们将这一植物药性进一步升华的结果。

汪大渊记罗卫“以葛根浸水酿酒，味甘软，竟日饮不醉”③，称龙牙菩提“浸葛根汁以酿酒”④。两处记载虽然字数不多，但由此可知葛根酒的制作方法及味感。两地均是将葛根捣碎挤出汁水，这种含有高淀粉的汁水，在一定温度湿度下，进行自然发酵成酒；抑或像真腊一样放入酒曲发酵后成酒。按当代酿酒工艺，将葛根捣碎、蒸煮，是为了增加其发酵过程中与酶的接触面。新鲜的葛根含有淀粉量在20%～25%，故现葛根酒酿制多添加糯米（根霉、黑曲霉）为发酵剂。葛根酿制的酒多为低度酒，其最好的发酵温度在25℃～28℃。⑤ 龙牙菩提和罗卫处于热带地区，秋冬季节温度多在20℃以上，利于发酵。汪大渊云葛根酒“味甘软，竟日饮不醉”。“甘”说明其味道微甜，“软”表明

① （元）周达观著，夏鼐校注：《真腊风土记校注》，第158页。

② （明）李时珍：《本草纲目》下册，辽宁民族出版社，1999年，第1001页。

③ （元）汪大渊著，苏继庼校注：《岛夷志略校释》，第109页。

④ （元）汪大渊著，苏继庼校注：《岛夷志略校释》，第190页。

⑤ 张鹏斐、吴卫国、傅冬和等：《葛根酒的开发》，《食品与发酵工业》2012年第38卷第2期。

该酒喝起来绵软，而“竟日饮不醉”，则指其度数不高，却爽口沁心，以致引人开怀畅饮，终日不能割舍。

三、结语

罗卫、龙牙菩提两地对于葛根药材的开发利用，创造性地衍生出葛根酒，并在东南亚地区产生了广泛的影响。根据已知资料，葛根酒在泰国、马来西亚、日本，以及中国台湾地区等都有生产和销售，如泰国制造有 Pueraria Mirifica 葛根类保健药品。马来西亚著名的药酒大王陈凯希，其海鸥集团专门出售中国药酒、保健品，在马来西亚药酒市场占有率 50% 以上。①

数百年后，这一由原产于中国的葛根酿制的营养酒，回流中华，成为中国市场上炙手可热的产品，为人们所追捧。近年来，不只是葛根酒在国内得到生产开发，随着葛根独特的营养、保健和医药作用，国内外已掀起一股“葛根热”的消费浪潮。葛根粉、葛根片、葛根茶、葛根饮料等多种葛产品纷纷涌现，葛根已被制作成更多人们所喜爱的食品，其中葛根酒、葛根饮料仍占据葛根市场的很大份额。中国的酿酒工厂、保健品工厂都在对葛根进行深度的产品研发。首次见于元代，产于南海国家的葛根酒，如今已然成为中外文化交流的一个历史见证。

作者简介：

王霞，广州市白云区东平学校教师；张晶雯，暨南大学中外关系研究所硕士研究生。

① 人民日报社国际部编：《梦想 · 正能量 100 位海外游子畅谈中国梦》，人民日报出版社，2014 年，第 46 页。

明清时期南洋华人社会的创建与转型

——以马六甲青云亭为视角①

钟建华

[提要] 入明之后，南洋华人社会的存在态势才逐渐清晰，民间信仰在其中扮演了核心角色。马六甲华人社会的形成与发展的历史痕迹在其核心庙宇——青云亭体现得淋漓尽致。青云亭从无到有，从初创到发展，乃至转型，显示了马六甲华人社会的形成、发展与成熟。由此，亦可管窥明清时期南洋华人社会创建与发展的历史轨迹。

[关键词] 南洋华人社会；马六甲青云亭；民间信仰；历史变迁

在马六甲现存的诸多华人民间宫庙发展史中，明清时期的青云亭作为马六甲华人社会唯一的信仰中心与管理机构，无疑是当地存在与发展的缩影。明末清初，在整个南洋华人社会中，青云亭的创建以及后续发展，显示了它是最早接受了东、西方两种不同文明的交叉洗礼的华人民间宫庙，并坚韧不拔地发展延续至今。就海上丝绸之路晚期的时间节点来看，首先，青云亭的华人群体历经明末遗民时代及以马六甲土生华人为主、清商为辅的时代，哪怕鸦片战争爆发前后清人大量涌入也没有明显改变此格局；其次，1511年伊始，马六甲先后被葡萄牙人、荷兰人与英国人殖民统治，西方殖民者的管理体制与文化形态势必对青云亭的创建与发展产生不可小觑的影响；最后，不能忽略马六甲

① 本文系2022年度国家社会科学基金项目“明清时期南洋华人民间信仰及其家国情怀研究”（项目批准号：22XZJ002）阶段性成果。

原有的社会历史文化的影响。在海上丝绸之路晚期，亦即“大帆船时代”到来后，这三者的综合既展现了以青云亭为代表的马六甲华人社会图景，也体现了整个南洋华人社会创建与发展所面临的主要历史形态。因此，马六甲青云亭很早就引起了学界的注意，关于马六甲的历史考证与文化解读成果斐然。① 然而，如果将青云亭放在更长的历史时间段里考察，悉心体悟青云亭的创建者及其继承者的心境，结合马六甲所处的社会历史环境，那么我们对于明清时期马六甲华人社会的历史变迁将有一个比较完整的回溯，亦可管窥其时南洋华人社会从无到有，乃至发展成熟的历史过程。

一、青云亭的创建及其明末遗民色彩

“青云亭坐落在马六甲的甲板街，内奉主神观音大士，故亦称观音街，香火很盛。”② 可能因为草创期的仓促，早期南洋一带华人民间宫庙的创建记录一般都是缺失的，青云亭也不例外。根据道光二十五年（1845）时任亭主的薛佛记重修青云亭时所立下的碑刻《敬修青云亭序碑》记载：

> 粤稽我亭，自明季间，郑、李二公南行，悬车于斯。德尊望重，为世所钦，上人推为民牧。于龙飞癸丑岁，始建此亭，香花顶盛，冠于别州。民丰物阜，共仰神灵之所庇，猗欤休哉，皆赖先代之善作者也。厥后曾、陈诸公，相踵莅任，仁义居心，化行俗美，芳声丕著，政绩可嘉，兼不惮劳捐金鸠工，营盖兰若，尊崇佛国……③

针对碑文中的青云亭创建日期“龙飞癸丑岁”，主要分歧在于17世纪共有两个癸丑年，分别为1613年与1673年。林孝胜、叶华芬等根据青云亭现存创始人之一郑芳扬的神主牌，与其父郑贞淑的神主牌相对比，认为郑父生于万历丙戌年（1596），卒于隆武戊子年（1648），则郑芳扬神主牌上的壬申年应为1632年（明崇祯五年），殁于丁巳年

① 诸如傅吾康、陈铁凡、林孝胜、叶华芬、庄钦永、黄文斌、苏尔梦、张良树、袁丁、黄海德、王琛发、宋燕鹏等学界前贤对此皆有贡献。

② 林孝胜：《青云亭与十九世纪新华社会》，柯木林、林孝胜：《新华历史与人物研究》，（新加坡）南洋学会，1986年，第51页。

③ 傅吾康、陈铁凡：《马来西亚华文铭刻萃编》（第一卷），（吉隆坡）马来亚大学出版部，1982年，第245页。

应为1677年（清康熙十六年）。他们得出的结论是青云亭的创建应在1673年，[①] 即明永历二十七年，清康熙十二年。另有一有力的佐证，即青云亭依然保存着另一创建人李为经的神主牌，其生卒纪年比较明确，其文曰“父讳为经字宏纶号君常行二，孝男肇城奉祀”，“生于万历四十二年甲寅八月初十日辰时，卒于康熙二十七年戊辰七月初一日午时”。[②] 亦即李为经生于1612年，殁于1688年。李为经的生卒年月符合今人对于青云亭创建于1673年的推断。

在青云亭现存的碑刻史料中，我们注意到了青云亭的创建具有非常浓厚的明末遗民的历史色彩。值得一提的是青云亭后续重要主持者之一第四任甲必丹曾其禄，其神主牌亦完整保存在亭里，其文曰“故明显考避难义士伯中曾公神主”，“公讳其禄字伯中行六神位，原籍福建银同禾浦，生于崇祯癸未年十月二十日寅时卯时……避难马六甲，卒于戊戌年二月十二日”。[③] 曾其禄生于1643年，卒于1718年，横贯了1644年清军入关、明清更替和1683年施琅从明郑政权收复台湾的整个时间段。可能在明郑政权以金厦为基地对抗清军的那一段时间，曾其禄见势不妙，为彻底躲避近在咫尺的战乱，携家带口避走闽南人传统所熟悉的南洋一带，一直到马六甲才安顿下来。青云亭还保存龙飞丙戌年（1706）所立的“大功德主曾公颂祝碑”，文曰：

> 公讳其禄，号耀及，……鹭岛曾家湾人也。……公少有大志，卓荦不群，遭沧桑，故避地甲邦，解纷息争，咸取箳焉，以故华裔乐就之。遂秉甲政，章程规划，动有成绩，未易更仆数。……我人流寓之甲也，或善贾而囊空，则资之财；或务农而室罄，则劝之力；或赌博而忘返，则设禁为之防；或死葬而无依，则买山为之藏。……
>
> 蔡期昌　郭士俊　林中萃　赵时　郭天桂　吴维聪　辛廷机　林元仁　黄肇瑞　张惠连　陈瑞完　吴廷麟　曾以忠　黄愈　陈开霁　郭维诚　吴协观　谢渐鸿　吴时恩　曾立博　杨廷撰　陈世相　僧真辉　郑际龙　曾经国　陈恋玉　曾继荣　曾文定[④]

为青云亭主立颂德碑，此举在青云亭创立伊始就有先例，前有龙飞乙丑年（1685）

---

① 林孝胜：《青云亭与十九世纪新华社会》，柯木林、林孝胜：《新华历史与人物研究》，第51－52页。

② 林孝胜：《青云亭与十九世纪新华社会》，柯木林、林孝胜：《新华历史与人物研究》，第52页。

③ 傅吾康、陈铁凡：《马来西亚华文铭刻萃编》（第一卷），第231页。

④ 傅吾康、陈铁凡：《马来西亚华文铭刻萃编》（第一卷），第228－229页。

所立第二任甲必丹李为经的《甲必丹李公济博懋勋颂德碑》可供比照，文曰：

> 公讳为经，别号君常，银同之鹭江人也。因明季国祚沧桑，遂航海而南行。悬车此国，领袖澄清。保障著勋，斯土是庆。扶绥宽慈，饥溺是兢。捐金置地，泽及幽冥。……
>
> 林芳开　黄显春　谢士俊　丘兆奇　陈远魁　郑全吉　林惠　陈王豪　吴宝　黄光福　曾寅　陈鉴　林瑞犀　曾继荣　洪盘庚　龚伟　周冬　郑士杰　陈珀　陈瑞鸿　曾是贤　曾新颖　郑登贵　康待　曾钦让　陈敬瑞　李弘锡　曾廷锦　郑伟萼　张沛　王全　黄士　林中秀　徐德胜　曾朝　李长茂　黄国球①

从立碑人来看，前碑有28位，后碑有37位，间隔21年的两批立碑人的姓氏比对如下：蔡1/0、郭2/0、林2/4、赵1/0、吴4/1、辛1/0、黄2/4、张1/1、陈4/6、曾4/7、谢1/1、杨1/0、僧1/0、郑1/4、王0/1、徐0/1、李0/2、洪0/1、康0/1、周0/1，其中有交汇的姓氏为8个，分别是林、吴、黄、张、陈、曾、谢、郑，没有交汇的姓氏高达11个。这两块碑刻中，曾姓人最多，高达11人，其次为陈姓10人、林姓6人、黄姓6人、吴姓5人、郑姓5人，其他俩姓氏都为2人，且唯有曾继荣同为两块碑刻的立碑人。另外，按照中国传统取名习惯，前后立碑人林中萃与林中秀、陈瑞鸿与陈瑞完应为兄弟关系。这显示了青云亭早期的中坚信众或管理人员变动巨大，尚未显示出成熟社区的人员延续性，符合青云亭草创期的历史事实。

另外，从这两块颂德碑来看，除了碑文明确撰明“遭沧桑，故避地甲邦”“因明季国祚沧桑，遂航海而南行。悬车此国，领袖澄清”之外，明末遗民的色彩还体现在碑文末端落款“龙飞”纪年上。荷属马六甲第一任甲必丹郑芳扬现存的墓碑，碑文亦以龙飞为纪年：“文山显考甲必丹明弘郑公之墓，孝男文玄奉祀，龙飞岁次戊午年仲春吉旦立。”② 龙飞岁次戊午年亦即1678年。第三任甲必丹李正壕的神主牌干脆省略了能够体现具体朝代的纪年，而单纯以天干地支来表示：“显考甲必丹仲坚李公神主，考讳正壕字仲坚行二，生于壬寅十一月十八日午时，卒于戊子葭月十六日亥时。”到了第五任甲必丹曾应葵，依然还是用“龙飞”纪年。2015年左右，黄文斌等人在青云亭对面的杂物间发现了两块第一任青云亭主薛佛记复制的事关曾应葵任甲必丹时候的木匾，因都没有题名，庄钦永称第一块木牌为：《鸠募重修青云亭慈济宫捐缘银录》，龙飞岁次丙午（1726）仲冬立。称第二块（其为合匾）为：①《观音佛祖华诞及岁事奉祀规例》，龙

---

① 傅吾康、陈铁凡：《马来西亚华文铭刻萃编》（第一卷），第223页。

② 傅吾康、陈铁凡：《马来西亚华文铭刻萃编》（第一卷），第369页。

飞岁次丙午端月立；②《募建大众祠暨春秋二祭公约》，龙飞岁次丁未（1727）瓜月立。① 与此同时，我们发现曾其禄的第五个儿子曾应芸过世后所立的神主牌开始用皇清纪年："皇清故考仲植曾公之神主，君名诩字仲植讳应芸行第五，生于康熙癸未年正月廿八日未时，卒于雍正辛亥年十二月廿四日寅时。"② 但一直到1801年甲必丹蔡士章重修青云亭所立的《重兴青云亭碑记》，落款还为龙飞辛酉年，其后才少见此纪年的出现。再横向比较同个时期越南会安明乡人的形成历史及其采用"龙飞"纪年的具体情况，可以肯定青云亭确实为明末遗民所创建。只不过，史料记载越南明乡人明确以1679年杨彦迪、陈胜才等明郑政权将士为代表的军事移民为班底；而马六甲更多是以历史文献记载不甚明晰的闽南地方宗族乡绅的集体移民。2013年法国汉学家苏尔梦教授送《福建省泉州府同安县嘉禾里二十二都曾溪保绥德乡港口社光裕堂李氏族谱》回厦门曾厝垵李氏光裕堂。③ 苏尔梦根据该族谱，考证了李为经家族于17世纪40年代末50年代初迁徙到马六甲，其女儿李成金嫁给了后来的甲必丹曾其禄。④ 该族谱有《送马六甲功姪宏编序》一章记载其族人青云亭创建人之一甲必丹李为经在逃至马六甲后，曾派遣家族成员回厦门，以商讨返乡大计。⑤ 另据黄文斌到厦门曾厝垵现场考察，发现李为经所在的李氏家族在明朝末年曾经是地方上有影响力的大族。⑥ 由此可想而知，走避马六甲的曾厝垵光裕堂李氏族人应不在少数。外加同样来自厦门曾厝垵（亦称曾家湾）的曾其禄家族等避难群体，足以在马六甲形成一个中国传统的村社聚落。根据荷人驻马六甲总督蒲脱于1678年所作的调查报告，当时华人有四百廿六人，其中男性有一百廿七人，女性有一百四十人，儿童计有一五九人，分住瓦房八十一所，亚答屋五十一所。⑦ 虽然荷人统计的这些华人并不一定都是明末遗民，但是有了见识较广、打算较为长远、财力较为雄厚的明末遗民牵头，才能一举在马六甲依照原乡模式，积极创建具有健全社会功能的华人社区，并有意识地既不采用已经灭亡的明朝纪年，更不采用清朝纪年，以表明自身面对明清交替的一种遗民姿态。

---

① 庄钦永：《记马六甲青云亭刚发现的两块雍正初年木牌》，张禹东、庄国土：《华侨华人文献学刊》（第六辑），社会科学文献出版社，2018年，第29页。

② 傅吾康、陈铁凡：《马来西亚华文铭刻萃编》（第一卷），第233页。

③ 龚小莞：《终于知道了祖先的名字》，《厦门晚报》，2013年11月14日第A18版。

④ 苏尔梦：《马六甲施善华商与公众记忆——以甲必丹李为经（1614—1688）为例》，李庆新主编：《海洋史研究》（第十一辑），社会科学文献出版社，2017年，第95页。

⑤ 阮湧俰：《东南亚明朝遗民使用"龙飞"的动机与考证》，《马来西亚人文与社会科学学报》（第六卷第一、二合辑），2017年，第10页。

⑥ 黄文斌：《明末清初马六甲华人甲必丹事迹探析》，《南洋问题研究》2018年第2期。

⑦ 林孝胜：《草创时期的青云亭》，柯木林、林孝胜：《新华历史与人物研究》，第44页。

对于明末清初南洋各地出现众多“龙飞年号”的现象，前人研究成果很多，可谓众说纷纭。阮湧俰综合了前人多种研究，并收集了中国历朝历代关于“龙飞”的相关文献记录，与南洋社会进行了比较，认为“发展至明末清初时期，却有一帮为保全汉民族的正气的明朝遗民，逃至海外各个国家。……他们在马六甲及越南等地方，……在一些文物的年份记载上，选择放弃记载当下朝代与皇帝年号，只记载‘龙飞某年’的形式。……明朝遗民在使用‘龙飞’的动机已出现变化，其意思已不再像中国传统社会对皇帝的德行给以赞扬，而是体现出在面临国亡家破的情况，抱有‘期待’的心情，以期不久当地将来能有一个具有刚健中正之德的汉族皇帝，平定天下”。① 与此前王琛发发表的“遗民‘龙飞’：唯愿前朝出新君”的观点如出一辙。王琛发纵观南洋华人社会的发展历史，对明末清初南洋大量出现的“龙飞”纪年有更深一层的思考：“由‘龙飞’意涵可知，原来从越南到马六甲再到缅甸，当然包括现代的果敢，曾经有过大批明朝遗民衣冠南渡，分散聚居在昔日明朝诸藩各地，……采用着相同的年号，将反清复明作为理想。从他们开始，历代子孙南洋开拓新故乡，无疑就是在当地重建中华，在开拓异域与四海贸迁的过程中，神圣化也合理化先民陆续下南洋的生存意义。”② 马六甲青云亭的创建明显有上述的明朝遗民心态在起作用，在南洋社会具有一定的代表性。

二、青云亭的发展与变化

（一）青云亭的初始模样及其扩建

青云亭的创建，与南洋其他地方由海商创建的华人民间宫庙不太一样，规模相对较大。1689 年远赴中国，途经马六甲观光的法国使节团成员弗罗吉著有《第一个法国使节团出使中国的航海日记》，记录了其游览马六甲青云亭时的情况：

> 这间庙堂很小，结构简单，外观一点都不富丽堂皇。……恰逢该庙和尚正在举行祭祀仪式。……一进大厅，见到两边各放置了五张用上好木料做的大桌子，桌上放满了水果及糖果等甜品，再进入是一处高出大厅约二尺的地方，有几个华人正在以冥纸折成金银财宝以供祭祀之用。……内殿在末端，是举行仪式的所在。有间隔物将内殿和前殿及大厅隔开，……中间有神坛，左右两边各置三个神坛，和我们教

---

① 阮湧俰：《东南亚明朝遗民使用“龙飞”的动机与考证》，《马来西亚人文与社会科学学报》（第六卷第一、二合辑），2017 年。

② 王琛发：《17—19 世纪南海华人社会与南洋的开拓——华人南洋开拓史另类视角的解读》，《福州大学学报》（哲学社会科学版）2016 年第 4 期。

堂一样各个神坛前面都有复饰，在香炉中间置有檀香木。……在一些小神像之间，我见到一个很大的铜脸，就好像绘画中的明月。

…………

靠近内殿的地方，设有一个妇女专用的神殿，男人一概不准进入。①

引文及其后附的《青云亭简图》② 显示，其时青云亭是一座相当完备的二进华人民间信仰宫庙，且在正殿两侧还建有藏经室与妇女专用的祭祀场所以作护厝。明末清初南洋许多华人民间宫庙草创时，无论是海商还是其他谋生者，几乎都只能建设亚答屋式的简易祭祀场所，有的甚至还只能事先垒个小石龛，或搭个草寮来供奉他们崇祀的神明。他们一开始都势单力薄，所能提供的也都是极其简陋的祭祀条件，而后随着后续移民的不断聚集，才有足够的人力、物力将祭祀场所越建越堂皇。青云亭则不然，它的创建者是为躲避战乱携家带口集体有备而来的闽南宗族乡绅，正是引文弗罗吉所提到的“华族难民”，人力自不用说，财力亦相当雄厚，因此，才能够在异地他乡一举建造起一座与闽南原乡一样功能完备的民间宫庙以奉祀他们的神明，甚至为了照顾家眷的祭祀需要而建设了偏殿，以践行“男女授受不亲”的儒家规范；第二任甲必丹李为经还购置了三宝墓地，光绪十七年（1891）《重修宝山亭碑记》明确提到“幸有仁人君子李君，发出一片慈悲，乃对众布告，献其葬地，名曰三宝井山”③，一反南洋其他地方华人社区因人力物力局限，购置义山墓地与修建功能完备的民间宫庙难以同时兼顾的做法。而1689年弗罗吉见到青云亭时距离其创建1673年也才过去16年，可以说，这几乎就是青云亭创始时的模样。

在1689年弗罗吉考察青云亭之后，据道光二十五年（1845）青云亭第二任亭主薛佛记所立《敬修青云亭序碑》记述，“厥后曾陈诸公，……兼不惮劳捐金鸠工，营盖兰若，尊崇佛国”④，“文中之‘曾’即曾其禄。……据说青云亭的观音大殿就是曾其禄筹建的”⑤，明证就是现今青云亭主殿上的檩梁有“时龙飞岁次甲申檀越主曾讳其禄谷旦”。⑥ 按照闽南原乡修殿挂匾的惯例，曾其禄此次筹建工作可能在其于乙酉仲秋（1705）敬献匾额“青云古迹”给青云亭之前一年［龙飞岁次甲申年（1704），即康熙

① 林孝胜：《草创时期的青云亭》，柯木林、林孝胜：《新华历史与人物研究》，第41－42页。

② 林孝胜：《草创时期的青云亭》，柯木林、林孝胜：《新华历史与人物研究》，第47页。

③ 傅吾康、陈铁凡：《马来西亚华文铭刻萃编》（第一卷），第281页。

④ 傅吾康、陈铁凡：《马来西亚华文铭刻萃编》（第一卷），第245页。

⑤ 黄文斌：《明末清初马六甲华人甲必丹事迹探析》，《南洋问题研究》2018年第2期。

⑥ 庄钦永：《记马六甲青云亭刚发现的两块雍正初年木牌》，张禹东、庄国土：《华侨华人文献学刊》（第六辑），第36页。

四十三年］完成的。另外，曾其禄儿子曾应葵继任甲必丹，其在任期间有重兴青云亭慈济宫（1726）与募建大众祠（1727）之举，陆续健全了青云亭的神明祭祀体系，一方面也表明了历史的推进，青云亭的华人信众数量在不断地膨胀，所需求的精神信仰内容也相应地在不断增加。

（二）甲必丹大蔡士章重修青云亭及其观念转型

青云亭的第一次大规模扩建重修在龙飞辛酉年（1801），由甲必丹大蔡士章倡修。此次重修的动因，除了青云亭建筑物周期性的年久朽坏之外，还有几方面历史原因应该述及。

其一，此次重修处在1795年，彼时马六甲已经落入英国殖民者手中，且尚未因亚眠合约而转回荷兰人的期间，英国人比荷兰人出色的地方在于破除垄断主义，实行自由商港政策，对于马六甲港口贸易与人员流动比较有利，由此吸引不少华商前来贸易。

其二，明清更替之后，康熙皇帝于收复台湾次年（1684）开放海禁，设立江、浙、闽、粤四大海关，在某种程度上完善了官方海外贸易政策，掀起了东南沿海民众从事海外贸易的热情。康熙五十六年（1717），有司发现“内地之民……船带米去并卖船”，“每年造船出海贸易者多至千余，回来者不过十不五六，其余悉卖海外，赍银而归”。清廷大为紧张，唯恐此为资助南洋明末遗民之举，恐有昔日倭寇海盗之患，因此颁布南洋贸易禁令，“禁止商船往南洋、吕宋、噶喇吧等处贸易，酌定造船印烙结单商人食米数额，其卖船与外国及留在外国者，立法究治”①。此举遭到东南沿海仕宦的强烈反对，闽南漳浦人蓝鼎元还因此禁令写了著名的《论南洋事宜书》②，一一力驳禁令之谬。清廷也很快认识到了南洋之禁的弊端，雍正五年（1727）正式废除了南洋贸易禁令，直至鸦片战争爆发，再没有采取过这类贸易禁令。但是在西方列强的持续侵扰下，18世纪中后期，清廷有意识地将对外贸易归口于广州，广州十三行的崛起在某种程度上预示着清廷依然执行较为保守的外贸政策，而其他三个关口的沿海民众的对外贸易活动也因此遭到了严重的挤压。

总的说来，马六甲在此历史阶段吸引了比以前更多的华商新生力量，乃至新的华人移民者。青云亭现存多块匾额都是这一期间的信众敬献的，在蔡士章重修青云亭之前便有三块，分别为雍正乙卯年（1735）鹭江弟子王宗典的“普照祥光”、乾隆丙午年（1786）布政使司官科陈振世的“道济生灵”和现候补分县黄毓秀的“海国安澜”。时

---

① 《皇朝文献通考》（四库全书本）卷三三。

② （清）蓝鼎元著，蒋炳钊、王钿点校：《鹿洲全集》（上），厦门大学出版社，1995年，第54－56页。

任甲必丹大蔡士章“卓尔迈众，继秉甲政，广发善心，不惜重赀，义举首倡。爰督海关诸同，重兴斯亭”①。1801 年重修工作完成后，立有《重兴青云亭碑记》：

> 青云亭何为而作也？盖自吾侪行货为商，不惮踰河蹈海来游此邦，争希陶猗，其志可谓高矣。而所赖清晏呈祥，得占大川利涉者，莫非神佛有默佑焉，此亭之兴，所由来矣。……吾想夫通货积财，应自始有，而臻富有莫大之崇高，有凌霄直上之势，如青云之得路焉，获利固无慊于得名也。故斯亭曰青云亭。……幸也而有甲必丹大蔡讳士章在，慨然首倡，爰督仝海关诸同人等，诚举重修，择日兴工，不数旬而告竣。噫，微斯人，而青云亭何由俨然巨观也哉！甲必丹大诚哉其英伟人也！……②

这则碑文除了极力赞颂甲必丹大蔡士章捐重资倡修青云亭外，蔡士章利用自己担任甲必丹的权势与威望为青云亭重修募集资金的功劳亦不可小觑，相信碑文提到的海关公司、厦门合成洋行、船主、板主等应该都是应蔡士章的鼓动而来，在他以身作则的感召下，有钱出钱，有力出力。另外，此次重修赋予了青云亭新的“立亭”宗旨，开篇即自设问题“青云亭何为而作也?”碑文为此做了充分的解答，反映了以甲必丹大蔡士章为首的青云亭信众群体身上鲜明的海商色彩，迥异于青云亭创始阶段强烈的明末遗民色彩。碑文强烈赞颂华人海外行商之志高，通货积财而臻富之崇高犹如青云得路，绝口不谈明末逃难之事。显然，新崛起的海商，或明末遗民土生在马六甲的第二代、第三代已经逐渐替代了初始移民而来的父祖辈，在西方殖民者商业至上的观念感染下，以经商致富为荣，以财富与公益事业受尊重，乃至“商而优则仕”，被西方殖民者任命为华人社区领导人甲必丹，不复以原乡“士农工商”的传统理念为皈依。当然，这一切都被认为是得到了青云亭观音菩萨等诸神的庇佑，因此兴修青云亭以表达他们对神佛之灵应的酬答。另外，我们也应该注意到碑文这一感叹句“噫，微斯人，而青云亭何由俨然巨观也哉！”甲必丹大蔡士章之所以有底气在重修后立碑，并被马六甲后继甲必丹或青云亭亭主，乃至其他信众不断传颂他此次倡修青云亭的功绩，还在于此次不仅是重修而已，更重要的是扩大了青云亭的建筑规制，“奠定青云亭今日的规模”③，远非法国人 1689 年所见的一点都不富丽堂皇的样子。当然，蔡士章做了不少慈善之事，譬如早在乾隆十六年（1751），蔡士章就在三宝山倡修宝山亭，并于嘉庆六年（1801）季春“置厝一座，

---

① 傅吾康、陈铁凡：《马来西亚华文铭刻萃编》（第一卷），第 245 页。

② 傅吾康、陈铁凡：《马来西亚华文铭刻萃编》（第一卷），第 238 页。

③ 林孝胜：《青云亭与十九世纪新华社会》，柯木林、林孝胜：《新华历史与人物研究》，第 53 页。

于把风衔，配在塚亭”①。因此，蔡士章于青云亭重修之年敬献的“云山第一”匾额也得以一直高高挂在青云亭正殿大门门楣之上，以昭示他对于青云亭的历史贡献。

（三）青云亭的后续变化及其对民间信仰宫庙的回归

鸦片战争之后，清廷被迫开放沿海口岸，清人下南洋源源不断。西方殖民者亦开始因应工业革命对原材料的需要，而着力经营南洋，掠取南洋丰富的自然资源，不再只是单纯的海上商贸资源的抢占与掠夺，因此需要大量的劳工。在此历史背景下，南洋华人纷纷将投资眼光拓展到了种植、采矿等新领域，同时保持着对从事海上运输、贸易的传统习惯的热情，许多人由此而成巨富。这也使得南洋新兴起了许多华人社区，而像马六甲这样的传统华人社区，社区范围进一步扩大，其民间宫庙扮演了更为重要的角色。青云亭也从华人主要管理机构的名目掩盖下，显露出了其作为马六甲华人精神信仰主要场所的面貌。

咸丰二年（1852），锡码承包商许永占因在青云亭大众爷与佛祖座前分别许愿后发大财前来酬报，特地立了两块碑刻，其一为《许永占酬大众爷神恩碑》：

> ……切占初承锡商，往祷佛祖，联游坛前，见香灯寂寥，触目有感。遂议同人乐从，许以荫份。厥后果获奇利，此皆神力默佑焉。兹值锡价码更易会算。计得利五百大元。即交亭主收管生息，以为供奉香灯，永垂久远之需。愿后之人，守而勿替。庶神祇之威灵永著，而吾等亦得以少伸其报答之志。……②

其二为《许永占酬佛祖神恩碑》：

> ……前因弟子许永占初承锡商，经在案前许下荫分，议知同人，俱皆忻从。数年来获得美利，实赖灵庇，际兹锡码更易，爰集同人会计，自丙午至壬子春，合得利大银一千六百元，即将此银建置厝屋，交亭主逐年收税，以为佛前香灯之需。厥后之司事，恪守而勿替，则佛祖之威灵永著，而占等亦得无愧于厥衷云尔。……③

这是许永占分别在青云亭大众爷和佛祖面前许愿后的还愿之举。许永占在青云亭于观音佛祖、大众爷座前许愿是常规之举。但是，其时青云亭的神明何止观音佛祖与大众

① 傅吾康、陈铁凡：《马来西亚华文铭刻萃编》（第一卷），第 273 页。
② 傅吾康、陈铁凡：《马来西亚华文铭刻萃编》（第一卷），第 252 页。
③ 傅吾康、陈铁凡：《马来西亚华文铭刻萃编》（第一卷），第 252 页。

爷？从现在看来，“青云亭的大殿中央正座祀奉观世音菩萨，正座前案台则供奉释迦摩尼佛；观音左侧案座供奉太岁爷、保生大帝、关帝爷、文判、武判、周仓、中坛元帅、关平；右侧案座则供奉妈祖、千里眼和顺风耳。大殿外周围，左侧有祭祀大众爷神座及祖先与孤魂灵堂、历任主持和尚的祭堂、创建人与甲必丹牌位之功德堂；右侧有关帝伽蓝、文昌帝君和大伯公、太岁爷、虎爷公等祭堂”①，当然，咸丰年间青云亭未必供奉有如此多的神明，那么上述那块龙飞岁次丙午年（1726）的《鸠募重兴青云亭慈济宫捐缘银录》，证明其时保生大帝已经被供奉在青云亭，而龙飞岁次丁未年（1727）的《募建大众祠暨春秋二祭公约》则明示大众爷祠就是那时候建成的。② 从青云亭早期信众敬献的匾额亦可证明还有其他神明早已被供奉在青云亭，如嘉庆丙子年（1816）漳郡澄邑石塘谢希明敬献的“水德配天”匾、道光丙戌年（1826）同邑弟子苏起时所立的“义贯千秋”匾，证明天上圣母与关圣帝君其时已经被供奉在主神观音菩萨的左右。而许永占有意略过如此多的其他神明，只向主神观音菩萨与正殿外的大众爷祠许愿，值得人揣摩一番。或许许永占认为在正殿向主神观音菩萨许愿就足以代表正殿诸神的庇护，而大众爷在中国原乡，本身就是那些渴望大发横财或捞偏门的人，尤其是赌徒们最喜欢祈求许愿的阴神之一，传说中大众爷在这些方面特别灵验。而华人承包锡码，成本投入极大，冒险成分极高，成王败寇在此一举，因此许永占还特别向大众爷许愿。而许永占早就知道“今青云亭大众爷，固我唐人阴灵之所聚也。……而其威灵响应，笔难赘举”。于是遵循唐人原乡的大众爷信仰理念，在马六甲青云亭得到一试，结果“许以荫份，厥后果获奇利，此皆神力默佑焉”。因此，获利后也特别向大众爷还愿。但是这里也要注意到，许永占向青云亭正殿观音菩萨与正殿外的大众祠大众爷许愿的荫份不一样，向大众爷许愿一次，还愿利银五百大元；向观音菩萨似乎也是承包锡码之初许的愿，只不过将所得利银从道光丙午年（1846）算到咸丰壬子年（1852），最后还愿利银一千六百大元，可见还愿的利银大头还是在正殿观音菩萨这边，青云亭神明的大小秩序在此一览无遗。后来，许永占在同治六年（1867）成为重修青云亭的大董事之一。

同治六年陈金声等人主持重修了青云亭，立有碑刻《重修青云亭记》，里面对于青云亭的表述又为之一变，具体如下：

……观音佛祖，列圣尊神，赫厥声而濯厥灵。俾我呷人，春秋享祀，朝夕祈求。农安陇亩，贾安市廛，千祥云集，百福骈集，此青云亭之所由昉也。……有此

① 黄文斌：《马六甲青云亭及其观音信仰初探》，张晓威主编：《传统与前瞻：马来西亚华人研究的新视界》，（八打灵）拉曼大学中华研究中心，2015 年，第 36 页。

② 庄钦永：《记马六甲青云亭刚发现的两块雍正初年木牌》，张禹东、庄国土：《华侨华人文献学刊》（第六辑），第 29 页。

> 胜地，自有灵神，将见云行雨施，渡苦海而沾甘霖；革故鼎新，蒙慈光而被盛德，孰不从此重修青云亭来哉。①

在青云亭的重修历史中，“农安陇亩”的字眼首次出现，商旅退居其次。这倒不是说马六甲的农业替代了商业，而是因为到同治六年，马六甲的华人人口大大增加。这里可以做人口比较，1801 年曾其禄重修青云亭后十六年，即 1817 年，马六甲华人人口才 1 006 人，到 1845 年薛佛记重修青云亭前三年，即 1842 年，马六甲华人人口为 6 882 人，到陈金声重修青云亭前七年，即 1860 年，马六甲华人人口激增到 10 039 人②，突破万人大关。此时，马六甲华人社会发展趋向于功能健全的定居社会，不再以人员来往极其不稳定的海上贸易商为主体，士农工商各种职业无所不包，才能够支撑起马六甲华人社会的正常运转。

此次重修的另一个特点是捐金人数大为增加，不再像从前重修时多为商业巨擘出钱出力，不见普通信众的身影。此次重修捐金名录共有两块，前后拼接在一起，显然是在青云亭重修期间涌现了源源不断的捐金群体。前一块捐金碑刻是以福建会馆馆主徐炎泉捐金二千有大元、青云亭亭主陈金声捐金三千二百元为首的商业巨擘，最少也捐金十四元；后一块捐金碑刻多为捐金十二到一元的诸多普通信众。由此可见，青云亭已成为马六甲乃至附近华人各色职业群体的精神诉求场所，因此才能激发他们为重修捐金的热情，而青云亭作为马六甲华人管理机构的色彩则进一步淡化，此次重修碑文也就不得不全面体现所有捐金群体的职业特点。

青云亭向纯粹的民间信仰公庙回归，体现在光绪甲午年（1894）陈笃恭牵头重修时所立碑刻《重修青云亭碑记》的碑文里，具体如下：

> 亭以青云名，意有在也。想其青眼旷观，随载寻声救苦，慈云远被，到处拯厄扶危，而因以取之乎。夫自南海飞来，寺亭创建，莲炬长辉，香烟弗替。微论水旱凶荒，有求必应，即疠疫困苦，无祷不灵，猗欤休哉！何神光之浩荡欤。③

19 世纪末，马六甲华人社会终于发展到稳固的形态，士农工商职业齐全，因此也就没必要在青云亭的重修碑刻里强调哪个职业为主导的问题。如果非还要强调马六甲曾经的港口商贸传统，碑文捐金名单最后一长串捐金五元的外埠商号可以佐证，但已辉煌不

① 傅吾康、陈铁凡：《马来西亚华文铭刻萃编》（第一卷），第 256 页。

② 此三处马六甲人口统计数据转引自张礼千：《马六甲史》，郑成快先生纪念委员会编印，商务印书馆发行，1941 年，第 327 页。

③ 傅吾康、陈铁凡：《马来西亚华文铭刻萃编》（第一卷），第 259 页。

再。当马六甲华人开始以正常的眼光看待青云亭的诸神信仰时，青云亭诸神的诸多神职功能便一一得到体现，“微论水旱凶荒，有求必应，即疠疫困苦，无祷不灵，猗欤休哉”。至此，曾玲教授著作《越洋再建家园》① 的书名很适合套用到此时的马六甲华人社会。

三、结语

马六甲青云亭的创建与发展转型在南洋社会具有相当典型的代表性。入明以后，在南洋能够传承至今的华人社区从模糊到清晰，原乡式的民间信仰作为其精神纽带与社会生活中心，亦如影随形地显现真容，并随着该社区的发展而发展，发挥其固有的社会功能。可以说，初始阶段的南洋华人社会的创建与发展，本身就是一部原乡式民间信仰在南洋生根发芽、开枝散叶的发展史，马六甲青云亭正是一枚这样的历史印记。

作者简介：
钟建华，闽南师范大学闽南文化研究院暨闽南文化研究中心副教授。

① 曾玲：《越洋再建家园——新加坡华人社会文化研究》，江西高校出版社，2003 年。

朝鲜王朝廷臣洪翼汉的尊明斥清活动考述①

王　臻　马爽斌

[提要] 洪翼汉是朝鲜王朝仁祖时期（1623—1649 年在位）的一名廷臣。在“仁祖反正”事件后，受朝鲜国王派遣，亲明派官员洪翼汉作为“册封奏请使”成员出使明朝，请求明朝派官员前往朝鲜举行册封典礼，体现出朝鲜对上国明朝的尊重。在明清王朝更替过程中，清朝皇太极称帝改制，深受义理思想影响的洪翼汉对此坚决予以抵制，后由此作为反清官员被朝鲜王廷送到沈阳杀害。本文认为，洪翼汉的反清之举固然得到当时朝鲜朝斥清派官员及民众的称赞，但结合彼时的局势以及历史发展的潮流而言，洪翼汉的反清之举并不值得提倡。探讨洪翼汉的出使明朝及抗清行为，有助于揭示 17 世纪初期朝鲜朝与明朝、后金（清）关系的实际发展态势，丰富古代中朝关系史的研究。

[关键词] 洪翼汉；出使明朝；尊明斥清；评述

① 本文系国家社会科学基金重大项目“韩国汉文史部文献编年与专题研究”（项目批准号：21&ZD242）、天津市社科规划重点项目“晚明时代朝鲜对中国政策的变化研究”（项目批准号：TJZL18－004）阶段性成果。

作为朝鲜王朝①历史上的一名重要官员，洪翼汉在朝鲜朝与后金（清）、明朝的交往中发挥了一定的作用。透过洪翼汉对明、后金（清）的态度及行为，可以反映出明末清初时期朝鲜朝君臣对明清鼎革的态度。就笔者所见，国内史学界研究洪翼汉的活动的文章，有的是探讨洪翼汉作为朝天使者观察明朝社会，有的则阐述洪翼汉《朝天录》的史料价值。② 韩国有一些宏观涉及洪翼汉的著作，但相关论文较少③，对于作为朝鲜朝重臣的洪翼汉在沟通朝鲜与明朝、后金（清）政治关系中所起作用并未深入研讨。本文参阅朝鲜朝的《朝鲜王朝实录》、《承政院日记》、（影印标点）《韩国文集丛刊》，以及明清朝的《明实录》《清实录》等史料，运用文献分析、比较研究等方法，拟理顺以下两个问题：一是系统研究古代中朝关系史中的重要人物洪翼汉的活动，力求以此观照彼时东亚地区朝鲜与明朝、后金（清）三者关系的发展历史；二是对洪翼汉的抗清行为予以理性评判，笔者认为从朝鲜朝社会发展视野的角度而言，反清之举对于朝鲜王权利益而言并非明智做法，不具有实际意义。

一、尊明请封：洪翼汉作为朝鲜朝使者出使明朝

洪翼汉，生于 1586 年（明万历十四年，朝鲜宣祖十九年），字伯升，号花浦、云翁，朝鲜南阳（今朝鲜国咸镜北道南阳市）人。1624 年（明天启四年，朝鲜仁祖二

---

① 笔者按：朝鲜王朝是指 1392—1910 年存在于朝鲜半岛的李氏朝鲜政权，后文简称为“朝鲜朝”或“朝鲜”。

② 探讨洪翼汉观察明朝社会的论文，有刁书仁：《天启四年朝鲜使臣的北京之行——以洪翼汉〈华浦先生朝天航海录〉为中心》（《学习与探索》2012 年第 3 期）、刁书仁、李伟：《朝鲜使臣所见的明天启社会——以洪翼汉〈华浦先生朝天航海录〉为中心》［《东北师大学报》（哲学社会科学版）2012 年第 4 期］、俞士玲：《1623、1624 年的中国政治——以李民宬、洪翼汉〈朝天录〉为中心》（张伯伟主编：《域外汉籍研究集刊》第十五辑，中华书局，2017 年），这三篇论文皆利用洪翼汉《朝天录》中的记载，对明朝社会的政治现象进行观照；另有一篇是阐述洪翼汉《朝天录》史料价值的论文，胡佩佩：《洪翼汉〈花浦先生朝天航海录〉的史料价值》［《河北科技师范学院学报》（社会科学版）2017 年第 1 期］，重在从史学史的角度谈问题。此外，需要说明的是，此前作者中有的将洪翼汉的号“花浦”写为“华浦”，实际应为“花浦”。

③ ［韩］李迎春著作《朝鲜後期王位繼承研究》（首尔集文堂，1998 年）中提及洪翼汉赴明交涉仁祖王位继承问题；金钟圆著作《근세 동아시아관계사 연구—朝清交涉과東亞三國交易을 중심으로》（혜안，1999 年），简单提到洪翼汉与清朝交涉之事；论文仅见一篇，李迎春：《仁祖反正후에 파견된冊封奏請使의記錄과 외교 활동》（《朝鮮時代史學報》第 59 辑，2011 年），文中有介绍洪翼汉作为使行成员到明朝奏请诰命和冕服的活动，但对洪翼汉所起的作用并未突出强调，仅提及其身份。

年)，担任仁祖朝司宪府监察，其“为人忠信刚毅，见义勇往，惟恐后”①，是一个信念坚定、富有气节的朝鲜朝大臣。

洪翼汉生活的时代，正处于中国明朝、后金政权对峙的时期。当时朝鲜朝的第十五代国王光海君（1608—1623 年在位）采取冷淡明朝、亲近后金的“两端外交”政策②，这引起朝鲜国内亲明派的不满，因为朝鲜朝已与明皇朝保持了二百余年传统封贡关系，作为臣属国，朝鲜对明朝一直持尊奉的亲近态度，“事天朝最恭谨”③，而对于挑战明朝权威的边疆民族女真人建立的后金政权，朝鲜大臣非常反感，从心理上疏远，从行为上排斥。在此情况下，1623 年（朝鲜光海君十五年，仁祖元年）春天，宣祖之孙、定远君之子、光海君的侄子绫阳君李倧利用光海君患病之机，积极联合西人派党首李贵等人，酝酿发动宫廷政变。三月十二日晚，在宣祖之继妃仁穆大妃的支持下，李贵、李适、金瑬等西人党人冲入昌德王宫彰义门，宣布罢黜光海君李珲，剥夺其王位。政变后的第二天，即三月十三日晨，绫阳君李倧在众大臣的拥立下，“即大位”④，此即为仁祖（朝鲜朝第十六代国王），史称“仁祖反正”。

仁祖李倧执政后，吸取光海君因对明朝立场不坚定而下台的教训，明确表达尊奉明朝排斥后金的态度，表示愿意与明朝联合消灭后金，即“期灭此虏”⑤。但由于李倧是通过军事政变当上的国王，按照东亚社会的传统礼法制度，此属于悖逆行为，有违礼仪规范。因此，尽管明朝一度对朝鲜朝前任国王光海君的“两端外交”政策颇为不满，欲派出大臣“监护”朝鲜，但对于李倧的此种“以臣篡君，以侄废伯”王位更迭行为，明朝官员明确表示反对，时任登莱巡抚袁可立就认为李倧此举不仅仅是不把光海君国王放在眼里，更是不尊崇上国明朝权威的表现，“李倧之心不但无珲（光海君），且无中国”，因而主张惩戒朝鲜，曰：“所当声罪致讨，以振王纲。”⑥

了解到明朝对自己即位的不悦缘由，仁祖李倧非常惶恐，因为明朝是朝鲜朝的上国，作为属国的朝鲜朝需听命于明朝，不可忤逆明朝。为体现出对明朝的尊重，仁祖采取两条措施：一是派出使臣韩平君李庆全、同知中枢府事尹暄、书状官李民宬赴明朝京

---

① ［朝鲜王朝］黄景源：《江汉集》卷二七《明陪臣传·尹集传》，韩国民族文化推进会编刊：（影印标点）《韩国文集丛刊》第 225 辑，首尔景仁文化社，1999 年，第 30 页。

② 尤淑君：《朝鲜朝事大主义与光海君“两端外交”的失败》，《东疆学刊》2020 年第 3 期。

③（明）严从简著，余思黎点校：《殊域周咨录》卷一《朝鲜》，中华书局，1993 年，第 19 页。

④《承政院日记》第 1 册，仁祖元年三月癸卯，韩国国史编纂委员会影印本，1961—1977 年，第 8 页。

⑤《朝鲜仁祖实录》卷一，仁祖元年三月壬子，《朝鲜王朝实录》，韩国国史编纂委员会影印本，1953—1961 年，第 33 册，第 512 页。

⑥《明熹宗实录》卷三三，天启三年（1623）四月戊子，台北“中央研究院”历史语言研究所，1962 年校印本，第 1741 页。

师，解释“反正”缘由并“奏请册封”①；二是与驻扎在朝鲜东江镇皮岛（今朝鲜湾之椴岛）的明朝将领毛文龙联系，以通融朝鲜与明朝廷的关系。毛文龙颇得明帝信任，作为驻军朝鲜的将领，其意见影响着明朝对朝鲜的态度，所谓：“其私心之向背，言论之臧否，态度之好恶，左袒右袒之分量，对明廷影响甚大。”② 正是认识到毛文龙对于朝鲜朝的重要性，“盖毛将方见重于中原，而方居我境，其所言极关重，而天朝亦必致信矣”③，仁祖一则给予毛文龙驻军供应粮食、提供兵器等各种支持，二则致书毛文龙解释光海君被废黜的缘故，三则派都元帅张晚率军队配合明军抗击后金，表明“协力同仇（后金）”④ 的态度。而毛文龙出于自身在朝鲜发展的考虑，也愿意与新上台的国王李倧联合，于是他上书明天启皇帝，在谴责朝鲜前朝国王光海君两面派做法的同时，对继位的仁祖表示支持，指出其“以嫡孙承袭祖统，名正言顺，固非旁支僭窃”⑤。明朝听信毛文龙对朝鲜朝时局的判断，同时注意听取节制东江镇、联络朝鲜的登莱巡抚袁可立的意见，而袁可立此时对朝鲜的态度发生了变化，由最初的阻挠改变为赞成，其“态度转变推动了朝鲜仁祖请封的进程”⑥。在此情况下，明皇帝发布诏书，承认李倧的合法地位，诏曰：“特用封尔为朝鲜国王，统领国事，壮我外徼”⑦，对李倧即位表示认可。不过，尽管明朝廷让朝鲜使臣带回承认李倧为国王的诏书，但鉴于天津巡抚兼督饷侍郎毕自严奏疏中陈述李倧“素称狡猾”，提出“不可遽封”⑧ 的三条理由，明帝并未按照例行的册封做法选派明朝使臣带着诏书前去朝鲜举行册封典礼⑨，而是以辽东地区局势不稳为由，敷衍说等辽东形势平稳以后再履行“封典”程序，即“遣重臣，齐捧节册，完

① 《朝鲜仁祖实录》卷一，仁祖元年四月丙戌，《朝鲜王朝实录》第 33 册，第 528 页。

② 陈涵韬：《东江事略——毛文龙生平事迹研究》，江苏人民出版社，1996 年，第 94 页。

③ 《承政院日记》第 1 册，仁祖元年四月壬申，第 59 页。

④ 《朝鲜仁祖实录》卷一，仁祖元年四月辛酉，《朝鲜王朝实录》第 33 册，第 519 页。

⑤ （明）毛承斗辑：《东江疏揭塘报节抄》卷三，天启四年（1624）二月十五日具奏，《明末清初史料选刊》，浙江古籍出版社，1986 年，第 33 页。

⑥ 赵亚军：《登莱巡抚袁可立与朝鲜仁祖请封》，《海交史研究》2021 年第 3 期。

⑦ ［朝鲜王朝］赵絅：《龙洲先生遗稿》卷一四《仁祖宪文烈武明肃纯孝大王长陵志》，（影印标点）《韩国文集丛刊》第 90 辑，1992 年，第 245 页。

⑧ （明）王在晋：《三朝辽事实录》卷一三，天启三年七月，转引自李澍田主编：《先清史料》，吉林文史出版社，1990 年，第 328 页。

⑨ 长期以来，朝鲜半岛的历代政权都与中国大陆的帝制王朝保持封贡关系，朝鲜朝时期也不例外，国王的王位继承都能顺利地得到明朝皇帝的册封，但对于取代高丽建立新王朝的太祖和非正常方式世袭继位的世祖、中宗以及仁祖，想顺利得到册封就不是那么容易：太祖一直未得到正式册封，世祖、中宗的被册封颇费周折，而仁祖一是通过军事政变即位，二来不符合“嫡、长子”继承制，故明朝方面迟迟不履行正常的册封程序。

此封典"①。由此，朝鲜方面认识到明朝对李倧的继位还是带有成见的，故未对其进行正式册封。

为确立本国王权的正当性，树立自身在王廷的权威地位，仁祖李倧需要获得明朝廷的正式册封，"通过中国册封来消弭朝鲜国内的政治、道德危机"②。1624年（明天启四年，朝鲜仁祖二年）七月，李倧派遣李德泂为谢恩兼奏请使，率领二十余人的"册封奏请"使团出使明朝。朝鲜朝对于赴明使臣的选派非常重视，注重选拔办事能力强、对明朝忠诚的官员，具有"亲明"思想的洪翼汉"就是其中的一位"③，他以书状官身份随团出行。在《花浦先生朝天航海录》中，洪翼汉对此次出使明朝的过程做了详尽记录，内容涉及明朝关外军防、辽东地方社会、明王廷党派斗争等情况。关于朝鲜使臣的此次任务，根据洪翼汉在《花浦先生朝天航海录》的记载，鉴于明朝未派使臣前来朝鲜举行"封典"，朝鲜方面觉得此举有违传统礼仪规范，仁祖如此交代道："非徒小邦听闻疑怪，有违天朝列圣之典礼"，因而恳请明朝皇帝能够派人前来朝鲜完成册封典礼，"以副小邦之颙望"④。

朝鲜使团从国内出发，先到皮岛拜见毛文龙，航经辽东半岛、山东半岛沿海水域，从山东半岛登岸，改为陆路通行，这样经过三个多月的行程，当年十月，使团一行终于抵达北京。作为使团重要成员的洪翼汉到达明朝后，到礼部呈书，与阁臣顾秉谦、朱国桢、魏广微等多名明朝官员接触，取得了他们的支持，如右给事中顾其仁就明确说："朝鲜事大二百余年"，对明朝定期朝贡，而明朝也及时予以册封，故双方一直保持正常的封贡关系；此次因明朝未派使前去册封，朝鲜使臣"万里跨海，再使来请"，如果明朝不答应朝鲜使臣的请求，一则有违"天朝待小邦之道"，二来也不利于明朝辽东地区的安定，"其妨害于辽事者，安保其必无也"。其他大臣"皆以顾言是"⑤。

---

① ［朝鲜王朝］张维：《溪谷先生集》卷二二，"请完封典奏本"，（影印标点）《韩国文集丛刊》第92辑，1992年，第347页。

② 俞士玲：《1623、1624年的中国政治——以李民宬、李德泂、洪翼汉〈朝天录〉为中心》，张伯伟编：《域外汉籍研究集刊》第十五辑，第163页。

③ 刁书仁、李伟：《朝鲜使臣所见的明天启社会——以洪翼汉〈华浦先生朝天航海录〉为中心》，《东北师大学报》（哲学社会科学版）2012年第4期。洪翼汉是理学名臣李廷龟的弟子，深受其师思想的影响，而李廷龟是一位亲明派，多次奉命出使明朝表达忠诚之意，另见王臻：《朝鲜王朝廷臣李廷龟两次赴明"辩诬"述论》，《韩国研究论丛》第38辑，社会科学文献出版社，2020年，第118－130页。

④ ［朝鲜王朝］洪翼汉：《花浦先生朝天航海录》卷一，天启四年八月二十九日，［韩］林基中编：《燕行录全集》卷一七，韩国东国大学出版社，2001年，第140页。

⑤ ［朝鲜王朝］洪翼汉：《花浦先生朝天航海录》卷一，天启四年十月二十八日，［韩］林基中编：《燕行录全集》卷一七，第201页。

为确保明朝能够及时派出使节，洪翼汉又进一步做工作，呈文礼部尚书林尧俞、仪制司郎中周应期，阐述道：自洪武朝以来，即有封典时“遣诏使颁赐诰命冕服”之制度，但此次明朝皇帝未指派官员前去朝鲜，将封王与遣使分为两件事，这“有乖于列圣典礼”，故洪翼汉代表朝鲜王廷希望明朝能够遵循以往的方式，对朝鲜国王予以当场册封，“从册使一日封完为急”①。此时，明朝驻朝鲜将领毛文龙上书，劝说明帝为朝鲜国王李倧举行“封典”礼。于是，在当年十二月，明天启帝颁布诏书曰：“朝鲜国王诏册、冕服，着照例颁赐，差遣官员议妥具奏。”②

应该说，为了达成出使目标，洪翼汉等使臣做出了很多努力，甚至不惜采用贿赂明朝官员的手段做游说工作，才得到他们的声援，“盖以纳贿益厚银参，中其欲故也”③。在出使之前，朝鲜官员携带诸多礼物，“人参多至数十斤，他物称是”④。到明朝官府机构拜会各级官员时，皆以礼物相赠，例如，洪翼汉等拜见礼部主客司主事李其纪时，“进土物为礼”⑤；又“行贿于提督外郎谢姓人”⑥。后来，在贿赂礼物不够用的情况下，派译官回朝鲜“取银二千余两、人参三十余斤还来”⑦。

1625 年（明天启五年，朝鲜仁祖三年）二月二十日，明朝廷派出监文书太监王敏政、忠勇军提督太监胡良辅二人，到朝鲜宣读诏书举行封典仪式。明朝使臣一行六月三日到达汉城，代表明帝正式册封李倧为朝鲜国王、妻韩氏为王妃，赐予诰命、冕服，还借机要求朝鲜共同对抗后金，所谓：“该国大小臣民，共体朕慎重简畀之意，其务佐王修政，饬备固圉遏奴，光弼朕挞伐之烈……”⑧ 由此，本次朝鲜请求明朝“封典”的使命宣告完成。

---

① ［朝鲜王朝］洪翼汉：《花浦先生朝天航海录》卷一，天启四年十一月二十二日，［韩］林基中编：《燕行录全集》卷一七，第 216 – 217 页。

② ［朝鲜王朝］洪翼汉：《花浦先生朝天航海录》卷一，天启四年十二月十四日，［韩］林基中编：《燕行录全集》卷一七，第 220 页。

③ ［朝鲜王朝］洪翼汉：《花浦先生朝天航海录》卷一，天启四年十二月初六日，［韩］林基中编：《燕行录全集》卷一七，第 226 页。

④ ［朝鲜王朝］洪翼汉：《花浦先生朝天航海录》卷一，天启四年十月十七日，［韩］林基中编：《燕行录全集》卷一七，第 192 页。

⑤ ［朝鲜王朝］洪翼汉：《花浦先生朝天航海录》卷一，天启四年十月二十二日，［韩］林基中编：《燕行录全集》卷一七，第 197 页。

⑥ ［朝鲜王朝］洪翼汉：《花浦先生朝天航海录》卷一，天启四年十一月初十日，［韩］林基中编：《燕行录全集》卷一七，第 207 页。

⑦ ［朝鲜王朝］洪翼汉：《花浦先生朝天航海录》卷一，天启四年十二月二十八日，［韩］林基中编：《燕行录全集》卷一七，第 241 页。

⑧ 《朝鲜仁祖实录》卷九，仁祖三年六月己卯，《朝鲜王朝实录》第 34 册，第 11 页。

洪翼汉等朝鲜“册封奏请”使团一行，顺应国王仁祖的“尊明”意向，前后历经七个月的时间，圆满完成了出使明朝的任务。尽管此次出使主要是贯彻仁祖“请封”的旨意，但围绕此次成功册封，既反映出朝鲜与明朝的各有所图，也对朝鲜、明朝、后金产生了一定的影响，具体体现为：其一，朝鲜仁祖通过获得“封典”礼巩固了自己的王位统治，因为当时朝鲜内部爆发了李适之叛①，影响到朝鲜王权的安定，如果册封失败，则会使仁祖的统治产生动摇，故仁祖需要依赖上国明朝的支持以安靖朝鲜国内政局，而仁祖最终受封朝鲜国王，使其王位的合法性得到保障，“这对于稳定政变后的朝鲜局势至关重要”②。其二，明朝对朝鲜予以册封，既是在名分上维护自己作为上国的地位，也是出于军事战略上的实际考虑，由于此时明朝正跟后金作战，需要得到朝鲜的声援，“以夷（朝鲜）制夷（后金）”③，而此次册封朝鲜即是明朝争取朝鲜的一个体现。其三，后金本来就不满于朝鲜仁祖继位后宣称的“崇明排金”政策，而仁祖多次请求明朝为其举行“封典”礼，强调对于明朝的坚定尊奉性，此举更加激起了后金方面的反感，因而后金（清）曾两次军事征伐朝鲜。

总之，洪翼汉作为具有亲明思想、尊奉明朝的朝鲜朝官员，奉仁祖之命到明朝寻求国王王位继承的合法性，“极力活动，大肆贿赂，费尽周折”④，最终争取到明朝派使臣前往朝鲜封典，这说明仁祖及洪翼汉等朝鲜君臣在明、后金对峙的情形下，仍然是以明皇廷为正统政权，依然崇奉明朝的权威地位，反映出朝鲜与明朝长达二百余年传统封贡关系的稳定性。

二、坚定反清：洪翼汉抵制清朝改制

后金政权在皇太极继承汗位后，得到了快速发展。1636 年（朝鲜仁祖十四年），后金汗皇太极打算称帝，他非常注重朝鲜在“劝进尊号”中的作用，认为“朝鲜国王亦吾弟也，宜令知之”⑤，于是当年二月，皇太极派户部承政英俄尔岱（朝鲜称之“龙骨

① 黄海道府使李适在“仁祖反正”过程中贡献很大，但政变后由于未得到重用于是起兵反叛“动诸将作乱”，一度攻占王京，拥立另一宗亲兴安君王为国王，后来仁祖组织各地军队进行反扑“往征之”，最终平定叛军（《国朝宝鉴》卷三四，甲子仁祖二年春正月条，首尔大学奎章阁韩国学研究院影印本，第 12 页）。

② 王桂东：《朝鲜仁祖国王请封述论——兼谈毛文龙之助力》，《韩国研究论丛》，2015 年第 2 辑。

③ 《明熹宗实录》卷六〇，天启五年六月丁酉，第 2845 页。

④ 刁书仁：《天启时期明朝与朝鲜的关系——以朝鲜国王李倧“封典”为中心》，《社会科学辑刊》2014 年第 6 期。

⑤ ［朝鲜王朝］李书九等编：《尊周汇编》卷之纪年二，仁祖朝二，丙子年二月，第 3 册，首尔大学奎章阁韩国学研究院影印本，第 60 页。

大”）与马福塔出使朝鲜，致贺朝鲜新正、吊祭朝鲜王妃丧。英俄尔岱同时带来后金国八和硕贝勒、十七固山大臣与蒙古各部落诸贝勒共同写给仁祖的书信，动员朝鲜一起劝皇太极称帝。在书信中，后金大臣及蒙古人强调“天下非一人之天下，惟有德者居之”，他们颂扬了皇太极的功德，欲联合朝鲜共同劝皇太极“进大号”①。

朝鲜大臣对此有两种明显对立的主张，以完城君崔鸣吉为代表的一派出于缓和与后金关系避免再次“被兵”的考虑，建议仁祖“不妨招见”② 后金使臣；作为从义理上一直尊奉明朝为上国的时任司宪府掌令洪翼汉，坚决反对朝鲜国王拥立皇太极，洪翼汉上疏宣称：“臣自生时，惟闻有明天子尔，今建州改元，臣不忍闻也”③，表明只承认大明朝廷而拒绝承认皇太极为新统治者的坚定态度。洪翼汉指出，朝鲜一贯奉明朝为正统王朝，如果朝鲜顺从后金的改制意愿，会带来不可预料的负面性影响，所谓：“我国虽僻在海隅，素以礼义闻天下。天下称之以小中华，而列圣相承，世修藩职，事大一心，恪且勤矣。今以奉虏偷安，纵得晷刻之淹，其于祖宗何，天下后世何。……殿下何面目立于天下乎？”为表达朝鲜对明朝的忠诚之心，洪翼汉建议道：“亟执其使，责其背约僭号而戮之，以明示礼仪之大，邻国之道，然后函其首并其书，奏闻皇朝，则义益申而气益张矣。”④ 洪翼汉并提出了行动方案，曰：“恳乞殿下，奋发自励，益振大勇，亟执虏使之在馆者，列于蒿街，显加天下之诛。”洪翼汉甚至表达了自己视死如归的气魄，即“如以臣言为谬妄，而不可用，请先斩臣头，以谢虏人”⑤。

洪翼汉坚决抵制皇太极称帝，是因为洪翼汉认识到，一旦承认皇太极是天下共主，则未来的后金政权必将成为中国的新统治王朝，而朝鲜必然会被胁迫成为内属政权。而洪翼汉之所以不承认由女真人取代汉人建立起的帝制王朝，这是深受华夷观的影响，如明太祖朱元璋所言：“自古帝王临御天下，中国居内以制夷狄，夷狄居外以奉中国，未闻以夷狄治天下也”⑥，这里的“中国”是指以礼仪、礼义、礼治及礼治主义为运作形式的封建王朝（即“天朝”），而“夷狄”是指周边国家（地区）⑦。其中，“夷狄”需

① ［朝鲜王朝］黄景源：《江汉集》卷二七，《明陪臣传·洪翼汉传》，（影印标点）《韩国文集丛刊》第225辑，第29页。

② 《朝鲜仁祖实录》卷三二，仁祖十四年二月辛丑，《朝鲜王朝实录》第34册，第625页。

③ ［朝鲜王朝］黄景源：《江汉集》卷二七，《明陪臣传·洪翼汉传》，（影印标点）《韩国文集丛刊》第225辑，第29页。

④ ［朝鲜王朝］李肯翊：《燃藜室记述》卷二七，“丙子虏乱丁丑南汉山城”，潘喆等：《清入关前史料选辑》第一辑，中国人民大学出版社，1984年，第474页。

⑤ 《朝鲜仁祖实录》卷三二，仁祖十四年二月丙申，《朝鲜王朝实录》第34册，第624页。

⑥ 张德信、毛佩琦主编：《洪武御制全书·谕中原檄》，黄山书社，1995年，第267页。

⑦ 黄枝连：《天朝礼治体系研究》上卷《亚洲的华夏秩序：中国与亚洲国家的关系形态论》之“前言”，中国人民大学出版社，1992年，第2页。

接受“中国”即汉族所建王朝统治。① 正是受此观念影响，洪翼汉始终尊奉由汉人建立的正统王朝，而拒绝认同“夷狄”女真人，认为他们是“僭窃伪号”②。

洪翼汉的主张，可以说是代表了朝鲜当时“崇明排金”官僚的心声。与洪翼汉持同样观点的大臣尹集上疏国王，称明朝皇帝犹如朝鲜的父母，女真人是明朝的敌人，作为臣子的朝鲜，虽然由于自身“兵弱力微”无法跟随明朝作战，但不能助纣为虐，“亦何忍复遣使者，与虏连和乎”?③ 修撰吴达济、李裯对女真人的“僭号”表达愤怒曰：“狡虏猖獗，益肆恐喝。……肆然僭号，敢来试我。凡有血气，孰不痛心?”④ 弘文馆官员上书国王，声讨皇太极的称帝改制行为，要求国王抵制皇太极的“窃大号即自帝”⑤ 之举。大司谏尹煌、吏曹参判郑蕴、参议金德诚等朝鲜官员也纷纷建言，一时间，“远近疏章，逐日沓至。皆是斥和攻虏之言也”⑥。

受洪翼汉等大臣的影响，仁祖不仅不会见后金来访的使臣，而且调动国内各方力量，积极准备迎接可能来临的战争。果然，1636 年（清崇德元年，朝鲜仁祖十四年）十二月，清朝对朝鲜发动第二次大规模军事征伐（“丙子之役”）。大敌当前，洪翼汉一度被仁祖任命为平壤庶尹，组织军事力量抗击清军，“当大兵到境时，斥拜平壤庶尹，令渠自当兵锋”⑦，但由于朝鲜兵力过于羸弱，而清军骑兵作战力强悍，朝鲜军队根本无法阻挡清军的进攻。此时，朝鲜王廷内部对于是否抵抗清军，产生了动摇。朝鲜领议政金瑬认为，正是洪翼汉的斥和举动招致了清朝的入侵，“绝和亲，以怒建州者，洪翼汉也”⑧。由此，洪翼汉的抗清主张招致非议，朝鲜军民失去了继续抵御的信心。清军则在攻下义州后一路南下，逼近朝鲜王京（汉城）。仁祖本想逃往江华岛，但由于前进道路被阻断无法前行，只好进入南汉山城避难。此时，清朝威逼利诱朝鲜议和谈判，

---

① 李治亭：《清（后金）与明战争再认识》，白文煜主编：《清前历史与盛京文化》，辽宁民族出版社，2015 年，第 58 页。

② 《朝鲜仁祖实录》卷三二，仁祖十四年二月丙申，《朝鲜王朝实录》第 34 册，第 624 页。

③ ［朝鲜王朝］黄景源：《江汉集》卷二七《明陪臣传·尹集传》，（影印标点）《韩国文集丛刊》第 225 辑，第 31 页。

④ 《承政院日记》第 53 册，仁祖十四年九月甲子，第 166 页。

⑤ ［朝鲜王朝］黄景源：《江汉集》卷二七《明陪臣传·洪翼汉传》，（影印标点）《韩国文集丛刊》第 225 辑，第 29 页。

⑥ ［朝鲜王朝］罗万甲：《丙子录》之“记初头委折”，转引潘喆等：《清入关前史料选辑》（二），中国人民大学出版社，1989 年，第 453 页。

⑦ 《朝鲜仁祖实录》卷三四，仁祖十五年元月癸亥，《朝鲜王朝实录》第 34 册，第 669 页。

⑧ ［朝鲜王朝］黄景源：《江汉集》卷二七《明陪臣传·洪翼汉传》，（影印标点）《韩国文集丛刊》第 225 辑，第 29 页。

曰："尔若悔过自新，不忘恩德，委身归命，以为子孙长久之计……"① 赞画使朴潢首先表态同意议和，其他官员纷纷附和，洪翼汉与"吴达济、尹集数人"② 则坚决反对议和。为此，吏曹判书崔鸣吉指责洪翼汉等人的斥和主张"大害于谋国，不可谓之无罪"③，最终，仁祖决定派出崔鸣吉作为使者前往清军营讲和。

清朝表示同意议和，但提出的条件是，令朝鲜仁祖将坚持主战抗清的大臣押送至清军营中。此时，"安东金尚宪、草溪郑蕴、坡州尹煌、南原尹集、海州吴达济、光州金益熙、温阳郑雷卿、坡州尹文举、安东金寿翼、全义李行遇、南阳洪瑑凡十一人请行"④，主动提出到清朝接受处罚；不过朝鲜王廷从中"止遣二人（尹集、吴达济）"⑤。清朝方面并不认可，而是要求朝鲜必须绑送"首谋绝盟"⑥ 的朝鲜官员。彼时朝鲜的主战派领袖是礼曹判书金尚宪，他应是清朝所要求的"首谋绝盟"人选，但朝鲜王廷并不想将其送去。为了保护这位抗清重臣，仁祖以金尚宪"累日绝食，至是自缢"⑦ 为由，百般设词拒绝。由于此前"备局引对时，以洪翼汉为斥和之首"，于是清朝提出将洪翼汉解送前来，"虏以只许斥和臣洪翼汉之外，更无所送"⑧。在此情况之下，1637 年（清崇德二年，朝鲜仁祖十五年）二月，朝鲜国王李倧派官员押解洪翼汉"至盛京"⑨。

从上述内容可以看出，深受春秋大义思想影响的洪翼汉从心理上是倾向于拥戴明王廷的，其排清意识浓厚，不但拒绝承认清朝改制，并且亲自领兵执行抗清任务，但这样一来加速了朝鲜遭受清朝军事打击的进程，洪翼汉本人也作为反清人物被解往清朝受审。

---

① 《朝鲜仁祖实录》卷三四，仁祖十五年一月戊辰，《朝鲜王朝实录》第 34 册，第 671 页。

② 弘华文主编：《燕行录全编》第一辑，《沈阳日记抄》，广西师范大学出版社，2010 年，第 47 页。

③ 《承政院日记》第 55 册，仁祖十五年一月壬戌，第 81 页。

④ ［朝鲜王朝］黄景源：《江汉集》卷二七，《明陪臣传・洪翼汉传》，（影印标点）《韩国文集丛刊》第 225 辑，第 29 页。

⑤ ［朝鲜王朝］黄景源：《江汉集》卷二七，《明陪臣传・吴达济传》，（影印标点）《韩国文集丛刊》第 225 辑，第 32 页。

⑥ 《清太宗实录》卷三三，崇德二年正月庚申，《清实录》，中华书局，1986 年，第 425 页。

⑦ 《朝鲜仁祖实录》卷三四，仁祖十五年一月戊辰，《朝鲜王朝实录》第 34 册，第 672 页。

⑧ ［朝鲜王朝］罗万甲：《丙子录》之"记初头委折"，转引潘喆等：《清入关前史料选辑》（二），第 476、482 页。

⑨ 《清太宗实录》卷三四，崇德二年二月乙未，《清实录》，第 440 页。

三、就义获誉：洪翼汉被杀及身后诸事

1637 年三月，作为抗清代表人物的朝鲜台谏官洪翼汉、弘文馆校理尹集、修撰吴达济三人在沈阳被清朝处死，“斩朝鲜国台谏官洪翼汉、校理尹集、修撰吴达济，以徇（对众宣示）”①。朝鲜史书也有记载：“清人杀洪翼汉。翼汉曾为掌令，上疏请斩虏使，以明大义……及吴达济尹集被执而去也，……入沈阳，遂被害”②，朝鲜史称此三人为“三学士”。

在此，需要说明的一个问题是，尽管洪翼汉与吴达济、尹集同为“斥和”大臣，并且在清朝劝降时“死拒不从”③，但结合另外一些资料来分析，可以看出洪翼汉与其他二人的“斥和”态度是有区别的。例如，在洪翼汉等人被押至沈阳后，清太宗曾质问吴达济、尹集二人“有何所见，敢斥和好”，对此，二人声称：“吾二臣初非斥者，夏间，适在言责，只言不可复通使价一事而已。”④ 意即他们最初并非斥和，只是建议国王不要与清朝互通使节。这表明，同样是斥和派，吴、尹二人的态度并不坚决。

反观洪翼汉，他被幽禁于沈阳别馆，其间清朝官员送来清帝皇太极赠予的食物，洪翼汉“不受，凡七日，所赐饮食无一入口者”⑤。清兵押解洪翼汉至皇太极帐前，洪翼汉并无惧色，见到皇太极也不下跪，曰：“吾膝岂屈于汝乎？”对于皇太极斥责的洪翼汉“绝盟”主张造成两国关系紧张问题，洪翼汉反击道，本来朝鲜与后金约为兄弟之国，而今皇太极称帝改制欲使朝鲜成为臣属之国，此乃皇太极首先“绝盟”，责任不在朝鲜。皇太极无言以对，沉默之后说，你既然“绝盟”，是逼清朝出兵；如今清朝出兵，朝鲜为何不反击反而成为清军的俘虏？洪翼汉慨叹，由于本国臣民意见不一致，如果人人皆有抗敌决心，“则尔国之亡必无日矣”。洪翼汉还对皇太极指责道：“汝明朝叛贼，安得

---

① 《清太宗实录》卷三四，崇德二年三月甲辰，《清实录》，第 440 页。

② 《朝鲜仁祖实录》卷三四，仁祖十五年三月甲辰，《朝鲜王朝实录》第 34 册，第 678 页。

③ ［朝鲜王朝］黄景源：《江汉集》卷二七《明陪臣传·吴达济传》，（影印标点）《韩国文集丛刊》第 225 辑，第 33 页。时任朝鲜兵曹参议罗万甲也对吴达济尹集给予高度评价，“吴、尹二人，可谓烈烈丈夫，山岳可动……能与日月争光矣”。对人物行为的不同记载与评述，反映出历史书写问题。参见［朝鲜王朝］罗万甲：《丙子录》之“记初头委折”，转引潘喆等：《清入关前史料选辑》（二），第 486 页。

④ ［朝鲜王朝］石之珩：《南汉解围录》，首尔大学奎章阁图书馆影印本，第 36 页。

⑤ ［朝鲜王朝］黄景源：《江汉集》卷二七，《明陪臣传·洪翼汉传》，（影印标点）《韩国文集丛刊》第 225 辑，第 30 页。

为皇帝邪。”① 此言彻底激怒了皇太极，于是杀死了洪翼汉。而洪翼汉被杀时，“神色扬扬少不变”，连那些清朝的汉人都被深深感动了，“假鞑辈多有叹服泣下者云”②。

在洪翼汉被杀之时，他留下了一封慷慨激昂的绝笔书。其书曰：

> 大明朝鲜国累臣洪翼汉，斥和事意，历历可陈，而但语音不相惯晓，敢以文字控白。夫四海之内，皆可为兄弟，而天下无两父之子矣。朝鲜本以礼义相尚，谏臣唯以直截为风。故上年春，适授言责之任，闻金国将渝盟称帝，心以为若果渝盟，则是悖兄弟也；若果称帝，则是二天子也。门庭之内，宁有悖兄弟哉？覆载之间，宁有二天子哉？况金国之于朝鲜，新有交邻之约，而先背之；大明之于朝鲜，旧有字小之恩，而深结之。则忘深结之大恩，守先背空约，于理甚不近，于义甚不当，故首建此议，欲守礼仪者，是臣职耳，岂有他哉？但臣子分义，当尽忠孝而已。上有君亲，俱不得扶护而安全之，王世子、大君，皆为俘，老母存殁，亦不知。良由一疏之浪陈，以致家国之祸败，揆诸忠孝之道，扫地蔑蔑矣。自究乃罪，可杀罔赦，虽万被诛戮，实为甘心。此外更无所言，惟愿速死，惟愿速死云。③

从这则材料可以看出：第一，“大明朝鲜国累臣”洪翼汉，把大明置于朝鲜国前，体现出朝鲜长期依附于明朝的忠诚之情；第二，洪翼汉强调后金与朝鲜本来同为明朝的“兄弟”，如今后金却破坏了其与朝鲜之间的兄弟盟约；第三，洪翼汉不承认皇太极的“渝盟称帝”，只认同明朝皇帝为正统王朝的国君“宁有二天子哉”；第四，洪翼汉指出朝鲜无法忘记壬辰年明朝对朝鲜的救助之恩，故尽忠明朝，此乃臣子的“忠孝分义”；第五，面对朝鲜因遭受日本及清军等侵略而造成的残破景象，洪翼汉恨自己无力回天，只能以身殉国，表现出视死如归的大无畏精神，“惟愿速死，惟愿速死云”。

对于洪翼汉的被杀，朝鲜君臣非常痛惜，予以缅怀。朝鲜大臣杞平君俞伯曾曰：“洪翼汉、吴达济等，不屈而死，大节凛然，可想其为人矣。”④ 都承旨金寿贤曰：“洪翼汉之供辞，极其明正，见之凛然。”⑤ 前注书李有涓对洪翼汉评价很高，把其与金尚宪并列，曰：“杀身成仁，死而无悔者，洪翼汉之精忠也。青天白日，元气国家者，金

---

① ［朝鲜王朝］黄景源：《江汉集》卷二七，《明陪臣传·洪翼汉传》，（影印标点）《韩国文集丛刊》第225辑，第30页。

② ［朝鲜王朝］罗万甲：《丙子录》之“记斥和死义诸公事”，转引潘喆等：《清入关前史料选辑》（二），第502页。此处的“假鞑”，指的是投降清朝的明朝汉人将领。

③ 《朝鲜仁祖实录》卷三四，仁祖十五年三月甲辰，《朝鲜王朝实录》第34册，第678页。

④ 《朝鲜仁祖实录》卷三五，仁祖十五年六月戊午，《朝鲜王朝实录》第34册，第695页。

⑤ 《朝鲜仁祖实录》卷三五，仁祖十五年七月庚午，《朝鲜王朝实录》第34册，第696页。

尚宪之节气也。殿下朝廷，二人而已。”[①] 持平李袤高度赞赏洪翼汉等人的民族气节，曰：“节义之臣洪翼汉、尹集、吴达济、郑蕴等，奋不顾身，以义自徇。”[②] 仁祖对洪翼汉的去世表示惋惜，曰：“洪翼汉不免斩杀云，诚可惊痛。”[③] 在仁祖的墓志文中也体现出对洪翼汉的高度评价：“洪翼汉、尹集、吴达济，视死如归，王哀怜不已。”[④] 正由于洪翼汉的“忠贞”行为，他死后，其家人得朝廷的善待。仁祖安排官员给洪翼汉以及尹集等人的妻子和子女，按月发放俸禄，“赐集、达济、翼汉等老母及妻月廪”[⑤]，还派人给洪翼汉家属定期赠送物品，先是对“其妻子一体给料”，后又对洪翼汉老母亲“一体给料”。[⑥]

仁祖之后，朝鲜孝宗继位。孝宗早年曾在清朝为质，因对入清为质的屈辱生活难以忘怀，他即位后一度组织“北伐”，意欲参与明朝遗臣的“反清复明”[⑦] 活动。正是由于有此“反清”情结，他十分欣赏反清的朝鲜人士。对于反清志士洪翼汉，孝宗评价道：“故臣金尚宪、郑蕴、洪翼汉、尹集、吴达济等，抗义不屈，忠节凛然”[⑧]，并善待洪翼汉等人的家属。例如，在得知洪翼汉的老母亲病逝后，孝宗指示承旨李一相予以厚葬，“优赐丧需”[⑨]，并根据侍读官金始振的提议，赐给洪翼汉的后人以官职，“上令有司赠官”[⑩]。

到了朝鲜肃宗时期，王廷也对洪翼汉念念不忘。肃宗先是根据左议政南九万的建议，赐予洪翼汉“忠正”谥号，设立祠庙，[⑪] 评价洪翼汉等三学士“足以有光于春秋之义矣”，“故节士洪翼汉、尹集、吴达济，尊攘大义，经天地亘古今而不灭”[⑫]，又多次

---

① 《朝鲜仁祖实录》卷四三，仁祖二十年二月乙丑，《朝鲜王朝实录》第 35 册，第 130 页。

② 《朝鲜仁祖实录》卷四七，仁祖二十四年十月乙酉，《朝鲜王朝实录》第 35 册，第 287 页。

③ 《朝鲜仁祖实录》卷三四，仁祖十五年三月庚申，《朝鲜王朝实录》第 34 册，第 681 页。

④ 《朝鲜仁祖实录》卷五〇，附录，仁祖大王墓志文，《朝鲜王朝实录》第 35 册，第 358 页。

⑤ 《朝鲜仁祖实录》卷三五，仁祖十五年六月乙巳，《朝鲜王朝实录》第 34 册，第 693 页。

⑥ 《朝鲜仁祖实录》卷四一，仁祖十八年九月癸巳、甲午，《朝鲜王朝实录》第 35 册，第 98 页。

⑦ 刁书仁：《李朝孝宗“反清复明”的活动及其影响——兼论东亚“华夷秩序”的裂变》，《社会科学战线》2010 年第 5 期。

⑧ 《朝鲜孝宗实录》卷一八，孝宗八年（1657）六月戊寅，《朝鲜王朝实录》第 36 册，第 98 页。

⑨ 《朝鲜孝宗实录》卷四，孝宗元年六月癸未，《朝鲜王朝实录》第 35 册，第 430 页。

⑩ 《朝鲜孝宗实录》卷一〇，孝宗四年三月己巳，《朝鲜王朝实录》第 35 册，第 620 页。

⑪ 《朝鲜肃宗实录》卷一七，肃宗十二年（1686）十二月辛未，《朝鲜王朝实录》第 39 册，第 88 页。

⑫ 《朝鲜肃宗实录》卷一八，肃宗十三年二月壬子，《朝鲜王朝实录》第 39 册，第 92 页；卷四一，肃宗三十一年元月丙午，《朝鲜王朝实录》第 40 册，第 131 页。

选用洪翼汉的子孙担任官职，如“洪翼汉之孙义盈直长禹锡，特升六品职，以示崇奖节义之意”①。此后的英祖、正祖、纯祖朝都对洪翼汉的行为大加褒奖，注重对洪翼汉祠庙的不断修缮维护，并给予洪翼汉的家人在升职等方面的关照。

总之，上述内容说明几点：其一，洪翼汉作为抗清派的代表人物之一，其反清意识坚定，在被送到清营后宁死不屈，慷慨赴义，体现出一个抗清义士的光辉形象；其二，对于洪翼汉等抗清派，朝鲜仁祖将他们交给清朝，致使这些人被杀死，表面上看仁祖迎合清朝的要求“亲清”，但实际上仁祖是迫于无奈，因为他本身即是“尊明抗清”的践行者，但鉴于清军的武力威慑，他也只能将抗清派人物交出才能巩固王权，另外从仁祖对作为抗清义士的洪翼汉等人身后事的积极处理上，说明仁祖还是尽到了责任、间接表明了“抗清”态度；其三，仁祖之后的历代朝鲜国王对洪翼汉等人的缅怀以及善待家属、设立祠庙并注重修缮维护举措，可以反映出他们都认可洪翼汉等人的抗清行为，而这也导致了朝鲜长期不认同清朝，甚至欲联合南明政权“反清复明”，这说明双方关系欲实现正常化，需要一个长期的艰难历程。

由洪翼汉的“尊明斥清”活动我们想到，明朝构建的“万邦来朝”景象不仅是明人的荣耀与历史记忆，也影响了朝鲜朝这个肇始于在明朝立国之后的国家历史认识框架，是写进了这个国家君臣身体中的重要文化基因。以“尊明斥清”为表征的思维定式远迈朝鲜士林既有的历史经验，透过洪翼汉这一人物在明清易代这一大背景下的活动得以展现，让我们对这一时期的普通朝鲜士人有了更深切的了解。所谓“尊明斥清”其根源在于“崇华贬夷”，朝鲜朝在儒家春秋义理观影响下，尽管认同自身作为明朝建立宗藩秩序中的“东夷”，却又以积极确立、营造“小中华”身份以达到在宗藩秩序中地位的提升与维持。受到中国儒家传统思想深度刻画的朝鲜朝，以此培植的士林阶层形成了朴素且执拗的家国情怀。在以洪翼汉为代表的大部分士林认知中，明朝不仅为现实东亚宗藩秩序内的上国，更是儒家华夷之辨理念中“华”的具象化存在。在他们看来，往日被朝鲜以“夷”视之的女真部落，希冀借助武力手段改变自身在明朝宗藩秩序中边缘式的存在，是对以明朝为核心的东亚宗藩秩序的挑战，进而否定了朝鲜士林阶层所认可且遵循宗藩秩序之中朝鲜的定位和地位，最终冲击了朝鲜士林阶层赖以立命安身的思想基石，是以，对洪翼汉们来讲，清朝的崛起是他们那个时代的“百年未有之变局”，“尊明斥清”是他们内心必须自我接受、纠偏乃至需要扬弃的思维，这一过程无疑在朝鲜朝伴随着数十年血雨腥风。

---

① 《朝鲜肃宗实录》卷二三，肃宗十七年八月乙巳，《朝鲜王朝实录》第39册，第252页。

四、余论

综上所述，相对于同时代的朝鲜议和派代表人物吏曹判书崔鸣吉，洪翼汉是强硬的抗清代表之一，他从心底里具有坚定的崇明排清意识，被视为朝鲜历史上的民族英雄，而朝鲜后世也大加肯定洪翼汉等人的斥和主张，所谓“胡汗称帝，金尚容、金尚宪、洪翼汉、吴达济、尹集、俞棨等，以义斥之，以策御之”①，将其与著名抗清领袖礼曹判书金尚宪相提并论。但是，相对于崔鸣吉以议和方式求得朝鲜朝安全利益而言②，笔者认为洪翼汉的“尊明斥清”行为是不明智的，因为结合彼时中国政权的更迭来看，洪翼汉的反清之举是不现实的。当时的明王朝，自明神宗统治晚期，政治上已经走向没落，经历了天启皇帝的无为而治，到崇祯皇帝即位时，尽管崇祯也想有所作为，但此时的明王朝已经病入膏肓无可救药，加之崇祯皇帝生性多疑滥杀无辜，而大臣之间派系纷争剧烈，国家统治机器已无法正常运转。统治阶层的压榨剥削，使广大百姓生活艰难，怨声载道，阶级矛盾日益加剧，由此各地纷纷发动争取生存权益的起义斗争。明朝在辽东同边疆民族女真人战争的失利，使明朝的国力大为损耗，已经到了“日暮西山”的境地，可以说，明朝已步入覆灭之途。与之相反的是，女真人自从在努尔哈赤的领导下建立后金政权，一直呈上升发展势头，尤其是皇太极改制称帝建立清崇德政权后，更是得到了迅猛发展，在同明朝的对决中，多次占据上风，特别是取得锦州、松山战役的胜利，更是沉重地打击了明王朝，使明朝的门户洞开，清军入关取代明王朝迫在眼前。

作为长期处于明王朝和后金（清）夹缝中生存的朝鲜，在面临后金（清）强势崛起的严峻形势下，为寻求本国的生存利益，极力在明朝和后金（清）夹缝中左右逢迎；但由于多年的政治积怨加之现实的经济军事等需求，即位不久的皇太极于1627年果断发动对朝鲜的征伐战争（“丁卯之役”），结果朝鲜战败，双方结成“兄弟关系”。不过，此后双方关系不睦，朝鲜不尊重后金，后金对朝鲜仍然与明朝保持封贡关系颇为不满。为彻底清除明朝的羽翼，1636年皇太极再次对朝鲜进行军事征讨（“丙子之役”），迫使朝鲜屈服，使其从明朝的封贡体系中剥离出来，转而成为清朝的属国，形成新的中朝政治秩序。在这样的时代背景下，以洪翼汉为代表的一部分朝鲜大臣，仍然坚持敌视、抵

---

① 《朝鲜高宗实录》卷一九，高宗十九年（1882）五月己丑，《朝鲜王朝实录》第2册，第48页。

② 崔鸣吉是朝鲜议和派的代表，洪翼汉等斥和派皆主张严惩崔鸣吉的“亲清卖国”行为，但正如石少颖教授所言：“崔鸣吉忍辱负重，为朝鲜保全了宗社，延续了国运。”（石少颖：《崔鸣吉与“丙子之役”》，2017年中国朝鲜史研究会年会论文集）从朝鲜王朝政权得以保全、百姓免遭涂炭方面而言，崔鸣吉的力主议和，应当给予肯定。

触清朝的态度，试图阻挡彼时中国政权与朝鲜朝关系的新发展，势必难以成功。因此，以今天的眼光来看，彼时作为长期属国的朝鲜，理智的做法是认清新兴王朝的生命力，顺应历史潮流，及时地改弦更张，以求得本国利益的最大化。

进一步而言，由对洪翼汉抗清之举的评价得出启示：对于一个人物的评价，不应该仅仅结合其行为本身来看待，否则只会提出片面性的看法。正确的做法应是将个人的行为置于当时的社会背景中去考察，从而判断功过是非；换言之，看历史应避免眼界的局限性，拓宽视野，要有“大历史的视野”①，如此才能得出令人信服的结论。

作者简介：

王臻，天津师范大学历史文化学院暨欧洲文明研究院教授；马爽斌，天津师范大学世界史专业博士研究生。

① 李云鹏：《建构全局史观和大历史视野——史学研究处理整体与局部关系的方法性商榷》，《重庆科技学院学报》（社会科学版）2013 年第 8 期。

明末清初尼泊尔银币在西藏地方的流通（1560—1788）

杨　璇

［提要］中国西藏与尼泊尔自古贸易往来甚密。由于两地地缘、商贸、文化背景以及铸造技术等诸多因素，至16世纪中期，尼泊尔马拉王朝所铸银币开始进入西藏地区。藏尼双方以互订条约的形式，将该项贸易逐步确立与细化。藏民于日常经济生活中对尼泊尔银币的使用情形也更加频繁，在日常商贸、财政税收、工钱结算、宗教生活、刑事处罚与传统习俗上都能见到尼泊尔银币的踪影。尼泊尔银币的货币职能在西藏市场中渐趋完善。尼泊尔一方面以签订条款的形式不断强化对西藏享有的铸币特权；另一方面极力控制西藏与南亚地区的商业路线，最终使得尼泊尔银币实现对西藏市场的垄断。对西藏地方而言，其依托尼泊尔银币，货币形式开始逐步从称量货币向计值货币转化，西藏地方市场的货币体系不断完备，并据此走入西藏的白银时代。

［关键词］西藏地方；尼泊尔；银币贸易；货币形式

西藏地方位于我国西南边疆，自古便是商贾往来聚居之地，至清初来往者更甚，且尤以尼泊尔人居多。尼泊尔虽与西藏仅一山相隔，却因喜马拉雅山脉数条纵向交错的通道为两地之间的交流互动搭建桥梁。随着藏尼贸易发展的日益紧密，1560年左右，尼泊尔马拉王朝的国王马亨德拉·马拉（Mahendra Malla）遂开始向西藏输入尼泊尔银币。

自此之后，西藏有用银块购买尼泊尔打铸银币之传统，藏尼之间的银币贸易①就此产生，直至1788年廓尔喀②侵藏事件后结束。有关在藏流通尼泊尔银币的研究，国内外仅有数文从钱币学的角度对尼泊尔银币进行专业上的解读，或只是运用本国文献在较长时间段中加以概括性阐述③，对16—18世纪西藏地方流通尼泊尔货币的具体情况等仍有深入探讨的空间。故本文以藏尼银币贸易为切入点，拟对此时段内西藏使用异域货币之特殊现象加以阐述，并重点分析该特殊贸易活动对西藏地方经济发展所产生的影响。

一、尼泊尔银币输入西藏

自吐蕃统一青藏高原初期，黄金便被王室上层广泛用作货币，当时白银价值仅次于

---

① 有关"银币贸易"一词，在张武一、王家凤先生所写的《论银钱贸易与宝藏币的诞生》（《中国钱币》2003年第3期）一文中对该词做了定义："在与尼泊尔的贸易中，西藏最初是以货物，后来逐渐演变为用白银购买尼泊尔银币，形成了银钱贸易。银钱贸易是尼泊尔与西藏在16世纪中叶至18世纪末叶进行的以尼泊尔银钱换取西藏银锭的历史现象，交易双方均以本国货币为商品，因此它是一种相对于一般普通商品贸易而言的特殊贸易。"本文沿用了该说法。

② 廓尔喀，"Gurkha"音译，又作"科尔喀"。1744年，加德满都谷地的廓尔喀一族兴起，至1768年征服马拉王朝三个谷地王邦，逐渐统一尼泊尔全境，建立沙阿王朝。在此之前，清人多用"巴勒布""白布""别蚌"等词指代尼泊尔马拉王朝所辖区域，在18世纪末的清代文献中，开始用"廓尔喀"指代其统治下的尼泊尔地区。

③ 涉及西藏流通尼泊尔银币的专著有：法国学者布尔努瓦所著《西藏的黄金和银币——历史、传说与演变》（耿昇译，中国藏学出版社，2015年），该书在第二章对西藏流通尼泊尔银币进行阐述，包括尼泊尔享有西藏的铸币特权、铸币白银来源以及由银币贸易引发的廓尔喀战争等问题，书中引用了印、法、英、俄等国许多珍贵的史料，但对汉、藏史料的使用尚有欠缺。除此之外，还有王海燕的《西藏地方货币》（青海人民出版社，2007年），该书重点关注西藏18世纪末至20世纪初的货币发展情况。在研究性论文上，国内有王海燕的《清代在西藏流通的剪碎的尼泊尔银币》（《文物》1985年第11期），该文重点对在藏流通尼泊尔剪碎币进行解读；而张武一、王家凤的《论银钱贸易与宝藏币的诞生》（《中国钱币》2003年第3期）和梁俊艳的《18世纪中尼"银钱贸易"冲突与西藏自铸银币》（《中国社会经济史研究》2007年第2期）两篇学术论文，重点对银币贸易引发的廓尔喀战争以及由此出现的"乾隆宝藏"币展开论述。国外学界多从钱币学的角度对在藏流通的尼泊尔银币进行剖析，包括银币的大小、重量、纹饰、铭文含义等。参见：Terrien de la Couperie, The Silver Coinage of Tibet, *The Numismatic Chronicle and Journal of the Numismatic Society*, Third Series, Vol. 1, 1881, pp. 340 – 353; E. H. C. Walsh, The Coinage of Tibet, *Memoirs of the Asiatic Society of Bengal*, Vol. 2, No. 2, 1907, pp. 11 – 23; E. H. Walsh, The Coinage of Nepal, *Journal of the Royal Asiatic Society*, Vol. 40, Issue 3, 1908, pp. 669 – 759; Wolfgang Bertsch and Nicholas G. Rhodes, The Use of Cut Coins in Tibet, *The Tibet Journal*, Vol. 35, No. 3, 2010, pp. 19 – 40.

黄金。随着黄金在西藏用途的不断增多，致使价格攀升，货币职能降低。西藏本地并无大规模的银矿资源，但随着其与中原王朝的关系日益紧密，自16世纪开始，从日本、美洲输入中国内地的白银便陆续伴随着明、清中央王朝与西藏地方的茶马贸易、朝贡往来、日常行赏、财政资助等诸多方式流入西藏地区。大量涌入藏地的白银在当地僧俗番众的商业贸易中被广泛使用，白银货币职能开始凸显，西藏的黄金本位制度遂开始向白银本位制度转变。

然而在16世纪中期以前，西藏尚未出现以贵金属制作的硬币。白银作为称量货币于日常流通时，需要专门对其进行装带、称量、切分和成色鉴定等，在商贸交易过程中十分不便。适逢此时，尼泊尔马拉王朝开始铸造本国银币。① 西藏与尼泊尔密切的地缘环境、频繁的商贸往来、相似的宗教背景加之尼泊尔工匠高超的铸造工艺水准等，为尼泊尔银币流入西藏市场提供了契机。最初尼泊尔银币只在藏尼边境地带流通，随着该银币的出现，上述银块流通问题得以较大程度地解决，致使尼泊尔银币开始在西藏市场上被广泛传播，尼泊尔马拉王朝乘势与西藏地方政府就银币贸易签订条约，该项特殊贸易活动就此展开，并于17世纪达到高潮。

据目前已有记载来看，在尼泊尔马亨德拉·马拉在位时期（1560—1574），其便与西藏地方签订了最早的银币贸易条约，使得在加德满都铸造的银币可以于西藏市场上流通。② 17世纪中后期，藏尼双方就银币铸造问题再次签订协议。根据国外学者斯里达尔（Sreedhar）的相关记载可知，在1661—1680年，尼泊尔加德满都国王普拉塔普·马拉（Pratūpa Malla）与西藏地方五世达赖喇嘛达成一致意见："尼泊尔享有唯一的权力——为西藏打造所有流通货币。"③ 至1775年，尼泊尔廓尔喀王朝与西藏地方政府拟就铸币问题达成一致意见，双方在樟木再次签订条约，并就银币的图案、纯度、重量、价格、流通范围和路线等进行了详细的规定。④ 由此可见，自16世纪中期开始，藏尼双方通过不断细化、签订条约的方式，确保银币贸易得以顺利进行。

需说明的是，当时清中央政府并不了解西藏地方与尼泊尔开展的银币贸易的详情。1792年，乾隆皇帝在回复大将军福康安的奏折中写道："从前廓尔喀与藏内交易俱系伊

---

① 1560年左右，尼泊尔加德满都国王马亨德拉·马拉向莫卧儿王朝的君主献礼，被允许打造带有自己名字的货币，早期的马拉王朝银币就此诞生，并成为之后流行银币的前身。参见（尼）I. R. 阿里亚尔、T. P. 顿格亚尔著，四川外语学院《新编尼泊尔史》翻译组译：《新编尼泊尔史》，四川人民出版社，1973年，第84-85页。

② 参见 William Kirkpatrick, *An Account of the Kingdom of Nepaul, Being the Substance of Observations Made During a Mission to that Country, in the Year 1793*, William Miller, 1811, p. 217.

③ Sreedhar, Treaty Relations between Nepal and Tibet, *China Report*, Vol. 24, Issue 3, 1988, pp. 244.

④ 参见 Sreedhar, Treaty Relations between Nepal and Tibet, pp. 246, 259-260.

等自行说合，并无官为经理，以致噶布伦等从中牟利，业滋弊端。”① 而在1788年廓尔喀争端以前，乾隆皇帝对西藏地方的管理就多采取“贸易人等银货交易，止可各从其便，不便以官法抑勒”② 的态度。据此推断，当时清中央王朝对西藏地方使用异域银币作为本地支付手段亦未采取干涉措施，甚至极有可能并不知情。在第一次廓尔喀侵藏后，时任驻藏大臣庆林、雅满泰向乾隆皇帝汇报巴勒布起兵缘由时谈道：“据科尔喀寄予我噶布伦书内称：‘藏内所用钱文皆我巴勒布熔铸，此后但用新铸钱文，旧钱不可使用……’”③ 当时庆、雅二人仅将上述内容作为巴勒布人供词进行转述，并未据此发表任何评论，而乾隆皇帝在听完供词后，也未对西藏使用“巴勒布钱文”一事有所质疑，从中可见其时清政府上下均未对“西藏地方使用外邦货币”的情形流露出不满情绪，更进一步证实了当时清中央政府对西藏地方使用尼泊尔银币不甚了解的情况，清王朝前期对西藏地方的经济管理基本持“怀柔绥辑”的态度。

另外，在整个银币贸易阶段，西藏用纯银可换取尼泊尔银币的数量总体上呈递减趋势。成都将军成德向乾隆皇帝汇报早期藏尼银币贸易情况时谈道：“（番钱）每钱一元重一钱五分，从前以纹银一两随时价之低昂可换八九元至十元不等。”④ 即最初银锭与尼泊尔银币的比值是1：8到1：10。受英属东印度公司所派，乔治·波格尔（George Bogle）在18世纪70年代前往西藏后回忆到“因为当时道路阻碍，导致银币价格较之前出现了巨大增长”⑤。成都将军鄂辉随后向乾隆上奏时谈及：“噶布伦等随与巴勒布头目议定，新银钱六个零换银一两，旧银钱十二个换银一两。”⑥ 即第一次廓尔喀战争后，藏银与尼泊尔银币的兑换比值大致从最初的1：10至1：8降为1：6。尼泊尔银币的价值是随着西藏市场的需求程度和银块数量而变化的。当西藏银块数量饱和或藏民对尼泊

① 冯明珠主编：《廓尔喀档》（第四册），《大学士公阿桂等字寄大学士大将军公福康安等奉上谕廓尔喀禀明情愿公平行使银钱所有贸易仍准通市互另著福康安即提鄂辉革职令其据实供吐廓尔喀五十五年进呈表贡事具奏》，乾隆五十七年（1792）十月二十三日，沉香亭企业社，2006年，第1768页。

② 《高宗纯皇帝实录》卷二八三，乾隆十二年正月乙卯条，《清实录》第12册，中华书局，1985年影印本，第691页。

③ 季垣垣点校：《钦定巴勒布纪略》卷一，乾隆五十三年七月二十七日丁亥条，中国藏学出版社，2006年，第10页。

④ （清）方略馆编，季垣垣点校：《钦定廓尔喀纪略》卷十一，乾隆五十六年十二月初七日丁未条，中国藏学出版社，2006年，第228页。

⑤ Clements R. Markham, C. B., F. R. S, *Narratives of the Mission of George Bogle to Tibet, and of the Journey of Thomas Manning to Lhasa*. Trübner and CO., Ludgate Hill, 1876, p. 129.

⑥ （清）方略馆编，季垣垣点校：《钦定廓尔喀纪略》卷三，乾隆五十六年九月二十八日庚子条，第111页。

尔银币需求量增加时，尼泊尔银币的价值增高。从中也可看出，随时间推移，尼泊尔银币的流通范围在西藏逐步扩大，藏民对尼泊尔银币的使用率不断提高。而西藏大量的白银外溢，也使尼泊尔获得巨额的利润收入，成为银币贸易中的实际获利者。

二、尼泊尔铸币在西藏的流通

尼泊尔银币在中方文献中多被称为章噶（ཏམ་ཀ）①。外文文献常用“tangka”指代尼泊尔于1640年货币改革以前发行的“坦卡银币”。在其货币改革后发行的银币被称为莫哈（Mohur/Mohor/Mohar），有时也写作曼德马利币（Mandermali/Mehnder-mulie/Mahendramalli）。藏尼双方正是以签订协约的方式，使得尼泊尔银币大量流入西藏市场，从当时清代文献中也可见众多有关在藏流通尼泊尔银币的记载。私人编撰最早的清代西藏地方志《藏纪概》描述藏地流通的尼泊尔银币样式为：“银钱与中国制钱式同。体圆无孔，面背俱镂经文，每文钱有值分起加置一钱，五分而止。成色对中华九七之高。”②此为雍正时代早期尼泊尔银币样式，最为凸显的特点是其纯度极高。于乾隆初成书的《西藏志考》云：“通用皆系银钱，每文重钱半。上铸番字、花纹，名曰‘白丈’，以银易钱而用之。”③ 该志最早点明了尼泊尔银币名称——白丈，并阐述了其“以银易钱而用”的特点，指出藏地贸易“通用皆系银钱”，可见此时开始，尼泊尔银币的流通范围在西藏地方已然扩大。《西藏志》云：“通用皆银钱，每个重一钱五分，上铸番字花纹，其名曰白丈，以银易钱而用。”④ 该志主要在先前地方志的基础上，补充介绍了尼泊尔银币一钱五分之价值和重量。陈克绳称西藏地方：“交易以银为钱……铸自白布。”⑤“铸自白布”则更加明确指出了此时在藏流通的银币系尼泊尔打造。此为清代前中期西藏使用尼泊尔银币之梗概。

---

① “章噶”一词为藏语音译，是西藏流通硬币的统称。既指尼泊尔银币，亦指西藏地方政府发行的金、银、铜币，该词还具有藏币计算单位的含义。

② （清）铁船居士纪次，奎峰山人读辑：《藏纪概》卷之尾，《中国西南文献丛书》第3辑第19卷，兰州大学出版社，2003年，第109页。

③ （清）佚名：《西藏志考》，李德龙主编：《中国边疆民族地区抄稿本方志丛刊》，中央民族大学出版社，2010年影印本，第165页。

④ 《西藏志》，《西藏研究》编辑部编：《西藏志·卫藏通志》合刊，西藏人民出版社，1982年，第31－32页。

⑤ （清）陈克绳：《西域遗闻》，骆小所主编：《西南民俗文献》第4辑第5卷，兰州大学出版社，2003年影印本，第215页。

根据古钱币学家瓦尔什（E. H. C. Walsh）所写《尼泊尔的铸币》（*The Coinage of Nepal*）① 一文，其时尼泊尔马拉王朝三个王邦特定为西藏打造的，仅限于西藏本地流通的银币有：加德满都国王普拉塔普·马拉于1641年发行的银币、帕坦国王史瑞尼瓦萨·马拉（Śrīnivāsa Malla）于1661年发行的银币、巴德岗国王布胡帕汀德·马拉（Bhūpatīndra Malla）于1696年发行的银币、拉纳吉特·马拉（Raṇajita Malla）于1722年发行的银币。随后在廓尔喀国王帕拉塔普·西姆哈（Pratāpa Siṁha）与西藏地方签订相关铸币条约后，于1775—1777年为西藏发行了含银量为68%的特铸币，尼泊尔为西藏地方打造特铸币的样式如下图所示。

加德满都国王1641年为西藏打造的特制银币②

帕坦国王1661年为西藏打造的特制银币③

巴德岗国王1696年为西藏打造的特制银币④

巴德岗国王1722年为西藏打造的特制银币⑤

廓尔喀国王1775、1776年发行的银币⑥

尼泊尔马拉王朝与沙阿王朝为西藏打造的特铸币

除上述尼泊尔特铸银币之外，三个王邦的自用货币也会通过藏尼日常商业贸易的方式进入西藏市场，所以当时西藏地方也存在流通尼泊尔本土银币的情况。

在藏尼建立银币贸易后，流入西藏的尼泊尔银币在当地主要的经济生活、工钱税收、宗教往来和传统习俗等方面都扮演了极为重要的角色。

---

① E. H. Walsh, The Coinage of Nepal, *Journal of the Royal Asiatic Society*, Vol. 40, Issue 3, 1908, pp. 659 - 759.

② E. H. Walsh, The Coinage of Nepal, Plate Ⅱ—10.

③ E. H. Walsh, The Coinage of Nepal, Plate Ⅴ—3.

④ 西藏自治区钱币学会：《中国西藏钱币》，中华书局，2002年，第50页。

⑤ E. H. Walsh, The Coinage of Nepal, Plate Ⅱ—4.

⑥ 西藏自治区钱币学会：《中国西藏钱币》，第54页。

首先，尼泊尔银币进入藏地后，虽然在大宗贸易时西藏地方上下仍有使用金银进行交换的习惯，但是在更为广泛频繁的日常买卖中，银钱开始占据主流地位。清人陈克绳的《西域遗闻》中有载："（西藏）大市以银钱，小市以哈达、茶油互易。"① 这点明此时在西藏的大型市场交易中银钱开始普及，且据大将军福康安奏报："藏地东至拉里，西通各部落番民，习使银钱，骤难更易。"② 从中可见，银钱在西藏地区的流通范围逐渐扩大。而曾于18世纪80年代受英属东印度公司所派前往西藏的塞缪尔·特纳（Samuel Turner）在其记述中也谈道："这（尼泊尔银币）是西藏当地用于购买生活必需品的唯一货币。"③

其次，在西藏地方和尼泊尔开展银币贸易后，藏尼间此前便已存在的多条商贸通道也随之焕发生机，双方往来的商人开始增多。在一些重要的隘口上，藏、尼双方会设立关卡，对过境民众征收商税。以聂拉木为例，18世纪早期前往西藏的耶稣会传教士德西迪利（Desideri）神父谈道："有众多的国外商人经过库底（Kutti）……这里的边境税收相当可观"，"经过库底的是克什米尔、印度斯坦、亚美尼亚和尼泊尔商人，他们的货物都被完好且安全地打包……货物按重量交税……若包裹较小，则按其内容征税……由库底进入西藏的人无须缴税，但从此离境，每人征收两个曼德马利币（Mandermali）。"④ 汉文史料中亦载："惟济咙、聂拉木抽收税课，尚属无多……至巴勒布商民运米来藏，各物除米石外，其余并不在边界纳税，只由该营官记明包数，禀知货物商上。到藏后，不论粗细，每包纳银钱一元。即金花、缎匹、珊瑚、珍珠、细软之物，亦皆系按包收税。惟红花不以包计算，每一克即纳银钱一元。"⑤

除关税外，西藏地方将日常税收折算成银钱上交之例也较多。清中央政府规定："番寨租赋，有以银钱折交物件者，商上收纳时，即照所定兑换之数，按新铸旧铸分别折收，不得稍有浮多。"⑥ 在藏地"其远处寨落难以运者，各以银钱折交。惟番民有牛

---

① （清）陈克绳：《西域遗闻》，《西南民俗文献》第4辑第5卷，第209页。

② （清）方略馆编，季垣垣点校：《钦定廓尔喀纪略》卷四七，乾隆五十七年十二月初六日庚午条，第721页。

③ Samuel Turner, *An Account of an Embassy to the Court of the Teshoo Lama, in Tibet; Containing a Narrative of a Journey Through Bootan, and Part of Tibet*, W. Bulmer and Co. Cleveland Row, 1800, p. 372.

④ Ippolito Desideri, *An Account of Tibet: The Travels of Ippolito Desideri of Pistoia, S. J.*, 1712－1727, Routledge Curzon, 2005, p. 130.

⑤ 《卫藏通志》卷十一《贸易》，《西藏研究》编辑部编：《西藏志·卫藏通志》合刊，第331页。

⑥ 《卫藏通志》卷十二《条例》，《西藏研究》编辑部编：《西藏志·卫藏通志》合刊，第344页。

羊群者，系每牛二头，每年交银钱一圆，每羊十只，每年亦交银钱一圆”①。另，“达赖喇嘛所属百姓及各庄头，每年按所种地亩交纳青稞麦豆折色银钱，亦有定额。旧例，此三项粮食，每三克折交银钱二两，应交番钱十三个零五分；其应交粮食一克者，止折番钱一个零五分。又有应交草料、柴薪者，旧例：系夥种十三克籽种地亩为一户，每户每年应折交草料银钱五钱、柴薪银钱八钱；牛一头，二年交银钱半个；绵羊十只，二年交银钱一个；山羊二十只，二年交银钱一个”②。凡此种种，西藏各地上交折色银钱之例不胜枚举。此为当时西藏地方使用钱币缴税之大体情形。

银钱亦可用于雇夫和乌拉日常的工钱结算中。据载，当时一名割芦草的雇夫每日需给银钱二圆；向商上运送粮草的雇夫每天每名给银钱二圆以上……在布达拉宫的夫役一年需用钱七千二百圆；而色拉、别蚌、千殿、大昭寺、小昭寺五寺一年需自费二千三百七十六圆雇佣夫役，大小衙门雇佣乌拉和通事一年需花费银钱四千二百圆；背运柴草和念经所用物及修补房屋等雇佣乌拉需用钱四千八百圆。③

尼泊尔银币除具有货币职能以外，有时也会被当作布施或赏赐的物品。如西藏地方政府的噶布伦丹津班珠尔就多次提到藏地上层僧侣赏赐尼泊尔章噶的情景。譬如：“抵达扎什伦布，迎请上世怙主班禅一切智金刚持洛桑白登益西，供养扎什伦布僧众茶粥1天……尼泊尔银章喀各1枚。”④ 又有《卫藏通志》所载：“札什伦布寺内众喇嘛每日零用银钱、糌粑、工食，并与前数辈班禅念经，又于各寺院熬茶，散布施，共费……银钱十万一千三百五十个。”⑤

除此之外，在西藏的刑法中也有以上交银钱作为惩治手段的条例：“如二姓斗殴致命者，将尸弃水，凶手只罚银钱充公，并给尸亲念经，或银若干，牛羊若干，追比全完而释之；无银则缚弃水中，籍没其家……至争斗打架告理者罚银，曲多直少，犯而不告者，各重罚。无银则以长棍责释。若犯奸情，止罚银钱，随其贫富多寡不等，抑或责释。”⑥

最后，在西藏地方传统丧葬习俗中，也有使用银钱的记载。在西藏有专人对需实施

---

① 《卫藏通志》卷九《镇抚》，《西藏研究》编辑部编：《西藏志·卫藏通志》合刊，第317页。

② 《卫藏通志》卷十四上《抚恤上》，《西藏研究》编辑部编：《西藏志·卫藏通志》合刊，第458页。

③ 《卫藏通志》卷十四上《抚恤上》，《西藏研究》编辑部编：《西藏志·卫藏通志》合刊，第470页。

④ 丹津班珠尔著，汤池安译：《多仁班智达传——噶锡世家纪实》，中国藏学出版社，1995年，第38页。

⑤ 《卫藏通志》卷十四下《抚恤下》，《西藏研究》编辑部编：《西藏志·卫藏通志》合刊，第495页。

⑥ 《西藏志》，《西藏研究》编辑部编：《西藏志·卫藏通志》合刊，第32–33页。

天葬的尸身进行处理，这类“剐人之人，亦有牒巴管束，每割一尸，必得银钱数十枚”，而若有亲友前来吊唁，“穷者助以银钱一二枚”①，以聊表心意。

由此可见，尼泊尔银币涌入西藏市场后，在当地发展迅速。尼泊尔银币已融入西藏僧俗民众生活的各个方面。但是在流通过程中，该铸币也存在一定缺陷。即它的币值相对单一，没有小额辅币，这在藏民的日常经济交往中稍有不便。为能完善在藏流通的尼泊尔货币系统，藏民决定采取切割银币的方式，将尼泊尔银币剪碎成若干份，以作辅币找零，用以弥补现行通用货币之不足。

西藏民众对尼泊尔银币切割的方式主要有两种，第一是将银币中间的圆圈抠出，以银币上八瓣莲花数量为基准进行切割，最后再对边缘进行剪修。第二种方式则是采取“直线切割法”，即“切蛋糕法”，对铸币进行划分，该方式基本不受铸币图案的限制。清人陈克绳在《西域遗闻》中提及的切割方式与第二种切割方式类似。其曰：“交易以银为钱，大如五铢实，其中不可以贯上刊花纹。每圆重一钱五分，物价递少，则递剖其半，曰半个，曰又，曰须，曰撒。犹分厘之数，盖愚番不识戥星故也。”② 塞缪尔·特纳的记述也可与陈文记载互相佐证：“西藏民众会将尼泊尔银币对半切割或分成三到四部分。”③ 实际上，尼泊尔在其本土铸币中是具有小面值货币的，如四分之一莫哈、二分之一莫哈等，但此类货币因尼方考虑到自身利润等关系并未推广到西藏地方市场。

综上，流入西藏的尼泊尔银币开始渗透到藏民的日常生活中，在当地的经济交往里发挥各种作用，其货币职能也得以不断完善。同时通过西藏民众的努力也使得当地的货币系统渐趋完备，银钱在其时西藏市场上逐渐成为主流货币。

三、尼泊尔银币对西藏地方市场的控制及影响

就尼泊尔而言，其三个王邦的统治者为了保证银币贸易的利润，逐渐对西藏地方市场上的货币流通进行严格管控。在双方签订的条约中，尼泊尔一再强调其对西藏“享有唯一的铸币权”，“如果有其他国家的管理者伪造尼泊尔银币，并将这些伪币带到拉萨，西藏应该禁止其在藏流通，且任何带来伪币的人都应被逮捕，并遣送到廓尔喀接受惩罚”。④ 尼泊尔希望通过签订条约，从法律上确保其铸币在西藏具有的合法性，并排除其他国家或地区对在藏流通尼泊尔银币的干扰，阻止其他种类的铸币进入西藏，保证尼

---

① 《西藏志》，《西藏研究》编辑部编：《西藏志·卫藏通志》合刊，第29页。

② （清）陈克绳：《西域遗闻》，《西南民俗文献》第4辑第5卷，第215页。

③ Samuel Turner, *An Account of an Embassy to the Court of the Teshoo Lama, in Tibet; Containing a Narrative of a Journey Through Bootan, and Part of Tibet*, p. 372.

④ Sreedhar, Treaty Relations between Nepal and Tibet, pp. 244、259.

泊尔银币对藏输入渠道的唯一性。

同时，无论是尼泊尔马拉王朝还是沙阿王朝，都极力通过争夺位于藏尼边界的济咙和聂拉木等交通要塞，将西藏地方与南亚的贸易联系掌控在尼泊尔手中，使其成为当时西藏和南亚交通联系的必经之地。并且，威廉·基尔克帕特里克称："通过商业贸易，西藏将所有的银锭块带入尼泊尔，这些银锭块必须在加德满都被加工铸造，且不允许被带入印度斯坦。"① 尼方通过控制商道及严防西藏地方将银块输入其他国家的方式，掌控对藏银币贸易，并据此将西藏提供的大量金银与藏地特产运送到南亚地区，使尼泊尔可以从中获得巨额的经济利益。

尼泊尔通过对西藏市场的严加管控，一方面加强了西藏地方与尼泊尔的商贸往来；另一方面，也正如尼泊尔所愿，西藏对尼泊尔铸币的依赖程度加深，尼泊尔银币在西藏市场上开始享有垄断性地位。大将军福康安调查西藏当地情形后在上奏中称："查藏内贸易向来原因专赖廓尔喀银钱，并无别项银钱使用，是以易致居奇。"② 乾隆皇帝也谈及："藏内除廓尔喀钱文外，并无别部落之钱。"③ 除此之外，在西藏地方政府噶布伦丹津班珠尔的供词中也证实："向来藏里与廓尔喀相好，交通贸易一切买卖俱用廓尔喀银钱。"④ 且根据18世纪同在西藏的英属东印度公司特使塞缪尔·特纳的记述，尼泊尔银币是当时西藏市场上唯一的钱币。⑤ 在西藏地方志中也有类似表述："藏地行使银钱，向由廓尔喀铸造。"⑥ 从"专赖""俱用""唯一"等词即可看出尼泊尔银钱在西藏市场上的主导地位。此时尼泊尔卖方市场已渐成熟，在缺乏竞争压力督促的环境下，尼泊尔银币质量一落千丈，但藏民只能被迫接受。据此可基本判断，尼泊尔对西藏市场上流通货币的控制是成功的，该银币在当时西藏市场上近乎占据统治地位。万明教授曾言：

---

① William Kirkpatrick, *An Account of the Kingdom of Nepaul, Being the Substance of Observations Made During a Mission to that Country, in the Year 1793*, pp. 211 – 212.

② 冯明珠主编：《廓尔喀档》（第四册），《阿桂等遵旨议奏廓尔喀与唐古忒贸易无须派员经理并廓尔喀新钱无庸议定价值等事片》，乾隆五十八年正月初二日，第2127页。

③ 冯明珠主编：《廓尔喀档》（第四册），《大学士公阿桂等字寄大学士公福康安等奉上谕承办藏务之噶布伦须秉公拣选停止由喇嘛充当并酌量于达赖喇嘛或商上地亩内拨给办事用度方为周妥》，乾隆五十七年十一月二十二日，第1926页。

④ 冯明珠主编：《廓尔喀档》（第四册），《丹津班珠尔供词一分》，乾隆五十七年十一月二十一日，第1881页。

⑤ 参见 Samuel Turner, *An Account of an Embassy to the Court of the Teshoo Lama, in Tibet; Containing a Narrative of a Journey Through Bootan, and Part of Tibet*, p. 372。

⑥ （清）和宁著，池万兴、严寅春校注：《〈西藏赋〉校注》，齐鲁书社，2013年，第183 – 184页。

“货币是控制社会经济的重要手段。”① 尼泊尔通过发行西藏地方货币，开始在清初西藏经济市场占据主导作用。

尼泊尔银币于西藏市场流通形成垄断的同时，其硬币的货币形式也导致西藏市场上开始出现由“两”向“钱”过渡的趋势。自廓尔喀兴起后，由于加德满都谷地三个王邦均处于战乱之中，在沙阿王朝建立后廓尔喀与西藏地方政府在新旧币兑换问题上始终未能达成一致，以至于从18世纪中后期开始，尼泊尔向西藏地方输送银钱的数量和频率锐减，造成西藏市场出现银币短缺的情况。乾隆五十七年（1792），四川总督鄂辉向上奏称：“窃照藏内银钱缺乏，先经成德奏明令达赖喇嘛等暂造银钱，以资现在兵行之用。臣抵藏后与成德细加商榷，并差人持银赴街市易换，每银一两实只换钱六元有零，较之从前每两可换钱九元大相悬殊。遍加访察，实因自上年以来廓尔喀并无银钱来藏，而买卖人等交易多用银钱，势不得不换钱使用，以致钱价昂贵。”② 从中可以知悉，因此时西藏地方缺少银钱，为维持正常的市场运转，故西藏商上不得不铸造银钱以添补军民日常所需，缓解此前西藏地方市场上出现的尼泊尔货币短缺危机。且此时西藏地方已将“银钱”作为普遍的支付手段，在市场上必须“持银换钱”才能进行贸易，从将“银两”转化为“银钱”进行消费，即可看出银钱逐渐取代银两，并在市场中作为主流的通用货币已成其时常态。

上述谈及藏民切割尼泊尔银币，也是当地民众在缺少流通辅币的情况下，不得已做出的选择。藏民默契地以规则的切分方式，将裁剪后的银币充作辅币在本地流通，于西藏市场中被商民普遍接受，此举正是欲将尼泊尔银钱系统添补完整的表现。另外，后期马拉王朝所提供银币的纯度下降，而兑换西藏银块的价格却在上升，且西藏民众就该情况并无出现较大的排斥反应。由此可以看出：其一，因为西藏市场上尼泊尔银币已形成垄断，藏民无法通过选择其他货币取而代之的方式来抵制尼泊尔合金币；其二，在当地民众心中，尼泊尔银币已成为一种特定的价值符号，具有约定俗成的价值尺度，其不再是单纯的称量货币，故而尼泊尔银币含银量下跌亦能被当地民众所容许；其三，廓尔喀兴起后，向西藏地方政府所提欲将新旧币兑换比例设置为1∶2，却受到西藏时任噶布伦的拒绝。其中缘由亦是此兑换比例会使得西藏当地业已形成的银钱信用系统崩溃，这也成为此后藏廓冲突更为深层的原因。乾隆五十八年十月，驻藏大臣和琳向皇帝汇报官铸制钱在藏流通情况时就曾谈道：“惟藏中唐古忒僧俗番民及克什米尔、巴勒布商人并内

① 万明：《明代白银货币化：中国与世界连接的新视角》，《河北学刊》2004年第3期。

② （清）方略馆编，季垣垣点校：《钦定廓尔喀纪略》卷十三，乾隆五十七年十二月二十一日辛酉条，第250页。

地汉商、兵丁等下愚无知，不论银之成色高低，只论钱之兑换多寡。”① 据此便可看出，由于尼泊尔银币于西藏长期流通造成的深刻影响，以至于此时在藏民心中，白银称量货币性质的观念已渐趋淡化，并在西藏市场上出现“不论银之成色高低”，只讲求银钱“兑换多寡”的现象。西藏地方的货币形式开始从称量货币向计值货币转化。

故对西藏而言，通过与尼泊尔建立银币贸易，使得西藏地方在尼泊尔银币长达两百余年的浸染下，对尼泊尔银币的依赖日益加深，西藏地方市场中银钱系统不断完善，由“两”化“钱”的趋势逐渐明显，藏地的白银资本时代已悄然到来。

四、结语

16—18 世纪西藏与尼泊尔建立的白银贸易对西藏地方的经济发展产生了深远影响。对西藏而言，其通过白银贸易，使得大量银币流入该地市场，促进西藏地方逐渐展开白银从“贵重商品—银锭—银币”的转化，开启了西藏白银货币化的进程，货币形式开始由称量货币向计值货币变化。且白银在西藏的货币职能得到不断完善，西藏就此走进白银时代。同时，西藏白银货币化的过程又是极其特殊的，无论在白银供给还是铸币流入上，都超出西藏自身控制，其是借助清中央王朝提供白银和邻邦打铸硬币的力量，才得以进入白银资本转型的状态。而化两为钱的过程亦为此后“乾隆宝藏”币的流通奠定基础。然而不可否定的是，西藏通过与尼泊尔建立的银币贸易，也导致该地白银大量外流。且受尼泊尔货币主导的影响，在没有其他货币选择的情况下，当尼泊尔本土出现战争动荡，或尼泊尔与西藏发生关系危机时，西藏地方的市场经济遭受巨大冲击。由此可见，只有将西藏地方的货币系统纳入中央政府的严格管辖之下，才能避免当地的商业经济受国外势力的干扰和控制，才可保证西藏地方货币体系在较为稳定的市场环境中逐步发展，以此为背景，“乾隆宝藏”币最终得以应运而生。

作者简介：
杨璇，四川大学历史文化学院博士研究生。

① （清）方略馆编，季垣垣点校：《钦定廓尔喀纪略》卷五十四，乾隆五十八年十月十三日癸酉条，第 811 页。

清雍乾嘉时期瑞典东印度公司广州贸易的地位、作用与影响（1732—1806）[①]

汤开建　李嘉昌

[提要] 瑞典东印度公司在广州的贸易是清代中西贸易的重要组成，作为当时来华欧美国家的一员，尤其在18世纪中期，瑞典在广州口岸的茶叶贸易中颇具影响力。随着瑞典东印度公司在广州贸易的不断发展，瑞典本国的社会、经济、文化、艺术、生活、科学等多个方面均出现了多样的变化。同时中瑞贸易对中国产生的影响也逐渐加深，瑞典携带的白银和其他外国货物，在一定程度上丰富了中国人民的物质和文化生活。

[关键词] 清代；瑞典东印度公司；广州贸易；茶叶

在清雍正十年（1732）以前，中国与瑞典两个国家从来没有过直接的交往，而从雍正时期开启的中瑞两国长达75年的直航贸易，不仅推动了中瑞双方的经济文化交流，而且增进了两国人民的友好往来，在中瑞早期关系史上谱写了绚烂的篇章。毫无疑问，以瑞典东印度公司为主导的中瑞贸易，在清代广州对外贸易市场中占据一定份额，是清代中西贸易的重要组成，其持续数十年的对广州贸易，对中瑞双方均产生较为重要的影

---

① 本文系国家社会科学基金重大项目“澳门及东西方经济文化交流汉文档案文献整理与研究（1500—1840）”（项目批准号：19ZDA206）阶段性成果。

响。学界对瑞典东印度公司贸易史已有比较成熟的研究，① 对该公司在中国和北欧引起的一些文化和社会影响也有初步的讨论，② 然而就瑞典东印度公司在广州对外贸易体量中所占的比重，对中瑞双方产生何种影响，学界仍关注不够。故笔者在前人研究成果的基础上，广泛收集中西文史料，对这一问题进行系统性的探讨。

一、瑞典东印度公司来广州的直航贸易是清代中西贸易的重要组成

在1732—1806年瑞典东印度公司对广州展开贸易的这75年里，一同而来的西方国家主要有英国、荷兰、美国、瑞典、法国、丹麦等，共计2 607艘商船。其中英国公司和散商来船最多，且增长稳定，达1 536艘；18世纪80年代前，荷兰稳居次席，共计来船225艘，此后迅速被美国超越，于是美国成为继英国之下广州最大的外商群体，1806年前来广州的美国船只达360艘之多；再次则是法国、丹麦、瑞典，三国来船数量相当，分别为159艘、142艘、120艘，法国来船较多，但船只最小，多为500～800吨的中型船只，还有不少300～500吨的小型商船，瑞典船只最大但数量较少，18世纪60年代后多为850～1 200吨的大型船只，丹麦船的数量和体量均居于三者之间，可以说法、丹、瑞三国各有优劣，均是18世纪广州口岸中外贸易的重要组成。③ 其余西班牙、普鲁士、奥地利、意大利、葡萄牙、汉堡、奥斯坦德则来船很少，“五六年或十余年，偶尔一至”④。正如嘉庆十一年（1806）香山知县彭昭麟禀文中称：“广常通贸易者，只大小西洋、𠹭咭唎、咪唎㗂、荷兰、咈囒哂及嗹、喘等国。”⑤ 此正是史实的反映。

---

① Sven T. Kjellberg, *Svenska Ostindiska Compagnierna, 1731－1813: Kryddor, Te, Porslin, Siden*, Allhem, 1975；汤开建、李嘉昌：《清雍乾嘉时期瑞典东印度公司与广州贸易：1732—1806》，马建春主编：《暨南史学》第二十五辑，暨南大学出版社，2022年；何爱民：《瑞典东印度公司对华贸易研究（1731—1813）》，广东省社会科学院硕士学位论文，2022年。

② Kristina Soderpalm, The Swedish Trade, *Oriental Art*, Vol. 45, 1999, pp. 80－89; Nikoli Samoilov, The Swedis East India Company and Its Role in Sociocultural Interaction between China and Northern Europe, *Far Eastern Affairs*, Vol. 44, No. 2, 2016, pp. 132－148；尹建平：《瑞典东印度公司与中国》，《世界历史》1999年第2期。

③ 以上数据整理自 Paul A. Van Dyke, *Whampoa and the Canton Trade: Life and Death in a Chinese Port, 1700－1842*, Hong Kong University Press, Appendix 1.2a Ship Arrivals at Whampoa from 1720 to January 1816 (by year).

④ （清）樊屏：《驻防广州小志》卷2，《大关澳门监税》，海外广东珍本文献丛刊影印加拿大不列颠哥伦比亚大学图书馆藏道光二十二年自序钞本第1辑，第12册，第491页。

⑤ 《葡萄牙东坡塔国家档案馆藏清代澳门汉文文书》，档案编号：PT/TT/DCHN/1/6/000738。

在19世纪以前的半个多世纪里，瑞典是广州口岸十分重要的茶叶购买国。18世纪以后，英国成为中国茶叶商人最大的客户，但在1785年以前荷兰、瑞典、丹麦、法国等欧洲国家仍购买了大量的茶叶，整体购茶量超过英国。在1737—1785年，广州出口茶叶中瑞典约占七分之一，居第三位；英国居首，购买了三分之一的茶叶，荷兰次之约占五分之一，第四位为丹麦约占八分之一，第五位则为法国约占九分之一。但在1785年后，广州茶叶出口格局发生了根本变化，一方面因《折抵法》的施行，荷、瑞、丹等国的茶叶转口贸易遭到巨大打击，英国公司的茶叶购买额迅速飙升，占据整个广州茶叶出口的七成以上；另一方面，1784年后美国加入与广州的贸易，并稳步发展，成为继英国后的第二大茶叶购买商。相较而言，荷、瑞、丹、法等国的茶叶购买额逐渐下降，至19世纪初，瑞典的茶叶购买额只占5%，丹麦跌至2%，而荷、法两国则几乎退出广州的茶叶市场（以上分析均参见表1）。总体而言，瑞典虽是一个茶叶消耗小国，但其在中西贸易中的茶叶市场上仍能保有一定的影响力，然而因其转口贸易模式和瑞典本国茶叶消费的局限性，19世纪后逐渐从广州贸易中淡出，其贸易地位和影响亦随之下滑和减弱。

表1 1737—1804年部分年份欧美各国在广购买茶叶额①

单位：担

年份	总数	瑞典	占比	英国	占比	荷兰	占比	法国	占比	丹麦	占比	美国	占比
1737	39 040	5 000	13%	11 230	29%	8 750	22%	8 500	22%	5 560	14%		
1739	41 771	5 900	14%	15 971	38%	4 400	11%	9 000	22%	6 500	16%		
1741	—	8 550	—	13 345	—	—		9 450	—	6 400	—		
1750	70 842	12 629	18%	21 543	30%	9 422	13%	14 944	21%	12 304	17%		
1764	136 979	11 958	9%	53 000	39%	37 078	27%	14 586	11%	20 357	15%		
1768	121 224	11 209	9%	52 649	43%	38 701	32%	18 665	15%	10 870	9%	无来船	
1771	176 991	12 609	7%	106 000	60%	35 776	20%	12 323	7%	10 026	6%		
1772	171 463	20 602	12%	69 000	40%	36 635	21%	22 663	13%	22 497	13%		
1774	135 428	30 661	23%	14 716	11%	27 989	21%	34 467	25%	24 281	18%		
1775	125 125	19 220	15%	26 918	22%	36 929	30%	18 662	15%	21 253	17%		
1776	163 469	22 868	14%	41 820	26%	36 427	22%	42 893	26%	18 730	11%		

① 英国东印度公司档案：G/12/43，1738-01-04，p.71；G/12/42-43，1737；G/12/47，1739；R/10/5，1768-01-18-12-07，Diary 1768，pp.1-89；［美］马士著，区宗华译：《东印度公司对华贸易编年史》，广东人民出版社，2016年，第1卷，第325、336页；第2卷，第13-14、33、40、47、60、72、98、130、135、138、156、173、206、230、234、328、345、384、427、458页；第5卷，第143、163、185、205、229页。

（续上表）

年份	总数	瑞典	占比	英国	占比	荷兰	占比	法国	占比	丹麦	占比	美国	占比
1777	150 582	21 384	14%	49 962	33%	35 218	23%	27 332	18%	15 737	10%		
1778	127 764	24 437	19%	40 245	31%	34 152	27%	15 776	12%	10 414	8%		
1779	120 208	19 698	16%	23 621	20%	35 159	29%	无来船		29 877	25%		
1780	159 026	30 817	19%	69 445	44%	37 182	23%	无来船		17 560	11%		
1781	119 479	24 504	21%	63 489	53%	无来船		无来船		30 889	26%		
1783	235 789	36 592	16%	92 130	39%	24 974	11%	31 735	13%	24 030	10%		
1785	232 030	46 593	20%	103 834	45%	33 441	14%	3 500	2%	34 336	15%		
1785 年前年均	136 895	20 291	—	48 273	—	29 515	—	18 966	—	17 868	—		
1786	242 096	13 110	5%	157 116	65%	44 774	18%	2 867	1%	15 190	6%	8 864	4%
1787	266 895	21 682	8%	161 304	60%	41 162	15%	12 967	5%	19 980	7%	5 632	2%
1788	227 880	19 407	9%	141 218	62%	34 347	15%	2 191	1%	18 726	8%	8 916	4%
1791	142 440	11 935	8%	94 754	67%	15 385	11%	5 880	4%	无来船		13 974	10%
1792	216 657	11 698	5%	111 893	52%	22 039	10%	11 555	5%	6 395	3%	8 077	4%
1793	188 018	5 671	3%	148 250	79%	17 130	9%	无来船		无来船		14 115	8%
1795	156 500	20 699	13%	112 840	72%	无来船		无来船		无来船		21 147	14%
1797	229 661	10 508	5%	184 653	80%	无来船		无来船		9 848	4%	23 356	10%
1798	171 005	10 563	6%	93 771	55%	无来船		无来船		21 832	13%	42 555	25%
1799	215 865	3 336	2%	157 526	73%	无来船		无来船		8 492	4%	42 488	20%
1800	296 140	16 818	6%	223 493	75%	无来船		无来船		7 226	2%	35 620	12%
1802	281 442	10 703	4%	201 921	72%	2 290	0.8%	2 652	0.9%	6 466	2%	38 732	14%
1804	299 535	17 645	6%	213 800	71%	无来船		无来船		7 246	2%	54 902	18%
1768—1804 年年均	225 703	13 367	—	154 041	—	25 304	—	6 352	—	12 140	—	24 491	—

二、瑞典东印度公司的广州贸易对瑞典国家的经济文化产生了极为深刻的影响

瑞典东印度公司自 1731 年创办以来的百余年时间里，对瑞典的影响是极为深刻的。瑞典人很早就对中国文化产生兴趣，通过荷兰、法国等欧洲国家传入的相关信息以认识中国，在清瑞通商后，瑞典东印度公司成为瑞典了解中国的主要媒介，公司商船从中国

带回的茶叶、瓷器、丝绸和工艺品以及职员们的所见所闻，无不对瑞典社会经济文化生活等多个方面产生了影响。

（一）瑞典东印度公司的广州贸易带回货物产生的财富使瑞典走出了战争困境，促进了经济的发展

持续21年的俄瑞“北方大战”使瑞典陷入贫困的境地，而瑞典东印度公司通过广州贸易，将大量的财富源源不断地运回本国，其在促进瑞典经济恢复和发展上起到了相当重要的作用，尤其是第二和第三个特许状时期（1746—1786），这是瑞典与广州贸易回报率最高的40年，总回报达投资资金的300%～400%，作为商船始发地的哥德堡也因此逐渐繁荣起来。① 据表2可知，在广州贸易额较大的1772—1786年，瑞典总共向中国输入了价值79 149 231 daler smt的商品，平均每年5 276 615 daler smt，其中白银占到了94.41%；而运回的货物价值54 086 708 daler smt，平均每年3 605 781 daler smt，大宗为茶叶，占比达83.00%，其次是丝绸和瓷器，进出口比值约为1：1.46，瑞典是贸易顺差的一方，而进口到哥德堡的货物又转运出口赚取差价，获取的利润十分可观。另外还要提出的是，除了表格中记录的货物以外，还有极为丰富的瑞典铁、铅、铜等自然资源出口到广州，② 这些货物亦带回了丰厚的利润，促进了战后瑞典经济的恢复和繁荣，给其国民经济带来积极的影响。瑞典国内的造船业和其他工业在清瑞贸易的繁荣中也获得相当的发展，从18世纪50年代开始，瑞典已经能建造千吨以上的大船，其航行到广州一千吨以上的船只就有14艘，其中第一艘千吨以上的船只为“斯德哥尔摩城堡号”（1 111吨），第一艘1 200吨级别的大船为“特拉诺瓦号”（1 231吨），1798年时最大船只为1 327吨的“皇后号”首航广州，③ 这在当时欧洲国家的造船工业来说也是极为发达的。1732年在瑞典的斯德哥尔摩就成立了一家丝绸厂，十年后，它拥有织布机31台，此后工厂被安德斯·达尔曼森（Anders Dahlmanson）接管，并进一步发展了这项业务，在1754年时有102台织布机投入使用。瑞典的丝绸织造厂在1735—1759年逐渐发展，1740年时，有114台织布机和455名工人，产值为150 000 daler smt，1751年对应的数字是工人1 190名，织布机325台，产值475 272 daler smt；1756年上升到工人1 966名，织布机636台和产值919 666 daler smt；至1759年，则为工人2 624名，织布

① ［瑞典］比约恩·桑德马克撰，贡晓静译：《龙思泰与瑞典东印度公司》，《澳门研究》2015年第4期。

② ［美］马士著，区宗华译：《东印度公司对华贸易编年史》第1卷，第338页；Louis Dermigny, *Les Memoires De Charles De Constant Sur Le Commerce A La Chine*, S. E. V. P. E. N., 1964, pp. 299－300；英国东印度公司档案：G/12/58，1775，Import。

③ Paul A. Van Dyke, *Whampoa and the Canton Trade: Life and Death in a Chinese Port, 1700－1842.*

机 943 台和产值 1 300 000 daler smt。除了斯德哥尔摩以外，在阿灵萨斯、赫尔辛堡、哥德堡、克里斯蒂安桑塔德、玛丽斯塔德、诺尔雪平和厄勒布鲁都建有丝绸工厂。① 而瑞典丝绸工业的发展，其生丝的主要来源除了从法国和西班牙引进外，很大一部分就是从广州贸易运回。据乾隆二十七年（1762）的中文档案记录，当时清政府由于外国船只在中国购买的生丝过多，于是限定每艘外国船只只准“其配买土丝五千斤，二蚕湖丝三千斤”，② 这就是说瑞典每艘船每年可以从中国运回生丝 80 担。1785 年四艘瑞典船从广州运回的生丝数量为 281 担，平均每艘船约为 70 担。③ 如此稳定且具有一定规模的中国生丝运入瑞典而进入该国的丝绸织造业中，毫无疑问对瑞典丝绸织造业的发展产生了十分重要的作用。各项工业的发展和对外贸易给瑞典带回的财富，使得瑞典的农业人口占比从 90% 下降到 75%，瑞典逐步摆脱贫困的农业国状态。④

表 2　1772—1786 年瑞典东印度公司商船进出口货物估值⑤

运往广州货物	价值（daler smt）	占比	运出广州货物	价值（daler smt）	占比
白银	74 726 613	94. 41%	茶叶	44 891 393	83. 00%
铅	3 683 826	4. 65%	丝绸	3 159 114	5. 84%
毛织品	595 989	0. 75%	瓷器	1 830 872	3. 39%
葡萄干	116 856	0. 15%	南京布	1 585 204	2. 93%
酒	25 947	0. 03%	其他货物	2 620 125	4. 84%
总计	79 149 231		总计	54 086 708	
平均每年	5 276 615		平均每年	3 605 781	

① Sven T. Kjellberg, *Svenska Ostindiska Compagnierna, 1731 – 1813: Kryddor, Te, Porslin, Siden*, pp. 251 – 252.

② 《明清宫藏中西商贸档案》第 3 册，第 294 件，中国档案出版社，2010 年，第 1616 页。

③ ［美］马士著，区宗华译：《东印度公司对华贸易编年史》第 2 卷，第 130 页。

④ Bengt Johansson, *The Golden Age of China Trade*, The Standard Press, 1992, p. 20.

⑤ Sven T. Kjellberg, *Svenska Ostindiska Compagnierna, 1731 – 1813: Kryddor, Te, Porslin, Siden*, pp. 136 – 137.

（二）瑞典东印度公司的广州贸易带回的中国货物改变了瑞典国内人民的生活

瑞典东印度公司的广州贸易带回的中国货物对瑞典产生的影响是显著的，其中茶叶是清瑞贸易最为核心的商品。据瑞典学者斯文·凯尔伯格（Sven T. Kjellberg）的《1772—1786 年瑞典东印度公司商船进出口货物估值表》统计，茶叶占这一时期瑞典东印度公司运回本国货物价值的 80% 以上，反映了运入瑞典的中国茶叶数量巨大，除其中部分茶叶转口销出外，大部分茶叶还是由瑞典本国市场消费。特别是受邻国荷兰 17 世纪中期饮茶习惯兴起的影响，这种来自东方的奇特饮料所带来的文化也随之在瑞典国土上蔓延。大概在 17 世纪 80 年代，瑞典人已经开始习惯于喝茶，到 18 世纪初瑞典已经成为一个饮茶的国家，喝茶逐渐发展成为瑞典人的一种新的生活方式，所以瑞典东印度公司 1732 年第一次到广州购回的茶叶就有“红、绿茶共 2 183 箱，另有 100 件半箱装、6 件小箱装、23 件篮装、46 件筒装以及 422 件罐装或盒装茶叶”①，到 1785 年时运回瑞典的茶叶竟达 46 593 担，除了一部分转出口外，其他均为本国人消费，反映了瑞典国内的茶叶消费量也是很大的。瑞典人多采用英国人的喝茶方式，即在茶里加牛奶和糖。喝茶习惯的流行，导致了瑞典人对茶具的讲究。1695 年时，哥德堡进口了第一件茶具，茶杯、茶壶、茶盘及装茶叶的盒子在瑞典每次从广州进口的货物中都会占有一定的比例。1736 年进口的一批茶壶均为棕色，而他们更喜欢带红色的、江苏宜兴出口的上釉的陶壶，因此他们放弃了这批茶壶；后来中国流行棕色的茶壶，故 1750 年，“阿道夫·弗里德里克号”携带的货物中有 962 件棕色茶壶和 384 件瓷罐。瑞典上流社会对茶具的讲究更甚，他们往往在中国定制带有他们家族徽章的瓷器茶具带回瑞典，这成为他们上流社会享受生活的一种标志，如 1732 年第一次来广州贸易的瑞典商人科林·坎贝尔就曾在中国定制过带有“科林·坎贝尔家族徽章”的茶壶、茶碟等中国瓷器，反映了瑞典上流社会对于饮茶习惯的讲究。随着茶叶需求的旺盛，一些瑞典人产生了移植茶树的想法，1746 年瑞典植物学家卡尔·冯·林奈（Carl von Linné）在造访哥德堡触摸到茶叶时便提出了自己的设想，称“与其花珍贵的银子购买几片茶叶，不如获得一些健康的种子”②。林奈的学生彼得·奥斯贝克（Pehr Osbeck）对林奈的设想进行过一次尝试，1750 年他随“卡尔王子号”抵达广州，返航时，他计划携带一株茶树返回瑞典，可惜的是这株茶树

---

① Colin Campbell，*A Passage to China：Colin Campbell's of the First Swedish East India Company Expedition to Canton，1732 - 1733*，Preface，Royal Society of Arts and Sciences in Gothenberg，1996，p. xxxvii.

② Sven T. Kjellberg，*Svenska Ostindiska Compagnierna，1731 - 1813：Kryddor，Te，Porslin，Siden*，p. 211，219，222.

在返航途中因意外被人丢入大海。1763年时，“芬兰号”船长卡尔·古斯塔夫·埃克伯格（Carl Gustaf Ekeberg）前往广州贸易，带回了一株茶树，并最终成功移植，这是当时欧洲唯一一株茶树，被林奈命名为埃种茶（Camellia Ekebergia）。① 不过由于瑞典气候的缘故，移植茶树的计划未能有很大的进展。

图1　瑞典哥德堡市博物馆藏带有科林·坎贝尔家族和冯·霍普肯斯家族徽章的中国瓷器

中国瓷器也是为瑞典商人热衷购买的货物之一，如1732年首航的“瑞典国王弗雷德里克号”从广州带回瓷器151箱和1 801捆，共计499 061件；1736年，从广州运回的瓷器则有170箱和2 812捆；1740—1746年，总共从广州购买瓷器2 533箱、18 113捆和156桶，由11艘船运回；1747年运回瓷器97箱、1 407捆和26桶，总计239 823件；1750年运回瓷器229 334件，其中茶杯120 040个、咖啡杯25 751个、盘子18 720个、饭碗14 640个、巧克力杯12 751个等；1761年“卡尔王子号”拍卖出瓷器580 255件，最大买家为克拉斯·格里尔（Claes Grill）；1778年的“特拉诺瓦号”运回了瓷器214箱、601捆、35桶及9罐；到第三个特许状贸易时期（1766—1786）进口到瑞典的中国瓷器总数上升到11 342 263件。② 如此规模巨大的中国瓷器输入瑞典这个国土并不很大人口也不算多的国家，可以反映，从来是使用银器、铜器等家庭用具的瑞典人的生活习惯，已经被这些大规模运进来的“东方黏土”悄悄改变。对于中国瓷器的追求，在瑞典

① ［瑞典］彼得·奥斯贝克著，倪文君译：《中国和东印度群岛旅行记》，广西师范大学出版社，2006年，第168页。

② Colin Campbell, *A Passage to China: Colin Campbell's of the First Swedish East India Company Expedition to Canton, 1732 - 1733*, Preface, Royal Society of Arts and Sciences in Gothenberg, 1996, p. xxxvii; Sven T. Kjellberg, *Svenska Ostindiska Compagnierna, 1731 - 1813: Kryddor, Te, Porslin, Siden*, pp. 230 - 234.

的上流社会中是一件十分时髦的事情。在第一个特许状贸易时期（1731—1746），我们从瑞典的中国瓷器订单中可以找到28位贵族的姓名，如男爵斯特罗姆费尔特（O. R. Strömfelt）、伯爵夫人克里斯蒂娜·派珀（Christina Piper）、男爵冯·霍普肯（D. N. von Höpken）、国会议员埃伦普鲁斯（C. Ehrenpreuss）、短号乐手冯·埃森（G. von Essen）、神父索罗蒙·冯·奥特（Salomon Von Otter）、男爵夫人伊娃·克里斯蒂娜·霍恩（Eva Christina Horn）等。他们订购的瓷器大多有皇家或者地方州郡的印章，如1766年为瑞典王储古斯塔夫提供的瓷器就为珐琅颜色并带有金色城市纹章，前面所言瑞典东印度公司创始人科林·坎贝尔订购的瓷器就有他们家族的苏格兰大纹章。从中国运往瑞典的瓷器不仅数量多，而且品种齐全，风格各异，其配色以蓝白为主，其瓷器图画的风格各式各样，既有欧洲风格的城堡、房屋、人物、船只、神话故事等图案，也有中国风格的动植物、风景等式样，还有一些专门定制的人物、鹤、鸭子、牛等形象的瓷器工艺品。大量中国瓷器作为家居装饰品和日用品充斥于瑞典的皇宫和贵族府邸，因瓷器生意的繁荣，瑞典东印度公司甚至被一些人称作“瑞典东印度瓷器公司”（kompaniet införda porslinet ostindiskt）。特别值得一提的是，在瑞典隆德大学图书馆还藏有一套18世纪《景德镇瓷器制作工艺流程图》，共有50幅水粉画，描绘了景德镇瓷器制作的全过程。这套图画后收入由唐英编撰的《景德镇陶录》① 中，我们相信这一套《景德镇瓷器制作工艺流程图》被带入瑞典，不仅仅表现了东方艺术在瑞典的传播，更重要的是将中国瓷器制造的工艺技术也传进了瑞典。这无疑为18世纪北欧地区的瓷器制造工业的发展提供了极好的借鉴。

生丝的输入是瑞典丝绸工业发展的需要，而大量丝织品进入瑞典，除了转口贸易产生利润以外，就是进入了瑞典人的日常生活之中。来自中国江南的丝绸织品在瑞典深受欢迎，因为江南的丝绸是当时中国质量最好的丝绸，它们不仅有质量上乘的面料，而且款式特别，强调花边，像蕾丝一样“开放”地编织，用于夏季服装。在中国人使用的其他面料中，提到了各种不同颜色的锦缎、条纹缎、黑色南京缎、粗塔夫绸、薄马海毛，绣有各种花卉和条纹。中国人喜欢两种丝绸：一种是缎子，比欧洲制造的更结实，光泽度也更低。这些缎子有些是纯色的，有些则有花、树、鸟、蝴蝶等图案；另一种是一种塔夫绸，中国人以此制作内裤和衬里衣服，很厚实。瑞典船只第一次航行广州返回时，带回的丝绸面料就有瑟格林（chagrin）、兰帕斯（lampas）、帕德索黄（padesoy gul）、芡实白花（gorgerons vit blommig）、天鹅绒黄（sammet gul）等锦缎，这些质量上乘、极为漂亮的丝绸面料在瑞典市场上引起了极大的骚动；第二次航行带回的丝绸织品有3 819件，其中图案各式各样，包括花卉、蛾纹、条纹等，颜色则有黄色、天蓝色、花黄色、深蓝色、深绿色、橙色、紫色、猩红色、黑色、白色；在1740年哥德堡的拍卖会上售

---

① Sven T. Kjellberg, *Svenska Ostindiska Compagnierna, 1731 - 1813: Kryddor, Te, Porslin, Siden*, pp. 225, 228, 245, 247 - 248.

出的丝绸有 7 484 件；在 1772—1786 年的广州报告中，瑞典购回的丝绸价值 3 159 114 daler smt，是当时购回货物中排名第二的商品。① 每年如此数量的中国丝织品进入瑞典市场，毫无疑问，对于当时已经开始追求中国时尚的瑞典上流社会的生活将产生重大的影响。

图 2　瑞典隆德文化馆藏 18 世纪广州出口的各色丝绸

除了上述茶叶、瓷器、生丝和丝绸这三种最为重要的商品外，输入瑞典的中国商品还有很多门类。据法国商人贡斯当（Charles De Constant）的回忆录称，1803 年瑞典船购回的货物有：

> 明矾 2 担，桂皮 174 担，桂子 20 担，编织物 6 担，果酱 5 担，土茯苓 37 担，高良姜 161 担，木制家具 4 担，黄白南京丝 887 担，鞭炮和烟花 5 担，瓷器 969 担，彩色玻璃珠 1 担，大黄 204 担，西米 79 担，丝绸织物 31.5 担，糖 54.5 担，糖果 85 担，绿茶 1 359 担，红茶 26 263 担。②

贡斯当这一份货物单并不是运回瑞典的全部货物，还应包括生姜、沙藤、西米、扁豆和亚力酒在内的各类食物、饮品，③ 上述货品主要是一些日常生活用品，这些从中国

① Sven T. Kjellberg, *Svenska Ostindiska Compagnierna, 1731 - 1813: Kryddor, Te, Porslin, Siden*, pp. 137, 252 - 254.

② Louis Dermigny, *Les Memoires De Charles De Constant Sur Le Commerce A La Chine*, pp. 304 - 305.

③ ［美］马士著，区宗华译：《东印度公司对华贸易编年史》第 2 卷，第 231 页；［瑞典］彼得·奥斯贝克著，倪文君译：《中国和东印度群岛旅行记》，第 165 - 167 页；Louis Dermigny, *Les Memoires De Charles De Constant Sur Le Commerce A La Chine*, pp. 304 - 305.

运回的生活用品也受到了瑞典人的欢迎。如亚力酒，这是一种阿拉伯人的蒸馏酒，元人译为阿剌吉，元代传入中国，后演变为中国烧酒，在瑞典大受欢迎。据统计在 1769—1789 年，瑞典平均每年进口 645 桶亚力酒，约 1 691 升；1799—1806 年则增加至 7 716. 5 桶，约 20 217 升。这些亚力酒被用于生产宾治，这种饮料在今天瑞典乌普萨拉（Uppsala）的学术圈中仍很流行。① 大黄则是在广州被限制出口的一种珍贵药材，也是为外国商人极为看重和希望采购到的中国商品，为外国人“日用所必需”。② 1769—1810 年的海关数据表明，对瑞典出口大黄总共约14 764 公斤，平均每年出口大黄 360 余公斤。1752 年 1 月 1 日的彼得 · 奥斯贝克的日记称：他们以很低的价格购回了大黄 4 171 磅，共 24 箱，带回了药房。③ 高良姜也是瑞典商人采购回国的重要中国物品，1748 年进口了 9 380 磅，1750 年进口了 8 828 磅。桂皮从 18 世纪 70 年代开始为瑞典商人所采购，直到贸易的结束，平均每年购买 1. 2 吨。④ 瑞典人从中国购买食糖比较晚，应该是从 1792 年开始，当时购回的食糖是 4 担，⑤ 1792—1809 年共进口糖 686 728 磅，约 291. 8 吨。特别值得一提的是，瑞典还从广州进口中国的木制家具，1737 年“三冠号”就带回 800 张不同图案的四边形茶几、100 张圆形茶几和 40 张椭圆形游戏桌；1740 年“哥德堡号”带回了 4 张游戏桌子；1803 年购回木质家具 4 担。另有资料报道，瑞典东印度公司代表国王从中国总共带回了 1 754 个“钟台”和 1 766 件家具，这些家具都是以礼物的方式赠送出的，⑥ 在卓宁霍姆城堡建成的中国宫（The Chinses Palace）中陈设的中国家具就是来自广州贸易。五花八门的中国日常生活用品大规模地输入瑞典，应该说在一定程度上给瑞典人民的生活带去多样的影响。

---

① Sven T. Kjellberg, *Svenska Ostindiska Compagnierna, 1731 - 1813: Kryddor, Te, Porslin, Siden*, p. 259；［英］尼尔 · 肯特著，吴英译：《瑞典史》，中国大百科全书出版社，2009 年，第 104 页。

② （清）汤彝：《盾墨》卷四《市舶考》，续修四库全书影印清道光十六年居溥序刊本第 445 册，第 100 页；《清代外交史料 · 嘉庆朝》第 3 册，成文出版社影印民国二十二年排印本，1968 年，第 249 页。

③ ［瑞典］彼得 · 奥斯贝克著，倪文君译：《中国和东印度群岛旅行记》，第 167 页。

④ Sven T. Kjellberg, *Svenska Ostindiska Compagnierna, 1731 - 1813: Kryddor, Te, Porslin, Siden*, p. 260.

⑤ ［美］马士著，区宗华译：《东印度公司对华贸易编年史》第 2 卷，第 231 页.

⑥ Sven T. Kjellberg, *Svenska Ostindiska Compagnierna, 1731 - 1813: Kryddor, Te, Porslin, Siden*, pp. 267 - 268；Louis Dermigny, *Les Memoires De Charles De Constant Sur Le Commerce A La Chine*, pp. 304 - 305.

图3　瑞典历史博物馆藏18世纪从广州带回的中国木制家具

随着中国影响的加深，中式风格的建筑在瑞典逐渐成为一种风尚，其中最为著名的中国风格建筑当数斯德哥尔摩皇后岛卓宁霍姆城堡中的中国宫。该宫殿由卡尔·阿德尔克兰茨（Carl Frederik Adelcrantz）设计，其内装饰着各种中国家具，这是1753年7月国王弗雷德里克一世（Fredrik I av Hessen-Kassel）赠送给王后路易莎·乌尔丽卡（Luvisa Ulrika）的结婚礼物，正是在这位君主的支持下，瑞典东印度公司开启了中国的探险。①毫无疑问，从中国进口的商品对瑞典的社会生活和消费方式形成有很大的影响，瓷器、丝绸、中式家具和手工制品已经成为瑞典人高雅生活的象征之一。②

图4　1753年建成的瑞典卓宁霍姆城堡的“中国宫”

① 李明：《瑞典“中国宫”的形成及其风格》，任继愈主编，《国际汉学》编委会编：《国际汉学》第4辑，郑州：大象出版社，1999年，第162页。

② ［瑞典］默尔纳：《瑞典东印度公司与中国》，《北京社会科学》1988年第1期。

（三）瑞典东印度公司的广州贸易在一定程度上促进了瑞典科学文化事业的发展

首先，部分科学家作为瑞典东印度公司职员前往中国的经历，对瑞典的科学发展具有十分重要的意义。特别是斯德哥尔摩科学院（The Academy of Science）的成员在中国的游历，为瑞典的植物学、动物学、医学等学科积累了丰富而翔实的一手材料和实物，推动了瑞典自然学科的发展。最早前往中国的植物学家是克里斯托夫·泰斯特罗姆（Christopher Terström），他在1746年乘坐“卡尔玛号”前往中国，对广州一带的植物状况进行了调查。① 此后著名植物学家彼得·奥斯贝克在其老师卡尔·冯·林奈的提议下，作为“卡尔王子号”牧师于1750年前往广州，在广州的四个多月时间里，他在广州郊区和黄埔收集和描述了大量的植物资料，他的随船旅行见闻《中国和东印度群岛旅行记》如今已被翻译出版，对于研究植物学、航海史都极具意义。另外如约翰·弗雷德里克·道尔曼（John Fredrik Dalman）亦曾于1748—1749年在广州和澳门停留，记录了很多中国动植物学方面的内容；② 来自哈兰的斯拉普斯村（Släps）的古斯塔夫·弗雷德里克·约特伯格（Gustaf Fredrik Hjortberg）也是科学院成员，他曾作为公司商船的随船牧师3次游历中国，也记录了很多翔实的数据。③ 从中国带回瑞典的一些植物、药物对瑞典本身也是很有价值的，如瑞典东印度公司来广州所购货物中就有“专供瑞典药房的金鸡纳霜”的记录，④ 金鸡纳是葡萄牙人传入中国的一种重要药物，⑤ 这类药物经由广州再转运至瑞典，对其医学的发展是有影响的。

其次，瑞典东印度公司商船还带回来为数不少的中国美术作品，其中既有中国传统的山水画、人物画、花鸟画，还有18世纪后在广州口岸兴起的“外销洋画”及玻璃画，如1733年有60幅从广州购回的中国画转卖给国外；1752年带回描绘中国船只的98幅水彩画，还有一幅非常大的描绘广州商馆的宣纸水彩画；1764年购回4面绘有海上风景和帆船、中国官吏和满族妇女的玻璃画；1771年带回276幅中国画匠的图画；1773年从

---

① 张静河：《瑞典汉学史》，安徽文艺出版社，1995年，第4页。

② 王梦达：《澳门在瑞典东印度公司运作时期的文化形态》，珠海市委宣传部等编：《珠海、澳门与近代中西文化交流》，社会科学文献出版社，2010年，第115－117页。

③ ［英］尼尔·肯特著，吴英译：《瑞典史》，第111页。

④ Tore Frängsmyr, *Ostindiska Kompaniet*, Bra böcker, 1976, pp. 52－54，转引自王梦达：《澳门在瑞典东印度公司运作时期的文化形态》，第114页。

⑤ 汤开建：《天朝异化之角：16—19世纪西洋文明在澳门》下卷，暨南大学出版社，2016年，第1062页。

广州带到瑞典的有广州同文行行商潘启官人物肖像画。① 这些由中国人创作的各种类型的美术作品不仅被收藏于贵族宅邸和博物馆，它们甚至被很多欧洲人模仿学习，将中国的艺术真正地传进了这一世界北端的极地之国。

图5　瑞典哥德堡历史博物馆藏18世纪80年代的中国画

图6　1770年吉恩·亚伯拉罕·格里尔从广州带回的中国画

中国文化对瑞典的深刻影响，也影响到了统治者对中国的认识和看法，瑞典国王古斯塔夫三世（Gustav Ⅲ）在1772年的一场演讲中称：

> 目前世界上有哪些国家，她们的宪法是符合公众社会要求的？古老的中国早已显示出这样一种状况：一方面，这个国家的哲学观与自然法则相吻合，因此国家重视和鼓励农耕活动，这项国策导致法律形态与人类精神趋于健全并且与公众的福利要求相和谐；另一方面，这种哲学观要求人人都与这个社会组织相适应并且自觉接受贤明君主的统治。中国，其社会制度仅仅适合于这样一种模式：统治者以其特殊的思想，在他所统治的土地上建立起父亲般崇高的威信、崇拜和荣誉，这方面的成功远远地高于其他国家的君主。②

---

① Paul A. Van Dyke：Miscellaneous References to Artisans of the Canton Trade 1700－1842，in *Review of Culture*，No.59，2019，p.127，132；Sven T. Kjellberg，*Svenska Ostindiska Compagnierna*，*1731－1813*：*Kryddor*，*Te*，*Porslin*，*Siden*，p.269；瑞典哥德堡历史博物馆，档案编号：GM：4513。

② 张静河：《瑞典汉学史》，第8页。

瑞典国王将中国描述成一个统治十分成功的国家，并且十分“重视和鼓励农耕活动”，也正因此“重农主义”思想影响着中国统治者的施政策略。① 故《瑞典汉学史》的作者张静河先生称：“瑞典东印度公司的商业活动，该公司的商船从中国运回了大量的工艺品与生活资料，如瓷器、茶叶、漆器、丝绸和其他纺织品，这些东西逐渐进入很多瑞典家庭。同时，瑞典商船还携带了一批科学家前往中国进行科学考察，他们的成果大多陆续发表，对传播中国文化起了积极的作用。”② 这就成了瑞典汉学起源的一条最为重要的渠道。

三、瑞典东印度公司广州贸易对中国产生的影响逐渐加深

瑞典东印度公司广州贸易对中国产生的影响是逐渐加深的，因为最初来广州的瑞典船只既少，船的吨位也不大，所以输进中国的货物也不多，直到第二个特许状贸易时期，瑞典的对广州贸易才真正地走向繁盛，带进中国的货品越多，对中国产生的影响也就越大。

（一）瑞典东印度公司是广州口岸白银输入的重要参与者

瑞典与中国的贸易始终建立在输入白银的基础上，明清之际欧洲人为购买中国的茶叶、瓷器、丝绸等货物，向中国输入了大量日本和美洲的白银。在 18 世纪中，瑞典并不是白银输入中国的主力军，但作为当时广州口岸对外贸易的一个重要参与者，其输入白银的数量及其对中国经济产生的影响仍是不可忽视的。瑞典东印度公司驶抵广州的 120 艘船中，我们知道其中 33 艘船只共载 1 071 箱白银，平均每艘船只携带 32. 45 箱，③ 一箱一般装载 4 000 西班牙银圆，④ 每银圆可兑换 0. 74 两白银，⑤ 如此估算，则总计 120 艘来华瑞典东印度公司商船应总计输入了 3 900 箱白银左右，共计约 1 560 万银圆，即白银 1 154. 4 万两。据马士统计的 1768—1788 年中的 15 年欧洲 7 国对华输入的白银数量，

---

① Bengt Johansson, *The Golden Age of China Trade*, p. 131.

② 张静河：《瑞典汉学史》，第 2 – 3 页。

③ 数据整理自英国东印度公司档案：G/12/58, 1775, Import；［美］马士著，区宗华译：《东印度公司对华贸易编年史》第 2 卷，第 14、33、40、47、60、72、87、98、156、173 页；Bengt Johansson, *The Golden Age of China Trade*, pp. 107 – 109。

④ Sven T. Kjellberg, *Svenska Ostindiska Compagnierna, 1731 – 1813: Kryddor, Te, Porslin, Siden*, pp. 107 – 108.

⑤ ［美］范岱克著，江滢河、黄超译：《广州贸易：中国沿海的生活与事业（1700—1845）》，社会科学文献出版社，2018 年，第 2 页。

英国为第一，法国第二，荷兰第三，瑞典第四，而且瑞典与法国、荷兰两国相比数据相差不远，均在300万两以上，① 可以反映瑞典在欧洲各国输入中国白银数量中居于中上地位。值得注意的是，在18世纪70年代后期以后，英国输入中国的白银逐渐减少，但瑞典、法国、丹麦等国仍旧大量运来白银，② 瑞典作为白银的一个重要输入者，其输入中国的白银深刻影响着清中期的政治、社会经济和民众生活。

（二）随着瑞典东印度公司广州贸易不断发展，清人对瑞典的认识逐渐深化

清初之时，清人对瑞典知之甚少，虽知欧罗巴洲西北有一大国，名为雪际亚，但对其地理位置、风土人情、历史沿革等几乎一概不知，因而出现有如雪际亚、雪西洋、绥兰、绥沙兰、绥亦古、绥林、式费耶忒、西费耶斯科、匪马尔如等各类译名，③ 这均是清人早期对瑞典的称呼。自雍正十年瑞典通市广州以后，瑞典开始以嘣国或瑞国之名为清人逐渐认识，其最早可见于乾隆六年（1741）十二月十一日粤海关颁发给“哥德堡号”的船牌：“今据洋船商亚氏梦装载货物前往嘣国贸易”，④ 这应该是首次以“嘣”之名称呼瑞典，此后“嘣国”和“瑞国”便成为瑞典的专有称呼，因其商船和商馆悬挂蓝底黄十字国旗，清人也称之为蓝旗。⑤

随着清瑞贸易的日益发展，双方交往日渐频密，瑞典形象在中国的记载中逐渐准确而丰满。傅恒乾隆二十六年（1761）成书的《皇清职贡图》第一次绘制了瑞典人的图像，并予以了详细的文字介绍：

> 嘣国夷人：嘣亦荷兰属国，贸易于粤。其脱帽为礼，与荷兰相类，短衣革履，

---

① 1768—1774年的数据来源于［美］马士著，区宗华译：《东印度公司对华贸易编年史》第5卷，第163－229页；1776—1788年的数据来源于［美］马士著，区宗华译：《东印度公司对华贸易编年史》第2卷，第14－173页。

② ［美］马士著，区宗华译：《东印度公司对华贸易编年史》第2卷，第40页。

③ （清）穆彰阿监修：《嘉庆重修一统志》卷552《西洋》，四部丛刊续编上海涵芬楼影印清史馆藏道光二十二年进呈写本，第5页；（清）马齐等：《清圣祖仁皇帝实录》卷253，中华书局影印本第6册，1985年，第505页；（清）陈德培辑：《洋事杂录》，载《林则徐全集》第10册，《译编》，海峡文艺出版社，2002年，第5136页；（清）徐继畬：《瀛寰志略》卷4《欧罗巴》，续修四库全书影印清道光二十八年福建抚署刻本第743册，第77页。

④ 瑞典斯德哥尔摩皇家图书馆档案，档案编号：Kine/Ms/14，转引自［美］范岱克著，江滢河、黄超译：《广州贸易：中国沿海的生活与事业（1700—1845）》，第19页。

⑤ 《清代外交史料·嘉庆朝》第3册，成文出版社影印民国二十二年排印本，1968年，第300页。

常执藤鞭卫身。夷妇方领露胸，衣外束裙，折袖舒袂，以革为履，底缀方木似屐。喜以金缕合贮鼻烟，时时吸之。①

成书于乾隆二十六年的《钦定皇朝文献通考》记录的“瑞国”则称：

瑞国，在西北海中，达广东界俱系海洋，计程六万余里。国中土地平衍，有大山三：一曰庇高天牙礼花，阅三四年辄有光，烛天望之，若烟火，四面巉岩，壁立千仞，人迹不能到；一曰布农故巴梨，自山麓达于顶，俱白沙童，然无一草一木；一曰化伦仕高劳华，山中产红铜，民为开采纳于王。王所居土名仕的哥卢，国人会聚之地，土名乙顿巴梨，距王居七百余里。国中四面皆大泽，汪洋千顷，国人之散处者，非驾船不能往来。乙顿巴梨，盖泊船总汇处也。凡大市镇，当国人贸易之期，则有官司至，若古司市者。故市镇皆设馆舍，以供驻宿。置班衙，以供使令。其人信奉天主，俗同英吉利。

通市始自雍正十年后，岁岁不绝，每春夏之交，其国人以土产黑铅、粗绒、洋酒、葡萄干诸物来广，由虎门入口，易买茶叶、瓷器诸物，至初冬回国。其国王姓名世系远者无考，近而可知者曰土的亚多，传子非里地力，非里地力传子亚敦·非里地力，是为今瑞国王云。②

《钦定皇朝文献通考》成书的时间，正是瑞典东印度公司对华贸易进入鼎盛之时，因此有关瑞典这一国家的准确信息也源源不断地传入中国，瑞典的地理、物产、风土、人情及国王之传承都已大体为中国人所掌握，故记录在中国的各种文献和典籍中。

（三）瑞典东印度公司的广州贸易丰富了中国人民物质和文化生活

瑞典商人携来广州的货物门类繁多，《钦定皇朝文献通考》载：“通市始自雍正十年后，岁岁不绝，每春夏之交，其国人以土产黑铅、粗绒、洋酒、葡萄干诸物来广，由虎门入口，易买茶叶、瓷器诸物，至初冬回国。”③ 嘉庆朝《钦定大清会典》亦称：“端国

① （清）傅恒：《皇清职贡图》卷1，台湾商务印书馆影印清文渊阁四库全书本第594册，第427－428页。

② （清）稽璜：《钦定皇朝文献通考》卷298，《四裔考》6，《瑞国》，台湾商务印书馆影印清文渊阁四库全书本第638册，第723页。

③ （清）稽璜：《钦定皇朝文献通考》卷298，《四裔考》6，《瑞国》，台湾商务印书馆影印清文渊阁四库全书本第638册，第723页。

土产黑铅、粗绒、洋酒、葡萄干，该国夷商来内地贸易，夏至冬归。”① 黑铅、粗绒、洋酒、葡萄干这四样瑞典土产应该只是瑞典输入中国商品的简略介绍，据英国东印度公司档案记载，1775 年两艘瑞典船运来货物有：

> 铅 4 720.73 担、铜 27.33 担、羽纱 299.17 担、胡椒 49.69 担、窗玻璃 4.85 担、镜子 22 件、酒 10 689 桶、白银 54 箱。②

而据法国商人贡斯当的回忆录称，1783 年的 3 艘瑞典商船运来货物的品种则更多：

> 钱币 493.73 担，铅 16 531.27 担，西洋参 932 担，钢 952.26 担，铜 116.51 担，葡萄干 359.28 担，骆驼绒 6 444 包，窗户玻璃 66.24 担，眼镜和镜子 240 片，铜器 6.20 担，烟草 0.44 担，胭脂虫 17.52 担，靛蓝 0.40 担，Bray sec（疑即硼砂）21.96 担，貂皮 5 张，狐狸皮 519 张，海豹皮 14 张，Baracan（巴拉坎厚呢）61.230 包。③

当然这还不是瑞典东印度公司运进中国商品种类的全部，还有其他的物品如木材、铁、锡、黄金、颜料、琥珀、珊瑚、檀香、衣料及少量鸦片。瑞典人运进中国最多的欧洲产品则是铅、胡椒、洋酒、葡萄干、毛织品及钟表。④ 黑铅是瑞典人输入中国最为重要的且居于首位的货品，黑铅又称石墨，是一种用途极为广泛、熔点较低的矿物，可以用于铸造钱币，制造铅弹、茶叶箱包装及玻璃等，所以对于清政府而言，黑铅的进口需求极大。瑞典东印度公司在输入黑铅的欧西各国中，应该算是最为重要的国家之一。以乾隆三十八年（1773）为例，这一年英国输入铅 29 196 担，丹麦输入 5 592 担，瑞典输入 4 333 担，荷兰输入 1 637 担，法国则只有 364 担，瑞典排名第三。瑞典输入中国铅数量最高的年份为 1775 年，共输入铅 4 720.73 担，其他时候大多为 2 000 余担。无论如何，瑞典在输入黑铅的国家中，其贸易量还是很大的，对于解决当时清政府在国内生产中黑铅的需求应该起到了相当大的作用。毛织品类也是瑞典人运进中国的主要货物之

---

① （清）托津等：嘉庆朝《钦定大清会典》卷 31《礼部·主客清吏司》，线装书局影印嘉庆二十三年序刊本，2006 年，第 15 页。

② 英国东印度公司档案：G/12/58，1775，Import。

③ Louis Dermigny, *Les Memoires De Charles De Constant Sur Le Commerce A La Chine*, pp. 299 – 300.

④ 瑞典斯德哥尔摩北欧博物馆档案馆档案，档案编号：T1_05627；［美］马士著，区宗华译：《东印度公司对华贸易编年史》第 2 卷，第 231 页；Colin Campbell, *A Passage to China: Colin Campbell's of the First Swedish East India Company Expedition to Canton, 1732 – 1733*, pp. 90 – 91; Mårten Pesson, *Jean Abraham Grill (1736 – 1792) – Affärsman Och God Administratör Eller Bara Simpel Skurk*, Lund, 2015, pp. 36 – 38。

一，有时候其运来的数量不亚于英国。据英国东印度公司档案1738年8月的记录称："叶隆官说瑞典人已经带来了3 000匹绒布，而且猩红色的绒布比英国人的还要多。"① 羽纱（camlet）是昂贵的毛织品种类，在18世纪中后期广州行商向英国公司订购的羽纱一般为800匹，② 从瑞典商人进口的羽纱数量也不少，如1782年贸易季，3艘瑞典商船运来广州羽纱600匹。③ 西洋钟表也是瑞典商人销售的货品之一。由于清政府官员特别珍爱西洋钟表，当时在广州瑞典商馆的大班吉恩·亚伯拉罕·格里尔就专门经营手表和机械玩具等欧洲科技产品，④ 有一次竟运入中国怀表达969块、表镜8 746块和表链70根，⑤ 反映了瑞典东印度公司十分注意将这些稀罕、珍贵的欧洲产品输入中国，以赢得中国上层社会人士对他们的好感。

过往一些学者认为瑞典东印度公司不涉及鸦片贸易和殖民活动，⑥ 但从最近的记录和学界最新的研究成果来看，瑞典在18世纪中期曾向中国输入少量鸦片。如1750年，瑞典商人克里斯托弗·亨利克·布拉德（Christopher Henric Braad）在其商品清单中列出了鸦片，称鸦片能在苏拉特（Surat）买进并以每箱300～400两的价格在广州售卖，⑦ 这已经反映了布拉德参与鸦片走私的野心，但未找到其贩运鸦片的记录。此后布拉德在1760年作为"里肯斯·斯坦德号"二班前来广州贸易，并协助吉恩·亚伯拉罕·格里尔打捞了"弗里德里克·阿道夫王子号"沉船的货物，格里尔亦有通过向中国走私鸦片获得利润的事实。⑧ 格里尔在停驻广州期间，与英国散商乔治·史密斯（George Smith）和托马斯·阿莫特（Thomas Amot）在广州从事鸦片投机买卖，格里尔的账簿中留下了许多购买和销售鸦片的记录。⑨ 但瑞典东印度公司的商船一般不选择停留印度苏拉特和

---

① 英国东印度公司档案：G/12/44，1738－08－16，p. 29。

② 1781年、1782年、1783年、1784年订购羽纱量均为800匹，参见英国东印度公司档案：G/12/67，1780－01，p. 42；G/12/71，1781－01，p. 77；G/12/74，1782－02－02，p. 79；G/12/75，无页码；G/12/77，1783－12－04，p. 155；

③ 英国东印度公司档案：G/12/75，1782，Imports。

④ Märten Pesson, *Jean Abraham Grill（1736－1792）－Affärsman Och God Administratör Eller Bara Simpel Skurk*, p. 36.

⑤ 亓昊楠、王津著：《我在故宫修钟表：瑞士钟表》，故宫出版社，2018年，第62页。

⑥ 蔡鸿生：《论清代瑞典纪事及广州瑞行商务》，《中山大学学报》（社会科学版）1991年第2期。

⑦ ［美］范岱克著，江滢河、黄超译：《广州贸易：中国沿海的生活与事业（1700—1845）》，第119页。

⑧ Per Olof Osterman, *Mina förfäder Osterman* 1600－1800－*talet*, Eget förlag, 2015, p. 55

⑨ ［美］范岱克著，江滢河、黄超译：《广州贸易：中国沿海的生活与事业（1700—1845）》，第121页。

孟买，瑞典参与鸦片走私应当只是个别瑞典商人的个人行为，这不改清瑞交往友好，清人称之“至今略无龃龉，盖其国不强，故人多巽顺势使然也”①。

特别值得一提的是，过去学术界的观点基本认定，基督新教传入中国的时间为1807年，即通过英国伦敦传教会传教士马礼逊（Robert Morrison）牧师进入中国。通过我们对瑞典东印度公司广州贸易的研究，发现这一观点是错误的，或者说是不准确的。因为早在1807年英国伦敦传教会马礼逊牧师进入中国的76年前，瑞典东印度公司信仰基督新教信义宗的牧师已经开始进入中国，而且每年至少有一位到两位，多的时候有四位到五位新教牧师来到广州。据我们所知，瑞典信义宗新教牧师来到广州有姓名者就有克里斯托弗·特恩斯特伦（Christopher Ternström）、古斯塔夫·弗雷德里克·霍特伯格（Gustaf Fredrik Hjortberg）、彼得·奥斯贝克、奥洛夫·托伦（Olof Torén）、丹麦牧师劳伦斯·赫克思（Lawrence Hercks）、安德斯·斯帕尔曼（Anders Sparrman）、雅各布·瓦伦堡（Jacob Wallenberg）、卡尔·克里斯汀（Carl Christian）等。根据当时的航海规则，凡是500吨以上的商船都必须配备随船牧师一名，而瑞典东印度公司航行中国的船只基本都是700～1 200吨的船只，所以每一艘船上都有一名牧师跟随而来。这些随船牧师的主要职责是照顾船上所有人员的神职生活，但他们抵达广州后，一般都要在广州居停半年以上的时间，在这段时间中，他们会在商馆布置礼拜堂，除了作弥撒的一般教堂仪式外，还在商馆内宣教，甚至出外时也进行宣教活动，有时还到黄埔的各堆栈岛上为逝世的欧洲人举行基督教仪式的葬礼。我们从彼得·奥斯贝克的日记中可以看到：

> 1751年9月8日我在广州商馆中宣教，有一些中国人来听；9月22日，当我布道完毕，执行了圣礼后，晴朗的天气让我产生了到法国人岛上做一次小小远足的心情；10月6日，布道完毕后，我乘坐一艘中小学船来到法国人岛；10月13日，当我在商馆中第二次布道完毕，已经没有时间再到城外进行任何散步；10月25日，今天布道后我到水边走了走，再由那儿去到欧洲人在丹麦人岛上的墓地；12月17日下午，我们埋葬了管事胡宾（Hubin），并给他举行了圣礼。②

从彼得·奥斯贝克的日记，我们可以清楚地看出，这些新教传教士在广州不仅仅是照顾外国人的神职生活，还在不断地进行传教活动，甚至是对中国人进行传教。这还只是一位在广州生活的牧师的日记中所传递的基督教传播的信息，我相信在瑞典东印度公

① （清）朱克敬：《边事续钞》卷7《瑞典》，沈云龙主编《近代中国史料丛刊》影印光绪六年自序刊本第20辑，第433页。

② ［瑞典］彼得·奥斯贝克著，倪文君译：《中国和东印度群岛旅行记》，第132、145、148、151、156页。

司带回的瑞典文档案和其他牧师的信件中，还会有更为详细的瑞典牧师在中国广州传教的信息。所以我们认为，从雍正十年开始，瑞典的新教传教士就已经进入中国内地，开始了他们的传教活动，他们不仅在广州的外国人群中传教，而且在商馆及商馆以外的地方进行传教。这就告诉我们，瑞典东印度公司的广州贸易不仅仅给中国社会及中国人带来了物质层面的商品，而且在精神层面上也给中国社会和中国人传递了早期的基督新教文化。

瑞典东印度公司主导的清瑞贸易作为清代中西贸易史的重要组成，这一北欧极地之国的对华贸易颇有特色，虽起步晚于英、荷、法、丹，航行距离也最为遥远，却仍能后来居上，成为广州对外贸易市场上一支颇具影响力的贸易力量，见证了中瑞两国人民的往来，更为18—19世纪中瑞两国的经济文化交流作出了巨大贡献。

作者简介：

汤开建，暨南大学文学院中国文化史籍研究所教授；李嘉昌，暨南大学文学院中国文化史籍研究所博士研究生。

闽粤米粮贸易与雍乾时粤东揭阳县落地税改革①

周海霞　夏梦真

［**提要**］雍乾时期，针对全国落地税乱象，清廷推进核实税银、盈余银归公、修订税则等系列改革政策。其成效如何？揭阳县个案显示："代纳""规例""税及纤毫"等乱象均得到有效控制，但盈余银多交优叙政策又刺激了地方官吏的苛征滥收行为；改革未能根本解决揭阳落地税特设遗留问题。明末揭阳县以稻米种植闻名，吸引大量闽船进港买米，粤东官府由于本省缺粮，于揭阳特设落地税以限制米粮外流规模；清初闽船少至，揭阳米粮跨省贸易衰落，落地税却依旧征收，此为揭阳落地税乱象根源；雍乾落地税改革进程中，因粤东仍然缺粮，具"禁粜"标签之揭阳落地税竟得以存续。

［**关键词**］雍乾时期；揭阳；落地税改革；闽粤米粮贸易；禁粜

---

①　本文系2018年度国家社会科学基金重大项目"广州十三行中外档案文献整理与研究"（项目批准号：18ZDA195）阶段性成果。

清前期落地税属于地方杂赋，方志记载皆以寥寥数笔带过；学界研究成果亦多将落地税归于种类繁多之杂赋项下简要分析，① 或在着重论述常关（中央关）时，将落地税关（地方关）简要附带介绍。② 落地税额在清赋税收入中占比低，本不应引起清廷重视，但在顺治、康熙时期，落地税征收乱象丛生。广东落地税等圩市租税征收乱象，竟成为众多圩市衰落的原因之一。③ 萧一山评价清初落地税为“恶政之尤”。④ 在以严猛及财政改革著称之雍正时期，落地税实际运作乱象引起朝廷特别关注，核实落地税银、盈余银归公、落地税银搜求溢额议处之例等规范政策接踵而至；乾隆甚至在即位之初，即已知闻落地税征收乱象，对落地税政策继续改进。⑤ 雍乾时期落地税改革后成效如何？改革政策是否皆有利于整顿落地税乱象？改革政策对地方特殊性是否有所兼顾？清初粤东潮州府揭阳县落地税“代纳”“规例”“税及纤毫”等乱象频出，雍正《揭阳县志》以约800字篇幅进行了相关记载。⑥ 落地税在方志中如此详细记载，实属罕见。本文即以揭阳县为例，对雍乾时期落地税改革成效加以考察，敬请方家正之。

一、米粮海运贸易与明末清初揭阳落地税之沿袭

关于“落地税”，清代政书并无规范表述。乾隆《钦定大清会典》释为：“凡城厢衢市山场镇集，舟车所辏，财货所聚……水陆之珍自远至者，有落地税。”⑦《清朝文献通考》释为：“置买别地货物，到店发卖，即为落地税银。”⑧ 现代学者瞿同祖根据《清

---

① 将落地税归于杂赋项下简要分析之研究主要有何本方：《清代商税制度刍议》，《社会科学研究》1987年第1期；许檀、经君健：《清代前期商税问题新探》，《中国经济史研究》1990年第2期；李龙潜：《明清时期广东圩市租税的征收》，《学术研究》2006年第2期；陈锋：《清代前期杂税概论》，冯天瑜主编：《人文论丛》总第23卷，武汉大学出版社，2015年第1辑，第276－280页。均未对落地税展开探讨。

② 参见邓亦兵：《清代前期关税制度研究》，北京燕山出版社，2008年，第48－61页；陈锋：《清代榷关的设置与关税征收的变化》，冯天瑜主编：《人文论丛》总第29卷，武汉大学出版社，2018年第1辑，第221－222页。

③ 李龙潜：《明清时期广东圩市租税的征收》，《学术研究》2006年第2期。

④ 萧一山：《清代通史》中卷，中华书局，1986年，第410页。

⑤《清朝文献通考》卷二六《征榷一·征商关市》，浙江古籍出版社，1988年，第5081页下－5083页上。

⑥（清）陈树芝：雍正《揭阳县志》卷三《杂税》，《日本藏中国罕见地方志丛刊》第18册，书目文献出版社影印本，1991年，第293页下－294页下。

⑦ 乾隆《钦定大清会典》卷一七《户部·杂赋》，《景印文渊阁四库全书》第619册，台湾商务印书馆，1986年，第155页。

⑧《清朝文献通考》卷二七《征榷二·征商关市》，第5085页中。

会典事例》《吏部则例》相关内容，将落地税释为“不论是转运地还是目的地，于货物卸落时征收的商品税”。[①] 萧一山认为，“清初落地税乃沿明末陋习，各市集乡镇，均有落地税，其收入之款，交由地方官留作地方公费，不入国税正额，可视为吾国地方税之起源”。[②] 清初揭阳落地税即沿袭明末旧例，针对闽粤米粮海运贸易而特设，雍正《揭阳县志》载：“此项起于明崇祯间，因闽省乌船进港买籴而设。”[③] 乌船为明清时期福建沿海地区使用的尖底海船，速度快如乌飞，[④]“大者能装三千石，小者能装一千六百石”。[⑤] 关于明代闽粤米粮贸易研究，学界已有丰硕成果，如陈春声认为，从南宋到明中叶，广东皆为米粮输出省份，明代福建一直依赖从广东输入的粮食；[⑥] 徐晓望认为，福建漳、泉山多田少，在明末尤为缺粮，毗邻之广东潮州粮食产量相对丰富，粮价较低，潮州便成为福建漳、泉重要粮食来源之一。[⑦] 明代潮州府属各县中，揭阳县粮食产量较高，成为闽省乌船集中地，据明代黄仕风《东郊劝农亭记》载，揭阳“一易之田可收数钟，二易之田倍之。……漳泉人率为泛舟之役，转输而去矣”。[⑧] 但自万历始，由于获利较丰之经济作物挤占稻田，广东本省开始缺粮，遂禁止米粮输出省外。[⑨] 天启时广东继续禁籴政策，导致福建漳、泉地区缺粮更趋严重，“地头奸棍，操其奇赢，或抬价而抽，或开港而抢”。迫于福建动荡局面，广东禁籴政策稍有松动，允许产粮丰盛之揭阳县对闽省开放。[⑩] 与广东官方禁籴态度相反，“揭民鲜技艺，惮服贾，仅取给田中

---

① 瞿同祖著，范忠信等译：《清代地方政府：修订译本》，法律出版社，2011 年，第227 页。

② 萧一山：《清代通史》中卷，第 410 页。

③ （清）陈树芝：雍正《揭阳县志》卷三《杂税》，第 293 页下。现存崇祯《揭阳县志》为残本，仅存《艺文》百余页，无明末揭阳落地税相关记载，参见（明）冯元飚：崇祯《揭阳县志》，《广东历代方志集成》潮州府部第 16 册，岭南美术出版社，2009 年。

④ 董立功：《试释“了乌船”》，《闽台文化研究》2016 年第 3 期。

⑤ （清）齐学裘：《见闻续笔》卷二《乙酉二月奉委赴上海查办海运事宜通禀各宪稿》，《续修四库全书》第 1181 册，上海古籍出版社，2002 年，第 406 页下。

⑥ 陈春声：《市场机制与社会变迁：18 世纪广东米价分析》，中国人民大学出版社，2010 年，第 15 页。

⑦ 徐晓望：《明代福建粮食市场初探》，《福建经济史考证》，澳门出版社，2009 年，第 299 页。

⑧ （清）陈树芝：雍正《揭阳县志》卷七《艺文 · 记》，第 495 页上。揭阳因盛产米，在潮州古谚中有“米县”之称，参见中国民间文学集成广东卷编辑委员会编：《中国谚语集成 · 广东卷》，中国 ISBN 中心，1997 年，第 397 页。

⑨ 吴建新、林枫林：《浅谈明清时期的潮州地区农业》，周肇基、倪根金主编：《农业历史论集》，江西人民出版社，2000 年，第 129 页。

⑩ （明）蔡献臣：《清白堂稿》卷一〇《与冯揭阳令郧仙》，《四库未收书辑刊》第 6 辑第 22 册，北京出版社，2000 年，第 284 页上。

之有，以待公私之用”。① 揭阳县民长期依赖米粮买卖生存，禁籴将严重影响本地社会经济，或许正因如此，至崇祯时，广东政府不得不采取折中方案，在揭阳特设落地税额，意图以税收限制米粮外流规模。

明代福建海船与潮粤之间的米粮贸易，打通了东南沿海地区近海商道，扩大了泉州与潮粤区域间以米粮为主，包括各种手工业品、特产在内的商品流通规模。② 因此，揭阳落地税额虽因闽省乌船进港买籴而设，其落地税收来源却并非单独指向米粮贸易。针对揭民“鲜技艺，惮服贾”的地方特色，向来重商贸、善经营的闽南人，应是满载揭民所需，补充揭阳本地除粮食之外的其他生活用品。但清初闽粤米粮贸易衰落后，揭阳落地税却照额征收，充斥着“代纳”“规例”“税及纤毫”等乱象。雍乾时期落地税改革措施，揭阳皆有实施记载；揭阳落地税乱象便为雍乾落地税改革成效提供了一个鉴证实例。以下针对“代纳”“规例”“税及纤毫”等乱象分别述之。

二、核实落地税银与揭阳落地税“代纳”之豁免

“代纳”指代替他人缴纳税银，即揭阳米粮跨省贸易衰落后，本应由米商缴纳之落地税，转由该县所有买卖商民代替缴纳。顺治四年（1647），皇帝特颁恩诏，凡府、州、县零星抽取落地税银名色，概行严禁，违者重治。③ 但顺治时期赋役制度混乱，加之用兵连年、财政困难，“薄赋”谕令形同空文，地方税赋私征暗派现象十分严重。④ 揭阳落地税“代纳”现象即始于顺治时期。据载，“揭阳县派补杂税饷并代普宁县银一百两在内共银一千八百六十二两六钱零七厘四毫，此项起于明崇祯间，因闽省乌船进港买籴而设。迨后闽商不进，此税遂无所出。及至国朝顺治间，权议就通县各铺行代纳。行之数年，又权议就通县买卖设立杂税代纳。西、北二关桃山、新亨税银七百四十二两六钱七厘；棉湖埠税银五百八十两，各铺行认分输纳；糖寮税银四百二十两；汤坑埠税银一百两，各铺行认分输纳；河婆埠税银二十两，各铺行认分输纳”。⑤ 清代落地税征收通常有两种方法，其一为按铺征收，即根据铺面大小酌量征收；其二为在城区要道设立关卡按税则征收。⑥ 清初揭阳落地税“代纳”中，桃山、新亨为落地税关征收，棉湖埠、

---

① （清）陈树芝：雍正《揭阳县志》卷七《艺文·记》，第495页上。

② 叶锦花：《盐政制度变革与明中后期商业的发展——以漳州、泉州地区为例》，《清华大学学报》（哲学社会科学版）2014年第6期。

③ 《清世祖实录》卷三三，顺治四年七月甲子，中华书局，1985年，第273页下。

④ 陈锋：《清代财政政策与货币政策研究》，武汉大学出版社，2008年，第109页。

⑤ （清）陈树芝：雍正《揭阳县志》卷三《杂税》，第293页下。

⑥ 详情参见《清朝文献通考》卷二六《征榷一》、卷二七《征榷二》。

汤坑埠、河婆埠为各铺行认分输纳；糖寮代纳则为揭阳本地自创征收方法，其征自“绞蔗车户”，“往例以先报输数摊征额饷，续报输数追充公用。后知县陈树芝莅任，察知各车户艰难困苦，示令每年悉照开报输数，多寡均摊”。① 县令陈树芝曾感叹棉湖埠税、汤坑埠税、河婆埠税、糖寮税四项“尤为民累者”，“夫货物与糖输税矣，何又征其埠税、蔗车？……顾长民者，事必善图其后。幸际升平，锱铢贸易尚尔竭蹷输将，苟民力之不足，势将望其虑而裹足拔蔗裂输，远走其乡。则此课其偿之官乎？抑偿之民乎？”，呼吁尽早将此四项废除。②

顺治及其后揭阳落地税为什么出现“代纳”现象？县志解释为“闽商不进，此税遂无所出”。闽商为何不再来？文献无明确记载，应与顺治时期的广东战乱及顺治、康熙时期的海禁政策有关。顺治时期，清军和南明军队在广东屡屡争战，严重破坏广东社会经济，潮惠一带农业损害尤甚。③ 农业凋敝势必对揭阳米粮贸易产生重大影响。顺治后期，为了封锁盘踞东南沿海各岛之郑氏势力，切断大陆对郑氏之粮食、船只等供给，清廷下达“禁海令”。顺治十三年（1656）谕：“严禁商民船只私自出海，有将一切粮食、货物等项与逆贼贸易者，或地方官察出，或被人告发，即将贸易之人不论官民，俱行奏闻正法，货物入官。”④ 康熙年间，海禁政策更为严厉。康熙元年（1662），揭阳“禁港扦桩，恐近海居民接济，寸板不许下海。县之万里桥、登岗桥、李厝港、涂垄港皆钉桩，惟枫口一河达府城，载米上仓，乃不塞”。⑤ 粮食本就为海禁主要对象，揭阳米粮海运之官方贸易就此中断。海禁后揭阳米粮走私贸易却大量进行，如康熙二年（1663），据清廷哨探侦知：年初广东揭阳运米 70 船至厦门，接济郑军，“该米船驶抵后，不曾发予商贩，均由郑锦、洪旭、郑泰等分取。每担定价二两四钱”。⑥ 又据前往清军投降的郑军都督沈明称，郑锦势力在厦门“所需米石，皆自广东省所属揭阳、潮阳及台湾等处

---

① （清）陈树芝：雍正《揭阳县志》卷三《杂税》，第 293 页下。“绞蔗车户”工作为“以牛车绞出蔗浆，炼成乌糖、砂糖、白糖”，参见（清）陈树芝：雍正《揭阳县志》卷四《物产》，第 369 页下。

② （清）陈树芝：雍正《揭阳县志》卷三《杂税》，第 294 页上、下。

③ 刘正刚、乔玉红：《在清与明之间徘徊：顺治时期广东社会考察》，马明达主编：《暨南史学》第六辑，暨南大学出版社，2009 年，第 315 页。

④ 《清世祖实录》卷一〇二，顺治十三年六月癸巳，第 789 页下。

⑤ （清）刘业勤：乾隆《揭阳县正续志》卷七《事纪》，《中国方志丛书》华南地区第 195 号，成文出版社，1974 年，第 960－961 页。

⑥ 中国第一历史档案馆编：《清初郑成功家族满文档案译编》（二）第三一二条《明安达礼等密题厦门防御及米石来源等事本》，陈支平主编：《台湾文献汇刊》第 1 辑第 7 册，厦门大学出版社、九州出版社，2004 年，第 454 页。

运来”。[①] 又据前往清军投降的郑军官兵称，厦门“所有米船，皆自广东南海一带驶来，其中有三分之一来自台湾，其余三分之二来自广东沿海一带”。[②] 综合上述材料，海禁时期揭阳米粮海运走私量巨大，承担了郑氏三分之一及以上的米粮份额。但米粮海运官方贸易已被禁止，其税收只能由通县买卖“代纳”，这给普通商民带来额外负担。

康熙二十三年（1684），清廷平息郑氏势力后开放海禁，揭阳米粮海运官方贸易恢复，然其规模已大不如前。此时，闽之漳、泉依旧通过海运从广东潮州购买米粮，但其米粮来源主要是价格更为便宜的台湾而不再是潮州。[③] 由于政局趋于稳定、商品经济发展和人口增加，潮州本地出现“米价腾贵”现象，此时揭阳稻米贸易主要供应对象为潮州府其他缺米县邑。[④] 揭阳粮食跨省贸易已然衰落，为了补足额数，落地税“代纳”依然存在。

雍正年间，落地税“代纳”现象开始为朝廷关注，清廷规定地方官员不可随意“代纳”落地税银。如雍正五年（1727）二月，江西巡抚汪漋上疏，称康熙末年巡抚白潢将江西落地税银裁革，商民不必缴纳，以巡抚、司、道公捐银两代纳，每年假造花名册籍报部，汪漋因此请示是否依旧遵行。雍正得知后甚为不悦，认为“若江西此项税银不应征收，则白潢应奏请于圣祖仁皇帝施恩豁免；若系地方应征之项，则自应令商民完纳。何得将公捐银两代商完课，曲市私恩，以博无知小人之称颂，并不计及将来之可永行与否”。[⑤] 雍正七年（1729），清廷整顿“代纳”现象，以核实落地税银申饬各省大小臣工，“其征收不及旧额者，亦令奏闻，降旨裁减”。[⑥] 据载，揭阳“棉湖税、糖寮税、汤坑埠税、河婆埠税四项，向来最为民累，雍正九年已奉文于豁无名之征案内，经前令陈树芝详销”。[⑦] 雍正九年（1731）之后，揭阳落地税额仅从桃山、新亨落地税关征收，岁额从 1 862 两减至 742 两。

---

① 中国第一历史档案馆编：《清初郑成功家族满文档案译编》（二）第三一二条《明安达礼等密题厦门防御及米石来源等事本》，第 454 页。

② 中国第一历史档案馆编：《清初郑成功家族满文档案译编》（二）第三一二条《明安达礼等密题厦门防御及米石来源等事本》，第 455 页。

③ 陈春声：《市场机制与社会变迁：18 世纪广东米价分析》，第 23 页。

④ 王元林、刘强：《明清时期潮州粮食供给地区及路线考》，《中国历史地理论丛》2005 年第 1 期。

⑤ 《清世宗实录》卷五三，雍正五年二月丁丑，中华书局，1985 年，第 807 页上。

⑥ 《清世宗实录》卷八九，雍正七年十二月癸卯，第 193 页下。

⑦ （清）刘业勤：乾隆《揭阳县正续志》卷首《凡例》，第 45 页。

三、盈余银归公与揭阳落地税“规例”之遏制

揭阳落地税“代纳”属于正额，而其“规例”则属加征。“规例”亦称“规礼”，即各级官吏在所管辖范围内向下级或商民征收的陋规例钱。在“规礼”的名义下，各级官员都要向上级送礼——书吏和衙役向州县官员送礼，州县官员向省府官员送礼，而后者又向中央政府官员送礼。① 明朝末年，“规礼”为贪官搜刮民财、加耗私派之惯用手段；入清以后，该陋习延续，康熙中期膨胀尤甚。②

关于揭阳落地税“规例”之征收，蓝鼎元《说·揭阳县图说》载，揭阳落地税“岁额一千八百六十二两有奇。院、司、道、府缗头规例，各如其三之二。雍正四年，裁革陋规，不为限额，随所收多寡为赋，民称便焉”。③ “缗头”，即为“规例”的一种表现形式。“缗头”具体征收情况如何？文献无明确记载，但清初税费陋规名目繁多，从其他名目中可探究一二，如粤海关陋规就有“担头”“分头”，与“缗头”名称类似。“凡进出各货物……按货，每百斤收担头银三分八厘。内出口货物，估计价值，每两收分头银四分九厘。”④ 可见，“担头”是指以货物重量“担”为单位所加征税费，“分头”是指以货物估值“两”为单位所加征税费；那么“缗头”应该是以货物估值“缗”为单位所加征税费。“院、司、道、府缗头规例，各如其三之二”，意即揭阳落地税规例已数倍于正额。事实上，清初各地落地税银规例皆已远超正额，雍正帝亦已知晓这一现状，“朕即位以来，屡有臣工条奏，各处地方官征收落地税银，交公者甚少，所有盈余皆入私橐。雍正三年又有人条奏广西梧州一年收税银四五万两不等，止解正项银一万一千八百两；浔州一年收税银二万两，止解正项银四千六百两”。⑤ 雍正帝由此实施落地税盈余银归公政策，将陋规收归公有。据档案记载，落地税盈余银归公自雍正四年（1726）即已实施，该年四月初一日，清廷令“各该抚将该地方官所有落地税银征收正额银两之外，倘果有赢余，尽数详报。各该抚据实报部。倘该管官有侵隐情弊及借端加

① ［日］山本进著，李继锋等译：《清代社会经济史》，山东画报出版社，2012 年，第 14 页。

② 周远廉：《规例考》，《清史论文集》，社会科学文献出版社，2015 年，第 170 页。

③ （清）蓝鼎元：《鹿洲初集》卷一二《说·揭阳县图说》，沈云龙主编：《近代中国史料丛刊续编》第 41 辑，文海出版社，1977 年，第 870 页。

④ （清）梁廷枏总纂：《粤海关志》卷一一《税则四》，《续修四库全书》第 834 册，上海古籍出版社，2002 年，第 644 页上。

⑤ 《清世宗实录》卷八九，雍正七年十二月癸卯，第 193 页上。明代广西梧州、浔州两关，延续到清初皆为中央关；至雍正时转为落地税关，列入杂赋项下，参见邓亦兵：《清代前期关税制度研究》，第 58 页。

税多征、贻累商民之处，该督抚即指名题参，从重治罪”。[①] 雍正四年揭阳县落地税绾头规例随之废除。[②] 关于落地税盈余银的支用，雍正规定，“皆令留于本地，或作各官养廉之需，或为百姓公事之用。使官员用度有赖，自不妄取民财；使地方公用有资，即可宽恤民力。无非以小民之财物仍用之于民间，不令饱贪官污吏之欲壑而已”。[③]

鉴于地方官大量侵渔落地税，为推进落地税盈余银归公政策，清廷定例，“报出税银四百两者，准其加一级。后因查报渐多，吏部定议，报出税银八百两者，准其加一级，多者以此计算”。[④] 为限制“冀幸功名之人”希图优叙，以致恣意苛索商民，雍正八年（1730），清廷定征收落地税银搜求溢额议处之例，认为“落地税银非正项钱粮有一定之数者可比，侵蚀隐匿者固当加以处分，而争多斗胜者不但不当议叙，亦当与以处分”，规定“嗣后各省落地税及税契银两，如搜求需索以致盈余之数倍于正额……令该督抚题参革职。上司失察徇庇者，查出照例议处”；但同时又规定，“其于正额外实在盈余者，以八百两为率，准加一级，多者不得过三级”。[⑤] 为防止各地官员贪污，清廷竟采取多交优叙方式，此法只会推动地方官吏苛征滥收力度，从而加重商民税收负担。据载，雍正十三年（1735）揭阳县征收新亨、桃山二关正额银为742两余，赢余银为8 674两余。[⑥] 赢余银竟接近正额银12倍，其中很大一部分即来自下文所提及的“税及纤毫”现象。

四、税则修订与揭阳落地税“税及纤毫”之整顿

揭阳落地税关在乾隆二年（1737）前即存在征及“粪麸、牛骨、皮碎、农具、棉条”等纤毫之物的现象，[⑦] 目前未见其征收详细记载，但可从他处状况窥探一二。早于康熙初年“税及纤毫”现象即已在各地税关、杂税征收中普遍出现，康熙曾提及，“近闻各处收税官员希图肥己，任用积蠹地棍，通同作弊，巧立名色，另设戥秤，于定额之外，恣意多索。或指称漏税，妄拏过往商民挟诈。或将民间日用琐细之物及衣服等类原

---

① 广东巡抚杨永斌题：《为清查广州等府征收雍正十三年份落地税正额赢余银两情形请旨事》，中国第一历史档案馆，乾隆二年，档号：02－01－04－12956－014。

② （清）蓝鼎元：《鹿洲初集》卷一二《说·揭阳县图说》，第870页。

③ 《清世宗实录》卷八九，雍正七年十二月癸卯，第193页下。

④ 《清世宗实录》卷一〇〇，雍正八年十一月乙亥，第327页下。

⑤ 《清世宗实录》卷一〇〇，雍正八年十一月乙亥，第327页下－328页上。

⑥ 广东巡抚杨永斌题：《为清查广州等府征收雍正十三年份落地税正额赢余银两情形请旨事》，中国第一历史档案馆，乾隆二年，档号：02－01－04－12956－014。

⑦ 《清高宗实录》卷四一，乾隆二年四月丁亥，中华书局，1985年，第743页下。

不抽税者，亦违例收税”。① 康熙十一年（1672）副都御史李赞元上疏：“窃惟国家取民，原有定制。……断未有市民交易原非兴贩，而亦税及纤毫者也。……凡民间斗米、耕牛、只鸡、尺布，无不撮取用钱，以故落地有税，空舟有税。”② 上述两则材料均提及民间日用琐细之物原不应抽税，收税人员却巧立名目，违例收税。雍正四年，广东落地税盈余银已归公，揭阳落地税关“税及纤毫”现象为什么会持续至乾隆时期？一则因地方官私征难以彻底根除，二则与盈余银多交优叙政策下官员“争多斗胜”的心理有关。雍正帝对该现象造成原因燎若观火，曾言“乃闻外省中多有奉行不善者，以朕爱民除弊之善政，而庸劣有司借归公之名或肥身养家，或争多斗胜，以致肩挑背负之微物皆征收税课”。③

乾隆帝即位后，为了显示仁爱品格、树立新朝形象，实行一系列商税减免措施。④ 雍正十三年，乾隆即命裁落地税。“朕闻各省地方于关税杂税外，更有落地税之名，凡耰锄、箕帚、薪炭、鱼虾、蔬菜之属，其值无几，必查明上税，方许交易。……其交官者甚微，不过饱奸民猾吏之私橐，而细民已重受其扰矣。着通行内外各省，凡市集落地税，其在府、州、县城内人烟凑集、贸易众多且官员易于稽查者，照旧征收，但不许额外苛索，亦不许重复征收；若在乡镇村落，则全行禁革，不许贪官污吏假借名色巧取一文。着该督抚将如何裁革禁约之处详造细册报部查核。”⑤ 各地遂奉旨对落地税进行整顿，如浙江嘉兴府之柴场湾、台州府之关岭、温州府之双溪、处州府之青田等处落地税，皆非市镇，奉命豁除。⑥ 云南之云南、曲靖、元江、大理、楚雄、永昌六府落地税属重征巧取，为耰锄、箕帚、薪炭、鱼虾、蔬果之属，所值无几，全行裁革；普洱、武定、丽江三府属偏僻府分，落地税俱系贫民肩挑背负、土产零星细物，停止抽收。⑦ 江西豁除袁、饶二府落地税银九百九十两零。⑧

乾隆二年四月，广东巡抚杨永斌遵旨裁减落地税，修订落地税则，废除揭阳县落地

---

① 《清圣祖实录》卷一六，康熙四年九月己酉，中华书局，1985 年，第 247 页上。

② （清）李赞元：《请禁征收私税疏》，（清）贺长龄辑：《皇朝经世文编》卷五一《户政》，沈云龙主编：《近代中国史料丛刊》第 74 辑，文海出版社，1973 年，第 1844 页。

③ 《清世宗实录》卷八九，雍正七年十二月癸卯，第 194 页上。

④ 冯尔康：《乾隆初政与乾隆帝性格》，《天津师范大学学报》（社会科学版）2007 年第3 期。

⑤ 《清高宗实录》卷五，雍正十三年十月辛巳，第 231 页上、下。落地税本属杂税，但落地税关所收税又属地方关税，乾隆云“各省地方于关税杂税外，更有落地税之名”，应是为了突出对“落地税乱象”的关注。

⑥ 《清高宗实录》卷三二，乾隆元年十二月丁卯，第 636 页上。

⑦ 《清高宗实录》卷四一，乾隆二年四月丁亥，第 743 页下。

⑧ 《清高宗实录》卷五三，乾隆二年闰九月乙亥，第 892 页上。

税关内“粪麸、牛骨、皮碎、农具、棉条等项”。[①] 纤毫之物免征后，揭阳县落地税盈余银数额剧减，如雍正十三年为8 674两余；[②] 乾隆二年则减至6 058两余，内含乾隆二年正月至四月纤毫之物税收；[③] 乾隆十年（1745）为4 117两余，[④] 揭阳商民落地税盈余银负担减少一半。潮州府属州县除揭阳外，海阳县杉木亦征收落地税，正额银为八十两，[⑤] 乾隆二年奉旨裁革免征。[⑥] 清前期潮州府严重缺米，乾隆时甚至成为粤省米价最高区；此时揭阳仍有余粮，但承担着向潮府内之海阳、澄海、南澳供应米粮的重任，同时有少部分余粮海运输往闽省漳、泉。[⑦] 虽同属潮州府，但与海阳县杉木落地税幸获免征相反，揭阳落地税关或许因附带“禁粜”历史标签，竟未能趁乾隆裁减落地税之机彻底废除，在清前期一直得以保留。[⑧]

五、结语

从档案、政书记载来看，在清前期，雍正、乾隆于落地税最为关注，其改革政策皆为解决落地税征收普遍弊端而精准制定，一旦颁布即可在各地迅速执行，效果显著，如揭阳县落地税之“代纳”“规例”“税及纤毫”等乱象均能得到有效解决。然而，雍乾落地税改革存在着“按下葫芦浮起瓢”现象，如雍正时落地税盈余银归公虽然一定程度上解决了“规例”问题，但其多交优叙政策又刺激了地方官吏苛征滥收行为。更为重要的是，雍乾落地税改革终究未能从根本上解决揭阳落地税特设历史问题。明崇祯年间设立揭阳落地税额，仅为限制福建鸟船贩米规模。清初开海之后，闽商少至，揭阳米粮跨省贸易衰落；但清前期广东一直缺米，为避免米粮外流，遂将具“禁粜”意义之揭阳落

---

① 《清高宗实录》卷四一，乾隆二年四月丁亥，第743页下。

② 广东巡抚杨永斌题：《为清查广州等府征收雍正十三年份落地税正额赢余银两情形请旨事》，中国第一历史档案馆，乾隆二年，档号：02-01-04-12956-014。

③ 署理广东巡抚王謩题：《为清查各府州县征收乾隆二年份落地税银事》，中国第一历史档案馆，乾隆三年十一月二十二日，档号：02-01-04-13046-007。

④ 广东巡抚准泰题：《为核报乾隆十年份广州潮州等州县征收落地税银等数目事》，中国第一历史档案馆，乾隆十二年二月二十五日，档号：02-01-04-14114-016。

⑤ 广东巡抚杨永斌题：《为清查广州等府征收雍正十三年份落地税正额赢余银两情形请旨事》，中国第一历史档案馆，乾隆二年，档号：02-01-04-12956-014。

⑥ 署理广东巡抚王謩题：《为清查各府州县征收乾隆二年份落地税银事》，中国第一历史档案馆，乾隆三年十一月二十二日，档号：02-01-04-13046-007。

⑦ 陈春声：《市场机制与社会变迁：18世纪广东米价分析》，第45-48页。

⑧ 揭阳落地税在道光时期尚留存，参见（清）阮元：道光《广东通志》卷一六八《经政略十一·榷税二》，《续修四库全书》第672册，上海古籍出版社，2002年，第566页上。

地税保留下来。清初揭阳本以粮食种植闻名，商业并不比潮州府属他县富裕；① 却因“禁籴”承受远高潮州府属他县之落地商税。清初广东名吏蓝鼎元曾为揭阳商民抱不平，认为潮州府“邑治落地税，十县所无，而揭独有之。……但揭邑非商贾辐辏之区，北溪舟楫，上止万里桥；南溪舟楫，上止普宁棉湖。货物所出，甚为微渺。其自外洋至者，必经砲台海关，榷税在焉。此二十里内之落地税，似属重出之征，可否略为变通，使揭邑郊垧得与十县商民均沾乐利，是所望于大力之君子”。② 雍乾落地税改革终究未能彻底废除揭阳落地税额，减免揭民之累。由于资料匮乏，蓝鼎元所提及揭阳落地税关（地方关）与粤海关分口砲台海关（中央关）之重复征收问题，以及其重复征收程度，对揭阳社会经济有何影响，皆有待研究。

作者简介：

周海霞，澳门科技大学社会和文化研究所博士研究生，韩山师范学院历史系副教授；夏梦真，澳门科技大学社会和文化研究所博士研究生。

---

① 王元林、刘强：《明清时期潮州外贸港口变迁》，纪宗安、汤开建主编：《暨南史学》第三辑，暨南大学出版社，2004 年，第 59 页。

② （清）蓝鼎元：《鹿洲初集》卷一二《说 · 揭阳县图说》，第 870 – 871 页。蓝鼎元所述与档案、方志记载有一定偏差。前文提及清前期潮州府属州县中，海阳县杉木亦征收落地税；蓝鼎元却云：“邑治落地税，十县所无，而揭独有之。”因为海阳县杉木税额少，蓝鼎元将其忽略不计，亦可理解。雍正时揭阳知县陈树芝深知揭阳落地税设立之偏颇及本地商民因此所受之疾苦，对蓝鼎元言论极为赞同，特将《说 · 揭阳县图说》所涉落地税部分摘录于雍正《揭阳县志》，参见（清）陈树芝：雍正《揭阳县志》卷三《杂税》，第 293 页下 – 294 页下。

英国公使威妥玛与华工问题[①]

张　坤　朱泽宇

［提要］作为英国对华政策的重要执行者和探路者，威妥玛在华工出国问题上有重要的影响。首先，他以代办身份和清政府议定了1866年华工出国章程，在英国政府拒绝批准后，又在之后的几年间数度寻求修改。其次，威妥玛影响了1872—1875年西属古巴和秘鲁与清政府的华工交涉进程，使清政府改变了在移民问题上的闭关思想，开启了主动向外派使保护海外华人的近代型政府进程。他还成功促使英国政府在1873年批准《北京章程》、在1876年放弃契约移民的条约权利，不但影响了英国对华移民政策和华工移民的历史进程，也影响到中国的对外关系以及古巴、秘鲁的华人历史。

［关键词］威妥玛；华工；西班牙；古巴；秘鲁

旧中国的华工出洋问题是中外关系史上的重要问题。中华人民共和国成立以来，尤其20世纪80年代，随着陈翰笙等前辈学者对华工出国资料的整理，学界对华工出洋的整体状况、历史分期、华工的悲惨处境、清政府针对华工出洋问题与各国的交涉等都有

---

① 本文系国家社会科学基金一般项目“英国公使威妥玛与近代中国”（项目批准号：15BZS078）阶段性成果。

了一定的认识。① 近年的研究更深入港、澳对华工出洋的争论、② 英国政府出台《中国乘客法案》的缘由③等更为细致的问题。作为最早从中国输出华工的殖民主义国家，无论是通过鸦片战争打开中国大门，经由《北京条约》迫使清政府承认华工出洋合法，还是敦促清政府修订华工出国章程，英国都走在前面，极大地影响了华工出国的历史进程。

英国公使威妥玛从1865年担任代理公使期间即开始与总理衙门就华工出国章程进行谈判，并于次年达成协议；由于英国政府拒绝批准，又于1868年、1869年、1871年先后发起新的谈判，直至1873年英国政府承认1866年章程为止；并先后促成了1872—1875年清政府和古巴、秘鲁的华工条约的签订。鉴于学界对这段历史中威妥玛的出发点、所发挥的作用等缺乏关注，由此亦影响到对清政府相关政策和出发点的评价，以至于目前涉及此问题的研究都认为清政府主动形成了向外派使保护出国华工的观念，④ 这是不符合历史事实的。本文在系统检阅英国外交部档案（*F. O. 17*）和进一步挖掘华工出国史料等相关资料的基础上，特对威妥玛在华工问题中的参与予以揭示，或可有助于学界对相关问题的认识。

---

① 主要著作如蔡鸿生：《十九世纪后期东南亚的“猪仔”华工》，《中山大学学报》（社会科学版）1959年第4期；朱杰勤：《十九世纪中期在印度尼西亚的契约华工》，《历史研究》1961年第3期；陈泽宪：《十九世纪盛行的契约华工制》，《历史研究》1963年第1期；彭家礼：《十九世纪西方侵略者对中国劳工的掳掠》，中国社会科学院经济研究所学术委员会编：《中国社会科学院经济研究所集刊》第1集，中国社会科学出版社，1979年；彭家礼：《十九世纪开发西方殖民地的华工》，《世界历史》1980年第1期；彭家礼：《历史上的华工出国》，《近代史研究》1984年第6期；彭家礼：《十九世纪七十年代后中国劳力资源外流和“猪仔”贩卖的高潮》，《中国经济史研究》1987年第4期；王启民：《契约华工制的历史分期问题》，《福建师大学报》（哲学社会科学版）1982年第1期；吴凤斌：《契约华工史》，江西人民出版社，1988年；李家驹：《清政府对华工出洋的态度与政策》，《近代史研究》1989年第6期；粟明鲜：《广州华工出国合法化的过程——英法联军占领广州时期华工出国问题研究之一》，《东南亚研究》1990年第3期；粟明鲜：《广州华工出国合法化的内外因素——英法联军占领广州时期华工出国问题研究之二》，《东南亚研究》1990年第4期，等等。

② 详见莫世祥：《港澳苦力贸易与英葡论争》，《广东社会科学》2016年第2期。

③ 汤水清：《十九世纪五十年代中国苦力海上死亡及其对英移民政策影响》，《历史研究》2018年第6期。

④ 如［澳］颜清湟著，粟明鲜、贺跃夫译：《出国华工与清朝官员》，中国友谊出版公司，1990年，第149－150页；李家驹：《同治年间清政府对华工出洋的态度与政策》，《近代史研究》1993年第2期；陈晓燕、杨艳琼：《古巴华工案与晚清外交近代化》，《浙江社会科学》2005年第3期；陈晓燕、杨艳琼：《秘鲁华工案与晚清海外华人政策》，《福建论坛》（人文社会科学版）2005年第7期，等等。

一、从华工出国非法到广州制度与非法苦力贸易并存

早在18世纪末，英国东印度公司就开始引入华工到东南亚及西印度殖民地。鸦片战争后，英国苦力船开到五口，其中尤以厦门最为集中。这时期的华工出国多是由英国商人唆使苦力“客头”通过坑蒙拐骗的方式进行，因运输环境恶劣，华工在途中因瘟疫死亡、不堪忍受虐待而自杀或暴动的情况屡见不鲜。1852年，厦门人民的反抗斗争驱逐了英国苦力船，1855年后，苦力掳掠活动再度猖獗。① 1857—1861年英法联军占领广州期间，苦力绑架情况加剧，这不但引发了广州人民的愤慨，更严重影响了地方治安。为了稳定生活、树立良好形象，同时为英国殖民地获取稳定的华工来源，联军政府推动广东地方当局出台华工出国合法化的法令，1860年《北京条约》更将广州的华工出国合法化推广到各通商口岸。

（一）英国政府对华工问题的介入

英国政府原本并不直接干预华工移民问题，但苦力船上的恶行最终使其无法置身事外。1850年，英船“蒙塔古夫人”号上发生的大规模苦力死亡事件震惊了全国，迫使英国政府立法“确立了既不直接冲撞中国法律又能对苦力移民加以监督和检查的政府代理人移民模式”；同时制定针对中国苦力移民的法案，授权香港立法机构制定具体的规章制度，试图管控在香港和中国条约口岸进行非法苦力移民活动的英船，减少苦力运送途中的死亡现象。② 研究显示，《中国乘客法》颁布之后，英国苦力船的死亡率有了明显下降，但也有一定的起伏。③ 同时，香港的苦力贸易也因上述法律的出台而被吸纳到缺乏管控的澳门、金星门等地，④ 但这无法根绝苦力贸易中的诱拐、绑架以及苦力运输途中的死亡问题。

由于此时清政府仍禁止民人出洋，为了解决西印度殖民地对华工的需求，英国急欲和清政府达成华工出洋的协议，并欲“使这项也已激起中国通商口岸人民反感的活动，建立在新的基础之上”。⑤ 英法联军占领广州期间，作为“统领衙门”三人委员会之首的巴夏礼趁机开启了华工出国合法化进程。首先，他极力推动广东地方政府，从法律上

---

① 吴凤斌：《契约华工史》，江西人民出版社，1988年，第44页。

② 汤水清：《十九世纪五十年代中国苦力海上死亡及其对英移民政策影响》，《历史研究》2018年第6期。

③ 彭家礼：《十九世纪西方侵略者对中国劳工的掳掠》。

④ 陈翰笙主编：《华工出国史料汇编》第二辑，中华书局，1980年，第149－150页。

⑤ 陈翰笙主编：《华工出国史料汇编》第四辑，第361页。

杜绝绑拐华工出国的状况，使自愿出洋者得到清政府的允许，促使南海、番禺知县于1859年4月9日联衔发布告示，使欲出洋者提高警惕，定妥契约，免被拐骗。① 广东巡抚柏贵在此基础上明确了不再禁阻迫于生计而出洋的行为。其次，英国政府在广州正式设立招工机构，由联军统领衙门和广东政府共同制定管理规章，对招工公所的申请条件、招工范围、内部管理、应招者的待遇等作出了规定。最后，建立管理招工税务司作为稽查机构，与广州当地的一名县丞共同处理招工事务中的纠纷，排除诱拐、绑架等非法招工行为。为此，两广总督劳崇光于11月8日宣布，新的招工制度适用于各国，具体做法是："以后凡有本国属民来华招募工人，必应与中国地方官宪议定章程，对招工事宜严加监督。如不遵照章程，即不准其招募中国工人出洋"，并且严格规定，招工必须在广州城内进行（次年增开汕头分所）。与此同时，广东地方政府在英法方面的配合下，全力打击拐匪，解救受害人，成效显著。这些做法促进了契约华工的规范性，将诱拐行为排除在外。② 但该制度虽一定程度上打击了拐匪，却因难以覆盖澳门等地以及执行不力等无法最终解决问题。

（二）1859年广州华工出洋合法化制度的局限性

由上，1859年广州华工出洋合法化制度有很大的局限性，但这一做法仍在次年通过《北京条约》推广至各通商口岸。条约第五款规定："凡有华民情甘出口，或在英国所属各地，或在外洋别地承工，俱准与英民立约为凭。无论单身，或愿携带家眷一并赴通商口岸，下英国船只，毫无禁阻。该省大吏亦宜时与大英钦差大臣查明各口地方情形，会定章程，为保全前项华工之意。"③ 这就以条约关系明确了华工出洋的合法性，但有几个问题需要明确：

首先，作为被占领期间地方政府的一项权宜之计，清政府对广州章程虽含糊默认，却并未让各口采用，其他各省大吏也并未像广东方面一样和英国方面立定章程，这就使其他各口由于缺乏明确招工章程而使拐骗绑架乱象复生、招工冲突不断。④

其次，其他通商口岸的官员不认可广州章程，即使在广州，该章程对杜绝诱拐绑架苦力的行为也作用有限。粟明鲜指出，虽然英法联军部队奉有严令查缉拐匪和解救苦力

---

① 陈翰笙主编：《华工出国史料汇编》第二辑，第179页。

② 粟明鲜：《广州华工出国合法化的过程：英法联军占领广州时期华工出国问题研究之一》，《东南亚研究》1990年第3期。

③ 褚新德编：《中外约章汇要（1689—1949）》，黑龙江人民出版社，1991年，第161页。

④ 李家驹在论及同治初年的华工出洋问题时直指"缺乏明确招工章程亦是部分拐骗事件产生的原因"，但并未将广州的情况区别开来。见李家驹：《同治年间清政府对华工出洋的态度与政策》，《近代史研究》1992年第3期。

的职责，但对于导致苦力贸易种种流弊的根源——外国招工人员和苦力趸船的违法行为，却不愿予以管制和诉诸法律制裁；虽然广东官府迭次告示，查禁苦力贸易，但由于拐匪众多，又有广东法令难以企及的澳门作为苦力贸易中心和拐匪、人口贩子的罪恶渊薮，因此，在英法联军占领广州时期，广东政府所颁布的法令规程无法发挥其效力；兼之广东官府权力管辖范围所限以及实际参与者的敷衍，在广州城外和珠江三角洲一带，仍然是拐匪横行。① 颜清湟补充道，彻底根除贩卖人口的制度，还需要“有关各方，包括西方各国的顺利合作”。②

最后，清政府稍后把1859年劳崇光推及各国的做法收回到仅限于有约国。联军于1861年10月撤出后，广东政府迅即宣告，非缔约国不准在广东进行招工；不久各地官员奉总理衙门之命：“凡未换约之国，其民虽经领事官核准，亦不准入境。”③ 颜清湟对此的解释是，1861年夏英、法等国想要和清政府在北京制定一个招募华工的通用制度，却最终失败，“原因可能是由于列强之间对处理苦力移民的私人来源意见不一；除非西班牙、葡萄牙和秘鲁被迫遵守新的章程，否则无论各主要列强采取什么章程，都不会对苦力贸易制度产生任何重要影响”。④ 李家驹则认为，总理衙门的设立使昔日的缓冲如同虚设，最后，解决的唯一方法只有让总署正式与外国签订招工章程，展开另一轮外交努力。⑤ 可见，《北京条约》签订后仍面临出台一个新的华工出国章程的问题，如此才能实现对各国“划一”办理，消除华工出国中的罪恶。

综上，正是由于“广州制度与非法苦力贸易并存”，⑥ 且该制度并未在《北京条约》签订后实质性地推及各口及制度本身的局限性，使得苦力贸易在华工出国合法化后仍然存在。同治初，两广总督毛鸿宾建议对拐匪从严处决，皇帝在批准这一建议的同时，要求其与外国会商，重新制定妥善招工章程。总理衙门则派遣海关总税务司赫德前往广州会同办理，最终，赫德与时任两广总督瑞麟提交了一份十八条的章程草案，1865年9月7日送交英、法两国公使商讨。

---

① 粟明鲜：《广州华工出国合法化的影响评述——英法联军占领广州时期的华工出国问题研究之三》，《东南亚研究》1991年第4期。

② ［澳］颜清湟著，粟明鲜、贺跃夫译：《出国华工与清朝官员》，第97页。

③ 见1863年2月24日薛焕的信札，《总理衙门清档》，法国股，第204号，“吕宋国换约”，TC2。转引自［澳］颜清湟著，粟明鲜、贺跃夫译：《出国华工与清朝官员》，第105页。

④ ［澳］颜清湟著，粟明鲜、贺跃夫译：《出国华工与清朝官员》，第104页。

⑤ 李家驹：《同治年间清政府对华工出洋的态度与政策》，《近代史研究》1992年第3期。

⑥ ［澳］颜清湟著，粟明鲜、贺跃夫译：《出国华工与清朝官员》，第105页。

二、威妥玛与总理衙门就修订华工章程的谈判

因阿礼国公使尚未到任，威妥玛以汉文参赞身份代理使馆事务。在接到总署提交的华工章程后，他延迟三月才回复。之后，威妥玛针对章程内容与清政府进行了长期的交涉。

（一）威妥玛对原章程中各类问题的看法

首先，威妥玛对原章程将出国华人区分为两类进行批评，即将外出华人分为自谋出洋取利者和受外人雇佣者两类。章程认为前者不乏资本殷实者，且出国之后即融入他国，自不需章程保护，后者才是保护的对象。其具体条款规定，已按规定领取红单出口的华工船需被查明“所装之人是否自己设法出洋，抑或系因有外国人招雇而去。若系外国人招雇之人，则须查明是否立有合同印文，有此等合同者，方准前往，无此等合同者，不准出口，乃带回关署查办”。① 威妥玛称“华人在外毫不改衣装”，放弃对自主出洋华人的保护“非治政之美”。这种区分的确是章程的一大缺陷，颜清湟指出，“换言之，总理衙门虽不同意但默认了私人来源的移民。这与它早期不允许非缔约国参与政府主持的招工的决定一起，都在无形中助长了苦力贸易的长期存在”。②

其次，对于章程中涉及华人在外情形，威妥玛称华人在英国及其殖民地的情况“可请勿庸过念”，清政府可“随时派员前往各处查问……本大臣均保无非以礼相接”。这显示出威妥玛欢迎清政府派出领事管理在外华人，但他显然淡化了华工在英国殖民地遭受的虐待。其时清政府尚未正式向外派使，威妥玛一直多方敦促。

最后，对于奕䜣提及章程中所涉问题有碍本国律例的担忧，威妥玛告之以招工章程主要是条约范围内的，“其有未载专系于律例者，惟英船装运该民一事”，即华工在船上的待遇问题。对此，他告之以“本国早定专条，立法最严”。对于中方所说华工出国只对英国有益，他强调华工出洋是一种禁而不止的趋势，双方议定章程保全华工的意图是一致的。

此外，威妥玛声称，华工出洋过程中的监管尤为重要，故对“来文章程商酌，稍为增减更换”，实际上他要等阿礼国到任后再和总理衙门商讨。奕䜣等人担心威妥玛节外生枝，一面与赫德重新检查修改原章程中的纰漏，一面令赫德对之进行催促。同治五年（1866）正月十五日，威妥玛到总理衙门与奕䜣当面讨论了数小时，最终议定了二十二条章程。③

① 陈翰笙主编：《华工出国史料汇编》第一辑，第一册，中华书局，1985 年，第 119 页。

② ［澳］颜清湟著，粟明鲜、贺跃夫译：《出国华工与清朝官员》，第 111 页。

③ 陈翰笙主编：《华工出国史料汇编》第一辑，第一册，第 148、154 页。

（二）威妥玛与清政府议定的1866年章程

对照前后两版章程可见，清政府注重防范华工被诱拐，强调中方的监管；威妥玛更注重招工商顺利招到华工，着意于英国官员对监管工作的参与和主动权。所修改内容体现在以下几点：

一是简化了华工下船前的保护性细则。原第一、二、三款强调“有条约之外国人”才可在中国通商口岸办理招工，注重对招工所的监管，领事应配合稽查；威妥玛则去掉“条约国”，应是虑及英国领事代管不少无约国商民，但这种删改极有可能为非法转运留下空间。原第七款要求欲出洋者要接受“官方逐一监察询问”，第八款强调华人订立合同“须在中国、外国委员面前”，合同订立即领取银两；新章程在相应第七款放宽了限制，省去官方询问，这无疑少了一层中方的监管。年龄上，原第十七款规定，出洋者“若非与父母同去，必须年龄二十以外”；新订第十一款中放宽为“华民年不及二十岁者，或欲承工出洋，必须取具本身父母准往凭单，盖用地方官印信”，又在第二十二款中补充了“幼儿不及十五岁者，不准令离父母”，体现了威妥玛为英属西印度殖民地获取华工的急切。此外，原第七款给出洋者十日的犹豫期：“各工人来公所未满四日之期，不许将合同画押。倘逾四日后，该工人主意未定，或再候见亲友，准其再缓六日，方可画押下船。”新订第十二款将六日缓冲期去掉。①

二是强调了外国公使、领事在招工事务中与中方的对等管理地位。原第六至十三款有中方官员核对合同、监管的具体规定，尤其第十三款规定对协助外商招工的华人违反章程予以处罚，“除将该人照例定罪外，并惟公所之人是问，严加惩责”，也即招工外商要为华人拐卖行为负责；新章程第五款将其淡化，仅强调外商应当遵守合同，更于第六款切断了外商对华人拐匪的连带责任，强调其“无论故违误犯，惟本人是问”。对于原章程所规定的华工出洋合同应包含的内容，则专列于新章程第八款中。新订第二十款对于海关临时扣押不符合规定的船只予以限制，在扣押查核期间应“转报该国钦差大臣会议定夺”。②

三是增加了对中国政府和华工的责任要求。新订第三款中增加对中方的制约：“印牒既出，不能无故注销”，以确保外商利益。原章程没有对华工居住公所期间的约束，新订第十六款补充道：“华工居住公所，或有滋事各等情弊，立即锁禁，俟地方官委员查收。”原第十一款指明受骗被拐者或冒混顶替者一经发现，合同即“作为废纸”，后者

---

① 陈翰笙主编：《华工出国史料汇编》第一辑，第一册，第135、136、138、156－159、161页。

② 陈翰笙主编：《华工出国史料汇编》第一辑，第一册，第137、157、160页。

应偿还所领取银两，“以八元为度”；新订第十三款则要求违约华工退还饮食钱，① 未区分其属何种情况。

四是新订章程在保护华工利益方面补充了原议未注意到的问题。如第十四款区分了招工人付给华工的预支银，若为“承招赏需之用，不准追还；惟因支用安家之费，准商预支，每月扣还一元，以清欠款，其数亦不准过六月工值”。禁止华工向招工人有别项借贷，以防其变成债奴。增加了对华工的工时、休工及合同期限等的规定：第九款，“合同所定承工年限，不准逾于五年。期满如欲回国，彼处必将合同所注水脚路费若干，按数备全，交付便船送回中华”；第十款，“七日之内，必得休息一日。一日之内做工，不过四时六课（即外国九点钟零二刻也）。如足所定日时之数，不准强其工作过时”。② 第二十二款强调华工做工期间夫妇不得分处，未成年人不得离开父母，后面这句是以放宽华工出国年龄为前提的。

而对原章程中规定的招公所不得惩罚华人、华工出洋之船停泊期间得由监督派员随时抽查合同等项，新章程未有异议。③ 禁止在澳门及非通商口岸招工一条，未列入章程之中，而是由总署另行照会各招工国。总署也收回原不准无约国招工的规定，对相关国家补充说明：“倘华民受雇前往，……如系贵国不能照料之处，应不准由各商招工前往。如系贵国能于照料之处，虽未与中国立约，应准由贵国商人代为招工前往。惟必须由贵大臣将各该处系何处，行文本衙门，并声明系按照定章，在通商口岸招办等情，以便存案备查。”可见，清政府亦认可了部分无约国的招工权利，如瑞典，以及有约却无驻京公使的丹麦、荷兰，统由三口通商大臣抄录章程转达，要求“按章程办理”。④ 该章程被称为《续定招工章程条约》或《北京章程》。

上述威妥玛和总理衙门议定的章程与法国方面大致相同，一定程度上体现了对华工利益的保护。

（三）1866 年招工章程的执行和英、法的拒绝批准

《北京章程》议定后，总理衙门随即刊印，颁发南北洋通商大臣和各地督抚按章办理，英、法公使纷纷表示在收到本国批准之前遵行。美、俄、德等国也都做出了同样承诺。但办理一年之后，法、英先后告以本国不批准章程，令清政府大为不满。⑤ 面对英、法、西班牙公使要求修改章程内容，总署予以拒绝。双方经过数次文件往还，清政府强

① 陈翰笙主编：《华工出国史料汇编》第一辑，第一册，第 159－160、133、159 页。
② 陈翰笙主编：《华工出国史料汇编》第一辑，第一册，第 159、158 页。
③ 陈翰笙主编：《华工出国史料汇编》第一辑，第一册，第 135－138、156－161 页。
④ 陈翰笙主编：《华工出国史料汇编》第一辑，第一册，第 161、163、164 页。
⑤ 陈翰笙主编：《华工出国史料汇编》第一辑，第一册，第 166、194 页。

调1866年章程已定，谕旨批准，办理经年，且章程议定时对方未说明要本国批准——此点尤为关键，这涉及章程的合法性，也涉及究竟哪方违约的问题。可惜总署只在给法国公使的照会中强调这一点，① 给英使照会中并未指明，以至阿礼国反倒指责中方的做法“与万国公法不符”及“背违和约”。但在实际操作中，清政府拒绝了英、法想要按1859年广州制度办理招工的要求，仍按新章办理；② 为了更具可操作性，地方大吏也取消了原本给部分无约国的招工权利，“至澳门一处，即有约之国亦不准其商人在彼设局招工”。③ 这段时间招工骚乱不时发生。④

颜清湟认为，“拒绝批准1866年章程暴露出英法的虚伪”。应当看到，包括威妥玛在内，执行“合作政策”的英、法使臣在某种程度上兼顾了中国的利益，而其母国的政府却深受西印度种植园主诉求的影响：“按照《北京章程》，每名华工在五年期满之后，即可获得一张回国船票，或与之等值的钱。因此，雇用100名华工的代价，就差不多比雇用100名印度劳工的费用多出2 000多英镑。接受章程中有关遣返回国的条款，将意味着支出大量的资本，增加农产品的生产成本。”⑤

1869年，阿礼国将再次修改的二十三条章程提交总署，该章程去除了《北京章程》中招工者须按招工人数向中国政府缴纳费用、对上船华工费用的区别性规定、承工期限不得超过五年、承工期间不得产生债务以及给付回国船费的承诺。另外，将华人出洋年龄下调至十八岁以下，对违约华工不但追回银两，还要求地方官治罪。⑥ 这种一再降低招工方责任的章程遭到了清政府的抵制。此时奕䜣等人也意识到了英、法等国不批准既定章程违反条约，终未同意。

（四）1873年前威妥玛要求修改章程的尝试

由于中方坚持《北京章程》，各口领事和招工者也只能按照相关程序办理。1869年，西班牙驻厦门领事遵章设立该国首个招工所。英、法仍急于修改1866年章程。为打破僵局，1870年，威妥玛以一纸招工合同作为修订《北京章程》的理由，认为该合同“在彼能守与否，尚属未定，此华民受损失关系甚大”。另外，“英、法两国招工，必从现在尚未批准章程办理，而他国并无设立章程之制，似此任意招工，未免稍有偏袒”。奕䜣等人对此保持了警惕，认为此合同恐有欺骗之嫌，要求广东严查私自招工及拐匪，

① 陈翰笙主编：《华工出国史料汇编》第一辑，第一册，第179页。

② 陈翰笙主编：《华工出国史料汇编》第一辑，第一册，第195－197、193页。

③ 陈翰笙主编：《华工出国史料汇编》第一辑，第一册，第201－202页。

④ 陈翰笙主编：《华工出国史料汇编》第一辑，第一册，第213－214页。

⑤ ［澳］颜清湟著，粟明鲜、贺跃夫译：《出国华工与清朝官员》，第112页。

⑥ 陈翰笙主编：《华工出国史料汇编》第一辑，第一册，第202－203页。

并强调无约国不得招工。① 同年，威妥玛与法国提出将合同年限修订为八年，总署以新修章程不足以防范诱拐行为和维护华工利益而拒绝，特别提到秘鲁华工的遭遇。②

章程未定，清政府不允许英、法代理商在南方口岸开设代理行。③ 1872 年，按英国政府的命令，威妥玛欲以西班牙在广东招工所的方式为英属德麻拉拉招工，即“约定合同以五年为限，期满发给洋银五十元，听其自便回国”，但被总署婉拒。此时恰逢古巴、秘鲁虐待华工情形传至国内，恭亲王强调各国统一按《北京章程》办理。威妥玛对此甚为不满，一方面强调英国并无强招及虐待华工之事，一方面指责中方不对“被人私招过洋”的华工提供保护。④ 不久，西班牙的招工活动也被停止。⑤

英国在未批准《北京章程》这段时间内甚少招工。吴凤斌在论及英属圭亚那华工时也指出，“1867—1873 年没有华工出洋”。⑥ 1873 年初，英国招工代理人辛普森在广东得到招工许可，威妥玛清楚此事未遵总署命令，但仍默许。⑦ 不过，受古巴和秘鲁虐待华工恶名影响，辛普森几个月后仍未招到华工，威妥玛遂建议从旧金山运送自由移民到英属圭亚那，以解燃眉之急。⑧ 威妥玛亦支持广州领事罗伯逊协助瑞麟打击拐匪，加速了澳门苦力贸易的终结，并制定了持续至下一季的地方移民章程。⑨ 也即，虽然上层未谈妥，至 1873 年，英国在广州已经有了具体的招工措施。几个月后，威妥玛始向总理衙门明确让英商“遵照同治五年章程招工出口”，并提出移民的保护措施。⑩ 也即，英国方面已批准了 1866 年章程。

这里需指出，英国最终批准 1866 年章程与西班牙苦力贸易形势的变化紧密勾连，其大背景是英国对经由澳门的苦力贸易（由西、葡、法、德等国商人参与）的反对，西班牙对英、法拒绝批准该章程的遵从其中既有利益之争，也有人道主义力量的参与。威妥玛和总署几乎同时获知古巴华工消息，在得知西班牙招工所开设后，他速命广州代理领事休士抄送瑞麟，使其保持警惕。⑪ 这些消息最终使西班牙在广州的招工所停摆，遂

---

① 陈翰笙主编：《华工出国史料汇编》第一辑，第一册，第 221、223、225 页。

② 陈翰笙主编：《华工出国史料汇编》第一辑，第一册，第 216 - 217、218 页。

③ T. F. Wade to the Earl of Derby, 11 January, 1875, *F. O. 17/887*, pp. 33 - 40.

④ 陈翰笙主编：《华工出国史料汇编》第一辑，第一册，第 225 - 227 页。

⑤ T. F. Wade to Granville, 26 July, 1873, *F. O. 17/883*, pp. 127 - 137.

⑥ 吴凤斌：《契约华工史》，江西人民出版社，1988 年，第 288 页。

⑦ T. F. Wade to Earl Granville, 15 March, 1873, *F. O. 17/882*, pp. 168 - 170.

⑧ T. F. Wade to the Earl of Granville, 10 July, 1873, *F. O. 17/883*, pp. 111 - 112.

⑨ Telegram to Mr. Wade (by B. Robertson), July 16, 1873, *F. O. 17/883*, p. 114.

⑩ 陈翰笙主编：《华工出国史料汇编》第一辑，第一册，第 228 页。

⑪ T. F. Wade to Granville, December 19, 1871, *F. O. 17/879*, pp. 385 - 387; T. F. Wade to Hughes, 13 December, 1871, *F. O. 17/879*, pp. 390 - 390A.

有中、西就古巴华工问题之议。而威妥玛在企图与清政府修改章程无功之余也颇觉理亏，除不断向本国陈述其困难，更多次建议取消契约华工，引入自由劳工，更重要的是西班牙招工所的关闭以及由此带来的谈判使1866年章程成为招工无法绕开的前提。

当然，即使英、法一开始即批准该章程，由于其本身的漏洞，也很难完全达到保障出国华工的目的。关键在于清政府基于封建思想对移民群体的分类，以及不愿向外派使落实对华工的保护性条款。据英商证词，华人去往美国加利福尼亚、澳大利亚、南洋群岛等都属于“私自出洋”，《北京章程》所列各款对他们不适用；即使章程条款具备明确的保护华工的内容，其在英属西印度基本未得到执行，因章程把华工在移入地的保护责任完全放在招工代理人身上，“这是绝无用处的”。此外，地方上的招工稽查委员“专注意于每名三元”的招工费，而不认真查获拐匪，总署认为这是“粤、闽各省控告被拐案件层见叠出”的原因。①

三、威妥玛与古巴、秘鲁华工条约的签订

古巴在当时是西班牙殖民地，秘鲁则在1820年即脱离西班牙统治而独立，两地均自鸦片战争后经澳门大量引入非法华工。古巴、秘鲁的华人在1873年前后各有十余万人，不但在运输途中受尽折磨，在移入地亦惨遭虐待。由于清政府昧于世界大势，英国公使威妥玛成为中国与两地华工条约的重要推动者。

（一）威妥玛与古巴华工条约的签订

由于总署获得的外部消息，1872年西班牙广州招工所被关闭；同时，在国际舆论的围攻及瑞麟对苦力拐匪卓有成效的打击下，澳门苦力贸易难以为继。对于西班牙而言，不但古巴和独立后的秘鲁将无法获得廉价华工，而且更关键的是，其虐待华工的恶行使得清政府暂停了1866年章程的执行。为了恢复华工的供应，西班牙代理公使丁美霞遂向总署表示抗议。因其拒绝承认有虐待华工之事，清政府在英、美、荷等国公使的声援下，坚持要暂停向古巴移民；同时，由于古巴华工问题涉及1866年章程的存废，各国公使对之极为关切，威妥玛尤甚。

威妥玛深知西使所辩称的并无虐待华工之词并不可信。② 1872年11月中旬，在西班牙使臣离开后，威妥玛“希望看到中国苦力受到公平对待”，遂与总署讨论此事，直

① 陈翰笙主编：《华工出国史料汇编》第一辑，第一册，第197－199、222页。

② T. F. Wade to Granville, 12 October, 1872, *F. O. 17/881*, pp. 71－73.

至1873年。① 他称自己是“惟一进行协调的人”，因为德、法公使明显偏向西班牙；其初衷是为达成对各方都有益处的“人道的、自由的移民”，而“中国将学会践行设置驻外代表的好处”。他称一个开放的中国对英国的商业发展大有裨益，“除非她有国外代表，否则她不会有真正的进步”，而只有这样才能确保华工在外的安全。除了向中方建议派出调查团，威妥玛也向西使泼冷水，后者称“如果中国不能证实古巴虐待华人至少应赔偿400 000元”作为招工所被关闭的损失，威妥玛说“在调查结果出来之前，中国不会同意任何赔偿”。② 其间丁美霞一度欲使总署将两国问题提交各国公断，由于其拒绝同情中国的美国公使参与，也不愿提交英、法公使，被中方拒绝。但8月份西使提出了一项草案与总理衙门讨论。③

1873年10月22日，在荷、法公使的协调下，中、西草拟了第一个《古巴华工条款》。协议同意中方将派使团前往古巴调查取证，最终交公使团裁断。④ 威妥玛在这项协议签订中的作用主要是调和中、西之间的矛盾，尤其是使清政府同意派出调查团而不是中断对古巴移民，使西班牙放弃以赔偿为勒索、最终接受包括美国公使在内的各国调停。对于中方纠结的两个问题（华工在古巴被虐待是否属实？如果属实，中国怎能允许其继续被运至古巴？），威妥玛提议“中国派出使团前往古巴调查华人状况”，该建议被采纳。清政府打算选一名英国人协助调查，威妥玛强调“应让法国人加入，领队的职位不应高于总领事”，如此可“平息西班牙和法国的怨怒”，因为“法国在此事上更偏向西班牙”。⑤

建议清政府派出古巴调查团的还有其他公使，但西使指称威妥玛是“始作俑者”，导致了其移民困难，并推动本国向英国政府抱怨。威妥玛只得竭力辩解，称自己并未制造对古巴移民的阻碍，之所以强烈反对苦力贸易“是基于人性，但我总是努力把握时机，诱导总署满足西班牙的正当要求”。⑥

西使对威妥玛的不满之后逐渐淡化。1874年10月陈兰彬使团回国，随后将调查报告送交各国公使。其间总署和西使都对公断犹豫不决。西使不满于调查报告仅有中文版，更对总署违背口头承诺让美国代表参与调查愤愤不已，声称报告失去了合法性。面

---

① T. F. Wade to the Earl of Derby, 11 January, 1875, *F. O. 17/887*, pp. 33 – 40.

② T. F. Wade to the Earl of Granville, 20 September, 1873, *F. O. 17/883*, pp. 350 – 354; T. F. Wade to Hammond, 20 Septmber, 1873, *F. O. 17/883*, pp. 355 – 356.

③ T. F. Wade to the Earl of Derby, 11 January, 1875, *F. O. 17/887*, pp. 33 – 40.

④ T. F. Wade to the Earl of Granville, 20 November, 1873, *F. O. 17/656*, pp. 276 – 278.

⑤ T. F. Wade to the Earl of Granville K. G., 2 September, 1873, *F. O. 17/883*, pp. 293 – 297.

⑥ T. F. Wade to the Earl of Derby, 11 January, 1875, *F. O. 17/887*, pp. 33 – 40.

对西使对仲裁的抗拒，威妥玛一方面如释重负，① 一方面“出于对巴拉坑体制下的绑架所造成灾难的真正恐惧”，希望仲裁成功。他深知西使执着于其按 1866 年章程开设的“招工所能否被停止；由此带来的损失是否应被赔偿？但如果能够恢复移民，他会乐于放弃过去的想法”。② 1875 年 2 月 23 日，在西使欲以离京断交相威胁时，威妥玛挽回了局面，指出总署的答复并非专横，前者随即删去了使团离京那部分内容。③

此外，威妥玛竭力打消总署“公平裁断可能对自己不利”的错误认识，也发现了其保护古巴华人动机的不足。作为仲裁者，他本着“尽可能协助将古巴华人解救出来”的初衷而积极与各国公使协调。④ 他察言观色，成为西使和总署之间矛盾的缓冲器，转达双方的信函。⑤ 其间由于“马嘉理案”，威妥玛的协调中断。直到两年后（1877 年 11 月 17 日），新任西班牙公使伊巴里在此前讨论的基础上与总署议定第二个《古巴华工条款》（十六款），明确了对华工的保护和招工规定。⑥

由此可见，若无威妥玛的极力调停，以清政府当时的外交心态，古巴华工问题是一个无解的困局。威妥玛的参与有着复杂的出发点：首先是防止清政府在移民问题上的倒退，以满足英国获取华工的长远利益；其次是基于人道主义而对苦力贸易的痛恨，希望以一纸条约落实对古巴华工的保护；最后是借机推动清政府向外派使，使其履行《天津条约》的义务，参与到西方主导的国际体系中，以对英国的商业发展有益。

（二）威妥玛与秘鲁华工条约的签订

秘鲁华工的悲惨处境很早即被西方社会关注，地方督抚也多次报告西班牙私自从澳门、厦门等地招工前往秘鲁。1868 年 12 月，不堪忍受虐待的秘鲁华工通过美国驻秘公使向总署递交“陈情书”，后者希望美方“设法援手”。面对英、美公使建议“妥立章程”并设立领事保护华工，清政府却仍想用“堵”的办法，重申无约国（如秘鲁）不准设局招工，严禁通过澳门招工。⑦ 1871 年 6 月美国公使转达了秘鲁华工的第二份申诉，清政府虽深表同情，却并未提供实质性保护。1872 年秘鲁苦力船“玛耶西”号的

---

① T. F. Wade to the Earl of Derby, 11 January, 1875, *F. O. 17/887*, pp. 33 – 40.

② T. F. Wade to the Earl of Derby, 29 December, 1874, *F. O. 17/886*, pp. 294 – 298.

③ Memorandum by Mr. Wade on His Visit to Mr. Otin, British Legation, 23 February, 1875, *F. O. 17/888*, pp. 156 – 158.

④ T. F. Wade to the Earl of Derby, Shanghai, 14 April, 1875, *F. O. 17/697*, pp. 247 – 255.

⑤ Wade to Monsienr Otin, 7 March, 1875, *F. O. 17/888*. （原始文档页面无页码）

⑥ 陈翰笙主编：《华工出国史料汇编》第一辑，第二册，中华书局，1985 年，第 920 页。

⑦ 陈翰笙主编：《华工出国史料汇编》第一辑，第三册，中华书局，1985 年，第 965 – 966、968 – 969、971 – 972 页。

虐待苦力罪行引发了英、日等国的关注，清政府迫于国际形象，不得不派员前往日本解救苦力回国。但至此，清政府并未改变其在苦力问题上的闭关心理。随后秘鲁使臣为寻求签约来华交涉，威妥玛的调停客观上扭转了清政府保护海外华人的消极状况。

鉴于澳门苦力贸易难以为继以及“玛耶西”号事件的恶劣影响，为继续获取华工，秘鲁派噶尔西耶前来中国谋求签订条约。噶尔西耶到达日本后，于1873年6月15日写信给威妥玛及各国公使请求向总署引荐。为了博取威妥玛的好感，秘使声称自己痛恨非人道的移民，西班牙正在按照英国政府1855年《中国乘客法案》制定规章，以保护华人乘客。① 威妥玛随即代其传信，并转达了总署的婉拒：秘方应先遣送回所有被拐卖的苦力，并确保日后不从事苦力贸易，中国才会答应和他们签订条约。② 秘使称，如此中国“则要承担顽固的、对华人漠不关心的指责”。③ 考虑到华工出洋不可禁止，唯有条约可提供保护，威妥玛希望清政府接待“秉持良好意愿而来”的秘使；既然清政府拒绝秘鲁的理由是其虐待华人，则应派出调查团前往取证，而是否签约则由其自由决定。他向清政府一再表明中立立场，但也强调“若不定约则失去了保护秘鲁华人的机会”。④

噶尔西耶来到天津后，威妥玛设法打破清政府对其拒而不接见的僵局。1874年1月，威妥玛特地会见直隶总督李鸿章，指出：“中国因忧虑十万秘鲁华人，会错过秘鲁使团所带来的机会，从而无法确保华人当下和今后的处境。”李称：“中国若与一个诱拐其千万子民的国家签订条约会被耻笑。若秘使现在返回，中国定不派出使团前往。”威妥玛则表示：“中国不会被耻笑，而会被谴责，因她忽略对自己声称万分关心的华人的责任。”⑤ 直到3月份，威妥玛仍认为“总理衙门对华人在外的命运没有真正的兴趣”。⑥

威妥玛之后协助秘使在北京英国使馆过冬，得知李鸿章将按商务问题与之交涉，派参赞梅辉立前往斡旋。按照威妥玛的指示，梅辉立强调，首先，“清政府若拒绝秘使会遭西方国家谴责，因其明知华人在外受苦却拒绝通过条约提供保护”；其次，“中国在获取秘鲁华人情况前不会考虑允许移民前往”；最后，双方要签订的条约或协定，应由中方自主决定。因此，中方“应当避免让秘使无功而返”，李鸿章仍坚持“若秘使无功而返中方就不必派出调查团”，梅辉立指出：“如此结果将很不幸，秘鲁华人将诉讼无

---

① Aurelio Gay Garcia to T. F. Wade, Yedo, 15 June, 1873, *F. O. 17/883*, pp. 368 – 373.

② T. F. Wade to Granville, 26 July, 1873, *F. O. 17/882*, pp. 127 – 137.

③ Aurelio Gay Garcia to T. F. Wade, Yedo, 25 August, 1873, *F. O. 17/883*, pp. 375 – 378.

④ T. F. Wade to Granville, Peking, 20 September, 1873, *F. O. 17/883*, pp. 364 – 366.

⑤ Memorandum (by T. F. Wade), Enclosure No. 3 in Mr. Wade's No. 3 confidential, 24 January, 1874, *F. O. 17/672*, pp. 29 – 31.

⑥ T. F. Wade to the Earl of Granville, 28 March, 1874, *F. O. 17/885*, pp. 104 – 107.

门……中国也无法借机认识到其驻外人员在利益攸关问题上的重要价值。"①

1874年6月26日，《中秘会议专条》和《中秘通商条约》（十九款）得以签订。根据前者，清政府将向秘鲁派遣调查团，秘方应对其提供官方协助，并送回期满华工。②而后者则确定了中秘一般商务关系，关于华工，其第六款明确规定杜绝苦力贸易："除两国人民自愿往来居住外，别有招致之法均非所准；现经两国严行禁止，不准在澳门地方及各口岸勉强诱骗中国人运载出洋。"③

李鸿章对威妥玛和梅辉立的参与褒少贬多，认为其所提出不准在澳门招工一条"系第一要紧之件"，正与中方意见吻合；但整体上认为其站在秘鲁一边："秘使……全靠威大臣帮助主持，如威大臣肯说公话，秘使焉有不从，若必强中国以难行，万万不能从命。"李鸿章更列举了威妥玛给秘使的具体协助：在双方议定专条时建议议定简明贸易章程，提出应如道光年间瑞典、挪威等小国那样，"无庸请用御宝，亦无庸订期互换，以归简便"，李鸿章认为这是将专条和章程混淆，坚持要分开办理。④

威妥玛自述其对李鸿章的影响主要有两点：首先，促使其认识到拒绝秘鲁不但伤其"体面"，"势必倍加荼毒"十万华人，从而上奏建议立约。在其劝导下，李鸿章表现出了超常的通达："承认每个中国人都有不可剥夺的放弃自己国籍的权利（见《蒲安臣条约》）。"⑤ 其次，李原本只打算定一个通商简明章程，不作条约，但威妥玛派梅辉立加以辩驳。此外，梅辉立还协助秘使要求在关乎中国派员查办的专条内写上"秘国核定此章之日起，及国会议允批准互换"等语。⑥

换约期间，威妥玛确如李鸿章所言，对秘鲁有所偏袒。一是换约前中方建议双方以照会形式申明保护华工之意，梅辉立以"公法未授权使臣在换约前有此权限"出面阻止，李鸿章坚持，终未受其干预。二是秘鲁换约使臣爱勒默尔漏带汉文条约，威妥玛说合中方予以通融换约。换约大臣丁日昌初不同意，爱勒默尔请求"先将将用宝之件彼此互换"，再电报秘鲁送回汉文条约专条补换。威妥玛则帮腔："去年所立之约，内有专条保护华工，中国本占便宜，今爱使又许另立为华工除去一切苛待等弊端文件，若肯通融，先行换约，十数万华工不知占光多少等语。"李、丁想要缓和自"马嘉理事件"以

---

① Memorandum for Mr. Mayers, Chinese Secretary, 27 April, 1874, *F. O. 17/885*, pp. 354 - 359.

② 陈翰笙主编：《华工出国史料汇编》第一辑，第三册，第1067 - 1068页；T. F. Wade to the Earl of Derby, 10 July, 1874, *F. O. 17/674*, pp. 247 - 251.

③ 王铁崖编：《中外旧约章汇编》，秘鲁《通商条约》，生活·读书·新知三联书店，1962年，第340页。

④ 陈翰笙主编：《华工出国史料汇编》第一辑，第三册，第1034 - 1035页。

⑤ T. F. Wade to the Earl of Derby, 12 August, 1874, *F. O. 17/675*, pp. 56 - 58.

⑥ 陈翰笙主编：《华工出国史料汇编》第一辑，第一册，第1035 - 1042页。

来紧张的中英关系，且威妥玛所言不假，遂参考以往对意大利的做法通融换约。但强调“中国总以汉文为凭，候秘国将原订汉文条约专条送到，再为刊刻通行”。①

但威妥玛的偏袒被李鸿章夸大了。实际上，无论出于利益还是道义，威妥玛都对秘鲁从事的苦力贸易深恶痛绝，他满意于秘鲁使臣同意接纳中国调查团这一重要让步（称这是梅辉立的功劳）。② 就在秘使来华前后，港英政府驱逐了两艘秘鲁苦力船。③ 威妥玛称噶尔西耶面对的困难来自其本国人的恶行，“中国政府认为他是澳门葡萄牙人的帮凶”，其家族在澳门的地产“注定要替代被取缔的巴拉坑”。④

从秘鲁最终争取到达成华工条约这个角度讲，威妥玛确实帮了大忙。秘使为此专门向梅辉立致谢，威妥玛也向外交部为其下属邀功。⑤ 对于李鸿章等人而言，接受威妥玛的调停实属无奈，更由于所面临外部环境的险恶而怨愤难平。但清政府终究通过该条约走上了保护海外华人的大义之途，威妥玛的影响自然是个正面因素。从威妥玛的出发点来看，他最初持消极态度，当意识到华工出国之势不可当、清政府不想和秘鲁订约是“对海外华人的命运没有真正的兴趣”⑥ 后，转而极力为秘使争取谈判机会，促使李鸿章意识到与秘鲁立约的迫切性。由此可见，威妥玛对秘鲁华工问题的参与更多是基于人道主义，并不直接涉及英国利益。

（三）威妥玛建议英国政府放弃契约移民

出于担心清政府在移民问题上的倒退，自西班牙招工所 1872 年被关闭时起，威妥玛即不断建议本国向殖民地引入自由移民。如，其在 1873 年 1 月 21 日第 15 号机密文件中即提出“应当进行自由移民才能够成功”；另，根据其 6 月份的函件，广州领事罗伯逊予以落实，使英国西印度移民代理人辛普森关闭了移民代理馆。⑦ 他进一步论证：自由移民“刚开始投入较高，一旦移民潮形成，殖民地将不必再向新加坡、巴达维亚、澳大利亚或加利福尼亚等地求援。另一方面，越来越多有识之士拒绝契约移民，这将使之逐渐难以为继”。为此，英国应当坦然面对美国的反对、俄国对澳门船运的关注以及法国的冷漠，从而“坦诚告知中方，一旦英、法两国发现中国移民被虐待，将放弃以契约方式移民的条约”。他认为应对中国人做出“少许妥协”，如此，“我们就为中国提供了

---

① 陈翰笙主编：《华工出国史料汇编》第一辑，第一册，第 1065 – 1066 页。
② T. F. Wade to the Earl of Derby, 12 August, 1874, *F. O. 17/675*, pp. 56 – 58.
③ T. F. Wade to the Earl of Granville, 28 March, 1874, *F. O. 17/885*, pp. 104 – 107.
④ T. F. Wade to the Earl of Derby, 10 July, 1874, *F. O. 17/885*, pp. 287 – 288.
⑤ T. F. Wade to Derby, 22 September, 1875, *F. O. 17/701*, pp. 182 – 183.
⑥ T. F. Wade to the Earl of Granville, 28 March, 1874, *F. O. 17/885*, pp. 104 – 107.
⑦ Wade to The Earl of Derby, 23 June, 1873, *F. O. 17/887*, pp. 236 – 237.

一项服务……如果这样做可行的话，今年我们的移民代理可以向西印度运送苦力”。①

罗伯逊对此密切配合。9 月 17 日，他拒绝了尼德兰驻广州领事的租船请求，后者声称该船用以运输自由华工到苏门答腊岛的亚齐。罗伯逊担心英船被用于运输苦力，认为此事是个危险的苗头：“如果移民的处理这样轻率，不需要中央政府批准，那么在取缔澳门苦力运输一事上的努力、英国政府对移民问题的关切显然是浪费，因为无人保证葡萄牙人不会将这种运输用于尼德兰的原则中。如果这一计划允许的话，苦力运输就要死灰复燃。”② 在 1872—1873 年，他大力协助和支持两广总督瑞麟打击苦力拐匪，最终促成了澳门苦力贸易的终结。③

据此，威妥玛再次向英国外交部建议：“相对所谓的契约移民，我们的殖民地应当考虑如何更好地吸引自由移民。”这样做一方面是要平息“中国早已严重的仇外情绪”，另一方面是树立正面的国际形象，“我迫切希望我们停止实践条约权利，正式告诉中国我们决定废弃它”。④ 这里所说的“条约权利”是指《北京条约》第五款关于英人从事契约移民的规定，充分表明了他对苦力贸易的痛恨。

在另一份给外交次长哈蒙德的便函中，威妥玛重申英国政府应放弃契约华工以作为反对它的手段，“虽然英属西印度要付出代价招徕自由移民，但这最终提供劳动力、市场，其收益将超过现在”。只要英国需要契约华工，就无力反对西班牙、秘鲁和其他国家的苦力贸易，因为“根据契约运到西印度群岛的苦力毕竟是些悲惨的人……自由移民将有助于英国财富增加的同时，使良心得以安宁”。⑤ 这正是威妥玛协调清政府与西班牙之间矛盾的出发点，他认为自己的初衷是“有助于人道的、自由的移民，英国最终也会因此受益”。⑥

1875 年 1 月，威妥玛第三次提出反对契约移民的建议：“我大胆请求阁下重新考虑我在 1873 年 7 月 26 日第 169 号文件中的建议，英国政府应当做出决定取缔契约移民。”他表示该贸易仍在继续，但移民代理辛普森告诉他，以其“良好声誉，不难获取自由移民”。结合几个月前命令辛普森关闭广州代理行，以及暂时从印度获取劳动力作为补救，威妥玛一再强调应终止英属西印度殖民地的契约华工。按以往的情况，若英国放弃，法

---

① T. F. Wade to Earl Granville, 26 July, 1873, *F. O. 17/883*, pp. 148 – 153.

② B. Robertson to T. F. Wade, “Emigration to the Island of Sumatra”, Canton, 17 September, 1875, *F. O. 17/887*, pp. 270 – 279.

③ B. Robertson to T. F. Wade, 11 September, 1873, *F. O. 17/883*, pp. 334 – 337.

④ T. F. Wade to the Earl of Granville, 20 September, 1873, *F. O. 17/883*, pp. 303 – 305.

⑤ T. F. Wade to Hammond, 20 September, 1873, *F. O. 17/883*, pp. 355 – 356.

⑥ T. F. Wade to the Earl of Granville, 20 September, 1873, *F. O. 17/883*, pp. 350 – 354; T. F. Wade to Hammond, 20 September, 1873, *F. O. 17/883*, pp. 355 – 356.

国也必定跟随，关键在于“中国政府不会采取任何措施来反对契约移民制度，而该制度的弊端是毋庸置疑的，在英国以外的领土上不可能得到补救”。①

英国政府最终在1876年采取了威妥玛的建议，宣布放弃契约移民权利。这是威妥玛三四年间不断建议的结果，当然，他也饱受英国拒绝批准1866年章程的困窘：“中国人怀疑我参与古巴问题的讨论，只不过是为了废除1866年移民章程。”② 此时古巴、秘鲁华工问题俱已尘埃落定，英国政府的表态也算是还威妥玛在清政府眼中的“清白”。当然，若无各方因素的汇集，英国也很难单方面放弃《北京条约》所赋予的契约移民权利，但威妥玛至少在1872年即开始极力敦促此事，其自身即成为其中一重要因素。由此，华工出洋的悲惨局面开始进入了日渐向好的趋势。

四、结语

综上，威妥玛在担任代办和公使期间，不但联合法国和清政府议定了关于华工出洋的1866年章程，在英国政府拒绝批准该章程后，又在之后的几年间数度寻求修改该章程。其间，由于清政府坚持按既定章程办理移民问题，威妥玛无法推进英方的指示。随后，由于古巴和秘鲁虐待华工问题，1872年西班牙在广州开设的招工所被关闭，1866年章程本身也被中止。由于担心清政府在移民问题上倒退以致影响到英国的移民供应，也基于自身和英国国内人道主义者对澳门苦力贸易的反对，威妥玛参与到西班牙就移民问题与清政府的交涉中。同样，威妥玛也参与了1873年秘鲁谋求和中国签约的调停中。在英、美进步人士反对虐待华工的大背景下，威妥玛的调停影响了中国对西班牙和秘鲁移民条约签订的进程，使清政府改变了在移民问题上的闭关思想，开启了主动向外派使保护海外华人的近代型政府进程。但由于长期受列强侵略以及对时局把握不准，李鸿章等人对威妥玛的调停将信将疑，牢骚满腹；而古巴和秘鲁则同意按威妥玛的建议接纳中国调查团以作为签订条约的前提，但并非都对威妥玛的调停表示感激。威妥玛的上述活动使他成为1865—1875年华工出国史上举足轻重的人物，甚至成功促使英国政府在1876年放弃契约移民的条约权利，不但影响了英国对华移民政策和华工移民的历史进程，也影响到中国的对外关系以及古巴、秘鲁的华人历史。

作者简介：

张坤，暨南大学历史系教授；朱泽宇，暨南大学中外关系研究所硕士研究生。

① T. F. Wade to the Earl of Derby, 21 January, 1875, *F. O. 17/887*, pp. 43 – 45.

② T. F. Wade to the Earl of Derby, 22 February, 1876, *F. O. 17/889*, pp. 55 – 58.

揽权与专权：岑春煊和政学系依托军政府扩张势力始末及影响

李　慧　夏　泉

[提要] 第三次返回两广的岑春煊野心勃勃。岑春煊及政学系依托军政府不仅将广东最高行政机关、财政、军事、兵工厂等尽行把持，且蚕食关税余款，把持数十万元敌侨资产，还谋划将驻粤滇军收为己有。广东督军莫荣新逐渐脱离陆荣廷掌控后，岑春煊及政学系联合莫荣新，几乎将粤省权力瓜分殆尽。岑春煊及政学系专权和揽权引起各方势力的不满，对两广政局产生了深远的影响。

[关键词] 岑春煊；政学系；军政府；陆荣廷

1918 年 5 月 18 日，非常国会通过修正军政府组织大纲，大元帅制军政府改为总裁制军政府。第三次南返时期的岑春煊认为其可以在两广有所作为。岑氏既欲摆脱督军之束缚，又不愿步孙中山之后尘，因此主席总裁岑春煊及政学系依托军政府不断地揽权和专权，导致桂系内部分裂，政学系与桂系因争权夺利久不相能；大广东主义复苏，粤人治粤呼声日益高涨；伍廷芳愤而离粤，军政府土崩瓦解；岑春煊派与政学系派互相争权，大起倾轧。目前学界对北京政府时期岑春煊和政学系的政治活动有所研究，① 但岑氏及政学系在粤揽权的过程及影响则少有学者关注。② 本文将深入且全面地探索军政府改革后，岑春煊及政学系揽权和专权的过程，及其对两广乃至西南政局的影响，以便进一步窥探南方各派系、各政党、地方实力派的联合与分离。

一、主席总裁岑春煊及政学系在粤扩张势力之过程

1918 年 7 月初，岑春煊第三次返粤，③ 表面上极力铺张军政府门面，以建成西南统一机关，实际上处处着意于扩张一己之势力。岑春煊虽依靠政学系获得主席总裁之职位，但大权仍不能独揽，岑氏既挺身而出为西南任事，则于势力扩张之进行“决无撒手不干之理”，④ 因此岑氏及政学系借助军政府不断扩充权力。

（一）扩充军力

政务会议召开前，岑春煊颇觊觎陆军总长之职，该席位最终为广东督军莫荣新所得，岑氏不得不退而求其次选择内政总长，然而岑氏对于“军力之扩充仍进行不懈”。⑤ 7 月 22 日，岑春煊偕同冷遹赴广西与陆荣廷会晤，岑、陆二氏相会主要为解决南方内部之事。岑春煊曾请求莫荣新拨一师直属军政府，莫氏以粤省财力支绌为由而拒绝，实际上莫氏暗中阻止岑氏练兵，岑氏再三坚持，莫氏方“允拨三营”，⑥ 恢复岑氏旧日在肇庆时期“模范团之组织”，⑦ 此乃岑春煊着手扩充军力方法之一。

---

① 邓正甜：《岑春煊在 1918》，谢德强主编：《句町国与西林特色文化》，广西人民出版社，2009 年。作者认为以往学者全面否定军政府改革中的岑春煊失之偏颇，岑在军政府中的政治活动和作为有待深入探究。朱陵宁：《从欧事研究会到政学系（1914—1920）》，华东师范大学硕士学位论文，2008 年。作者着重探究政学系兴起的缘由、政学系南下护法的原因及其对西南政府的影响和政学系在南北和谈中的活动。王爱云：《岑春煊与龙济光、陆荣廷关系述论》，《广西社会科学》2014 年第 12 期。作者主要论述清末至民初，岑春煊与陆荣廷、龙济光合作与分离对两广乃至全国政局的影响。

② 谭群玉：《派系和制衡：军政府改组与南北政局》，中山大学博士学位论文，2003 年。作者聚焦于戊午军政府改革的过程，其中涉及岑春煊在军政府改组前后的政治活动，对本文深入探究岑氏第三次返回两广的原因和过程极具借鉴意义。

③ 1913 年 7 月底，岑春煊第一次返粤，其目的为策动两广独立；1916 年 4 月下旬，岑春煊第二次返粤，其目的为讨袁。

④ 《岑派在粤着着进行》，《大公报》（天津版），1918 年 8 月 29 日第 3 版。

⑤ 《岑派在粤着着进行》，《大公报》（天津版），1918 年 8 月 29 日第 3 版。

⑥ 劳祖德整理，中国历史博物馆编：《郑孝胥日记》（第三册），中华书局，1993 年，第 1741 页。

⑦ 《岑派在粤着着进行》，《大公报》（天津版），1918 年 8 月 29 日第 3 版。

岑春煊与陆荣廷相见时，除仍商请拨一师外，还要求易换莫荣新。此时岑、莫尚未联合，陆、莫之间的矛盾亦未浮出水面，粤省军事大权仍操控于莫荣新之手，岑氏“未免稍形抑郁”。① 因此，岑春煊谋划以军政府名义组织粤滇桂三省联军重炮队，主要挑选粤滇桂军队中精锐炮兵组成一军，以便收“军事之主力于一己”，② 其总司令部设于韶关，办事处在省城。虽然组建三省联军重炮队由岑春煊发议，然暗中主持者为李根源，名为对“北方之战争而设立，实则在篡取桂粤之兵力”，③ 以扩充政学系势力。就粤滇桂三军实力而论，驻粤滇军由李根源掌控，挑选与否不成问题；粤军势力薄弱，精良之军械落在粤军之手本属少数，即便穷搜尽括亦仅可得其一二；桂军久据要津，炮械极良，欲减弱桂派之实力非从此着手不可。由此可见岑春煊与李根源谋划不可谓不深远，手段不可谓不毒辣。

（二）把持财政厅和兵工厂

军政府成立之初，向粤汉铁路公司商借洋银五万元作为开办经费，担保人为广东财政厅厅长、政学系骨干杨永泰。杨永泰依附政学系武力派李根源倾覆孙中山，与桂系要人曾彦争夺粤省财政权，更欲解散粤军，排除桂系，“统一全粤势力”。④ 杨永泰因此遭到桂系排挤，虽在莫荣新参谋长郭椿森悉力袒护下夺得财政厅厅长职位，却又因桂军联名索饷引起风潮。引起桂军风潮之缘由主要有两方面，其一权力问题，桂军自入粤以来，早已视粤省为被征服区域，予取予携，杨永泰与桂系素无关系，只因攀附李根源，“竞夺财厅一席于桂人曾彦之手”，⑤ 招致桂系疾视为必然之结果；其二惧祸问题，李根源未入粤以前，粤省重要机关操于桂人之手，然而李根源运用手段以岑春煊为军政府主席总裁，又协助杨永泰和钮永建占据粤省财政、军械两枢要，致使桂军实力大减，岑春煊及政学系骨干李根源、杨永泰、钮永建等自然受到桂系排斥。

杨永泰受贿黑幕被省议会揭破后，省长李耀汉通电桂系要人陈炳焜、谭浩明及莫荣新，称杨永泰就任后“财政既无整顿，金融更无起色。自贿案发生，尤为舆论所不容”，⑥ 因此提议罢免杨永泰财政厅厅长之职。杨永泰闻此消息大为恐慌，急求助于岑春煊与李根源，岑、李二氏立即“下动员令以武力迫李耀汉卸任”，⑦ 加之商会仍希冀

---

① 《岑伍间之暗潮》，《大公报》（天津版），1918年9月2日第3版。

② 《岑派在粤着着进行》，《大公报》（天津版），1918年8月29日第3版。

③ 《岑派在粤着着进行》，《大公报》（天津版），1918年8月29日第3版。

④ 《粤中桂滇两系之争潮》，《大公报》（天津版），1918年9月26日第6版。

⑤ 《粤中桂滇两系之争潮》，《大公报》（天津版），1918年9月26日第6版。

⑥ 《广东各派互相倾挤之内幕》，《大公报》（天津版），1918年11月2日第6版。

⑦ 《广东各派互相倾挤之内幕》，《大公报》（天津版），1918年11月2日第6版。

依靠杨永泰规复兑现，因此政学系分子依旧把持广东省财政大权。舆论界甚至讽刺南方“正赖革命发财”，因中央解款全部停止、盐税余款每月有四十万元、赌税每月五十万元，综计年收入不下“三千万元”。① 此外，广东之官产随意拍卖，所得亦不资，财政厅官吏与商人相勾结，凡事必“取一成乃至二成之回扣”。② 粤省财政厅厅长问题，引起桂系内部暗斗，李耀汉欲撤杨永泰以曾彦继之，桂军亦已准备拥曾彦上台，然而莫荣新坚决反对，“不欲陆氏心腹曾彦”③ 继杨永泰之后。由此观之，莫荣新逐渐不受陆荣廷指挥，其后莫荣新与岑春煊及政学系联系愈来愈密切，几乎将粤省权力瓜分殆尽。

1919 年 3 月，岑春煊及政学系反对撤换粤督莫荣新之计划已在进行中，谋划于“军府中布置势力以握广东之实权”，④ 致使已视自身为两广主人翁的陆荣廷愤而辞去政务总裁之职。陆荣廷极为不满地声称“自有政学会三字遂使两广感情日恶”，⑤ 政学系将广东财政、军事、兵工厂尽行把持。

（三）图谋驻粤滇军

岑春煊与李根源亟谋将驻粤滇军尽收为已有，利用其以助政学系私自媾和之计划，增加与北京政府谈判之筹码。1920 年 2 月上旬，岑春煊及政学系另遣温宗尧和郭椿森与北京政府订立和议款项五条，因忧虑滇系反对以及驻粤滇军“起与为难”，⑥ 李根源决定改编滇军，借此撤换滇军将校。唐继尧得到消息后，决定将驻粤滇军收归直辖。2 月 10 日，唐继尧致电驻粤滇军各将领表示，解除靖国联军第六军军长名义，“撤消李根源总司令一职”，⑦ 驻粤滇军归军政府参谋部部长李烈钧直接指挥。唐继尧之决定自然遭到莫荣新的反对，莫荣新称滇军入粤以来，一切饷械皆由粤省供给，向归粤督节制，滇军总司令李根源抵粤后屡平大乱，功在国家，“万无轻予变更之理”，⑧ 莫荣新决定仍以李根源原职统率驻粤滇军。在驻粤滇军问题上，民友社与益友社议员支持李烈钧统率滇军，莫荣新和政学系则赞同李根源继续统率滇军，国民党军界首领均赞助李烈钧且承诺极力相助，因莫荣新治粤以来，国民党军界首领久不得志，故“彼等对于桂系及政学会

---

① 《南方之革命发财》，《大公报》（天津版），1918 年 11 月 7 日第 3 版。

② 《南方之革命发财》，《大公报》（天津版），1918 年 11 月 7 日第 3 版。

③ 《桂系各首领之暗斗》，《大公报》（天津版），1918 年 11 月 26 日第 6 版。

④ 《和议停顿中之广东》，《新京报》，1919 年 3 月 24 日第 2 版。

⑤ 《和议停顿中之广东》，《新京报》，1919 年 3 月 24 日第 2 版。

⑥ 广州市市政厅总务科编：《广州市市政报告汇刊》，广州市市政厅总务科，1923 年，第 70－71 页。

⑦ 汤锐祥主编：《护法运动史料汇编》（第三册），花城出版社，2003 年，第 338 页。

⑧ 汤锐祥主编：《护法运动史料汇编》（第三册），第 342 页。

均不满意”,① 谋划于此时进行报复。获得莫荣新支持后，李根源立即取消辞职，欲继续掌控驻粤滇军。

改编滇军引起二李内讧，继而引发了滇桂之争。3月初，李烈钧军队在花县遭遇莫荣新所派之广西军攻击，而李根源军队为李烈钧部下击伤者甚多，李根源大愤宣言与李烈钧决一死战，“滇系方面深恶其跋扈亦不相让”,② 唐继尧明确表示必定驱逐李根源，“纵使护法局面解体亦在所不惜”。③ 滇军内讧严重影响了西南大局，广东各要人倾轧益急，“同伙排挤情形较前愈为紧急”。④ 主席总裁岑春煊最怕西南局面由此破裂，已派遣冷遹调和滇军内部，听任滇军各军官自决，愿由李烈钧节制就归李烈钧，不愿者则仍旧由李根源用边防督办名义统率，然而第三、第四两师内各军官除去周汝康、赵德裕、李根沄三人外，“无有不愿由李烈钧节制”。⑤ 3月上旬，李烈钧与李根源在北江方面发生冲突。李烈钧出而用兵重要原因为奉唐继尧命令，维持驻粤滇军，其他原因为政学系势力盘踞军政府，以致大局问题日趋纠纷，整顿无望，因此欲铲除李根源，改组军政府，“一并扫除政系之魔力”。⑥

二李开战后，莫荣新即援助李根源，一面派桂军入韶；一面改编滇军，不服者即以违抗论。岑春煊则一面派员调和二李；一面乞援于直系长江三督，“求其发兵攻击”⑦ 滇系。而唐继尧一面命令驻桂边两军两团向龙州方面进发，兼程入粤援应；一面密电驻闽滇军司令方声涛，饬其抽调若干营兼程返粤，借以牵制桂军之兵力，“以绝李根源后援”,⑧ 唐继尧与莫荣新、岑春煊及政学系已间接兵戎相见。

3月下旬，滇桂两军互不相让，唐继尧愤请辞去军政府政务总裁之职，与军政府脱离关系，同时唐氏对于陆荣廷观望之态度异常愤慨，“决定与陆氏持对敌行动”,⑨ 以唐继禹为援粤总司令，率同滇军二师由云南开拔进攻广西。3月25日，桂军先败于南雄再败于三水，岑春煊亲自赴始兴前线调停，“携带5万美元用以安抚李烈钧部滇军”,⑩ 且计划再从关余中拨出5万美元用于结清所拖欠之滇军军饷。因滇军之间不欲自相攻杀，

---

① 《南军内讧之西訊续志》，《大公报》（天津版），1920年3月7日第3版。

② 《开战之情形》，《益世报》（北京版），1920年3月3日第2版。

③ 《滇粤军交哄之内幕》，《大公报》（天津版），1920年3月6日第6版。

④ 《北探之报告》，《益世报》（北京版），1920年3月3日第2版。

⑤ 《滇粤军交哄之内幕》，《大公报》（天津版），1920年3月6日第6版。

⑥ 《李烈钧弄兵之原因》，《益世报》（天津版），1920年3月11日第2版。

⑦ 《政学会乞援三督军》，《益世报》（天津版），1920年4月2日第6版。

⑧ 《形势愈大之二李开战》，《益世报》（北京版），1920年3月20日第3版。

⑨ 《唐继尧派兵进攻广西》，《民意日报》，1920年3月28日第3版。

⑩ Mediation by Tsen Chun-hsuan, *The North-China Daily News* (1864 – 1951), March 31, 1920, p. 8.

“李根源知滇军不可尽恃”，于是与莫荣新商议“恢复滇军名义”① 以示退让，委任不愿接受改编的杨益谦和鲁子材为驻粤靖国第一军正副总司令，借以“孤李烈钧之势”。② 本欲收渔人之利的陆荣廷，见风头不妙亦通电主张停战。李烈钧孤军在粤苦战一月有余，却未得到有力之援助，因此李氏“勉受调停，听候唐继尧之解决时局”。③ 自岑春煊赴韶，滇桂战事风潮已略告结束，李烈钧与李根源相继返省。北江方面，鲁子材和朱培德等部滇军及李明扬所部赣军退驻湘西，其余受编之滇军改为海疆军，由李根源率驻琼州。至此，不能为岑春煊及政学系所掌控的驻粤滇军已被改编完成。

（四）蚕食关余，把持敌侨财产

岑春煊及政学系还蚕食关税余款，试图夺取南方关余支配权，并把持数十万元敌侨财产。南方关税余款主要为伍廷芳所争得，伍氏与外国领事交涉称将关税余款尽付北京政府，殊欠公允，“西南诸省理应分用余款一部分”，④ 最终北京政府将关余拨出百分之二十三为广州军政府之用。岑春煊及政学系“攫得关余巨款到手”，⑤ 使各方护法军队困不能支，只好搜括穷民糊口；擅自将国会经费挪作军用，致使国会无形解散，护法精神扫地以尽；政务会议议决拨款一百万元建西南大学，咸笑纳于政学系分子之私囊，加之广东所变卖敌侨财产二十七万元亦为“私人所把持”，⑥ 岑春煊亲信、敌侨督办李书城私借七万余元，冷遹私借一万四千余元，并私借各机关者“不下十八万元”，⑦ 款项虚縻殆尽且未见收支报告。由此观之，岑春煊及政学系揽财之举可谓“大胆妄为”。⑧

1920 年 3 月下旬，岑春煊以调遣滇军出发湘边为由，向伍廷芳初索六万元，继而增至十五万元，伍氏勉付八万元，然而岑氏仅拨给滇军一万元，其余“或以个人名义犒赏桂军”，⑨ 或为沈鸿英扣留，用途莫测，伍氏愤激万分。岑春煊还留函致伍廷芳，请其“再预备五十万金于日内提用”，⑩ 岑氏数日内硬要提用数十万元。于是，军政府财政兼外交部部长、政务总裁伍廷芳趁岑春煊赴韶调停滇军之际，挂冠而去，携带关税余款离粤赴港。

---

① 中国社会科学院近代史研究所中华民国史研究室编：《孙中山全集》（第五卷），中华书局，1985 年，第 232 页。

② 《滇粤军之难望调和》，《大公报》（天津版），1920 年 3 月 27 日第 6 版。

③ 《粤政局之奄奄一息》，《大公报》（天津版），1920 年 4 月 10 日第 6 版。

④ 《伍老博士痛诋岑西林》，《太平洋底》，1920 年第 2 卷第 6 号。

⑤ 《军政府之大骗局》，《国是报》，1920 年 3 月 16 日第 2 版。

⑥ 《伍廷芳通告离粤》，《国是报》，1920 年 4 月 19 日第 2 版。

⑦ 汤锐祥主编：《护法运动史料汇编》（第三册），第 375 页。

⑧ 《军政府之大骗局》，《国是报》，1920 年 3 月 16 日第 2 版

⑨ 《伍廷芳大放厥词》，《大公报》（天津版），1920 年 4 月 19 日第 3 版。

⑩ 《伍廷芳离粤之观察》，《申报》，1920 年 4 月 8 日第 7 版。

伍廷芳退出广州原因之一为岑春煊、莫荣新、林葆怿等屡次向伍氏逼取存于外国银行之关税余款，伍氏称此款另有他项预定用途，不能任岑氏等个人予取予求，伍氏已成为众矢之的，不得不离开广州。4月初，岑春煊对关余问题颇为着急，一面致电北京政府国务总理靳云鹏要求此后将关余“直接汇交彼接收，不必再交伍”；① 一面将伍廷芳之银行存款查封，并派员分别向香港和上海法庭起诉伍氏，争夺伍廷芳所“保管关税剩余金”。② 伍廷芳赴港后，岑春煊用军政府名义向香港英国法庭起诉伍氏，请求向伍氏追究关余，然而香港政府置之不理，岑氏诉讼已失败，香港英国法庭劝伍氏将存于香港银行“一百四十余万”③ 关余提沪。虽然岑春煊在香港英国法庭诉讼失败，但由于岑、伍纠葛，香港银行不肯遽行将款交与伍氏收回，故“旧日所存之关税余款，伍氏与岑氏均不能到手”。④ 于是岑春煊立即致电沪上章士钊请其设法提取储存于上海汇丰银行之3月份关余，但伍廷芳果断拒绝了章士钊之索款，随后章士钊向“上海英国高等法院对于伍廷芳提起诉讼”。⑤ 沪上旧国会议员则斥责章士钊混充军政府代表，旧议员表示军政府为合议制，然七总裁已去其五，法定人数不足，政务不能开议，单独命令不生效力，并称章士钊“混称军府代表控告军府总裁尤为荒谬绝伦”。⑥ 岑春煊及政学系为争夺4月份以前的关余剩余金及关余支配权，对伍廷芳穷追不舍。然而西南局势已经破裂，沪上和会进展缓慢，军政府呈有名无实状态，岑氏及政学系非但无法追回剩余金，北京政府财政部已托外交团致电沪上汇丰银行，规定“西南关余储款非中央许可，岑、伍均止付”。⑦

二、粤省长风潮

粤督军与省长虽同为高级长官，然桂系督军素抱西南主义，粤派省长则持中央主义，持有两种不同主义之人共居一城，必定不能相安。粤省长李耀汉握有兵权，又为警卫军团之重要人物，且据有肇庆地盘，实扼两粤之咽喉，西南各要人虽知其趋向中央，亦不敢轻易更动，“恐引起内讧之患”，⑧ 故此前粤督军和省长彼此“虚与委蛇，互相防亦互相掣”。⑨ 李耀汉托言公务遄回肇庆，然省中军务繁兴，财政匮乏，财政属省长范

---

① 《岑春煊注意关余》，《大公报》（天津版），1920年4月6日第3版。
② 《章士钊控诉伍廷芳》，《大公报》（天津版），1920年4月15日第2版。
③ 《伍廷芳大放厥词》，《大公报》（天津版），1920年4月19日第3版。
④ 《纠缠不了之关余案》，《大公报》（天津版），1920年4月22日第3版。
⑤ 《章士钊控伍廷芳于英法院》，《晨报》，1920年4月15日第2版。
⑥ 《旧国国议员致六总裁电》，《申报》，1920年4月17日第10版。
⑦ 《北京电》，《申报》，1920年4月17日第3版。
⑧ 平生：《粤省长免职问题》，《申报》，1918年9月29日第6版。
⑨ 平生：《广东之省长问题》，《申报》，1918年7月21日第6版。

围，省长处旁观地位，对于“搜括等事又不甚赞助”，① 因此财政厅厅长杨永泰深为不满。李耀汉借词患病久不旋省，省长问题又生纠纷。

岑春煊就任政务总裁后，多次着人劝李耀汉回省，然而李氏拒绝返任，因此国会议员再次动议，舆论界传闻继任者“或属意魏邦平或属意李根源”。② 省长问题“与岑派之势力亦大有关系”，③ 岑春煊表示省长为一省最高行政长官，事繁任重，现值南北战争剧烈之时，省长必须常驻署内，筹划机宜，以重职守，提议委任“边防督办李根源代理省长，藉资镇慑”，④ 岑氏之意图明显为扩充政学系分子权势，增强后援力量。

1918 年 7 月下旬，岑春煊致电李耀汉限其若干日内交出省长印信，否则即宣布其罪状，“下令向肇庆攻击”，⑤ 岑氏急于更易省长。自李耀汉避居肇庆，一切政务由政务厅厅长梁日东代拆代行，省长公署已成为赘疣，行政权“暗中全归于督军莫荣新管辖”。⑥ 莫荣新虽曾许诺李根源省长之位，然李氏握有军权于桂系非但“不能增加利益”，⑦ 甚至将有牵掣之虞，而李根源为人杰鳌必定不甘心久居人下，因此招致莫荣新之忌惮。然而岑春煊及政学系始终欲达收管全粤之目的，此时岑氏及政学系分子已设法由国会出头，就李耀汉通款北京政府种种情形提出弹劾。由此观之，岑春煊及政学系之“日思发展尤不容疑”，⑧ 为攫取省长之位谋划极为深远。

9 月 20 日，军政府召开政务会议，以省长李耀汉久驻肇庆暗通北方，总裁岑春煊屡劝不归为由，决定罢免李耀汉省长之职，另委任肇阳罗镇守使翟汪代理。军政府任命消息公布后，陆荣廷通电表示强烈反对，翟汪亦不敢接任，并分别致电北京政府与陆氏声明“此系岑、李（李根源）之意”。⑨ 岑春煊、李根源及莫荣新协谋驱除李耀汉，然而桂军忽然变更计划，联结李耀汉，抵制李根源，因李根源先除粤军后除桂军之阴谋对于桂系危害极大，桂人素抱地盘主义，不容他人插夺两粤，因此视李根源乃至整个政学系为眼中钉背上刺，自然以“排除李根源之实力为急务”。⑩ 广东军警俱乐会李福林、魏邦平等亦集议反对军政府罢免李耀汉，认为军政府无此职权。以许崇嵩为首的粤籍“旧

---

① 平生：《粤省长免职问题》，《申报》，1918 年 9 月 29 日第 6 版。
② 平生：《广东之省长问题》，《申报》，1918 年 7 月 21 日第 6 版。
③ 《岑派在粤着着进行》，《大公报》（天津版），1918 年 8 月 29 日第 3 版。
④ 平生：《广东之省长问题》，《申报》，1918 年 7 月 21 日第 6 版。
⑤ 《李耀汉不容于西南》，《益世报》（北京），1918 年 7 月 20 日第 3 版。
⑥ 《岑派在粤着着进行》，《大公报》（天津版），1918 年 8 月 29 日第 3 版。
⑦ 《岑派在粤着着进行》，《大公报》（天津版），1918 年 8 月 29 日第 3 版。
⑧ 《岑派在粤着着进行》，《大公报》（天津版），1918 年 8 月 29 日第 3 版。
⑨ 《粤中桂滇两系之争潮》，《大公报》（天津版），1918 年 9 月 26 日第 6 版。
⑩ 《粤中桂滇两系之争潮》，《大公报》（天津版），1918 年 9 月 26 日第 6 版。

国会议员之质问辞尤严厉”,① 表示此次政务会议开去李耀汉本兼各职，任命翟汪代理粤省长不仅违背约法，且超越了军政府大纲范围，政务会议只能任免部长，“文武官吏之任免皆非军政府范围内之事”。② 对于旧国会议员之质问，岑春煊进行了辩解，称此次任免省长“证之《修正军政府组织大纲》，既有根据。按之事实，亦所当为”,③ 反而指责旧国会议员“党同妒直，吹毛求疵”。④ 10 月，安福国会选举徐世昌为北京政府大总统，遭到了南方的强烈反对，旧国会两院联合会议决自 10 月 10 日起，委托军政府代行国务院职权，摄行大总统职务。至此，军政府理论上拥有任免省长之权力，但无法平息因各派系争夺省长之位引起的风潮。

粤省长问题愈来愈严重，各派暗斗，相互倾轧，政潮逐渐暴露，李耀汉拒绝交卸，翟汪不愿就任，“岑春煊主用武力解决”,⑤ 已命李根源统率滇军星夜入省，若翟汪观望则改任李根源为省长。此外，岑春煊还派张岳平至肇庆，拟改组肇军，“实欲解除李耀汉之实力”,⑥ 李氏决不甘服，极力整顿防务。自岑春煊抵粤，政学系极其活跃，“一时有政学派包围广州之目”,⑦ 因而引起各派之反感。程辟金称，岑春煊利用军政府免李耀汉省长职，却无法削其肇军总司令职，李氏既然不能被削实权，便“偏拨其怒，益坚其北向之心”,⑧ 指责岑氏利用军政府，以图利己。10 月下旬，军政府为保持威信，决计用武力驱逐李耀汉，派桂军将领林虎率千人欲捣肇军。而与李耀汉联系密切的粤派将领李福林一面在其河南防地下戒严令，一面出头调停，提出李耀汉仍充肇军司令作为交卸条件，否则其亦将辞去广惠镇守使之职，解散福军，该提议明显含有“要挟性质”,⑨ 岑春煊与桂系担忧时局破裂，于是应允，省长问题暂时得到解决。李耀汉由港乘轮船密行抵省城，李氏在福军大营与翟汪会晤，并发出布告声称，咨请翟汪代理，“以示始终不服从军府之意”，粤省长问题看似解决，实未解决，为“粤省政界一绝大暗潮”。⑩

1919 年 5 月下旬，南北和议停顿后，两广军人欲乘此时机争攫督军与省长。暗中觊觎且运动最为激烈者有桂系陈炳焜与粤派李耀汉二人，陈炳焜因粤军反对而辞职，“李

① 《任免省长起风波》，《大公报》（天津版），1918 年 10 月 2 日第 6 版。
② 平生：《粤省长免职问题》，《申报》，1918 年 9 月 29 日第 6 版。
③ 汤锐祥主编：《护法运动史料汇编》（第四册），第 79 页。
④ 汤锐祥主编：《护法运动史料汇编》（第四册），第 80 页。
⑤ 《香港电》，《申报》，1918 年 10 月 19 日第 3 版。
⑥ 《肇庆之危机》，《大公报》（天津版），1918 年 10 月 19 日第 3 版。
⑦ 《广东近势之大变幻》，《大公报》（天津版）1918 年 10 月 23 日第 2 版。
⑧ 中国第二历史档案馆、云南省档案馆编：《护法运动》，档案出版社，1993 年，第 1165 页。
⑨ 《省长问题解决》，《大公报》（天津版），1918 年 10 月 31 日第 6 版。
⑩ 《省长问题解决》，《大公报》（天津版），1918 年 10 月 31 日第 6 版。

耀汉以政学会排挤而去任”,① 两者皆衔恨已久，故稍有机会便思一雪前耻。粤督莫荣新因联结政学系且欲脱离陆荣廷掌控，失欢于陆氏，陈炳焜企图取而代之，然鉴于陈氏与粤军之矛盾，陆氏并未应允，但采取不干涉态度。于是陈炳焜暗中活动，陈氏由梧过肇时电约李耀汉同行赴港，舆论界盛传粤省将恢复独立前之现状，“以陈为督军，李为省长”,② 陈炳焜与李耀汉分别图谋督军和省长之职，粤局将再起风波。

以粤省现状言之，岑春煊及政学系握有最高政治权，凡显要地位该系必欲攫取，“省长一职早已认定为李根源、杨永泰二人”,③ 翟汪仅一过渡者。政学系运动省长之方法为利用省议会选举，杨永泰贿买数十名议员以厚植其势力，然而李耀汉亦采取此法，李氏与交通系联络，因此在议员中占据优势且省议会议长亦为李派所得，杨派议员大为愤怒，欲将选举推翻另行选举议长，杨、李两派相持不下，议会不能开幕，则省长问题即不能赖其解决。时局变迁，此时陆荣廷欲与北方私自议和，陆氏政见与军政府不尽相同，且陆氏对于粤省之督军与省长职位亦别有图谋，故粤中要人欲先发制人，岑春煊决定推举李根源为省长，岑氏与伍廷芳商议省长问题，伍氏称粤人素抱“地方主义，牢不可破”,④ 与其推举李根源不如推举杨永泰，因杨氏为粤人。由此观之，广东省省长问题不仅加快了陆荣廷与北方谋和之步伐，且导致两广各派系、各要人、各种势力重新分化组合，其一桂系内部分裂，桂系督军莫荣新与政学系相结合抗击陆荣廷及广西将领，另一部分驻广东桂系将领如马济和陈坤培则持观望态度；其二桂系中广西将领与粤派相联合，陈炳焜与李耀汉结合不仅为雪耻，还欲分别夺取粤督军和省长；其三岑春煊及政学系与陆荣廷相背离，粤省长问题加剧了两者间的矛盾和冲突，但岑、陆二氏并未完全决裂；其四政学系武力派与政学系新贵逐渐相互排斥，李根源与杨永泰互争省长职位，“杨得莫荣新之助力，李以岑春煊为后援”。⑤

6月中旬，肇庆已完全被林虎攻下，李耀汉下落不明，代理省长翟汪辞职。翟汪为保存肇军实力称李耀汉既辞司令，“彼之行动与肇军之行动固毫无关系”,⑥ 然而莫荣新已决议肢解肇军，派遣余渭南在肇庆各地改编肇军。舆论界认为此次两广用兵之原因大致有三种，其一莫荣新联合政学系，借讨李耀汉之名，先据肇庆，以抵制广西军队入粤；其二陆荣廷与莫荣新暗中联合，借讨李耀汉之名，实行其大广西主义，以排除粤军势力；其三陆荣廷与政学系暗中联络，铲除粤派之势力。1919年春间，广东人大倡大广

---

① 《珠江新潮音》,《大公报》（天津版），1919年5月30日第6版。

② 《珠江新潮音》,《大公报》（天津版），1919年5月30日第6版。

③ 《珠江新潮》,《大公报》（天津版），1919年6月17日第3版。

④ 《珠江新潮》,《大公报》（天津版），1919年6月17日第3版。

⑤ 《香港电》,《申报》1919年6月18日第4版。

⑥ 《骚乱中之广东》,《大公报》（天津版），1919年6月19日第3版。

东主义，力主粤人治粤，省议员有提议胡汉民、陈炯明、李耀汉掌粤者，有主张李氏为督军而胡氏作省长者，随后粤籍旧议员致电陆荣廷，请求陆氏赞成粤人治粤之议，陆氏“忽觉粤人省界思想骤然发达”，此种形势足以摇动桂系在广东之地盘，甚为不悦，于是方针渐变，表面仍虚与粤派周旋，实则暗联政学系共同推倒粤系之势力，使“大广东主义万劫不克提倡，永隶于广西势力征服之下”,① 因此决定先从肇军下手。简言之，粤督莫荣新、岑春煊及政学系、陆荣廷及桂系皆欲排除李耀汉及肇军，不仅因李耀汉不易制驭，还因肇庆握两广咽喉，实为其心腹之患，加之此时李耀汉为大广东主义之首领。

此次省长问题为兵事之远因，兵事一解决，则省长问题即乘之而起，各野心家遂各自大肆运动，必欲以彼派系中人为省长，“而彼等得以从中渔利”。② 关于省长人选，广东人希望伍廷芳兼任，不仅因伍氏老成练达，还因连任省长均属武人或外省人，“有背民治主旨”,③ 故公推伍廷芳出任省长；岑春煊兼任之说当然不成问题；广西军人派主张莫荣新兼任；李根源推荐李烈钧，但李烈钧不欲此时投诸势力竞争旋涡中；政学派称为维持全省秩序，不得不赖才智丰富、实力具备者，认为李根源最为适当，然持地方主义之粤人表示强烈反对；暗中运动者尚有杨永泰、林虎、魏邦平，杨永泰谋取省长之位甚为积极；李根源谋省长亦久，此次兵事陆荣廷万分不悦李氏，故其知难而退；李烈钧通电举荐陈炯明，然陈氏既不为陆荣廷所喜，又为政学系所忌惮。粤省候补省长多如鲫，一时难以确定，莫荣新恐局面因此动摇，遂主张由张锦芳继续护理。

7 月下旬，候补省长人选中，李耀汉和翟汪已归失败地位；李根源、莫荣新、伍廷芳、陈炯明、岑春煊、李烈钧皆成陈迹；陈家兰、刘玉麟、伍朝枢、赵士北亦如昙花一现；张锦芳虽护理而军政府未加任命，仍处飘摇之中；陆荣廷虽通电主张于汪精卫和胡汉民中择一人充任，实际上陆氏欲借以“缓和主持粤人治粤一说者之手段”,④ 故运动最有力者实唯杨永泰、汤廷光、陈廉伯三者。杨永泰对于省长之位蓄谋已久，莫荣新、伍廷芳、李根源三人因种种原因皆无法兼任，“杨之阻力已退，此时不干更待何时”,⑤ 且省长民选为政学系所主张，故杨氏亟谋省议会能行使职权。广东省新议会因议长之争，风潮尚未止息，省署亦未承认，于是杨永泰一面借助政学系势力提议以李国钧为临时议长，一面向张锦芳处陈说，使其承认李国钧为省议长。此外，杨永泰还暗中“运动省议员为其自身助力”,⑥ 待风潮稍靖，省议会基础稳定，杨氏即策动省议员举其为省长。

---

① 《粤闻类纪》,《大公报》(天津版)，1919 年 6 月 27 日第 3 版。

② 《粤乱续闻》,《大公报》(天津版)，1919 年 6 月 29 日第 3 版。

③ 广州市市政厅总务科编：《广州市市政报告汇刊》，第 69－70 页

④ 《候补粤长愈多》,《大公报》(天津版)，1919 年 8 月 3 日第 6 版。

⑤ 《候补粤长愈多》,《大公报》(天津版)，1919 年 8 月 3 日第 6 版

⑥ 《候补粤长愈多》,《大公报》(天津版)，1919 年 8 月 3 日第 6 版

11月下旬，岑春煊秘密赴桂，岑氏赴桂主要目的为调停陆荣廷与莫荣新之间的矛盾。岑春煊与陆荣廷会见，对于广东政局有所决定，广东省省长暂以张锦芳代理，俟南北和议成立后，即以林绍斐继任，至于财政厅厅长则以曾彦、王乃敏、王永新三人中之一人代之，此外陆氏顾全岑春煊脸面，对于莫荣新督军之职维持现状。从中可窥探出，陆荣廷急欲铲除政学系在广东之势力，将财政权与行政权据为桂系所有，计划任命其亲信林绍斐与曾彦分别为省长和财政厅厅长。至1920年5月上旬，岑春煊与莫荣新最终达成一致，共同支持杨永泰任广东省省长，并由岑军府政务会议“通过杨永泰升任省长案”,① 省长风潮告一段落，政学系新贵掌控了省行政最高机关。

三、岑春煊及政学系扩充势力之影响

岑春煊南下动机与行为，“与陆荣廷和唐继尧对他南下的期望是有矛盾冲突的”,② 岑氏及政学系专权和揽权不仅对两广政局，甚至对西南政局产生了深刻的影响。

首先，桂系内部分裂，政学系与桂系因争权夺利久不相能。岑春煊及政学系不断地揽权，将广东省行政最高机关、财政、军事、兵工厂等皆控于该派之手，招致两广之“主人翁”陆荣廷的不满，素来归陆氏宰制之广东，竟自“其部将之手而馈之他人”,③ 原本沆瀣一气的陆荣廷与莫荣新因后者“好用政学会人”,④ 加之失意之桂系将领搬弄口舌，遂促使陆、莫二氏大生恶感，“广州各党竞争权利，恐终必至于决裂”。⑤ 莫荣新除与政学系分子相联结外，驻粤桂军将领林虎和沈鸿英亦为莫氏之党羽，使得莫荣新在粤羽翼渐丰，“大有离桂系自立之势”。⑥ 莫荣新与岑春煊及政学系联合后，陆荣廷虽一时不得志，但两广霸权尚未尽失，故陆荣廷加紧与北京政府局部议和之步伐。除此之外，陆荣廷在自身权力范围内谋划制裁莫荣新和政学系，如易换粤省督军莫荣新，撤换石井兵工厂督办钮永建，以林虎替代莫荣新兼任陆军部部长，以曾彦替代杨永泰继任粤省财政厅厅长。1919年3月8日，陆荣廷电辞政务总裁之职，陆氏为人向来以退为进，其辞职无异于向岑春煊下战书，因此岑氏及政学系“种种猛进主义大受打击”。⑦ 随后，岑春煊派遣三名政学系要人赴邕，名为慰问陆荣廷，实欲侦察陆氏之举动，并对“广西

---

① 《政学会把持之粤局》，《益世报》（北京版），1920年5月20日第6版。

② 谭群玉：《派系和制衡：军政府改组与南北政局》，第129页。

③ 《西南备战与内讧之粤讯》，《大公报》（天津版），1919年4月5日第6版。

④ 《西南政局之大黑幕》，《大公报》（天津版），1919年3月28日第6版。

⑤ 《西报之南方党祸论》，《大公报》（天津版），1919年5月6日第6版。

⑥ 《西南备战与内讧之粤讯》，《大公报》（天津版），1919年4月5日第6版。

⑦ 《粤中各派暗之剧烈》，《大公报》（天津版），1919年5月5日第3版。

军务有所窥伺”，[①] 李根源约集各方面重要人物开非正式会议，决定“分途运动联合对陆之策”，[②] 而莫荣新则紧急举行陆军部成立大会，莫氏认为陆军部部长为军政府特任，非陆荣廷所能褫夺，连日大宴军政善商各界，欲结欢各界以备异日挽留自己起见。

其次，大广东主义复苏，粤人治粤呼声日益高涨。岑春煊及政学系不断地揽权，导致岑春煊与陆荣廷在粤内讧，大广东主义乘机复苏。在粤人争取粤省长的风潮中，莫荣新竟“指挥军警，枪击公民”，[③] 成为孙中山辞去政务总裁的原因之一。随后孙中山激励陈炯明趁暗潮涌动，竭力准备，以期回师广东，粤军只有“冒险奋进”，[④] 方可图存。由此观之，岑春煊及政学系不断扩充权力加速了粤军回师步伐。1920 年 4 月初，陈炯明趁滇桂交哄相持不下时，击退方声涛，“率所部滇粤军回兵，向广州进发”，[⑤] 号称一百一十四营。8 月 12 日，陈炯明在漳州公园誓师，15 日夜分三路向粤边开始进攻，粤军俱抱破釜沉舟之志。陈炯明攻下河源后，向莫荣新和岑春煊下最后通牒，要求桂军于一个月内退出粤境；莫新荣、杨永泰、李根源、林虎、沈鸿英等一律免职；限岑春煊于双十节以前离开广州。[⑥] 10 月初，肇军已占领清远和从化，岑春煊与温宗尧逃往沙面，孙中山急电陈炯明率全军移向长宁，取道从化，“长驱进省，以定粤局”，[⑦] 然后再行处置后方穷寇。10 月 23 日，粤军攻陷惠州，民军乘机占据石龙，东江桂军进退失据，广州桂军陷于四面楚歌中。次日，岑春煊与温宗尧通电解除军府职务，军政府因岑春煊辞职“事实上已完全消灭”。[⑧] 26 日夜，莫荣新率桂军退出广州。至此，桂系与政学系之统治宣告结束，大广东主义完全崛起。

再次，伍廷芳愤而离粤，军政府土崩瓦解。岑春煊在军政府中“向以主座自居”，[⑨] 岑氏倚政学系势力为后靠，频繁派遣专使入京与徐世昌接洽和议，伍廷芳对岑春煊不满已久。军政府收存第四期关余共一百六七十万元，岑春煊强势支拨，伍廷芳不得不急行离粤。自伍廷芳离粤后，军政府虽补选温宗尧等为政务总裁，然其大势已经瓦解，纵能暂时维持现状，亦不过残喘苟延而已。岑、伍失和，“军府破裂”。[⑩] 岑氏及政学系之所

---

① 《粤中各派暗之剧烈》，《大公报》（天津版），1919 年 5 月 5 日第 3 版。

② 《珠江新潮》，《大公报》（天津版），1919 年 6 月 17 日第 3 版。

③ 桑兵：《孙中山史事编年》（第六卷），中华书局，2017 年，第 3449 页。

④ 中国社会科学院近代史研究所中华民国史研究室编：《孙中山全集》（第五卷），第 76－77 页。

⑤ 《纠纷难解之粤乱》，《晨报》，1920 年 4 月 5 日第 2 版。

⑥ 《粤桂战事最近录》，《大公报》（天津版），1920 年 9 月 21 日第 3 版。

⑦ 中国社会科学院近代史研究所中华民国史研究室编：《孙中山全集》（第五卷），第 348 页。

⑧ 《军政府完全瓦解》，《国是报》，1920 年 10 月 29 日第 2 版。

⑨ 《伍廷芳离粤之观察》，《申报》，1920 年 4 月 8 日第 7 版。

⑩ 《南北统一前途》，《大公报》（天津版），1920 年 11 月 2 日第 2 版。

以仍积极维持军政府，实视此为谋和之绝好时机，欲乘势图一己之私利。军政府危机陆续显露，恐不能久支，此时岑春煊为军政府主脑，然而向为岑氏所器重之“夹袋中人物”,① 如钮永建、冷遹、李书城、文群皆借故辞职，导致岑军府中无一干员，此军府内部涣散之情形；军政府为各省军组织之基础，因此政务会议各省军代表亦得出席，然而贵州代表严培俊、云南代表唐继虞、陕西代表赵世钰、湖南代表张伯烈均已离粤，各军军事代表除周则范代表姜玉笙和唐克明代表居正早已辞职外，滇军代表徐琛、黔军代表李世荣、陕军代表赵世钰、豫军代表张文超、四川靖国军代表张知警、援鄂左军代表高振霄亦已离粤，此各省军代表零落之情形；陈锦涛就任财政部部长，岑氏及政学系原本对其寄予厚望，然而陈氏就职后，对于财政上之措施毫无把握，军政府财政困难情形愈加严重。军政府百般设法由盐运署内提得八万元，暂救燃眉，不料该款项尚未过付已“为各部所摊派净尽”,② 军政府各部几乎无隔宿之粮，此财政上之困乏情形；温宗尧南下之初，对于争回关余之事自信满满，实际上不仅无法从伍廷芳处争回关余剩余金，外交团亦宣布停止向南方支付关余，虽然温宗尧屡次向各国领事交涉，但毫无结果，此军府外交之失败情形。

最后，岑春煊派与政学系派互相争权，大起倾轧。岑春煊与供其驱使的政学系派本不相同，两者因利益而结合。政学系主要分子为李根源、杨永泰、谷钟秀、张耀曾等，岑派为章士钊、冷遹、彭允彝、李书诚等，正义派退出粤省后，该两派互相争权大起倾轧，为将来把持粤省权力两不相让。李根源乘新胜之势，以迅雷不及掩耳之手段逐去冷遹和李书诚，大骂章士钊与彭允彝，并扬言“岑如不听言亦不必拥此傀儡”,③ 政学系分子仅将岑春煊作为与桂系结交的过渡人物，但又恐为岑氏所利用，于是极力排斥岑春煊。

1918 年 7 月，经政学系骨干多方运动后，政务会议最终选定岑春煊为军政府主席总裁。为扩张势力，岑春煊及政学系依托军政府不断地揽权，扩充军力、把持粤省财政厅和兵工厂、图谋驻粤滇军、蚕食关余和敌侨财产、争夺粤省长之职，不仅惹起两广地方政潮，还引发西南其他派系的强烈不满，甚至护法事业亦大受影响，但在一定程度上促使了大广东主义复苏。岑春煊及政学系扩张势力和私通北方的行为，使其成为西南矛盾的焦点，岑氏已失去调和西南各派系的作用，逐渐走向孤立。

作者简介：

李慧，暨南大学文学院历史系博士研究生；夏泉，暨南大学铸牢中华民族共同体意识研究基地研究员。

---

① 《土崩瓦解之军府现状》,《大公报》（天津版），1920 年 6 月 11 日第 6 版。

② 《土崩瓦解之军府现状》,《大公报》（天津版），1920 年 6 月 11 日第 6 版。

③ 《岑陆两派内部捣乱》,《益世报》（天津版），1920 年 6 月 11 日第 6 版。

译员·教习·幕僚：张之洞督鄂时期所聘日本军人再考①

吉　辰

［提要］出于湖北军事近代化的需求，张之洞督鄂期间不仅开创了近代中国聘用日本军人的先河，而且陆续作出了数量可观的聘任。光绪二十四年（1898）六月，他曾制订了一个庞大的招聘计划，虽因戊戌政变而未能立即付诸施行，但在日后逐渐得以实现。他聘用的日本军人起初是旨在翻译日本军事书籍的译员，随后以军事教习为主，占湖北所聘日本军人的大多数，完全压倒了原有的德国教习。此外，还有少数日本军人成为张之洞的“军事幕僚”，尤以铸方德藏的表现最为突出。大量日本军人来鄂应聘，促使湖北的军事改革从“师德”转向“师日”，这也是甲午战后日本争夺在华势力范围的一种体现。

［关键词］张之洞；湖北；日本军人；军事近代化；中日关系

① 本文系国家社会科学基金青年项目“宇都宫太郎旧藏涉华资料的整理与研究”（项目批准号：21CSS033）阶段性成果。

一、引言

甲午战争的失败，使得清朝上下痛感军事改革的必要，军事近代化的进程由此得以加速。在这一方面，长期由湖广总督张之洞主政的湖北当属各省中的佼佼者。通过创立学堂、派遣留学、添购武备、发展军工、编练新军等手段，湖北的军事近代化水平在南方首屈一指。① 这一过程中的日本因素值得注意。为中日关系史研究者所熟知的是，由于日本参谋本部成功的游说活动，自光绪二十三年（1897）底开始，张之洞与日本的距离迅速拉近。② 于是，在湖北的军事改革中，日本军方（特别是陆军）全面参与其中，发挥了不容忽视的作用，同时也借机扩大了其在湖北的势力。譬如，笔者此前曾讨论过湖北的赴日军事留学与湖北军械购造政策中的日本因素。③ 而本文希望探讨张之洞督鄂时期聘用的日本军人，从另一个侧面分析湖北军事近代化与日本对华扩张的这种互动关系。

关于湖北聘用的日本军人，中外学界已有一定考察。南里知樹根据日本档案制作了庞大的近代中国日籍顾问人名表，据表中的湖北部分可见，军人占了该省日籍顾问的很大比重。④ 苏云峰指出，在湖北的军事近代化中，“关于洋军事教习之延聘，为培养干部之重要环节”，并整理了《武昌各军事学堂外籍教习表》。⑤ 李廷江运用日本档案，率先对湖北所聘日本军人做了专文探讨，重点在于论证这一群体对张之洞转向“亲日”的

① 罗尔纲：《晚清兵志》第三卷，中华书局，1997 年，第 160 - 162、185 - 188 页；［美］鲍威尔著，陈泽宪、陈霞飞译：《1895—1912 年中国军事力量的兴起》，中华书局，1978 年，第 88 - 94 页；［澳］冯兆基著，郭太风译：《军事近代化与中国革命》，上海人民出版社，1994 年，第 145 - 149 页；苏云峰：《中国现代化的区域研究：湖北省（1860—1916）》，台湾“中央研究院”近代史研究所，1987 年，第 238 - 270 页；李细珠：《张之洞与清末新政研究（增订版）》，中国社会科学出版社，2015 年，第 199 - 238 页。

② ［美］任达著，李仲贤译：《新政革命与日本——中国，1898—1912 年》，江苏人民出版社，1998 年，第 29 - 32 页；陶德民：《戊戌变法前夜日本参谋本部的张之洞工作》，王晓秋主编：《戊戌维新与近代中国的改革》，社会科学文献出版社，2000 年；孔祥吉、［日］村田雄二郎：《罕为人知的中日结盟及其他——晚清中日关系史新探》，巴蜀书社，2004 年，第 76 - 114 页；吉辰：《胶州湾事件后中日关系的转变：兼论日本对华外交的多元性》，《政治大学历史学报》2020 年总第 54 期。

③ 吉辰：《清末湖北省的留日军事教育——以张之洞督鄂时期为中心》，《教育学报》2019 年第 5 期；吉辰：《张之洞督鄂时期的军械购买、制造与日本因素》，《近代史研究》2020 年第 5 期。

④ 南里知樹：『中国政府雇用の日本人——日本人顧問人名表と解説』，龍渓書舎，1976 年，第 25 - 28 頁。

⑤ 苏云峰：《中国现代化的区域研究：湖北省（1860—1916）》，第 248 - 250 页。

作用。[①] 陶祺谌亦运用日本档案，论述了这一群体的活动概况，并指出他们除清政府雇员的身份外也兼具日本扩张工具的性质。[②]

在以上先行研究的基础上，本文试图对湖北所聘日本军人进行更加深入的探讨。在史料方面，除继续发掘以往论者已经使用的日本外务省外交史料馆与防卫省防卫研究所藏档案外，本文还使用了中国社会科学院近代史研究所藏张之洞档案、北京大学图书馆藏《成城学校公文杂记》、宇都宫太郎关系资料研究会藏《宇都宫太郎关系资料》等罕见中日史料。在内容方面，则将探讨聘用日本军人的缘起、日德教习的竞争与消长、地位突出的几位“军事幕僚”等以往研究未详的方面，并把这一问题放在列强争夺在华势力范围的大视野下加以分析。此外，鉴于以往研究对这些日本军人的统计未臻全面，文末列出一个较为完备的统计表以便查阅。

二、从译员到教习

晚清近代化的历程中，外籍雇员即“洋员”是一个相当重要的群体。在很长一段时间内，清政府聘请的洋员皆来自欧美各国，没有日本人涉足的余地。直至甲午战后，这一局面才被打破。根据南里知樹的研究，近代中国政府聘用的第一名日本人是光绪二十二年（1896）广州同文馆所聘日语教习长谷川雄太郎。自光绪二十四年以降，在华日本聘员的数量开始逐年剧增。其中，日本军人占了相当大的比重。[③] 这无疑体现了甲午战后清政府对军事近代化的迫切需求。作为“洋务殿军”，张之洞正是聘用日本军人的一名有力推动者。

此事缘起是光绪二十三年底日本军官神尾光臣大佐、宇都宫太郎大尉的相继访鄂。在他们的游说下，张之洞的态度转向亲日，并决意借助日本的力量在湖北进行近代化改革。[④] 大约在光绪二十四年六月，张之洞与日本代理驻上海总领事小田切万寿之助商议之后，制订了一套中日合作计划。这一计划重在军事改革，其中包括聘请日本军官训练湖北军队：“拟聘一学识阅历之大佐来鄂教练兵勇，充本衙门参谋之职。随带各项教习约一二十员，由来鄂之大佐妥酌，须马、步、炮、工、辎五队俱习，并有经理官、会计官、军医官各项职司。”[⑤]

---

① 李廷江：「日本軍事顧問と張之洞 －1898～1907－」，亜細亜大学『アジア研究所紀要』第29号，2002年；李廷江：《清末军制改革与日本——以张之洞为中心》，《清华日本研究》第1辑，社会科学文献出版社，2014年。

② 陶祺谌：《甲午战争后张之洞聘用日本军人考》，《历史档案》2015年第3期。

③ 南里知樹：『中国政府雇用の日本人——日本人顧問人名表と解説』，第2－19頁。

④ 吉辰：《胶州湾事件后中日关系的转变：兼论日本对华外交的多元性》，第50－63页。

⑤ JACAR（アジア歴史資料センター）Ref. B07090025500（第56画像目），清国兵制改革一件（清国ニ於テ帝国武官招聘ニ関スル件）第一卷（外務省外交史料館）。

然而，戊戌政变随即发生，清朝的政治局势急速走向保守。在这种情况下，张之洞的计划变得难以实施。当年十一月初八日（12月20日），小田切在致外务大臣青木周藏报告中写到，本年夏天他与张之洞商议中日合作练兵事宜时，对方“绝口不提上奏二字”，后来却表示必须经过奏准，“推察之下，不外政变之结果”。① 次日，小田切又向外务次官都筑馨六报告张之洞在中日合作上的态度转向谨慎：“总督（引者按：即张之洞）向本邦派遣学生，并招聘我武官以训练兵士之计划，由总督自行筹划施行之后，本不妨申报北京政府。然近日则称，若未接到总署之通牒，则不便派遣学生，不经上奏，不能招聘我武官。是亦总督近来谨慎之一证也。”②

尽管张之洞设想的庞大招聘计划未能立即付诸施行，但在政变之前，他已经开始聘用日本军人。光绪二十三年底宇都宫太郎访鄂后，与张之洞商定了一个初步的合作计划。宇都宫当年十二月二十四日（1898年1月16日）报告参谋本部，计划内容包括湖北派员赴日考察、派遣以军事学生为主的留日学生、聘用日本教习取代湖北武备学堂的德国教习以及聘用日本翻译官。③ 根据这一计划，张之洞随即派湖北武备学堂提调姚锡光率领的考察团赴日。在日期间，姚锡光与宇都宫太郎商议，聘用了两名翻译官。光绪二十四年三月初一日（3月22日），他函告张之洞幕僚钱恂：“其湖北所雇翻译两员，已数次催宇都宫雇订，惟其初为聘文官两员，东文汉文均好，业已定议。嗣以中有一人中变不愿来华，今另聘在籍武官一员，东文汉文亦可，且翻译武备书最便，尤相宜。”④

这两名翻译官，其一是步兵大尉大原武庆，毕业于陆军士官学校，时为参谋本部部员。另一人是陆军汉语翻译木野村政德，毕业于东京外国语学校清语（即汉语）科，曾被参谋本部派赴北京留学两年，归国后长期教授汉语。⑤ 闰三月初六日（4月26日），姚锡光以张之洞的名义与二人订立合同，聘用条件是大原月薪一百七十元，木野村月薪一百三十元，另给住房，提供川资，期限二年（两人皆被续聘，参见附表）。⑥ 这是湖北首度聘用的日本军人，同时也开启了近代中国聘用日本军人的先河。

---

① JACAR Ref. B07090025500（第46—47画像目），清国兵制改革一件（清国ニ於テ帝国武官招聘ニ関スル件）第一卷（外務省外交史料館）。

② 「十二月二十一日 上海在勤小田切総領事ヨリ代理都筑外務次官宛」，外務省編纂：『日本外交文書』明治期第31卷，日本国際連合協会，1954年，第725－726頁。

③ 「臨時報告第四号」，『臨時報告第二号（控）～第八号』，宇都宮太郎関係資料，書類，148，宇都宮太郎関係資料研究会蔵。

④ 姚锡光：《东瀛学校举概》，吕顺长编：《晚清中国人日本考察记集成·教育考察记》上册，杭州大学出版社，1999年，第22页。

⑤ 对支功労者伝記編纂会编：『対支回顧録』下卷，原書房，1968年，第230－231、799頁。

⑥ 《札自强学堂日员来鄂并发合同》（光绪二十四年闰三月十六日），苑书义等主编：《张之洞全集》第5册，河北人民出版社，1998年，第3612－3615页。

大原、木野村的合同规定“专为翻译东文各种书籍及新闻报杂志等件”，但两人的工作应当以翻译日本军事书籍为主。他们受聘四个多月后，张之洞曾致电浙江巡抚廖寿丰，声称湖北已译成日本中央、地方幼年学校（皆为军事预备学校）与陆军士官学校课本以及步兵操典等书籍 9 种。① 这无疑体现了湖北军事近代化刚刚起步、亟须入门书籍的情况。

就翻译官的技能而言，大原远逊于汉语专业出身的木野村。他初赴武昌时，中文能力基本限于比较生硬的笔译。光绪二十八年（1902）归国后，他曾写下一份致参谋本部的说明，表示赴任时从参谋本部借有两本《日清会话》，数年间频繁翻阅以致破烂不堪，因此归国时焚毁处理。此书属于很初级的中文会话教科书，这显然说明了他在这方面的水平。② 而木野村早在甲午战争期间就出版了一部《日清会话》（与大原使用的可能并非同一种）。③

不过，作为真正的军官，大原的价值是文职军人木野村无法比拟的。在张之洞对军事近代化的迫切需求下，大原很快从译员升格为教习，从光绪二十五年（1899）十一月起兼充防营将弁学堂教习，标志着日本军人对湖北军事改革的参与上了一个台阶。④ 在这一职位上，他的表现也赢得了中方的好评。于是，张之洞决定以与大原相同的条件继续招聘两名日本军官。光绪二十六年正月初二日（1900 年 2 月 1 日），湖北方面与工兵大尉平尾次郎、步兵大尉久米德太郎签订合同，将两人聘为“办理东文武学书翻译事件兼分教将弁学堂各门功课”。⑤ 从这一名目上看，他们的职责是译书与教学并重。

自此之后，各类日本军人源源不断地涌入湖北。前文提及的南里知樹、陶祺谌等研究者对此已有统计，可惜未臻全面与详细。据笔者统计，至光绪三十三年（1907）张之洞卸任鄂督为止，湖北至少聘用日本军人39 人，包括21 名军官（其中有2 名海军军官、1 名会计军官与 2 名军医）、12 名准尉（日语“准士官”）与军士以及 6 名文职军人（助教、技师与技手），参见本文附表。就已查明职务者而言，大多数人担任的是教习（军官）与助教（军士），主要集中在陆军小学堂，这是因为陆军小学堂是湖北当时规

---

① 《致杭州廖抚台》（光绪二十四年七月二十二日戌刻发），《张之洞电稿甲编》第 13 函第 1 册，中国社会科学院近代史研究所藏（以下简称所藏档），甲 182－47。

② JACAR Ref. C07060322900，明治 36 年「陸軍省大日記 庶受号」（防衛省防衛研究所）

③ 木野村政徳：『日清会話 付・軍用語』，日清協会，1894 年。

④ 《札北善后局等大原武庆等兼充防营将弁学堂教习》（光绪二十五年十一月初一日），苑书义等主编：《张之洞全集》第 5 册，第 3899 页。

⑤ JACAR Ref. B07090025700（第 23—28 画像目），清国兵制改革一件（清国ニ於テ帝国武官招聘ニ関スル件）第一巻（外務省外交史料館）。

模最大的军事学校（学额每年1 000人，远超其他学堂）。① 尤其特别的是，由于张之洞从光绪三十年（1904）起向日本购买舰艇，组建湖北海军，他还聘用了日本海军少佐相羽恒三与海军机关大尉吉川力担任海军教习。②

众多日本军事教习的聘用，与派遣留日军事学生、购买日制武器装备等举措，共同促进了湖北的军事近代化。同时，这也是一种高度日式的近代化。

三、日德教习的竞争与势力消长

日本军事教习来鄂，导致了日德两国教习的竞争。在他们到来之前，湖北的军事改革本来由德国教习主导。光绪二十二年底，张之洞创设湖北武备学堂，起初聘德国军官法勒根汉（Eerich von Falkenkayn，日后曾任德国陆军部长与总参谋长）上尉和根次（Richard Gentz）少尉为教习，但法氏因权限问题与中方多有龃龉，光绪二十三年底偕根次一同辞职。而在日本人初到湖北之时，武备学堂的德国教习还有斯忒老（Ernst von Strauch）中尉、福克斯（Carl Fuchs）中尉、威耳赤（Albrecht Welzel）中尉、何福满（Friedrich Hoffmann）少尉四人。③ 前文已述，光绪二十三年底宇都宫太郎来鄂时已与张之洞商定，待他们合同期满时全行解雇，由日本人代替。

顺便一提，在张之洞着手聘请日本军人之时，正值江南自强军德籍统带来春石泰（Albin Freiherr von Reitzenstein）合同期满，两江总督刘坤一不再续聘。自强军本为张之洞此前在署理两江总督任上创办，来春石泰也为张氏所聘。这位德军炮兵少校于光绪二十四年三月十五日（4月5日）托人向张之洞表示有意来鄂效力，甚至声称“既不争权位之大小，亦不较俸糈之厚薄”。张之洞则复称“来春多情可嘉，然鄂省无力练兵，不能再添洋将，亦无他项需添教习之处”。④ 来春石泰不像法勒根汉那样跋扈，在自强军

① 苏云峰：《中国现代化的区域研究：湖北省（1860—1916）》，第251－261页；李细珠：《张之洞与清末新政研究（增订版）》，第211－215页。

② 冯青：《张之洞与日本模式海军建设的嚆矢——创建湖北海军的颠末》，李廷江主编：《清华日本研究》第1辑，第313－315页。该文认为平井德藏少佐是张之洞聘请的第一名日本海军军人，但从日方档案来看，他并未正式受聘，见JACAR Ref. C06091975800（第3—6画像目），明治40年，公文備考，卷90止雑件（防衛省防衛研究所）。

③ 戴海斌：《晚清人物丛考初编》，生活·读书·新知三联书店，2018年，第68－77页；［德］白莎：《晚清在华的德国军事教官概况》，北京大学历史学系编：《北大史学》第13辑，北京大学出版社，2008年，第320－324、343、345－347页。

④ 《上海沈道来电》（光绪二十四年二月十五日亥刻到）、《致吴淞沈道台》（光绪二十四年二月十七日亥刻发），苑书义等主编：《张之洞全集》第9册，第7522页。标点有改动。

服务时没有发生什么不愉快的事情。① 而一向热心延揽人才的张之洞对这位旧雇员态度冷淡，主要原因恐怕在于胶州湾事件后敌视德国的情绪，而且宇都宫等人也试图清除德国人在湖北的影响。

张之洞聘请的首位日本军人大原武庆来鄂之后，也极力在德国同行背后拆台。据张之洞幕僚陈庆年记载，光绪二十五年六月湖北军队曾进行对抗演习，张之洞邀请大原前往参观。“事后，大原指陈得失，密陈约二十余则，力言其与真正对敌多不合理解。由于西人来教者，无大本领，多系后备兵士，故所教诸事止是兵事，非将事也”。② 这既是对德国教习的贬损，不啻也是对自己的推销。前文已述，大原于当年十一月起兼任防营将弁学堂教习，与这种举动应当不无关系。更有甚者，次年六月张之洞宴请德日两国教习时，大原“因争坐次，拂衣径去”，令他感到“跋扈之形已露，以后须加裁制”，准备让在日幕僚钱恂转告大原的上司、参谋本部第三部长福岛安正加以训诫。③ 此事显然反映出大原对德国教习的竞争与敌对意识。有趣的是，张之洞后来又告知钱恂，大原“近日教甚勤密，又真可爱”，于是斟酌是否要向日方通报争座罢宴一事。④ 大原工作的“勤密”，背后或许也隐含着某种竞争意识。

光绪二十六年二月，大原在致参谋本部的报告中声称，日本军事教习已经得到了“日本人一日教授之成绩，可当德人一月教授之成绩”的好评。于是他借机向中方宣传，如果聘用比他水平更高的军官，中方将获得更大的利益。⑤ 稍后，几个月前曾经访鄂的东亚同文会会员清藤幸七郎也在一份报告中表示，日本教习比德国教习更受张之洞及其幕僚的信任。⑥ 中方史料亦可印证这样的说法。同年四月，张之洞在致军机大臣荣禄函稿中写道：“查鄂省武备学堂系考录各处生监职习之，以德员充教习，课程虽属切实，

---

① 邱涛、陈肖寒：《来春石泰来华与近代中德军政互动关系考》，《世界历史》2012 年第 5 期，第 92 页。

② 陈庆年：《戊戌己亥见闻录》，中国社会科学院近代史研究所近代史资料编辑组编：《近代史资料》第 81 号，中国社会科学出版社，1992 年，第 128 页。

③ 《致东京钱念劬》（光绪二十六年五月十二日亥刻发），苑书义等主编：《张之洞全集》第 10 册，第 7967 页；《致东京钱念劬太守》（光绪二十六年五月初九日亥刻发），《张之洞电稿丙编》第 17 函第 3 册，所藏档，甲 182－96。

④ 《致东京钱念劬》（光绪二十六年五月二十二日酉刻发），《张之洞电稿乙编》第 12 函第 3 册，所藏档，甲 182－73。

⑤ JACAR Ref. B07090483600（第 71 画像目），在外武官報告第二卷（外務省外交史料館）。

⑥ 「東亜同文会第五回報告」（明治三十三年四月十日），藤田佳久監修·解說，高木宏治編集：『東亜同文会報告』第 1 卷，ゆまに書房，2011 年，第 44 頁。

未见统纪。惟防营将弁学堂系东人所教，教法颇为博贯，次序亦较详明。”① 也就是说，他认为日本人执教的防营将弁学堂比起德国人执教的武备学堂效果更好。日本教习的影响进而扩展到了学堂以外，波及湖北军队的训练。光绪二十八年访问武昌的东亚同文会调查编纂主任成田与作发现，湖北军队施行的新式训练原为德式，近来逐渐改用日式。②

不过，虽然德国教习的势力迅速被日本教习压倒，但始终没有被连根拔除，最后一名教习福克斯直到辛亥革命后才离开湖北。③ 笔者揣测，张之洞大约出于权术的考量，有意维持德国人的象征性存在。但就总体而言，他自光绪二十四年以降对德日两国的基本态度没有改变，对日本军人始终极为倚重。试举一例：光绪三十年，张之洞把将弁学堂并入武高等学堂，打算仿效日本陆军士官学校。为此，他准备加聘两名日本教习。当时日俄战争正是如火如荼，他曾在发给福岛安正与前幕僚铸方德藏（详见下文）两人的电报中表示：“此时贵国正在用武，上选或难得，请先选派稍次者，俟将来再行更换。”④ 不惜降格以求，也要认准日本教习，可见在日方的精心经营之下，湖北的军事教育在很大程度上已被日本垄断。

四、与众不同的“军事幕僚”

在湖北的众多日本军人之中，影响最大的一人无疑是铸方德藏。其人出身熊本藩，毕业于陆军士官学校与陆军大学校（第九期第一名），日后官至陆军中将。⑤ 他于光绪二十七年十二月十八日（1902 年 1 月 27 日）被陆军省批准应聘湖北，时为参谋本部部员兼陆军大学校教官、炮兵中佐。⑥ 翌年六月初十日（7 月 14 日），张之洞札委他为军事幕僚兼两湖大学堂兵学教习、仕学院兵学讲友、防营将弁学堂总监察。⑦ 除身兼三处

---

① 《复荣中堂》，光绪二十六年四月二十二日，《京信稿》，《张之洞函稿》，所藏档，甲182－215。按，该函为草稿，上引段落以“「」”标出，意味着可能在正式信函中删去。

② 「東亜同文会第三十二回報告」（明治三十五年七月一日），『東亜同文会報告』第 7 巻，第 234 頁。

③ ［德］白莎：《晚清在华的德国军事教官概况》，第 347 页。

④ 《致东京参谋本部福岛少将、铸方中佐》（光绪三十年五月十七日亥刻发），苑书义等主编：《张之洞全集》第 11 册，第 9167 页。

⑤ 对支功劳者伝記編纂会编：『対支回顧録』下巻，第 982 頁；秦郁彦编：『日本陸海軍総合事典（第 2 版）』，東京大学出版会，2005 年，第 548 頁。

⑥ JACAR Ref. C09122889800，明治 35 年，人事日記，参人秘号（防衛省防衛研究所），『官報』第 5567 号，1902 年 1 月 27 日，第 383 頁。

⑦ 《札委铸方德藏充两湖大学堂兵学教习兼仕学院兵学讲友并充防营将弁学堂总监察》（光绪二十八年六月初十日），苑书义等主编：《张之洞全集》第 6 册，第 4215 页。

学堂职务之外，尤其值得注意的是“军事幕僚”这一名目。这表明铸方的身份已经超越了普通的军事教习，成为张之洞的军事顾问。当时有日本报纸将他与受聘于直隶总督袁世凯的立花小一郎少佐并列，视为日本对华扩张军事影响力的南北两大干将。①

关于聘用铸方的由来，从驻日公使李盛铎光绪二十七年十月十一日（1901 年 11 月 21 日）复张之洞电中可以看得很明白：

> 顷参谋部言，小山官仅大尉，聘作参谋，与鄂省所聘三大尉名位相埒，难施调度。查有少［中］佐铁［铸］方德藏，久历欧洲，现供职参谋部充海陆［陆军］大学校教习，精通欧亚洋务，可以派赴鄂省。如钧意谓然，乞示复以便订定。②

由此可见，张之洞当时打算聘用一名日本“参谋”，似乎也有统辖湖北已聘日本军官的意图。如前所述，他在戊戌政变前已经准备选聘一名日军大佐“充本衙门参谋之职”。至于人选，他原本属意小山大尉（应指步兵大尉小山秋作，时为参谋本部部员，长期在华从事情报活动，后被南京练将学堂聘用），而参谋本部以小山的军衔与湖北已聘三名大尉（大原武庆、平尾次郎、久米德太郎）相当为由，主动推荐了铸方。论资历和职位，三大尉不可与他同日而语。对于聘用这位精英军官，张之洞颇抱期望，同时也不无疑虑。同年十二月二十一日（1902 年 1 月 30 日），当时在日本办理湖北对日交涉的钱恂有一通信函致张之洞某幕僚，主要关于聘用铸方一事，从中可以读出张之洞的这种复杂态度：

> 帅座（引者按：即张之洞）啸（引者按：十八日的代码）电谈铸方中佐事，今复如左：专备顾问，别无事权一层，已向参谋本部重言申明。所寄合同稿乃参谋本部所定，以应各省聘请教习之用，已成例稿。所谓客礼相待者，观各省大尉可知矣，未闻据此以争何项礼节也。记得久米、平尾来鄂时，亦曾以此为虑，曾改易某字，请查旧案可也。此一节已告山崎领事（引者按：即驻汉口领事山崎桂），言客礼优礼本无区别，鄂中定用何字皆可。至开门（引者按：即开督署中门迎接的礼仪）一层亦与山崎言之，初次则然，以后或来谒，或邀谈，均不开门，托山崎向铸方言明。缘此等事非铸方脑中所有，不若令熟于中国官状之山崎言之，故托山崎也。

---

① 《开发支那社会机关》（光绪二十九年三月十五日），游学译编社编：《游学译编》第 6 册，湖南师范大学出版社，2008 年，第 617 页。

② 《东京李钦差来电》（光绪二十七年十月十一日午刻发，戌刻到），《张之洞存各处来电》第 40 函第 2 册，所藏档，甲 182－152。张之洞原电未检出。

如今武官分三等（即将、佐、尉），三等之中又各分三等（即大、中、少），虽各国名称各异，而其尊卑乃万国一律（朝鲜亦已定武官制度）。甲国之大尉见乙国之少佐，即行敬礼，亦万国一律。我中国不知西国官位，来者不免自尊其官而难瞒东人。合之两伤，不如离之。恂以为此次铸方到鄂，在东人居首，而不必令与何福满（引者按：湖北所聘德国教习）等合坐合讌，各尊其尊可也。

来鄂三月，再订合同，未尝不可，但未便向参谋本部言之。以福岛选于众而奏请其君降谕允许赴华，非有实在不得已事，似不宜更改。至恐有不合宜处，无非为既不敢属以事权，又未便听其寂寞耳。恂献一策，以为有益无损，请令铸方为中国组织参谋营务也。中国近来亦知练兵，但尚不知用兵。用兵之责在参谋官，参谋官非今日营务处以上，若先日预行组织备设参谋本部与参谋部之用，与目前营务无涉，无执权之患，而有咨询之实。铸方以大学校出身，又在参谋本部为部员，此事必可胜任。且东人视之为重，而又非中国人所忌。佐以士官学生二三人，尤种种相宜。请帅座酌之。如此则早订合同，亦何患。

政治、学校、理财、外交四门中又各有五目，博士、学士不能兼长，何论陆军军人。然其大概亦必粗知。昨夕得电后即与福岛言曰：湖北之意欲兼以政治等，询铸方可乎？福岛答曰：铸方陆军炮队人也，才足以知步骑，而其他则否，遇询仍知无不答，作为题目外之文字可也。①

张之洞强调，铸方的职责是“专备顾问，别无事权”，甚至打算让他来鄂三个月后再订合同，足见态度的谨慎。为此，对参谋制度有所了解的钱恂提议，可以让铸方“组织参谋营务”，“无执权之患，而有咨询之实”。另外，张之洞还对接待铸方的礼仪颇为敏感。联系到函中提到“不必令与何福满等合坐合讌”，这大概是受到了前文所述大原武庆与德国教习争座次一事的影响。与此同时，张之洞又希望铸方兼任政治、教育、财政、外交方面的顾问，这显然高估了一名陆军军官的能力，但也体现出他对铸方寄予的厚望。从张之洞档案中可以看出，他受聘之后成为湖北与参谋本部之间的主要联络人，张之洞对他倚重特甚。

对于日本陆军而言，铸方也是很受器重的人才。正因为如此，日俄战争爆发后，他在聘期未满的情况下被召回，先后担任大本营陆军部参谋与鸭绿江军副参谋长、参谋长等职，升为大佐。② 而张之洞对他仍是念念不忘，战争结束不久，又于光绪三十二年

① 《成城学校公文杂记》，北京大学图书馆藏，NC/4903/8592。

② JACAR Ref. C06040987500，「明治 38 年 5 月起 各部各隊職員表 大本営陸軍副官部（秘）」、JACAR Ref. C06041071300、C06041071800，「明治 38 年 11 月 滿州軍凱旋に関する書類 陸軍副官部」（防衛省防衛研究所）。

（1906）二月再度发出聘请。铸方于同年三月启程来鄂，直至宣统元年（1909）闰二月方才回国。①

对于日本在华应聘军人的角色，光绪三十二年来华考察的东京炮兵工厂步枪制造所所长南部麒次郎少佐曾有比较消极的评价："简单观察应聘文武官之一般状态，并无深受清人信赖、参其机宜者，多止于纯粹军事学或技术学之教官。故内情不通，意见不行，未至得意之顺境。是则最为遗憾之事。"② 他希望这些日本军人不仅是单纯的"工具人"，而应该深入参与清朝军务，这样的设立标准未免过高。不过，他的观察未必全面。如前所述，至少铸方可以满足这样的标准。

除铸方之外，湖北还聘用过另外几位"军事幕僚"。光绪三十年四、五月间，张之洞由于与两江总督魏光焘筹划江南制造局迁址萍乡，曾托已经回国的铸方为该局选聘军工专家，对方推荐了日军炮兵大佐栗山胜三与本庄道三。不过，张之洞觉得两人军衔过高，不便听命于该局总办。此前，他还曾经委托铸方"代选聘军事幕僚"，并希望其中有"精于军火制造之学者"，以便整顿湖北枪炮厂。于是，他转而以湖北的名义聘请两人，声称"以幕僚相属"，"不限以一职"。③ 张之洞档案中收有一封光绪三十年某幕僚致日本驻华公使馆书记生中畑荣函稿，事关聘用两人。内称："顷接来函，当即禀明宫保（引者按：即张之洞）。奉谕：两大佐职任可定为军事制造顾问幕僚兼教武高等学堂（引者按：原作"军事幕僚兼制造顾问官"，后改），此实宫保佩服重任之意，想两大佐必以为然。请询明示复，以便斟酌合同字句，商定即行缮订。"④

不过，张之洞聘用两人的着眼点仍在于江南制造局迁址一事。根据日本驻汉口领事水野幸吉的报告，由于练兵处襄办大臣铁良即将视察江南制造局，张之洞急于让栗山、本庄来华支持自己的计划。但两人实地考察之后，认为萍乡并不适合迁建。结果，两人在湖北一时"立于颇为闲散之地位"。在水野的前任永泷久吉建议下，张之洞将他们调

---

① 《致东京杨钦差 请译送日本参谋本部福岛少将》（光绪三十二年二月初九日亥刻发），苑书义等主编：《张之洞全集》第11册，第9467页；《东京铸方中佐来电》（光绪三十二年三月十七日未刻发，亥刻到），《张之洞存各处来电》第67函第5册，所藏档，甲182－179；JACAR Ref. B18010141400，外国勲章本邦人へ贈与雑件/支那国之部 第二巻（外務省外交史料館）。

② JACAR Ref. C03022862100（第17－18画像目），密大日記，明治40年自1月至4月（防衛省防衛研究所）。

③ 《东京铸方来电》（光绪三十年四月十九日申刻发，二十一日辰刻到），《张之洞存各处来电》第55函第4册，所藏档，甲182－167；《致东京参谋本部铸方中佐》（光绪三十年四月二十二日亥刻发），《张之洞电稿乙编》第16函第3册，所藏档，甲182－77；《致东京参谋本部铸方中佐》（光绪三十年五月初四日午刻发、五月十二日申刻发、五月十四日亥刻发），苑书义等主编：《张之洞全集》第11册，第9160、9163－9165页。

④ 《拟致中畑信》，无日期，《张之洞函稿》，所藏档，甲182－215。

往湖北枪炮厂。两年期满后，本庄由于不满待遇而归国，栗山则续聘一年。① 两人军阶虽高，名义上也属于“军事幕僚”，但在湖北的影响显然不如铸方。

湖北所聘的唯一堪与铸方相比的日本军人是陆军军官寺西秀武。他毕业于陆军士官学校与陆军大学校，光绪二十九年（1903）起在袁世凯处任北洋陆军速成武备学堂教习，宣统元年又作为铸方的后任被湖北聘为军事顾问，时为步兵中佐。其时张之洞已经卸任鄂督，招聘者为新督陈夔龙。武昌起义爆发后，寺西曾参与革命军的作战指挥。他日后又历任副总统兼湖北都督黎元洪顾问与段祺瑞执政府顾问，长期涉足民初政治，可谓日本陆军中的资深“中国通”。② 聘任日军佐级军官担任军事顾问，俨然已成清末民初湖北政府的惯例。

五、结语

张之洞督鄂期间聘用了大量日本军人，这既是湖北军事改革的重要一环，也是张氏“亲日”倾向的直观体现。在光绪二十四年六月，他已经制订了“拟聘一学识阅历之大佐来鄂教练兵勇，充本衙门参谋之职”“随带各项教习约一二十员”的庞大招聘计划。尽管由于戊戌政变的影响，这一计划未能立即施行，但从长远来看，无论以数量还是质量而言，计划可以说得到了完全的实现。张之洞所聘用的日本军人最初是“东文译员”，职责以翻译日本军事书籍为主。随后所聘用者则以军事教习为主，占湖北所聘日本军人的大多数。另外，还有少数日本军人超越了普通教习的身份，成为能够参赞湖北军务的“军事幕僚”，尤以铸方德藏的表现最为突出。从译员、教习到幕僚，表明日本人对湖北军事改革的参与不断深入。

在光绪二十四年之前，湖北的军事改革完全由德国教习主导。日本人发起的竞争，导致改革迅速从“师德”转向“师日”。③ 相继来鄂的日本军人，便是这种变动的典型表现。而以更广阔的视野来看，日本人在湖北的胜出应当视为甲午战后列强争夺在华势力范围的一种体现。对于列强而言，派遣本国人参与清政府的军事改革，无疑有助于加强其对中国的影响力。因此，主要列强当时普遍希望清政府聘用本国军人，或提高他们的地位。在这一方面，德国原本居于优势地位，自强军、新建陆军、武毅军、湖北武备学堂等处皆有德国教习。英、俄等列强亦有竞争之举。

---

① JACAR Ref. B07090026200（第35—37画像目），清国兵制改革一件（清国ニ於テ帝国武官招聘ニ関スル件）第二卷（外務省外交史料館）。

② 東亜同文会編：『続対支回顧録』下卷，原書房，1973年，第801－808頁。

③ 李细珠：《张之洞与清末新政研究（增订版）》，第204－207页；戴海斌：《晚清人物丛考初编》，第77－81页。

比较而言，日本在这方面的竞争无疑是最为成功的。它并非顶级军事强国，也没有诉诸强硬的外交威胁，却取得了显著的成效，呈现出一种“软实力”的效果。湖北聘用的日本军人从无到有，从有到多，便是一个突出的案例。在张之洞开创聘用日本军人的先河之后，各省督抚也纷纷效仿。根据宣统元年参谋本部的一份未必完全的统计，当时受清政府聘用的日本军人多达75名，遍及北京与直隶、奉天、江苏、湖北、四川、广东、福建等省。① 而在清政府日籍雇员群体中，军人也是比例很大的一个群体。譬如，光绪三十四年（1908）湖北有44名日籍雇员，其中军人14名，占32%。② 甲午战后日本对华扩张之所以进展迅速，清末新政之所以将日本作为样板，这些日本军人起到的作用不容忽视。

附表　张之洞督鄂期间湖北所聘日本军人一览③

姓名	军（职）衔	在鄂职务	备注
光绪二十四年来鄂			
大原武庆	步兵大尉	东文译员	次年兼防营将弁学堂教习，光绪二十八年期满归国
木野村政德	陆军助教	同上	光绪二十八年期满归国，随即再度应聘来鄂，光绪二十九年期满归国

① 『秘　清国應聘武（文）官一覽表』，宇都宫太郎関係資料，書類，266，宇都宫太郎関係資料研究会蔵。

② JACAR Ref. B02130225600，清国傭聘本邦人名表，明治41年1—4月調查（外務省外交史料館）。

③ 本表根据以下资料作成：南里知樹：『中国政府雇用の日本人——日本人顧問人名表と解説』，第25-28頁；JACAR Ref. B07090025700（第23-28画像目），B07090025800（第7-12、15-18、22画像目），清国兵制改革一件（清国ニ於テ帝国武官招聘ニ関スル件）第一巻；JACAR Ref. B07090026000（第6、49-52、77-80画像目），B07090026100（第54-56画像目），B07090026200（第35-37画像目），清国兵制改革一件（清国ニ於テ帝国武官招聘ニ関スル件）第二巻；JACAR Ref. B02130225600，清国傭聘本邦人名表，明治41年1—4月調查；JACAR Ref. B02130227100，清国傭聘本邦人名表，明治42年12~43年5月調查；JACAR Ref. B16080952700，神保陸軍一等軍医清国漢口地方ニ留学一件（以上外務省外交史料館蔵）；JACAR Ref. C10071305600、C10071308000，明治34年至同38年，密受書類補遺；JACAR Ref. C09122897600，明治35年，人事日記，参人秘号；JACAR Ref. C07041752700，明治37年「参大日記8月」；JACAR Ref. C06084081900（第14-21、29-38、42-56画像目），明治38年乾「貳大日記11月」；JACAR Ref. C07051219200、C07051219300，明治38年「伍大日記12月」；JACAR Ref. C07051235500、C07051235800，明治39年「伍大日記4月、5月、6月」；JACAR Ref. C06084237100，明治39年坤「貳大日記6月」（以上防衛省防衛研究所蔵），対支功労者伝記編纂会編：『対支回顧錄』下卷，第231、803、1243-1244頁。资料中偶有互相矛盾之处，笔者只能择一从之。

（续上表）

姓名	军（职）衔	在鄂职务	备注
光绪二十五年来鄂			
神保涛次郎	陆军一等军医	营务处医官兼卫生科教习	初以“私费留学”名义来鄂，光绪二十八年受聘，光绪三十年病故
光绪二十六年来鄂			
平尾次郎	工兵大尉	办理东文武学书翻译事件兼分教将弁学堂各门功课	光绪二十八年期满归国
久米德太郎	步兵大尉	同上	同上
野村岩藏	步兵曹长	[防营将弁学堂助教?]	同上
木下健太	同上	同上	同上
光绪二十八年来鄂			
铸方德藏	炮兵中佐	军事幕僚	光绪三十年因日俄战争被召归国，光绪三十二年再度来鄂，宣统元年期满归国
小岛米三郎	步兵大尉	防营将弁学堂教习	久米的后任，在鄂晋升少佐［光绪三十二年期满归国?］
水间春明	工兵大尉	同上	平尾的后任，光绪三十二年期满归国
牧野正臣	骑兵大尉	同上	在鄂晋升少佐，光绪三十年因日俄战争被召归国
安东斌	炮兵大尉	同上	同上
光绪二十九年来鄂			
太地周三郎	陆军一等看护长	陆军小学堂助教	原任武昌高等学堂帮办医教习，光绪三十一年兼任此职，宣统二年期满归国
光绪三十年来鄂			
栗山胜三	炮兵大佐	军事幕僚	光绪三十三年期满归国
本庄道三	同上	同上	光绪三十二年期满归国
光绪三十一年来鄂			
曾根新太郎	炮兵上等工长	湖北枪炮厂职员，兼教工匠	光绪三十三年期满归国
长田久作	陆军技手	同上	同上
丸山丰	炮兵大尉	陆军小学堂教习	宣统二年期满归国
		同上	同上

（续上表）

姓名	军（职）衔	在鄂职务	备注
横须贺辰藏	辎重兵大尉	同上	同上
寺中猪介	骑兵大尉		
青木长	骑兵一等鞍工长	陆军小学堂助教	宣统二年期满归国
本多勘治郎	骑兵一等蹄铁工长	同上	同上
中田为三	炮兵军曹	同上	
松崎幸三郎	步兵军曹	同上	
宇都宫治右卫门	骑兵曹长	同上	宣统二年期满归国
松村林平	辎重兵曹长	同上	
谢花宽烈	工兵曹长		
荻原镰次郎	一等主计		
真藤骏士	步兵少尉	陆军小学堂教习	宣统二年期满归国
中川良作	陆军技师	湖北枪炮厂职员	
榎村实卫	陆军技手	同上	
四谷廉久	陆军技手	同上	
光绪三十二年来鄂			
吉川寿次郎	陆军一等军医	军医学堂教习	
松林义之	工兵大尉	陆军小学堂教习	水间的后任，宣统二年期满归国
笠井定四郎	炮兵曹长		
泉川文造	陆军技手	湖北枪炮厂职员	
光绪三十三年来鄂			
木村恒夫	步兵大尉	陆军小学堂教习	宣统二年期满归国
相羽恒三	海军少佐	海军学堂教习	同上
吉川力	海军机关大尉	海军机关学堂教习	在鄂晋升机关少佐，宣统二年期满归国

注：本表统计时间自光绪二十四年至光绪三十三年，包含了光绪二十八年九月至三十年三月张之洞署理两江总督及召京期间。所列人员仅限军人，不包括军事部门聘用的民间人士。以方括号标注并加问号的内容系笔者根据已有资料推测。

作者简介：
吉辰，中山大学历史学系（珠海）副教授。

“帕奈”号事件与美国海外利益维护的因应策略[①]

张 颖

[提要] “帕奈”号事件是抗日战争时期美国海外利益维护的典型案例。其恰逢美国国内“孤立主义”情绪高涨，且国家实力未强大到足以支撑其亚太地区战略布局构想的时期。美国对“帕奈”号的政策深受国内“孤立主义”舆论声浪、国会参众两院对《中立法案》辩论等多重因素的制约。罗斯福政府积极开展对日本外交交涉的同时，与英国商讨“军事联合”、“敌对贸易法”跨太平洋合作计划，以制约日本在亚太地区的进一步扩张行动。美国对“帕奈”号事件的因应策略选择，显示一国海外利益维护机制运作的复杂性，也凸显美日两国在亚太地区矛盾日渐升级的紧迫性，释放出了两国之间由地区性冲突危机最终发展演进成为全球范围战争危险的最早信号。

[关键词] 海外利益维护；美舰“帕奈”号；孤立主义；《中立法案》；因应策略

1937年7月7日抗日战争全面爆发，12月12日，美舰“帕奈”号在中国长江流域被日本空军击沉，13日南京国民政府在首都保卫战中失利，南京沦陷。“帕奈”号事件

---

① 本文系广东省哲学社会科学规划项目“‘密勒氏评论报’与海外中共话语体系和形象建构研究”（项目批准号：GD18CDS02）阶段性成果。

是太平洋战争爆发之前美日两国第一次军事冲突，此后日本在华侵略扩张的暴行迅速激起美国国内关于海外利益维护的舆情声浪。“帕奈”号事件引发的美国海外利益维护问题讨论，对战后美国海外利益维护机制探索形成和美国远东战略及政策调整产生深远影响。①

海外利益维护机制是国内外政策之间密切联系的制度安排，是实现国内外政策隐性互动模式和国家战略目标的重要手段。囿于多方因素的制约影响，20 世纪 30 年代美国海外利益维护机制尚属探索形成关键时期，其政策运作过程呈现多向度的复杂性与特殊性。② 以往学术界对“帕奈”号事件的研究成果多集中在谴责日本殖民侵略，或考察美日矛盾关系的角度，③ 目前未见有学者从“帕奈”号事件与美国海外利益维护策略形成的角度进行深入系统研究。本文借鉴霍华德·威亚尔达（Howard Wiarda）提出美国外交政策形成的“漏斗”原理，④ 综合大众传媒、政党利益集团、国会参众两院和总统等多个分析层次，以“帕奈”号事件为中心，从美国国内“孤立主义”舆情声浪、国会参众两院对《中立法案》的辩论和美英合作计划等方面，多维度分析美国海外利益维护策略形成的过程，系统考察美国远东外交战略决策形成的特殊性与复杂性，为理解当代美国外交政策提供一定借鉴意义。

---

① ［美］鲍威尔著，邢建榕、薛明扬译：《我在中国二十五年——〈密勒氏评论报〉主编鲍威尔回忆录》，上海书店出版社，2010 年，第 290 页。

② ［美］兹比格纽·布热津斯基著，中国国际问题研究所译：《大棋局：美国的首要地位及其地缘战略》，上海人民出版社，2007 年，前言。

③ ［日］笠原十九司著，芦鹏译：《日本海军航空队轰炸南京与“帕奈”号事件》，《日本侵华南京大屠杀研究》2018 年第 1 期；耿密：《1937 年“巴纳号”事件再议——从检视侵华日军无差别轰炸所做的观察》，《历史教学》（下半月刊）2017 年第 1 期；杨夏鸣：《“帕奈”号事件的原因及其后果》，《日本侵华史研究》2016 年第 2 期；汪熙：《“帕奈”号（Panay）事件》，《学术界》2010 年第 8 期；孟明铭：《试论日美“帕奈”号事件对两国关系之影响》，《历史教学问题》2009 年第 10 期；赵德教、赵文莉：《“帕奈”号事件及美国对其采取温和路线的原因》，《广西社会科学》2007 年第 11 期；温荣刚：《从“帕内号事件”看美国的对日绥靖政策》，《北京理工大学学报》（社会科学版）2008 年第 1 期。

④ 霍华德·威亚尔达提出影响美国外交政策制定的“漏斗”原理：漏斗第一层次是美国文化、普通大众和大众传媒，对外交政策产生最广泛影响；漏斗中间是美国政党、利益集团和政府智库，他们以自己的观点和政治立场影响美国对外政策的制定；漏斗第三层次是美国国会、政府部门和总统，是最终的外交决策者。可参见 Howard J. Wiarda, *Foreign Policy without Illusion: How Foreign Policy - making Works and Fails to Work in the United States*, Scott, 1991, pp. 38 - 39.

一、围绕“帕奈”号事件对日交涉

1937年7月7日中日全面战争爆发。11月22日，美国大使及部分美国使馆职员登上“吕宋”号随南京国民政府迁往汉口；部分职员仍留守南京维持使馆运行。美舰“帕奈”号受命停泊在南京城外的长江流域，其任务一是继续保持美国驻南京大使馆与外界的联络；二是遇战事危急，将滞留在南京的美国公民接上船。12月1日，日本驻上海军司令官松井石根下达进攻南京的作战命令。①12日，日本空军战机在中国长江流域上进行无差别轰炸扫射袭击，造成中国军民大量伤亡，同时击沉了悬挂两面美国国旗的美舰“帕奈”号和随行两艘商船，两名外籍船员和船长因此丧生，另有74人身受重伤。“帕奈”号事件造成船上大量的美国海军装备物资、驻华使馆财产物资损失。时驻留上海的美国海军亚洲舰队司令亚内尔得知“帕奈”号事件后，立即下令原计划前往马尼拉的美巡洋舰“奥古斯塔”号驻留上海原地待命，并拒绝从长江流域撤走任何美国舰艇。他声称“在中国水域的美国军舰正是为了保护美国公民生命和财产安全”。② 13日，一份来自美国驻华使馆关于“帕奈”号事件的详细报告震惊美国朝野：“俯冲的日本空军战机以机枪横扫，两艘日本冲锋舰在江面上配合空军，全然无视‘帕奈’号船头飘扬的美国星条旗，当幸存者逃离到海岸之时，日本空军战机在附近长时间低空盘旋飞行追击，意图全部歼灭他们。”③ 美国随即围绕“帕奈”号事件对日本开展外交交涉。

日本政府获悉“帕奈”号事件后，立即多方寻求缓解美日矛盾冲突的途径。翌日清晨，日本驻美国大使斋藤弘前往美国国务院致歉，声称日军对“帕奈”号轰炸确实是重大过失，日方愿意赔偿一切损失。④ 日本外相广田弘毅打破外交常规，在未收到日本驻南京军部关于“帕奈”号事件详细报告的情况下，直接登门向美国驻东京大使表达歉意。他声称这是驻华日军在气候不佳、能见度不高情况下的一次失误进攻，保证此类事件不会再发生。⑤ 日本公众舆论大多配合日本政府的致歉声明。美国驻日大使格鲁报告了东京民众对此事件的舆情反应：“‘帕奈’号事件发生后，我们收到了成千上万的来自

① 经盛鸿：《侵华日军进攻南京的兵力及其部署分析》，《军事历史研究》2020年第2期，第1-12页。

② ［美］鲍威尔著，邢建榕、薛明扬译：《我在中国二十五年——〈密勒氏评论报〉主编鲍威尔回忆录》，第287页。

③ Ambassador in Japan to Secretary of State, *FRUS 1937*, December 13, 1937, pp. 495-496.

④ ［美］鲍威尔著，邢建榕、薛明扬译：《我在中国二十五年——〈密勒氏评论报〉主编鲍威尔回忆录》，第286页。

⑤ Yarnell to Leahy, and Bemis (Naval Attache in Japan) to Leahy, *FRUS 1937*, December 13, 1937, pp. 492-493.

日本政府高官、医生、教授、商人到小学生的信函、捐助……向我们表达歉意。”① 格鲁经历过1915年“卢西塔尼亚”号引发的美德冲突，深谙此类事件对于美国民众情感的冲击与伤害，声称“我无法预知美国政府和人民是否能够忍受这类自称非蓄意的、无理的侮辱”。同时，他亦不希望看到美日关系因此而恶化，倾向采取对日和解的政策。②“帕奈”号事件进一步扩大了美国政府内部在远东政策问题上的意见分歧。

1931年“九一八”事变以来，美国政府在远东政策问题上时有争论。内政部部长伊克斯、财政部部长摩根索和国务院远东司司长亨培克主张积极援华制日，亚洲舰队司令亚内尔、海军作战部部长李海主张对日本宣扬武力、采取强硬立场，美国驻日大使格鲁则倾向于避免美日冲突，主张对日本实行绥靖政策。③ 1937年10月美国总统罗斯福在芝加哥发表“检疫隔离”演讲，④ 备受美国国内持不同意见者的争议。“帕奈”号事件给予罗斯福足够理由去强力保护美国的海外利益，美日两国外交交涉日渐升级。12月13日，罗斯福指示格鲁向日本裕仁天皇递交抗议书：“要求日本在外交上正式道歉、进行经济赔偿和严惩涉事的日本军官，必须向美国承诺类似的事件绝对不会再次发生。”⑤ 在美日两国外交交涉中，矛盾分歧焦点集中在“帕奈”号事件是日本无心过失还是蓄意而为。12月16日，美国军方依据事件美方幸存者口述报告和截获日方相关秘密电报得出结论：“帕奈”号事件是日本蓄谋已久的袭击事件，目的在于打击中国人和美国在亚洲的声望，从而使西方国家知难而退并逐步缩小在华势力范围，实现日本独占中国利益。⑥ 在日本驻华盛顿大使依旧否认日本战舰攻击是蓄意而为之时，美国对日本外交交涉进一步升级。美国国务卿赫尔声称“帕奈”号多名幸存者是美国新闻记者，美国已经

---

① Trevor K. Plante, Two Japans: Japanese Expressions of Sympathy and Regret in the Wake of the Panay Incident, *Prologue Magazine*, Vol. 33, 2001, No. 2.

② Dorothy Borg, Shumpei Okamoto, eds., *Pearl Harbor as History*, *Japanese-American Relations*, *1931—1941*, Columbia University Press, 1973, p. 212.

③ Dorothy Borg, Shumpei Okamoto, eds., *Pearl Harbor as History*, *Japanese-American Relations*, *1931—1941*, p. 213.

④ 罗斯福曾说“爱好和平的国家……作出一致努力去反对违反条约和无视人性的行为，像对待传染病人‘检疫隔离’一样隔离侵略者，以防止‘无法无天的流行症’的蔓延，保障社会健康”。演讲鼓舞了国联参会代表，振奋了中国朝野。可参见关在汉编译：《罗斯福选集》，商务印书馆，1982年，第150－155页。

⑤ White House Memorandum for Secretary of State, *FRUS Japan 1931—1941*. December 13, 1937.

⑥ Harold L. Ickes, *The Secret Diary of Harold L. Ickes*: *The Inside Struggle 1936－1939*, *Vol. 2*, Weidenfeld and Nicolson, 1955, p. 275.

掌握足够证据，“日本军官所说显然和‘帕奈’号事件事实不相符合”。① 面对美国的诘问，日本必须回答以下问题：一是日本官方如何处置涉事的责任官员？二是日本如何采取特别的措施去保护美国在中国的侨民、利益和财产，以免再受到来自日本军队的无差别攻击？② 在交涉过程中，赫尔多次宣称：“如果日本陆海军就像日本空军此次的行动一样，美国将会迅速地将他们全部击溃。”③

美日两国围绕“帕奈”号事件开展的外交交涉，是自“一战”结束以来美日两国交涉最为惊心动魄和剑拔弩张的一次。时美国对外政策深受国内“孤立主义”倾向影响，外交交涉成为美国处理“帕奈”号事件的首选方式。格鲁甚至认为此时美国难以派遣足够的海军力量前往东方战场。④ 据他日后回忆：“最坏的打算是美日两国降低外交级别，我将会被召回。”⑤ 美国海军作战部部长威廉·D. 莱希参与罗斯福召集的白宫秘密会议后也认为：“国务院为应付来自‘孤立主义’者的批评，对‘帕奈’号事件详细的文本记录更感兴趣。”⑥

二、媒体“孤立主义”与“跨国主义”的舆论声浪

20 世纪 30 年代美国社会正处于“孤立主义”与“跨国主义”舆论声浪交锋之中。美国媒体广泛报道“帕奈”号事件的国内舆情环境，成为美国政府应对“帕奈”号事件、制定海外利益保护策略的重要制约因素。

美国主流媒体如《纽约时报》（*New York Times*）和《纽约先驱论坛报》（*New York Heralds Tribune*）等大多持“跨国主义”的观点，认为美国应以“帕奈”号事件为契机，以有效方式积极开展美国海外利益维护，保护美国侨民生命和财产安全，捍卫美国国家利益和尊严，遏制日本在远东扩大侵略范围，支持美国在远东地区增加派遣军事力量的

---

① Survivors from U. S. S, “Panny” Confirm That Janpanese Army Unit Machine-Gunned Ill - Fated Warship, *The China Weekly Review*, December 25, 1937, p. 93.

② Sexretary of State to the Ambassador in Japan, *FRUS Japan 1931 - 1941*, December 16, 1937, Vol. 1, p. 527.

③ Memorandum by the Secretary of State, *FRUS Japan 1931 - 1941*, December 17, 1937, Vol. 1, 394. 115 Panay/148.

④ Hull, Berding, *The Memoirs of Cordell Hull*, Macmillan Co. 1948, p. 560.

⑤ Joseph G. Grew, *Ten Years in Japan: a Contemporary Record Drawn from the Diaries and Private and Official Papers of Joseph G. Grew, United States Ambassador to Japan, 1932 - 1942*, Simon and Schuster, 1944, p. 235.

⑥ Henry H. Adams, *Witness to Power: the Life of Fleet Admiral William D. Leahy*, Naval Institute Press, 1985, p. 101.

决定。《纽约时报》刊登了75张"帕奈"号受袭击的照片，要求立即对日本进行经济制裁，停止对日贸易。观点认为，如果美国对此事毫无作为，将"是一种懦夫和狭隘主义的行为，是对美国荣光和尊严的一种屈辱"。① "帕奈"号事件发生之后，《芝加哥论坛报》(*Chicago Tribune*) 和《芝加哥日报》(*Chicago Daily News*) 反对放弃美国在中国的权利，认为"（美国）每一次撤退和屈服，只会使危险离我们越来越近"。《华盛顿邮报》(*Washington Post*) 警告"日本如果认为山姆大叔能够继续容忍一系列精心策划的受辱事件，这将是非常危险的事情"。美国一些国际组织也齐声呼吁美国必须足够重视日本在亚洲的侵略活动。如国际妇女和平与自由组织致信罗斯福总统："'帕奈'号事件之后，如果美国不采取紧急行动，美国在'一战'的'路西塔尼亚'号事件悲剧将会再次上演。"② 美国总统罗斯福授意《华盛顿邮报》副刊以大幅版面刊登其来信，渲染应加强海外利益维护的观点，为美国政府积极应对"帕奈"号事件营造舆论环境。其间罗斯福政府还收到在华教会组织和美国商会商人的信件，所持观点与在美主流媒体趋向一致：请求政府加强海外利益保护、增派军事力量以保护美国在海外侨民的人身和财产安全，不赞成美国军队撤出中国。③

和美国主流媒体报刊所持观点相反，美国各州地区性报纸普遍持"孤立主义"观点，赞成美国从中国尽快撤离。《波兰俄勒冈人》(*The Portland Oregonian*) 报道："当'帕奈'号悲剧事件发生之时，美国政府应该对我们军舰暴露在如此危险区域向公众作出解释。"《里士满时报》(*Richmond Times*) 称"如果国家坚持向远东危险地区派遣炮舰的话，那么类似于'帕奈'号事件迟早还是会发生"。《圣路易斯邮报》(*The St. Louis Post Dispatch*) 报道声称"美国政府应该向日本提出严正抗议，要求赔偿，同时从远东撤走我们的军队"。④ 更有报纸言辞犀利批评政府，认为从日本早期在亚洲的活动到袭击美舰"帕奈"号，已经明显具有对外侵略扩张性质。美国政府没有迅速对日本实施《中立法案》，以致将国家安全利益置于危险境地。12月22日，《新共和》(*New Republic*) 刊登匿名作者的文章《从路易斯安纳到帕奈》，指出"日本政府不能控制军方开枪的人"，但"美国燃油武器的确给日本提供了军备物资"。美国实施《中立法案》

---

① Pittman, Explains Neutrality Status, *New York Times*, August 24, 1937, 3.

② Arthur Scherr, Presidential Power, the Panay Incident, and the Defeat of the Ludlow Amendment, *The International History Review*, Vol. 32, No. 3, 2010, pp. 458 – 462.

③ Borg Dorothy, The United States and the Far Eastern Crisis of 1933 – 1938: from the Manchurian Incident through the Initial Stage of the Undeclared Sino – Japanese War, *Harvard East Asian Series*, Harvard University Press, No. 14, 1964, p. 325.

④ Manny T. Koginos, *The Panny Incident*: *Prelude to war*, Lafayette, in: *Purbue University Studies*, 1967, p. 38.

原本可以减少类似事件发生，可以阻禁“日本抢掠中国和空袭轰炸无辜的平民和医院”。① 因此美国必须尽快实施《中立法案》并从中国撤军。

美国媒体对“帕奈”号事件的舆论明显地形成了“孤立主义”和“跨国主义”两种观点的交锋。值得注意的是，随着日军侵华步伐加快和在亚太地区的侵略范围逐渐扩大，美国公众所持观点和地方性媒体报刊观点也日渐接近。1935 年美国盖洛普公司进行了一次民意调查。调查结果显示，54% 的美国人认为美国军队应完全从中国撤离。1938 年 1 月，该公司再次进行的民意调查结果显示，70% 的美国人支持美国从亚洲完全撤退。② 此时美国民调结果和区域性媒体观点更趋一致，表明美国社会对本国海外利益保护更倾向“孤立主义”的观点。罗斯福政府在制定解决“帕奈”号事件的方针政策时，不得不充分考虑美国国内“孤立主义”倾向的舆论声浪。

三、国会对《拉德洛修正案》到《中立法案》的辩论

1931 年“九一八”事变爆发以来，中国面临日本侵略逐步升级、强势进攻的严峻形势。在局部区域国民党、共产党军队和日军之间已发生交火，但两国仍未正式宣战。蒋介石南京国民政府实行“攘外必先安内”政策，亦担心对日宣战会进一步刺激其军国主义势力，仍寄希望于国际联盟介入调解中日矛盾。其间美国总统罗斯福以中日双方从未正式宣战为由，声称美国《中立法案》③ 不适用于中日两国现状。1937 年 8 月 19 日，美国国会 24 名议员发起联合声明：即使中日两国未正式宣战，“总统应该有职责唤起《中立法案》”，④ 要求政府制订明确行动方案以保护美国海外利益。因美国政府迟迟没有宣布对中日两国实施《中立法案》，致使美国海外侨民深陷于中日两国军事冲突的危险事实，引起美国国会持“孤立主义”观点的议员们的不满情绪和多方抗议。

12 月 12 日“帕奈”号事件发生之后，美国国会参众两院议员群体之中“孤立主义”倾向愈发强烈，希望总统尽快下令从中国撤军。赫尔收到来自新泽西州参议员威廉·斯玛特的信函，要求美国船舰和侨民立即从中国撤离。亚利桑那州参议员阿桑本警

---

① From Lusitania to Panay, *New Republic*, No. 1203, December 22, 1937.

② George H. Gallup, *The Gallup Poll: Public Opinion 1935 – 1971*, Random House, Vol. 1, 1972, p. 47.

③ 1935 年 8 月 31 日和 1936 年 2 月 29 日，美国先后颁布《中立法案》。1937 年 5 月 1 日颁布新《中立法案》。珍珠港事件爆发以后，美国正式参战，《中立法案》正式废除。

④ Borg Dorothy, *The United States and the Far Eastern Crisis of* 1933 – 1938: *from the Manchurian Incident through the Initial Stage of the Undeclared Sino-Japanese War*, Harvard East Asian Series, Harvard University Press, No. 14, 1964, pp. 320 – 321.

告，将不会有参议员为政府参战投赞成票。纽约州参议员费希尔认为美国对日本商业的抵制太过于严厉，应对中日两国同等对待。参议员博拉赫宣称："我不会因为'帕奈'号航行在中国危险海域被击沉的事件，然后不明智地投票送我们美国男孩去东方参战。"① 议员们希望美国不要深陷中日两国军事冲突的泥潭，要求总统立即宣布《中立法案》生效。② 国会参众两院13名议员再次联名签署1935年的《拉德洛修正案》③，即重申国会发布宣战通告前，必须经过全民公决批准的规定，以此限制总统对外宣战权，要求立即实施《中立法案》,④ 进一步向罗斯福总统施加压力。《拉德洛修正案》再次渲染了美国国会的"孤立主义"情绪，国会中要求美国从东亚撤军、立即实施《中立法案》的呼声日益高涨。

因罗斯福总统在1937年11月提出的四项国内预算案未获国会通过,⑤ 此时在关于中日战事的问题上，他必须充分重视和仔细考量国会议员们的意见。一方面如果坚决遏制日本、继续保留美国远东军队的做法，将会使《拉德洛修正案》生效，此后总统对外宣战权将面临严格限制；另一方面如果对日退让妥协，无疑表明了美国在亚太地区力有不逮，将会进一步助长日本侵犯美国在亚洲利益的野心。⑥ 罗斯福总统面临国会参众两院大多数议员强烈的"孤立主义"倾向，经权衡利弊提出实施《中立法案》现购自运政策，最终于1939年9月21日在美国国会特别会议上获大多数票通过。《中立法案》现购自运政策突破了以往交战国只能从美国购买非军事物资的限制，允许别国在原有现购（立即支付现金）和自运（承担所有在运输中使用他们自己船舶的风险，如被敌方击沉）条件下，采购美国军火，以此显示出美国支持所有被侵略国家共同抵制和抗击法西斯国家（德国、意大利和日本）的明确立场。罗斯福总统同时呼吁前往中国长江流域的

---

① Hull, Berding, *The Memoirs of Cordell Hull*, p. 565.

② 20世纪30年代，美国国会通过《中立法案》。现世普遍认为美国在"一战"以来奉行的"孤立主义"政策和《中立法案》，虽使美国在一定时期内免于陷入国际纠纷，却是一种短视和适得其反的政策。

③ 众议员路易斯·莱昂·拉德洛（Louis Leon Ludlow）1935年向美国国会提交了一项宪法修正案，要求宪法内加入（除非受到直接攻击）国会发布宣战通告前，必须经过全民公决批准的规定。1937年拉德洛再次向众议院提交这项修正案。1938年1月10日参议员拉佛莱特在参议院提出了同样的议案。在美国盖洛普民意调查中，显示72%的美国人赞成这项修正案。

④ Manny T. Koginos, The Panay Incident: Prelude to War, *The American Historical Review*, Vol. 73, No. 5, 1968, pp. 1673 - 1674.

⑤ 1937年11月罗斯福总统拟签署包括农业预算、工资预算、行政组织预算和计划预算等四项国内预算，但当时国会中反对意见占了大多数而未能通过。

⑥ Arthur Scherr, Presidential Power, the Panay Incident, and the Defeat of the Ludlow Amendment, *The International History Review*, Vol. 32, No. 3, 2010, p. 481.

美国船舰应尽量避免穿越高风险地区，要共同防御“侵略者国家”，实为不点名地批评了日本侵略他国的法西斯行径。

“帕奈”号事件影响之下，美国国会参众两院的“孤立主义”情绪高涨，最终推动美国《中立法案》及现购自运政策等同时生效于中日两国。该法案使美国在国际纷争中暂时保持中立地位，甚至安心大发“战争财”，但也由此弱化了美国对本国海外利益维护的主动权，酝酿形成了美国政府对日实行绥靖政策的舆论场域。于国际格局发展趋势而言，美国错过了遏制日本在亚太地区侵略扩张的最佳时机，进一步助长日本对外侵略扩张的野心。①

四、从“军事联合”到《敌对贸易法》美英跨太平洋合作计划

（一）美英跨太平洋“军事联合”计划

1937 年 7 月 7 日卢沟桥事变爆发，几乎同时期美国总统罗斯福向英国提出两国“军事联合”行动倡议。他建议美英两国采取联合军演、对日本实施太平洋海上封锁和对日经济制裁等方式，限制日本在亚太地区的进一步军事行动。同年 11 月，英国致函并签署备忘录，英美两国就“军事联合”达成初步合作意向。

12 月 12 日“帕奈”号事件发生之后，英国据情报分析此乃日本蓄意而为，提议美国加快合作进程，希望美国将其海军舰队派遣至英美两国利益攸关的区域，争取“步调一致”以确保“不可能再次发生此类似的事故”②。1937 年 12 月 14 日，英国驻美大使罗纳德·林赛致信赫尔，他重申英国相信日本以“鲁莽、犯罪和蓄谋已久”方式向其他国家国民和船舰开火，认为英美两国毫无疑问地要在远东对日本进行军事威慑，实行联合军演。但遗憾此时英国无法从欧洲战场脱身，只能期望美国先行一步在亚太地区部署军事演习。③

12 月 16 日，罗斯福总统和赫尔会见罗纳德·林赛，双方确认美英两国联合行动备忘录，详细讨论了美英两国海军合作的细节。罗斯福认为日本若再次对他国进行无差别军事攻击，美英两国海军将对日本立即进行海上军事封锁，迫使日本海军退回至日本海域。届时法国和荷兰等国也必将会参与到对日本的联合行动中。罗斯福详细解释其他合

---

① Hull, Berding, *The Memoirs of Cordell Hull*, p. 404.

② The Charge in the United Kingdom to the Secretary of State, *FRUS 1937*, *4*, December 13, 1937, pp. 490 – 491.

③ Memorandum by the Secretary of State on Conversation with the Ambassador of Great Britain, *FRUS 1937*, *4*, December 14, 1937, pp. 499 – 500.

作细节，比如英国没有必要从大西洋派遣舰队，将由美国合理分配和调度海军力量、为英国提供驱逐舰和核潜艇等。这次会晤给罗纳德·林赛留下深刻的印象："我看到了和我交谈的美国总统罗斯福，他和我一样很激动。他正在积极地推动美国站在和'一战'时期同样的盟军战线上。"① 由此体现美国总统罗斯福寻求国际联合共同遏制日本侵略扩张的决心，表明罗斯福总统并不完全赞成美国媒体和国会参众两院议员持"美国要保持完全中立"的"孤立主义"观点。

罗斯福充分重视美国军方的建议。1937 年 12 月 17 日，罗斯福主持召开内阁会议，邀请军方重要代表参会。美国海军部长克劳德认为美国和日本将来不可避免有一战。他指出目前日本海军力量虽然强大，但军需军备极度依赖进口。美国选择对日作战最佳时机要当机立断，应该是日军初涉中国战场之时而非日军在中国站稳脚跟的时刻。美国海军作战部部长威廉·D. 莱希建议罗斯福总统立即派遣美国舰队到达太平洋海军基地，刻不容缓地为美军的海上巡航、对日作战做好充分准备。威廉建议"应该及时与英国海军采取联合行动，为太平洋海战做好各项准备，明确告知日本我们有能力保护本国侨民安全"。② 12 月 23 日，罗斯福要求威廉和皇家英格索尔海军上将参加白宫秘密会议，并指示英格索尔海军上将择日前往英国，进一步协商美英两国军事合作的准备事宜。

"军事联合"行动计划是美国政府应对外部严峻挑战时，借助他国的全球军事战略枢纽、构建军事合作网络以维护海外利益的有效手段。罗斯福总统倡议的美英"军事联合"计划是：第一，美英联合军事封锁，即美国海军负责封锁从阿留申群岛至夏威夷、关岛领域。英国海军负责从夏威夷封锁至新加坡一线。此举既不需要美国向海外派出太多的军队，部署也相对简单。罗斯福总统确信在美英联合军事封锁之下，一年之内日本必定屈服。③ 第二，对日本实施重要战略物资禁运。第三，美英在亚太地区开展联合军事演习，美国"军事联合"行动计划需要英国海军天衣无缝的密切配合，以为将来两国联合作战做好准备。④ 此时美国民调显示，美国人既批评日本在远东的侵略行为，也不支持美国过多介入亚洲事务。罗斯福总统需要继续应对美国国内"完全撤出中国"的"孤立主义"主张，因此在"帕奈"号发生之后美国海外利益保护的应对策略中，美英"军事联合"计划仅作为一种备选方案。

---

① John McVickar Haight, Jr., FDR's "Big Stick", *Proceeding*, Vol. 106, 1980, p. 71.

② Henry H. Adams, *Witness to Power: the Life of Fleet Admiral William D. Leahy*, Naval Institute Press, 1985, p. 101.

③ William D. Leahy, *I was There: the Personal Story of the Chief of Staff to Presidents Roosevelt and Truman*, Whittlesey House, 1950, pp. 64, 128 – 129.

④ John McVickar Haight, Jr., FDR's "Big Stick", *Proceeding*, Vol. 106, 1980, pp. 72 – 73.

(二)《敌对贸易法》经济制裁计划

日本发动全面侵华战争，绝大部分军事战略物资仰赖于从国外进口。罗斯福认为经济制裁是遏制日本侵略扩张的有效手段，对日本禁运不一定导致战争：日本在中国的战线已经过长，“它的经济已经到了崩溃点”。如果美英切断对日本的贸易通道，日本在从东南亚得到它所需要的石油和原料之前，就会陷入困境。① 罗斯福主持召开内阁会议并授意美国财务部小亨利·摩根索研究《敌对贸易法》，寻求对日本实施经济制裁的法理依据。

美国财务部和商务部等多个部门围绕《敌对贸易法》开展辩论。摩根索在咨询其法律总顾问赫尔曼时，提出是否在《敌对贸易法》修订版授予总统权力：如果总统宣布国家进入紧急状态，总统将有权限制本国货物交易和禁运商品。美国商务部副部长和财政部助理部长韦恩·查特菲尔德·泰勒对此提出更详细方案，要求明确美国在何种情况之下实施《敌对贸易法》以及实施期限。摩根索因急于支持罗斯福总统的计划，声称所有事项将由总统本人亲自确定，也取决于日本什么时候成为“好男孩”。泰勒坚持认为“（总统全权）规定有可能会导致战争”，主张要限制总统权力。摩根索则反驳“总统先生现在要做的就是要求日本停止疯狂进攻行为。难道你坐在这儿直到明天天亮才发现，日本先后占领了菲律宾、夏威夷和巴拿马？到时如何去阻止悲剧的发生？”。② 摩根索和泰勒由此发生激烈争吵。值得注意的是，泰勒的观点代表了美国政府内部大多数人对“帕奈”号事件的看法，主张撤出中国远离亚洲争端，强调要限制总统权力等，综合地反映此时“孤立主义”倾向对美国政策影响之深；摩根索言论则代表了罗斯福总统的观点，他们对来自政府内部“孤立主义”的影响感到忧虑，担心美国就此错过遏制日本亚洲侵略扩张的最佳时机。

美国实施《敌对贸易法》的前提，是联合欧洲主要国家如英国等对日本进行先发制人的贸易制裁。为防止日本将国有资产转移或者变卖，也为确保联合贸易制裁信息安全，罗斯福总统指示摩根索与英国财政大臣约翰·西蒙联系，并直接通过外交信使渠道部署实施，以确保两国合作的信息数据安全。③《敌对贸易法》拟将经济制裁范围扩大至任何与日本有经贸往来的各个国家。但遗憾的是，此时英国政府内部意见不一，英国

---

① ［美］罗伯特·达莱克著，陈启迪译：《罗斯福与美国对外政策》，商务印书馆，1984 年，第 221 - 222 页。

② Entry Record of Departmental Discussion, December 17, 1937, *Diaries of Henry Morgenthau Jr.*, Vol. 103, pp. 54 - 55, FDR Library Digital Collection.

③ Borg Dorothy, *The United States and the Far Eastern Crisis of* 1933 - 1938: *from the Manchurian Incident through the Initial Stage of the Undeclared Sino - Japanese War*, Oxford University Press, 1964, p. 495.

财政大臣西蒙认为英国政府实施《敌对贸易法》缺乏法理依据，因此在英美采取任何联合行动之前，必须在英国议会之外有一个特殊立法才可行。英国财政部常任秘书沃伦·费希尔（Warren Fisher）认为如果香港将来被日本占领，美国对日本经济制裁更难以持久，而英国将同时在亚洲和欧洲面临三个劲敌，“将会陷于万劫不复之境地”。甚至西蒙认为实施《敌对贸易法》，英美联合对日本经济制裁需要花费数月才能产生效用，“但日本很可能在这段时间通过占领荷兰东印度公司、越南南部、菲律宾岛屿或马来西亚来进行反制”。因此“长期经济制裁反而不会对日本产生太大的压力”，甚至“一半的制裁比意味着宣战的全部经济制裁还要糟糕”。① 12 月 21 日英国财政部最终答复摩根索，英国无法配合美国提出的计划。

英国委婉拒绝了合作，加之此时美国国内“孤立主义”情绪高涨，罗斯福总统考虑到倡导合作计划面临的诸多不确定性，只能暂时搁置。罗斯福总统此时认为对日本军事封锁禁运、经济制裁并不等同于对日宣战，也在等待和寻求对日进行军事封锁、禁运和经济制裁的最佳契机。随着日本进一步加快全面侵华步伐，尤其是“帕奈”号事件之后，侵华日军在中国南京针对手无寸铁的老百姓实施无差别的攻击，制造了“南京大屠杀事件”。同时期的《纽约时报》《中央日报》《新华日报》等中外媒体均对日军的暴行进行了大量的揭露。美国公众对日军的暴行表达愤慨的同时，不少教会组织强烈请愿要求美国政府全面停止向日本供应航空器材，原本对东亚地区中日战争毫不关心的地区性媒体报刊也开始转变舆论风向，一致谴责日本并要求政府有所作为。在一次盖洛普公司民意调查中，绝大多数人倾向于同意美国政府立即停止对日本的一切军火供应。② 此时美国政府亦开始对日本实施“道义禁运”，禁止把飞机和航空设备出售给世界上任何对和平国家居民进行无差别攻击的国家。

五、余论

“帕奈”号事件是抗日战争时期美国海外利益维护策略选择的典型案例。“一战”结束以来，美国积极参与国际事务并增强了对本国海外利益的保护力度。美国政治学家汉斯·摩根索认为“一国政府面对好的对外政策与舆论所要求坏的对外政策之间的两难局面，必须审慎择时，避免两种易犯错误”。③“帕奈”号发生之时，美国国家实力未强大到足以支撑其海外利益维护力度。罗斯福政府在海外利益维护策略选择之时，还受到

① Malcolm H. Murfett, Fool-proof Relations: the Search for Anglo-American Naval Cooperation during the Chamberlain Years, 1937－1940, *Canadian Journal of History*, Vol. 21, No. 1, 2016, pp. 130－131.

② George H. Gallup, *The Gallup Poll: Public Opinion 1935－1971*, Vol. 1, p. 47.

③ ［美］汉斯·摩根索著，杨岐明、王燕生译：《国家间政治：寻求权力与和平的斗争》，北京大学出版社，2004 年，第 201－202 页。

来自国会参众两院和公众舆论的多方因素掣肘。罗斯福总统一方面要照顾国内“孤立主义”情绪，另一方面又试图突破已有政策的限制，在与日本开展外交交涉的同时，寻求与英国的联合行动，显示了美国内政和外交政策之间紧密的联系，凸显了美国海外利益维护决策机制运作的特殊性和复杂性。

“帕奈”号事件发生之后，美国国内公众舆论和国会参众两院所持观点、立场较为一致，罗斯福总统则力图在国内浓厚“孤立主义”情绪的场域之中，选择一种折中有效的策略方案——通过《中立法案》修订方案、倡导美英跨太平洋“联合行动”和《敌对贸易法》经济制裁计划等，既能有力维护美国海外利益、遏制日本，又能使美国免于深陷中日战火焦灼的东方战场。① 美国华尔街、财政部和商业部等也预测，长期作战的日本，其战争储备资金将很快消耗殆尽，除非它侵占更多地区抢占更多资源，采取“以战养战”策略，否则它在东亚的战略进攻将难以为继。② 罗斯福总统深信日本在面临多国联合军事封锁和经济制裁时将不堪一击，此乃遏制日本在亚洲侵略扩张行动的有效武器。1940 年 7 月，罗斯福总统的不懈努力终于迎来好消息：一是他从国会争取到一笔旨在扩大美国海军军备的经费，10 月美国和英国海军商讨合作计划，在太平洋的“夏威夷、关岛、澳大利亚和新加坡”四个重要位置与英国海军开展联合军演行动，并计划在一年之内迫使日本投降；二是 1941 年美国国会通过新修订的《中立法案》，增加了对日本钢铁和原油等重要战略物资严格实行禁运等具体措施。

综而言之，“帕奈”号事件是一个地区性危机即将逐渐演化成为全球性危机的最早信号。罗斯福政府对“帕奈”号事件与海外利益维护因应策略选择过程中，暴露出抗战时期美国海外利益维护能力其实比较有限，未能采取强有力措施阻滞日本。美国这种游移政策无疑助长了日本扩大侵华行动的勃勃野心，直至日本偷袭珍珠港、美国对日本宣战和太平洋战争爆发。此时美国海外利益维护机制尚处于探索形成的进程之中。伴随亚洲、欧洲等地区反法西斯侵略战事的先后进展，中国和美国等国家最终组成世界反法西斯联合战线，共同维护世界的和平与安全。

作者简介：
张颖，仲恺农业工程学院马克思主义学院副教授。

---

① Arthur Scherr, Presidential Power, the Panay Incident and the Defeat of the Ludlow Amendment, *The International History Review*, Vol 32, No. 3, 2010, p. 457.

② Edward S. Miller, *Bankrupting the Enemy: the U. S. Financial Siege of Japan Before Pearl Harbor*, Naval Institute Press, 2007, p. 89.